1+X 职业技术 · 职业资格培训教材

初级

U0814182

汽车维修工

主　编　左适够
编　者　周　亚　唐惠江　戴　骏　汪　臻
主　审　汤定国

中国劳动社会保障出版社

图书在版编目(CIP)数据

汽车维修工：初级/上海市职业培训研究发展中心组织编写. —北京：中国劳动社会保障出版社，2011

1+X职业技术·职业资格培训教材

ISBN 978-7-5045-9176-0

Ⅰ.①汽… Ⅱ.①上… Ⅲ.①汽车-车辆修理-技术培训-教材 Ⅳ.①U472.4

中国版本图书馆CIP数据核字(2011)第188148号

中国劳动社会保障出版社出版发行

(北京市惠新东街1号 邮政编码:100029)

出 版 人:张梦欣

*

北京市白帆印务有限公司印刷装订 新华书店经销

787毫米×1092毫米 16开本 20.25印张 371千字

2011年9月第1版 2019年4月第9次印刷

定价:36.00元

读者服务部电话:(010)64929211/64921644/84626437

营销部电话:(010)64961894

出版社网址:http://www.class.com.cn

版权专有 侵权必究

如有印装差错,请与本社联系调换:(010)50948191

我社将与版权执法机关配合,大力打击盗印、销售和使用盗版图书活动,敬请广大读者协助举报,经查实将给予举报者奖励。

举报电话:(010)64954652

内容简介

本教材由人力资源和社会保障部教材办公室、中国就业培训技术指导中心上海分中心、上海市职业培训研究发展中心依据上海 1+X 汽车维修工（五级）职业技能鉴定细目组织编写。教材从强化培养操作技能，掌握实用技术的角度出发，较好地体现了当前最新的实用知识与操作技术，对于提高从业人员基本素质，掌握初级汽车维修工的核心知识与技能有直接的帮助和指导作用。

本教材在编写中根据本职业的工作特点，以能力培养为根本出发点，采用模块化的编写方式。全书共分为 5 章，内容包括：汽车维修概述，汽车维修工、量具的使用，汽车发动机构造与拆装，汽车底盘结构与拆装，汽车的一级维护。

本教材可作为汽车维修工（五级）职业技能培训与鉴定考核教材，也可供全国中、高等职业技术院校相关专业师生参考使用，以及本职业从业人员培训使用。

本教材编写人员具体分工为：左适够编写第 1、2 章，周亚编写第 3 章，戴骏，汪臻编写第 4 章，唐禹江编写第 5 章。

前　言

职业培训制度的积极推进，尤其是职业资格证书制度的推行，为广大劳动者系统地学习相关职业的知识和技能，提高就业能力、工作能力和职业转换能力提供了可能，同时也为企业选择适应生产需要的合格劳动者提供了依据。

随着我国科学技术的飞速发展和产业结构的不断调整，各种新兴职业应运而生，传统职业中也愈来愈多、愈来愈快地融进了各种新知识、新技术和新工艺。因此，加快培养合格的、适应现代化建设要求的高技能人才就显得尤为迫切。近年来，上海市在加快高技能人才建设方面进行了有益的探索，积累了丰富而宝贵的经验。为优化人力资源结构，加快高技能人才队伍建设，上海市人力资源和社会保障局在提升职业标准、完善技能鉴定方面做了积极的探索和尝试，推出了 1+X 培训与鉴定模式。1+X 中的 1 代表国家职业标准，X 是为适应上海市经济发展的需要，对职业的部分知识和技能要求进行的扩充和更新。随着经济发展和技术进步，X 将不断被赋予新的内涵，不断得到深化和提升。

上海市 1+X 培训与鉴定模式，得到了国家人力资源和社会保障部的支持和肯定。为配合上海市开展的 1+X 培训与鉴定的需要，人力资源和社会保障部教材办公室、中国就业培训技术指导中心上海分中心、上海市职业培训研究发展中心联合组织有关方面的专家、技术人员共同编写了职业技术·职业资格培训系列教材。

职业技术·职业资格培训教材严格按照 1+X 鉴定考核细目进行编写，教材内容充分反映了当前从事职业活动所需要的核心知识与技能，较好地体现了适用性、先进性与前瞻性。聘请编写 1+X 鉴定考核细目的专家，以及相关行业的专家参与教材的编审工作，保证了教材内容的科学性及与鉴定考核细目以及题库的紧密衔接。

职业技术·职业资格培训教材突出了适应职业技能培训的特色，使读者通过学习与培训，不仅有助于通过鉴定考核，而且能够有针对性地进行系统学习，真正掌握本职业的核心技术与操作技能，从而实现从懂得了什么到会做什么的飞跃。

职业技术·职业资格培训教材立足于国家职业标准，也可为全国其他省市开展新职业、新技术职业培训和鉴定考核，以及高技能人才培养提供借鉴或参考。

新教材的编写是一项探索性工作，由于时间紧迫，不足之处在所难免，欢迎各使用单位及个人对教材提出宝贵意见和建议，以便教材修订时补充更正。

人力资源和社会保障部教材办公室
中国就业培训技术指导中心上海分中心
上海市职业培训研究发展中心

目　录

第 1 章

汽车维修概述

第 1 节　汽车维修工的工作职责

学习目标

➢了解汽车维修工的工作职责。

知识要求

汽车维修是为汽车用户提供车辆维修服务。其基本职责是：通过汽车维修从业人员提供的劳动服务，使各种车辆得到及时的维护和修理，维持或恢复车辆的技术性能，保证运输车辆经常处于良好的技术状况，延长汽车的使用寿命，确保行车安全。这种特殊的职业使命和责任，就给汽车维修从业人员提出了以下一些特殊要求。

汽车维修职业最明显的特征就是以其技术上的可靠性，恢复汽车的使用性能，使汽车能正常运行。这就决定了从事汽车维修工作的人员必须牢固树立为客户服务的思想，热爱本职工作，努力钻研技术，爱岗敬业、忠于职守、尽职尽责，以精湛的技术、熟练的业务、优良的服务满足汽车用户对车辆维修的需要。

汽车维修人员为社会提供的不是实物形态的产品，而是维修劳动服务。对车主来说，只要交付了足够的维修费用，就要求获得满意的服务。因此，精工细修、正点及时、安全可靠、优质高效地向用户提供经过维修后的车辆，就成为每一个汽车维修从业人员的基本职业责任。这就要求汽车维修人员必须牢固树立质量意识、安全意识，以优取胜，以质取胜。

汽车维修既有连续性的维修作业，也有临时性的小型修理，维修企业内部各层次、各环节、各工种之间存在着十分密切的关系，有一个相互衔接和配合的关系问题。

汽车维修行业作为汽车运输生产的保障体系，与整个汽车运输行业又有着纵横交错的联系，与整个社会有着千丝万缕的关系。这一特点就向广大从业人员提出了服务大局、团结协作的要求。

汽车维修工作是一项技术性强、安全要求高的工作，加之汽车修理工都掌握着一定的修理技术，有于人于己的方便之处。这一特点客观上又向从业人员提出了遵章守纪、规范操作、廉洁自律、克己奉公、不谋私利、维护国家和集体利益的基本要求。

汽车运输成本开支伸缩性最大的项目是油料费支出和修理费支出。这些虽然与驾驶员有关，但更重要的是与维修工的工作质量有关。这就要求汽车维修从业人员必须价格公道，精打细算，点滴节约，爱护器材，加强维修成本核算，降低费用开支和材料消耗，赢得良好的信誉和经济效益。

第 2 节　汽车维修工的职业道德标准

学习目标

➢了解汽车维修工的职业道德标准。

知识要求

一、热爱本职、忠于职守

创业和立业，首先要热爱本职工作，即爱岗敬业。热爱汽车维修工作，是汽车维修从业人员职业道德规范的首要内容。它反映了汽车维修从业人员对职业价值的正确认识和对本职业的真挚感情。一个人只有爱岗位，爱自己所从事的工作，才能有高尚的职业道德。爱岗敬业就是指汽车维修从业人员立足本职工作，有强烈的责任心和责任感。爱岗敬业主要表现为严守岗位、尽心尽责、注重务实、服务行业。

汽车维修服务职业道德规范与诚信机制基于忠于职守。忠于职守是每一位工作人员必须履行的法定义务，也是汽车维修从业人员最基本的职业责任。能否做到忠于职守、尽职尽责、勤奋工作、不弄虚作假，是衡量汽车维修从业人员职业道德水平的重要标志。

忠于职守主要表现为严格标准、严格工艺程序、严守行规行约、尽职尽责。

二、钻研业务、提高技能

钻研业务是指为事业刻苦学习，勇于钻研，努力提高本职工作能力和水平。钻研业务有三方面的具体要求：一是认真学习技术，提高工作技能。汽车技术发展很快，对维修服务工作的要求越来越高，要搞好维修服务，就必须认真学习新技术，并勇于实践，不断提高自己的工作技能，这是完成职业使命的基本条件。二是要拓宽知识面。由于汽车维修的市场化，给维修工作带来了许多技术难题，因此，汽车维修从业人员还要学习一些与汽车维修相关的知识，以提高综合分析、解决问题的能力。三是认真学习国家的方针、政策、决定和决议，提高自己的政治觉悟，树立正确的人生观、价值观，为促进行业的发展和企业经济效益的提高而努力工作。

三、遵章守纪，严于律己

高度的组织性和纪律性是中国工人阶级的传统本色，也是各项事业取得胜利的基本保证。随着社会主义现代化的不断深入发展，使社会分工越来越细，岗位职责更加严格。汽车维修工作有严格的行规行约、厂规厂纪和岗位操作规程，因此，要求每一名从业人员一定要从自身做起，从基础做起，在职业活动实践中养成自觉遵章守纪的好习惯，时时处处按制度办事，做守纪的模范，并勇于同一切违纪行为作斗争，以保证汽车维修服务工作的顺利开展，确保修车质量。

四、文明礼貌、优质服务

“讲文明，有礼貌”是中华民族的传统美德。只有讲文明礼貌，搞好优质服务，整个社会才会逐步形成相互理解，关系融洽、团结和谐的良好氛围。文明礼貌，优质服务，就是要求从业人员说话和气、热情主动、耐心周到。热情主动表现为待客如宾、态度积极。耐心周到表现为心平气和、沉着冷静、想服务对象所想、急服务对象所急。真正把服务对象的事情当成自己的事情来办，让服务对象体会到一种家的感觉。只有这样，才能保持承托、修理双方长期的良好合作关系。

五、顾全大局、团结协作

顾全大局主要体现在正确处理国家、集体和个人之间利益的关系上。国家、集体、个人三者利益兼顾，是现实物质利益关系的科学反映，三者利益从根本上说都是劳动人民的利益，是一致的，但也存在着矛盾，在处理这一矛盾时，要求做到：国家利益高于集体和个人利益，人民利益高于一切，个人利益必须服从集体利益。

团结协作是社会主义现代化大生产的客观需求。汽车维修服务工作具有很强的整体性和衔接性，是多工序、多工种共同劳动的成果，这在客观上要求汽车维修从业人员要坚持集体主义原则，以平等友爱、相互合作、共同发展的精神处理好内外团结，自觉服务于改革、发展和稳定的大局。

六、务实高效、竭诚奉献

务实高效、竭诚奉献是新时代对从业人员提出的新的行业准则。务实就是从实际出发，实事求是，说实话办实事，不做表面文章，不搞形式主义；高效就是在维修服务工作中，讲求快节奏、高效率，最大限度地满足服务对象的需求，提高企业的经济效益和社会效益。务实、高效与奉献是密切相关的，务实是高效的前提和基础，奉献是务实和高效的落脚点。每一名维修从业人员都应该以本业为荣，以本职为乐，积极为维修行业的发展奉献出自己的力量，不能只讲索取，不讲奉献。在维修服务工作中，要不计名利、勇于吃苦、任劳任怨，发扬“毫不利己，专门利人”的精神，在奉献中充分体现自己的人生价值。

第 3 节　汽 车 概 述

学习目标

- 1. 了解汽车的分类。
- 2. 掌握国产汽车型号的编号规则。
- 3. 掌握汽车的总体结构。

知识要求

一、汽车的分类

1. 按用途分类

中国汽车分类标准中的汽车是《汽车和挂车类型的术语和定义》（GB/T 3730.1—2001）所指的汽车，规定了在公路、城市道路和非公路上行驶的国产汽车可划分为以下八大类：

（1）载货汽车。依公路运行时厂定最大总质量（GA）划分为：

1）微型货车（$GA \leqslant 1.8$ t）。

2）轻型货车（1.8 t$<GA\leqslant$6.0 t）。

3）中型货车（6.0 t$<GA\leqslant$14 t）。

4）重型货车（$GA>$14 t）。

（2）越野汽车。依越野运行时厂定最大总质量（GA）划分为：

1）轻型越野汽车（$GA\leqslant$5.0 t）。

2）中型越野汽车（5.0 t$<GA\leqslant$13 t）。

3）重型越野汽车（13 t<GA≤24 t）。

4）超重型越野汽车（GA>24 t）。

（3）自卸汽车。依公路运行时厂定最大总质量（GA）划分为：

1）轻型自卸汽车（GA≤6.0 t）。

2）中型自卸汽车（6.0 t<GA≤14 t）。

3）重型自卸汽车（GA>14 t）。

4）矿用自卸汽车。

（4）牵引车。依牵引车上是否承受纵向载荷划分为：

1）半挂牵引车。

2）全挂牵引车。

（5）专用汽车。专用汽车依结构和用途划分为：

1）厢式汽车。

2）罐式汽车。

3）起重举升汽车。

4）专用自卸汽车。

5）仓棚式汽车。

6）特种结构式汽车。

（6）客车。依车长（L）划分为：

1）微型（L≤3.5 m）。

2）轻型（3.5 m<L≤7 m）。

3）中型（7 m<L≤10 m）。

4）中大型客车（L>10 m），又可分为城市、长途、旅游及团体客车。

5）特大型客车指铰接和双层客车。

（7）轿车。依发动机排量（V）划分为：

1）微型轿车（V≤1 L）。

2）普通轿车（1 L<V≤1.6 L）。

3）中级轿车（1.6 L<V≤2.5 L）。

4）中高级轿车（2.5 L<V≤4 L）。

5）高级轿车（V>4 L）。

（8）半挂车。依公路运行时厂定最大总质量（GA）划分为：

1）轻型半挂车（GA≤7.1 t）。

2）中型半挂车（7.1 t<GA≤19.5 t）。

3）重型半挂车（19.5 t$<GA\leqslant$34 t）。

4）超重型半挂车（$GA>$34 t）。

2. 按结构分类

按汽车的行走方式进行分类可分为：

（1）轮式汽车。用车轮作为行走装置的汽车。

（2）履带式汽车。用履带作为行走装置的汽车。

3. 按动力装置进行分类

（1）内燃机汽车。内燃机汽车是用内燃机作为动力装置的汽车。通常，内燃机汽车按使用燃料的种类又可分为：

1）汽油机汽车。是指发动机使用汽油作为燃料的汽车。

2）柴油机汽车。是指发动机使用柴油作为燃料的汽车。

3）气体燃料汽车。是指发动机使用天然气、煤气等气体作为燃料的汽车。

4）液化燃料汽车。是指发动机使用液化气体（液化石油气）作为燃料的汽车。

（2）电动汽车。以电动机作为动力装置的汽车。根据电源形式可将电动汽车分为：

1）无轨电车。是从架线上接受电力，以电动机开动的大客车。

2）电瓶汽车。是用蓄电池作为电源的电动汽车。

4. 按发动机的位置分类

（1）前置发动机汽车。将发动机安装在车辆前部的汽车。

（2）后置发动机汽车。将发动机安装在车辆后部的汽车。

（3）中置发动机汽车。将发动机安装在前后桥之间的地板下方的汽车。

5. 按驱动方式进行分类

（1）前轮驱动汽车。指用前轮作为驱动轮的汽车。

（2）后轮驱动汽车。指用后轮作为驱动轮的汽车。

（3）全轮驱动汽车。指前后轮都可以作为驱动轮的汽车。

6. 按发动机位置和驱动方式进行分类

（1）前置前驱动（FF）汽车。指前置发动机、前轮驱动的汽车。

（2）前置后驱动（FR）汽车。指前置发动机、后轮驱动的汽车。

（3）后置后驱动（RR）汽车。指后置发动机、后轮驱动的汽车。

（4）中置后驱动（MR）汽车。指中置发动机、后轮驱动的汽车。

二、国产汽车型号的编号规则

为了在使用、维修和管理中便于识别不同的车型，以简单的编号表示各种汽车的厂牌、用途和基本性能特征，根据《汽车产品型号编制规则》（GB 9417—1998）国家汽车产品型号由企业名称代号、车辆类别代号、主参数代号、产品序号组成。必要时附加企业自定代号（见图 1—1）。

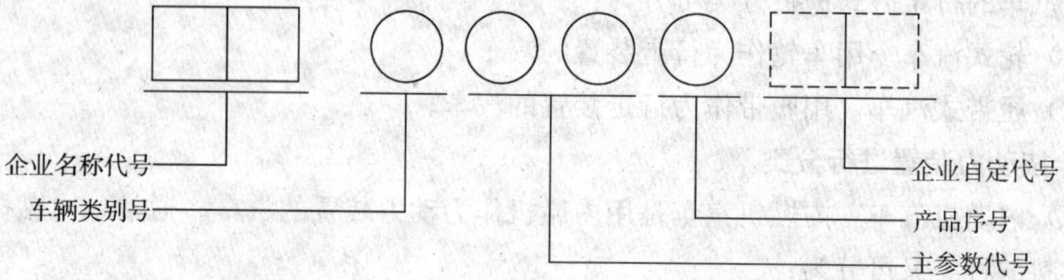

图 1—1　国产汽车型号的编号规则

1. 企业名称代号

企业名称代号位于产品型号的第一部分，用代表企业名称的两个或三个汉语拼音字母表示。如第一汽车制造厂汽车采用“CA”字样，第二汽车制造厂汽车采用“EQ”字样。

2. 车辆类别代号

各类汽车的类别代号位于产品型号的第二部分，用阿拉伯数字表示，见表 1—1。

表 1—1　　**车辆类别代号**

类别代号	车辆类别	类别代号	车辆类别	类别代号	车辆类别
1	载货汽车	4	牵引汽车	7	轿车
2	越野汽车	5	专用汽车	8	
3	自卸汽车	6	客车	9	半挂车及专用半挂车

3. 主参数代号

各类汽车的主参数代号位于产品的第三部分，用两位阿拉伯数字表示。

载货汽车、越野汽车、自卸汽车、专用汽车与半挂车的主参数代号为车辆的总质量；客车的主参数代号则指车辆的长度，并以长度值的 10 倍数表示；轿车的主参数代号为发动机排量（L），应精确到小数点后一位，并以其排量值的 10 倍数表示。

4. 产品序号

用 1～2 位阿拉伯数字表示，用于区别企业内部车辆类别代号、主参数代号、相同车辆的投产、换代顺序或产品结构和性能上的较大改变。产品的序号依次为 0、1、2 等。

5. 企业自定代号

企业自定代号位于产品型号的最后部分，同一种汽车结构略有变化而需要区别时，如汽油、柴油发动机，长、短轴距，单、双座驾驶室，左、右置转向盘等，可用汉语拼音字母和阿拉伯数字表示，位数也由企业自定。

6. 汽车型号编制举例

(1) 第一汽车制造厂生产的第二代载货汽车，总质量为 9 310 kg，其型号为 CA1091。

(2) 天津汽车厂生产的夏利轿车，发动机排量为 1.0 L，其型号为 TJ7100。

三、汽车的总体结构

汽车是指由独立的动力装置驱动，具有多个车轮，可以单独行驶并完成运载任务的非轨道无架线的车辆。

汽车一般由发动机（动力装置）、底盘、车身和电气设备等四个主要部分组成，如图1—2 所示。

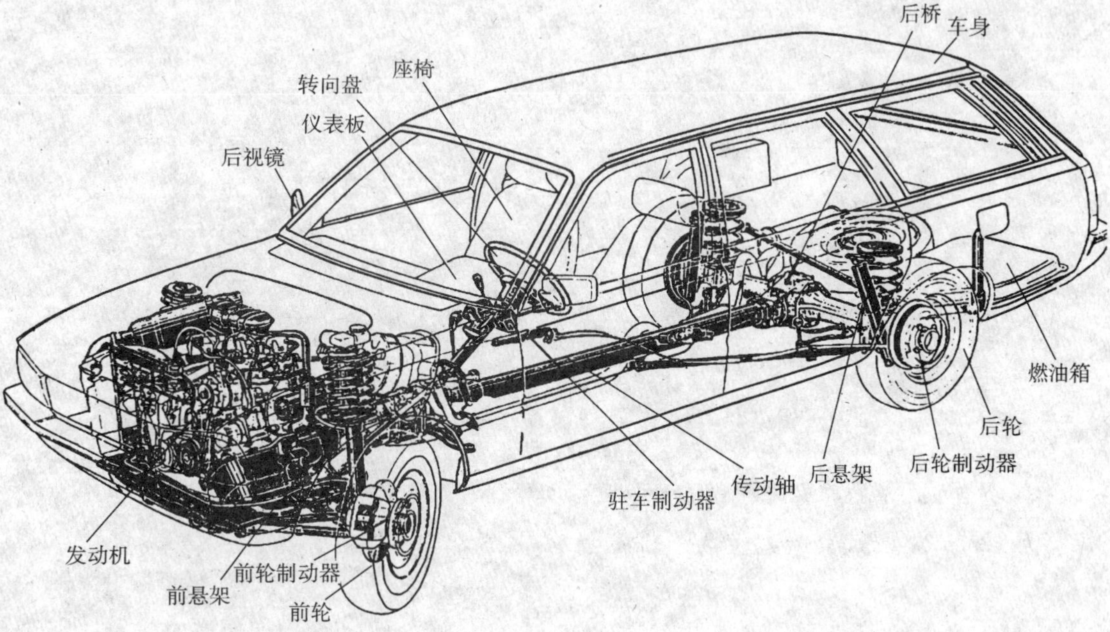

图 1—2　轿车总体构造

1. 发动机

发动机是汽车的动力装置，是汽车最重要的组成部分。发动机工作时，向外输出动力通过底盘驱动汽车行驶。目前汽车上使用的发动机绝大多数是往复活塞式内燃机。本书将主要介绍汽车用往复活塞式内燃机的基本结构、工作原理、使用性能、维修方法、调试工艺和常见故障的诊断和排除。

2. 底盘

底盘是汽车构成的基础。底盘接收发动机输出的动力，推动汽车行驶。底盘由传动系、行驶系、转向系和制动系等组成。

3. 车身

汽车的车身是用来安置乘员与货物的，也是驾驶员工作的场所，车身的式样取决于汽车的用途，如货车的车身主要由驾驶室和货箱两部分组成，客车和轿车的车身一般为一个整体，其车身兼有车架的作用（承载式车身）。

4. 电气设备

汽车上的电气设备是指汽车上用电设备和供给用电设备用的电源。电气设备由电源组、发动机起动系、点火系、照明、仪表和信号装置等组成。现代汽车上已广泛使用的电子控制装置也属于电气设备范围。

第2章

汽车维修工、量具的使用

第 1 节　常用工具的使用

学习目标

➤ 1. 了解各种工具的用途。
➤ 2. 学会各种工具的使用方法。
➤ 3. 能综合运用钳工工具和常用工具完成基本作业。
➤ 4. 具有安全操作的意识。

知识要求

一、钳工工具的使用

1. 钢锉

锉刀常用碳素工具钢 T10、T12 制成，并经热处理淬硬到 HRC62～67。

锉刀由锉刀面、锉刀边、锉刀舌、锉刀尾、木柄等部分组成。锉刀的大小以锉刀面的工作长度来表示。锉刀的锉齿是在剁锉机上剁出来的。

（1）锉刀的种类。锉刀按用途不同分为普通锉（或称钳工锉）、特种锉和整形锉（或称什锦锉）三类。其中普通锉（见图 2—1）使用最多。

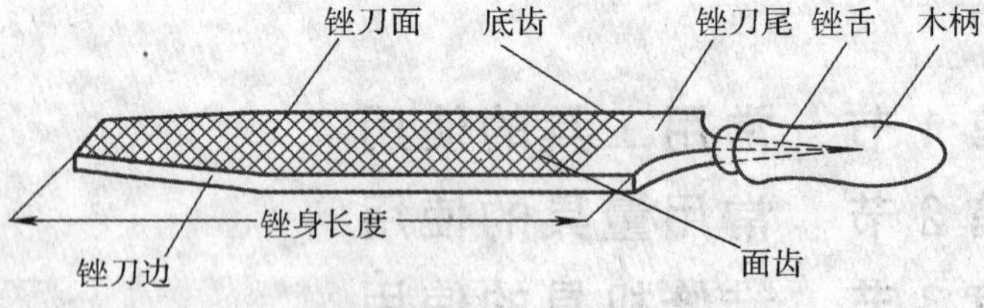

图 2—1　普通锉

普通锉按截面形状不同分为平锉、方锉、圆锉、半圆锉和三角锉五种，按其长度可分为 100 mm、200 mm、250 mm、300 mm、350 mm 和 400 mm 等六种，按其齿纹可分为单齿纹锉、双齿纹（大多用双齿纹）锉，按其齿纹疏密可分为粗齿锉、细齿锉和油光锉等（锉刀的粗细以每 10 mm 长的齿面上锉齿齿数来表示，粗齿锉为 4～12 齿，细齿锉为 13～

24 齿，油光锉为 30～36 齿）。

（2）锉刀的选用。合理选用锉刀，对保证加工质量，提高工作效率和延长锉刀使用寿命有很大的影响。一般选择锉刀的原则如下：

1）根据工件形状和加工面的大小选择锉刀的形状和规格。

2）根据加工材料软硬、加工余量、精度和表面粗糙度的要求选择锉刀的类型。粗锉刀的齿距大，不易堵塞，适宜于粗加工（即加工余量大、精度等级和表面质量要求低）及铜、铝等软金属的锉削。细锉刀适宜于钢、铸铁以及表面质量要求高的工件的锉削。油光锉只用来修光已加工表面，锉刀越细，锉出的工件表面越光，但生产率越低。

（3）锉削操作

1）装夹工件。工件必须牢固地夹在台虎钳钳口的中部，需锉削的表面略高于钳口，不能高得太多，夹持已加工表面时，应在钳口与工件之间垫以铜片或铝片。

2）锉刀的握法。正确握持锉刀有助于提高锉削质量。

① 大锉刀的握法。右手心抵着锉刀木柄的端头，大拇指放在锉刀木柄的上面，其余四指弯在木柄的下面，配合大拇指捏住锉刀木柄，左手则根据锉刀的大小和用力的轻重，可有多种姿势。

② 中锉刀的握法。右手握法大致和大锉刀握法相同，左手用大拇指和食指捏住锉刀的前端。

③ 小锉刀的握法。右手食指伸直，拇指放在锉刀木柄上面，食指靠在锉刀的刀边，左手几个手指压在锉刀中部。

④ 什锦锉的握法。一般只用右手拿着锉刀，食指放在锉刀上面，拇指放在锉刀的左侧。

（4）锉刀的运用

1）锉削的姿势。正确的锉削姿势能够减轻疲劳，提高锉削质量和效率。人的站立姿势为：左腿在前弯曲，右腿在后伸直，身体向前倾斜（约 10°），重心落在左腿上。锉削时，两腿站稳不动，靠左膝的屈伸使身体做往复运动，手臂和身体的运动要相互配合，并要使锉刀的全长充分利用。

2）锉削时锉刀的运动。锉削的力有水平推力和垂直压力两种。推力主要由右手控制，其大小必须大于锉削阻力才能锉去切屑；压力是由两个手控制的，其作用是使锉齿深入金属表面。

由于锉刀两端伸出工件的长度随时都在变化，因此两手压力大小必须随着变化，使两手的压力对工件的力矩相等，这是保证锉刀平直运动的关键（见图 2—2）。锉刀运动不平直，工件中间就会凸起或产生鼓形面。

锉削速度一般为每分钟 30～60 次。太快，操作者容易疲劳，且锉齿易磨钝；太慢，切削效率低。

3）锉削方法

① 顺向锉法。锉刀沿着工件表面横向或纵向移动，锉削平面可得到正直的锉痕，比较美观。适用于工件锉光、锉平或锉顺锉纹。

② 交叉锉法。是以交叉的两个方向顺序地对工件进行锉削。由于锉痕是交叉的，容易判断锉削表面的不平程度，因此也容易把表面锉平。交叉锉法去屑较快，适用于平面的粗锉。

③ 推锉法。两手对称地握着锉刀，用两个大拇指推锉刀进行锉削。这种方式适用于较窄表面且已锉平、加工余量较小的情况，修正和减少表面粗糙度。

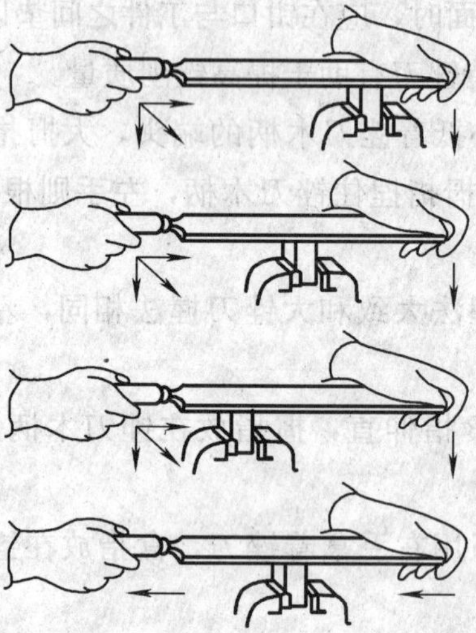

图 2—2　锉刀的运动

（5）锉削注意事项

1）锉刀必须装柄使用，以免刺伤手腕。松动的锉刀柄应及时装紧。

2）不准用嘴吹锉屑，也不要用手清除锉屑。当锉刀堵塞后，应用钢丝刷顺着锉纹方向刷去锉屑。

3）对铸件上的硬皮或粘砂、锻件上的飞边或毛刺等，应先用砂轮磨去，然后再锉削。

4）锉削时不准用手摸锉过的表面，因手有油污，再锉时易打滑。

5）锉刀不能作撬棒或用其敲击工件，防止锉刀折断伤人。

6）放置锉刀时，不要使其露出工作台面，以防锉刀跌落伤脚；也不能把锉刀与锉刀叠放或锉刀与量具叠放。

2. 钢锯

钢锯是用来割锯金属管件等的，其结构和使用方法如图 2—3 所示。

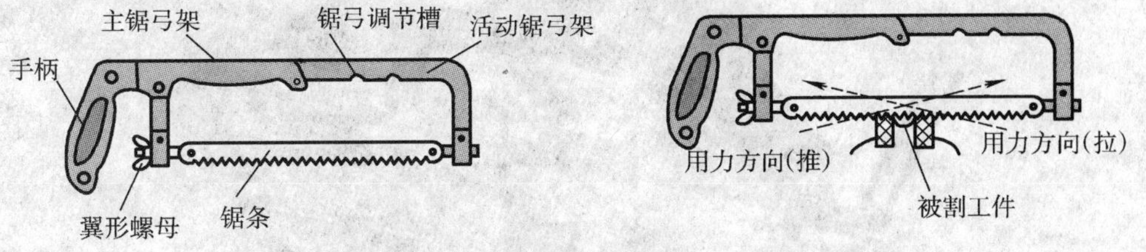

图 2—3　钢锯及其使用示意图

a）结构图　b）使用方法

钢锯由锯弓和锯条组成。按安装锯条的方式，钢锯可分为可调式和固定式两种。固定式锯弓只能安装一种长度的锯条，可调式锯弓通过调整可安装多种长度的锯条。安装时锯条齿方向一定要正确。

(1) 锯条的正确选用。锯条根据锯齿齿距的大小，分为细齿（1.1 mm)、中齿（1.14 mm）和粗齿（1.8 mm）三种，可根据所锯材料的软硬、厚薄选用。锯割软材料（如紫铜、青铜、铅、铸铁、低碳钢和中碳钢等）或较厚的材料时，应选用粗齿锯条，锯割硬材料或较薄的材料（如工具钢、合金钢、管子、薄钢板、角铁等）时，应选用细齿锯条。一般来说，锯割薄材料时，在锯割截面上至少应有三个锯齿同时参加锯割。这样，就可防止锯齿被钩住或崩断。

(2) 锯条安装。钢锯是在前推时才起切削作用的，因此安装锯条时应使齿尖的方向朝前。调整锯条松紧度时，翼形螺母不宜旋得太紧或太松，旋得太紧，锯条受力过大，在锯割中用力稍有不当，锯条就会折断；旋得太松，锯割时锯条容易扭曲，也易折断，并且锯缝容易歪斜。检查锯条松紧度时，可用手扳动锯条，手感觉硬实即可。

3. 台虎钳

台虎钳是一种常用的夹持工具，是锯、锉维修设备零件时所必需的。重点掌握台虎钳结构及其使用方法和注意事项，做到正确熟练使用台虎钳。同时要掌握台虎钳的作用、结构、技术规范及其使用方法和注意事项。

(1) 台虎钳的作用。台虎钳主要用于夹持工件。

(2) 台虎钳的规格尺寸、类型和结构。台虎钳的规格是按钳口长度划分的，常用的规格有 100 mm、150 mm、200 mm 等。台虎钳可分为固定式和回转式两种。

台虎钳的结构如图 2—4 所示。台虎钳主要由钳台和虎钳构成，虎钳由固定钳身、活动钳身、回转盘、固定座、丝杆、丝母及手柄组成。

图 2—4　台虎钳的结构

（3）台虎钳的使用方法及注意事项

1）使用前先将回转盘的固定手把固定好。

2）调节钳口，顺时针旋转手柄时钳口变小，反之钳口变大。旋转手柄时要平稳。

3）夹持工件时不要太紧，防止钳牙吃进工件表面或损坏钳身。夹持工件时，工件另一端要用支架支撑。

4）用完后要用棉纱将钳口和钳台擦干净。

5）不要在钳台和钳身上砸东西，谨防损坏钳台和钳身。

4. 刮刀

刮刀是钳工用来刮研内曲面（如轴瓦等金属）的工具，一般为三棱形，硬度较高，是机械制造和机械维修必不可少的专用工具。根据使用要求，刮刀分为平面刮刀、半圆刮刀、三角刮刀（见图 2—5）。

三角刮刀的规格有 300 mm、350 mm、400 mm、450 mm、550 mm 和 600 mm。

5. 锤子

锤子是凿切、矫正、铆接和装配等工作的敲击工具，由锤头和锤柄两部分组成。

锤子的规格是根据锤头的质量来标定的，锤子的规格一般有 0.25 kg、0.50 kg、0.75 kg、1.00 kg、1.25 kg、1.50 kg 六种。

（1）锤子的种类及用途。锤子分为硬手锤和软手锤两种。硬手锤的锤头由碳钢淬硬制成，常用的有圆头和方头两种。硬手锤一般用于凿切、拆装工作。软手锤的锤头由硬铝、铜、硬橡胶、木材和尼龙制成。凡工作物经不起钢锤敲击的均应选用软手锤。

手柄一般用坚韧的木料制成椭圆形，其柄长为 300～350 mm。

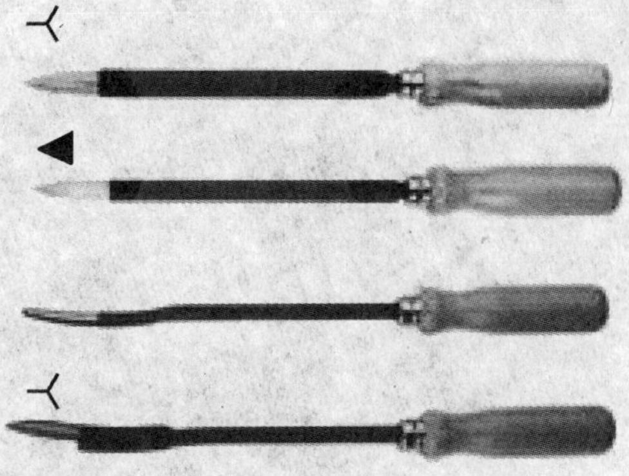

图 2—5　刮刀

（2）使用锤子的注意事项

1）使用前，必须检查锤柄有无松动或破裂现象，以免工作中锤头飞出，发生危险。

2）使用时，应将手上和锤子上的油污擦净，以防工作中滑脱伤人。

3）以右手握住锤柄的后端锤击时，锤头不可东倒西歪，锤面应与工作物平行接触，眼睛应注视工作物。

4）挥锤方法有手挥、肘挥、臂挥三种。手挥是手腕的前后弯曲运动，锤劲较小，适用于铲凿开始和结尾。肘挥是靠手和肘的运动，这种挥锤方法力量较大，比较省力，适用于各种作业。臂挥是手和上臂一起运动，需要重击时才采用。

6. 錾削

用锤子打击錾子对金属工件进行切削加工的方法称为錾削（见图 2—6），又称凿削。其工作范围主要是去除毛坯上的凸缘、毛刺和分割材料、錾削平面及油槽等，经常用于不便于机械加工的场合。

钳工常用的錾子有扁錾、尖錾、油槽錾。

7. 砂轮机

（1）砂轮机的种类。砂轮机分为台式（见图 2—7）、立式和手持式三种。

（2）砂轮机的安全操作规程

1）非本车间人员或未经实习指导教师许可不得随便使用砂轮机。

2）使用砂轮机时要精神集中，检查砂轮机运转是否正常，只有正常情况下才能使用。

3）砂轮必须戴好砂轮罩，托架距砂轮不得超过 5 mm。

4）使用者要戴防护镜，不得正对砂轮，而应站在侧面。使用砂轮机时，不准戴手套，严禁使用棉纱等物包裹刀具进行磨削。

5）不得两人同时使用砂轮，严禁在磨削时嬉笑与打闹。

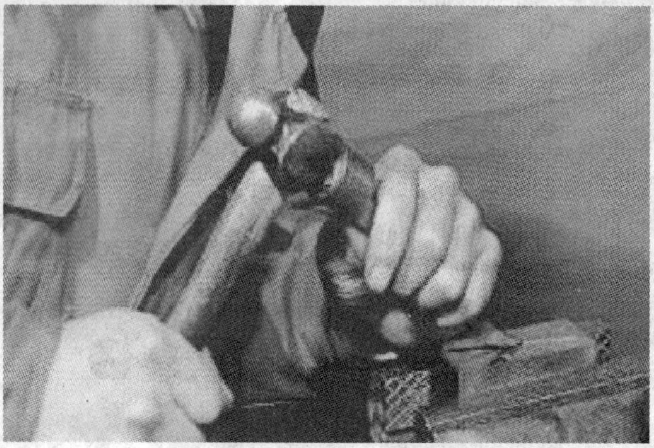

图 2—6　錾削

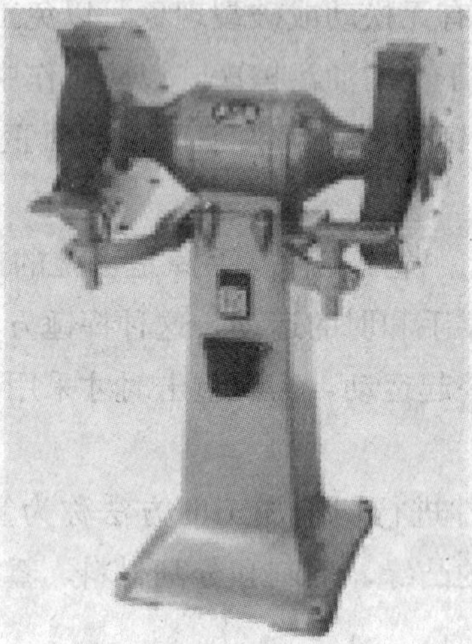

图 2—7　台式砂轮机

6）磨削时的站立位置应与砂轮机成一夹角，且接触压力要均匀，严禁撞击砂轮，以免砂轮碎裂（见图 2—8）。

7）砂轮只限于磨刀具，不得磨笨重的物料或薄铁板以及软质材料（铝、铜等）和木质品。

8）砂轮机启动后，需待砂轮运转平稳后方可进行磨削，压力不可过大或用力过猛。砂轮的三面（两侧及圆周）不得同时磨削工件。

9）新砂轮片在更换前应检查是否有裂纹，更换后需经 10 min 空转后方可使用。在使用过程中要经常检查砂轮片是否有裂纹、异常声音、摇摆、跳动等现象，如果发现应立即停车报告车间主任和安全员。

10）使用后必须拉闸，要保持卫生。

11）严禁私自拆卸砂轮。

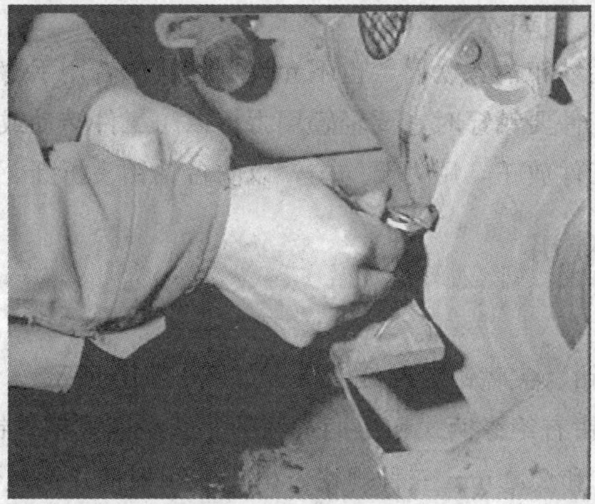

图 2—8 砂轮机的操作

8. 台钻

（1）台钻的种类和用途。台钻分为台式台钻（见图 2—9）、小台钻、微型台钻、小型台钻等，主要用于钻孔。

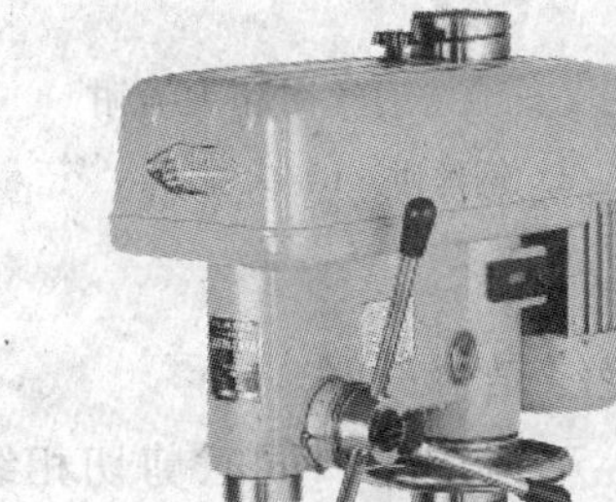

图 2—9 台式台钻

（2）台钻的使用

1）使用台钻时禁止戴手套。台钻防护罩应卡牢，夹紧装置应锁紧。

2）使用台钻钻孔时，工件必须用钳子、夹具、压铁夹紧压牢，禁止用手拿着工件进行钻孔。钻薄片工件时，下面要垫木板。

3）不准在钻孔时用纱布清除铁屑，也不允许用嘴吹或者用手擦拭，应使用专用工具。

4）在钻孔开始或工件要钻穿时，要轻轻用力，以防工件转动或甩出。

5）工作中，要把工件放正，用力要均匀，以防台钻钻头折断。

二、常用工具的使用

1. 钳子

常用的钳子有钢丝钳、尖嘴钳、断线钳等，如图 2—10 所示。

（1）钢丝钳。钢丝钳有绝缘柄式和裸柄式两种。绝缘柄式钢丝钳为电工专用钳，常用的有 150 mm、175 mm 和 200 mm 三种规格。电工禁用裸柄式钢丝钳。

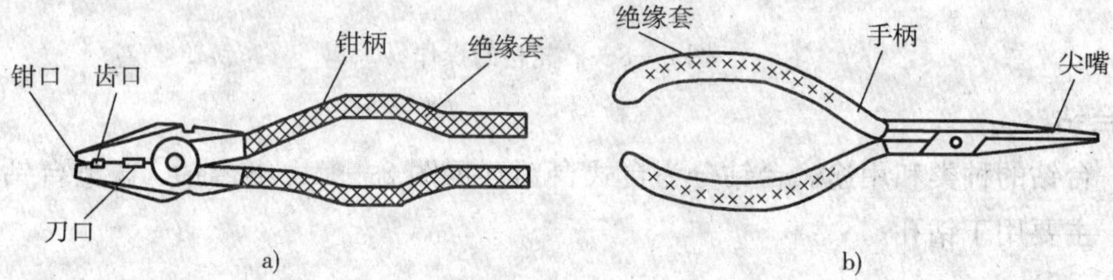

图 2—10　钢丝钳和尖嘴钳

a）钢丝钳　b）尖嘴钳

使用钢丝钳应注意以下事项：

1）使用前，应检查绝缘柄的绝缘是否良好。

2）用电工钳剪切带电导线时，不得用钳口同时剪切相线和零线，或同时剪切两根相线，那样均会造成线路短路。

3）钳头不可代替锤子作为敲打工具。

（2）尖嘴钳。尖嘴钳的头部尖细，适合在狭小的工作空间操作。尖嘴钳也有裸柄式和绝缘柄式两种。电工禁用裸柄式尖嘴钳。绝缘柄式尖嘴钳的耐压强度为 500 V。常用的尖嘴钳有 130 mm、160 mm、180 mm、200 mm 四种规格，其握法与电工钳的握法相同。

使用尖嘴钳的注意事项如下：

1）电气维修必须用绝缘柄式尖嘴钳。

2）使用时不能用尖嘴撬工件，以免钳嘴变形。

3）刃口尖嘴钳只能剪切金属丝，不能剪钢质粗丝。

4）带电作业前必须检查绝缘套是否漏电。

2. 扳手

扳手主要用来紧固和拆卸零部件，通常有四种类型，即梅花扳手、套筒扳手、活扳手和呆扳手。

（1）梅花扳手。梅花扳手的扳头是一个封闭的梅花形，如图2—11所示。当螺母和螺栓头的周围空间狭小，不能容纳普通扳手时，就采用这种扳手。梅花扳手常用的规格有14～17 mm、17～19 mm、22～24 mm、24～27 mm、30～32 mm等。

图2—11　梅花扳手示意图

梅花扳手可以在扳手转角小于60°的情况下，一次一次地扭动螺母。使用时一定要选配好规格，使用与被扭螺母尺寸相符的梅花扳手，不能松动打滑，否则会啃坏梅花棱角。使用扳手时不能用加力杆，不能用锤子敲打扳手柄，扳手头的梅花沟槽内不能有污垢。

（2）套筒扳手。当螺母或螺栓头的空间位置有限，用普通扳手不能工作时，就需采用套筒扳手，如图2—12所示。

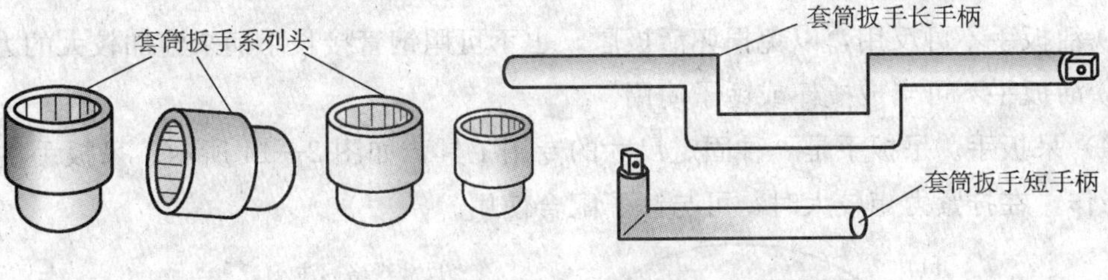

图2—12　套筒扳手组成图

使用套筒扳手的方法如下：

1）根据被扭件选择扳手规格，将扳手头套在被扭件上。

2）根据被扭件所在位置选择合适的手柄。

3）扭动前必须把手柄接头安装稳定才能用力，防止打滑脱落伤人。

4）扭动手柄时用力要平稳，用力方向与被扭件的中心轴线垂直。

（3）活扳手。活扳手又称活络扳手，其开口宽度可以调节，能扳一定尺寸范围内的螺栓或螺母。活扳手是用来紧固和拧松螺母的一种常用工具，如图2—13所示。

1）活扳手的选用。活扳手由头部和柄部组成。头部则由活扳唇、呆扳唇、扳口、蜗轮和轴销等构成。旋动蜗轮就可调节扳口的大小。

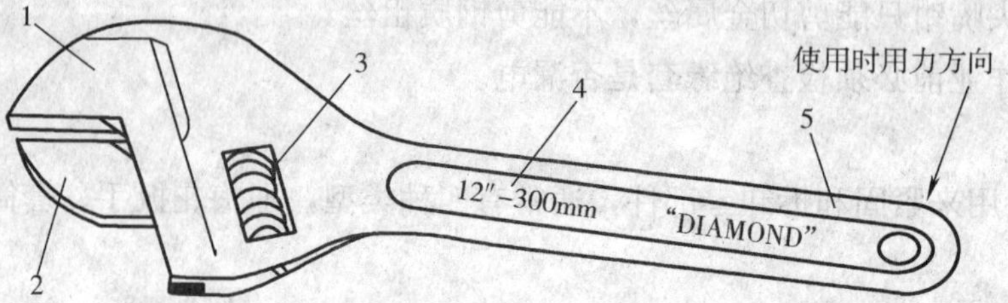

图 2—13　活扳手示意图

1—活扳唇　2—呆扳唇　3—蜗轮　4—使用范围　5—手柄

常用的活扳手有 150 mm、200 mm、250 mm、300 mm 四种规格，见表 2—1。由于其开口尺寸可以在规定范围内任意调节，所以特别适于在螺栓规格多的场合使用。使用时，应使扳唇紧压螺母的平面。扳动大螺母时，手应握在接近手柄尾处。扳动较小的螺母时，手应握在接近头部的位置。施力时手指可随时旋调蜗轮，收紧活扳唇，以防打滑。

表 2—1　　**常用活扳手的规格**

长度（mm）	100	150	200	250	300	350	375	450	600
开口最大宽度（mm）	14	19	24	30	36	41	46	55	65

2）活扳手的使用注意事项

① 活扳手不可反用，以免损坏活扳唇，也不可用钢管接长手柄来施加较大的力矩。

② 活扳手不可当成撬棒或锤子使用。

（4）呆扳手。呆扳手是一种固定尺寸的专用工具，如图 2—14 所示。呆扳手主要用于专项工作，在拧紧力矩较大时，可与锤子配合使用。

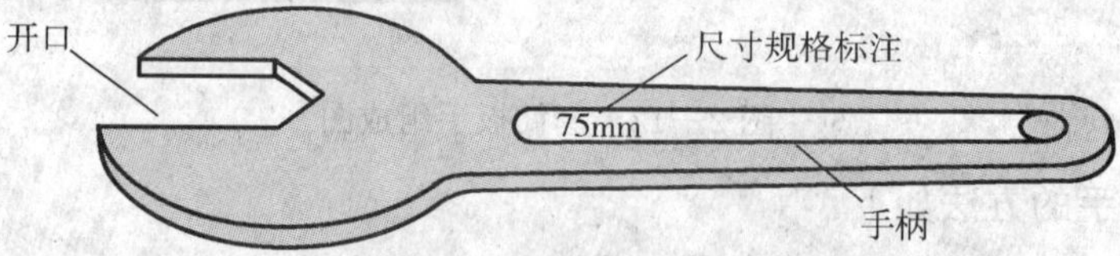

图 2—14　呆扳手示意图

使用呆扳手时，若需要较大力量，应防止打滑、砸手，更不能用过大的锤子敲击。

3. 扭力扳手

（1）扭力扳手的结构如图 2—15 所示。扭力扳手分为定值式、预置式两种。预置式扭力扳手是指扭矩的预紧值是可调的，使用者根据需要进行调整。使用扳手前，先将需要的实际拧紧扭矩值预置到扳手上，当拧紧螺纹紧固件时，若实际拧紧力矩与预紧力矩值相等，扳手发出“咔嗒”报警响声，此时立即停止扳动，释放后扳手自动为下一次自动设定预紧力矩值。扭力扳手手柄上有窗口，窗口内有标尺，标尺显示拧紧力矩值的大小，窗口边上有标准线。当标尺上的线与标准线对齐时，该拧紧力矩值代表当前的拧紧力矩预紧值。设定预紧力矩值的方法是，先松开扭力扳手尾部的尾盖，然后旋转扳手尾部手轮，管内标尺随之移动，将标尺的刻线与管壳窗口上的标准线对齐。头部形式可随用户需求配置，如内六角、开口、一字、十字、梅花、标准等。

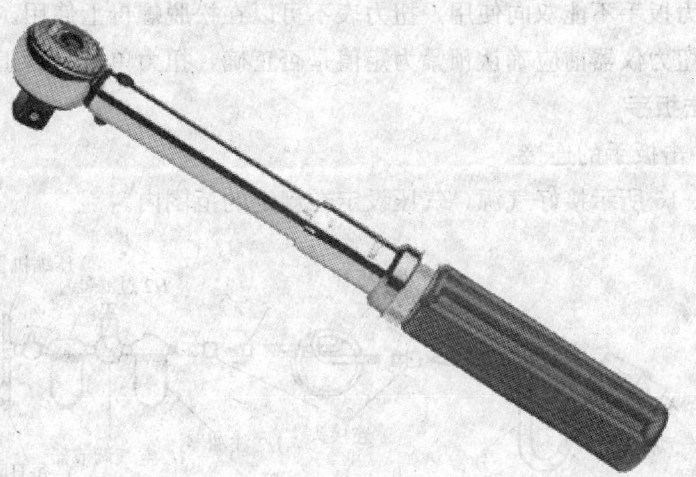

图 2—15　扭力扳手

(2) 扭力扳手的使用要求

1) 在扭力扳手的使用中，首先要根据扭力的要求选取适中量程的扭力扳手。所测扭力值不可小于扭力器在使用中量程的 20%，太大的量程也不宜用于小量程的扭力扳手。

2) 在使用扭力扳手时，先将套筒连接好辅助配件，确保连接已经没问题。再设定好需要施加的扭力值，并锁好锁紧装置。然后调整好方向转换钮到加力的方向。

3) 使用时，手要把握住把手的有效范围，沿垂直于管身方向慢慢地加力直至听到到达已设定的量值后发出的声音。在施力过程中，按照国家标准仪器操作规范，其垂直度偏差左右不应超过 10°，其水平方向上下偏差不应超过 3°。

(3) 扭力扳手的读数

1) 如果是带表扭力仪器，直接读取指针所指示的数据即为测量数据值。

2) 如果是刻度指示器，应先读取主刻度上的刻度值，再加上副刻度或微分筒上的刻度值，其和即为测量数据值。

(4) 扭力扳手的使用注意事项

1) 扭力扳手是精密机械仪器，操作时应小心谨慎，不可突然施加作用力而导致内部机构失灵。

2）不能把扭力扳手当铁锤使用，应轻拿轻放，不可乱丢。

3）不能随意拆卸，更换部件后应送校验组校准，确认其功能是否满足要求。

4）不能让其超量程工作，当达到设定值和听到“咔嗒”声后应停止加力。

5）不可用异物堵塞、粘接、固定扭矩调节套筒或把手。

6）单向扭力扳手不能双向使用，扭力表不可以在松脱螺母上使用。

7）在使用扭力仪器前应确认预紧力矩值是否正确，扭力单位是否正确。

4. 气动冲击扳手

（1）气动冲击扳手的连接

1）按图 2—16 所示接好气源，气压设定在规定的范围内。

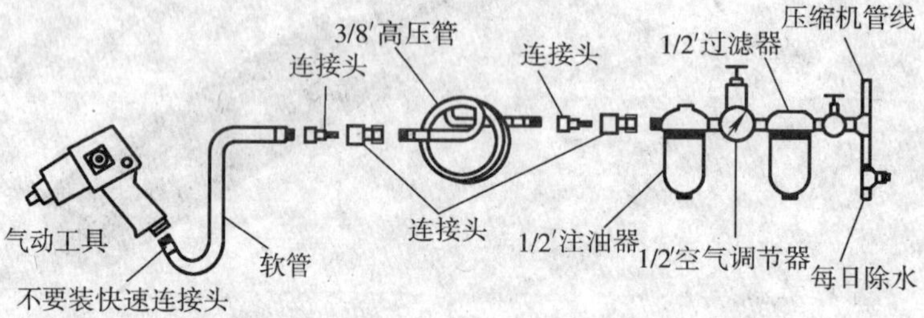

图 2—16　连接气动扳手

2）在气管接头上缠一些生料带（见图 2—17）。

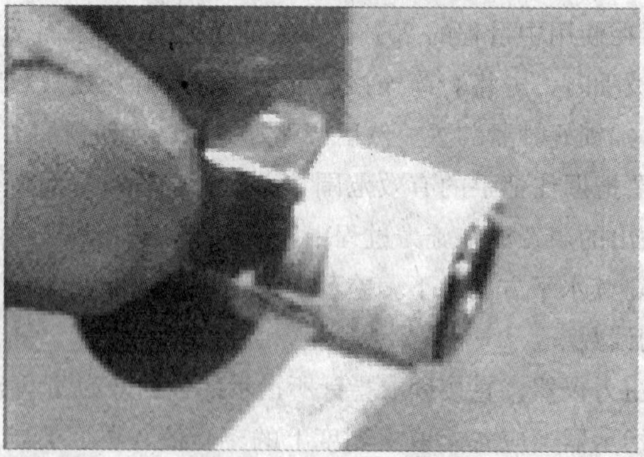

图 2—17　接头处包生料带

3）将接头旋入枪体上，并顺时针拧紧（见图 2—18）。

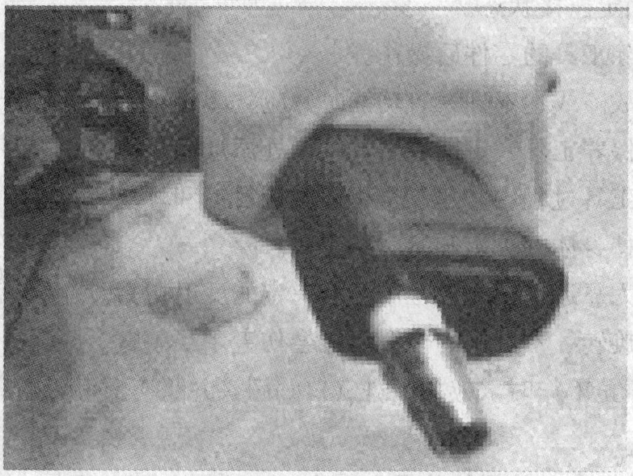

图 2—18　安装接头

4）加入 2～3 滴 10 号机油（见图 2—19）。

图 2—19　滴润滑油

5）接上带快速接头的气管。

6）按下扳机即可正常工作。

(2) 气动冲击扳手的使用注意事项

1）气动工具在正常工作时，进气压力在工具入口处一般为 90 psi[①]，气压应保持稳定。

2）在工作前，应检查套筒和工具驱动端连接是否紧密，应保证套筒、驱动端和 O 形

① 1 psi＝6.895 kPa

密封圈处于良好的固定连接状态。

3）不可随意拆除工具的零件后操作。

4）若工具略有故障或达不到原有功能时，应立即停止使用并进行检查。

5）定期检查、保养工具，定期在工具轴承处添加润滑脂（一般每月一次）。

6）在使用气动工具过程中，建议全程佩戴护目镜和耳塞。

7）操作时，保持身体的平衡和稳固的姿势。

8）使用时不要太靠近，工作过程中会有一定的反射扭力。

9）振动、重复旋转、不舒服的位置可能会伤害手或手臂。

10）当长时间停止工作时，应关闭进气口阀门，并将工具和气管断开。

5. 随车工具

（1）随车工具的组合和放置的位置如图 2—20 所示。随车工具在行李箱中地板盖板下面，随车工具包括以下部件：

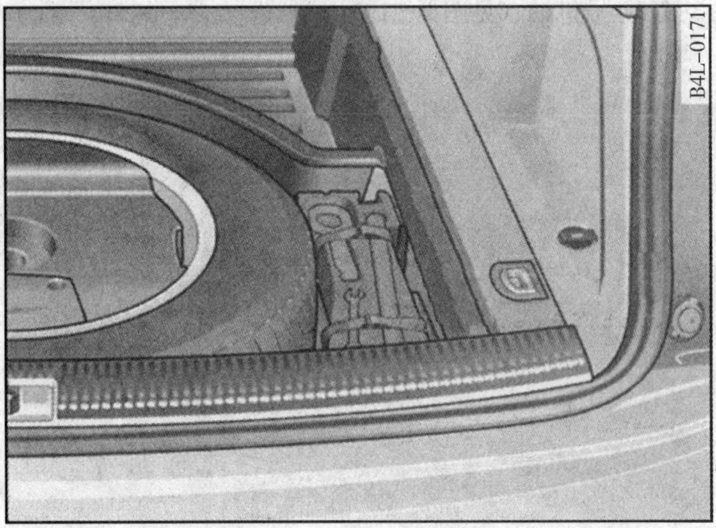

图 2—20　随车工具

1）车轮装饰罩的拆卸钩。

2）用于车轮螺栓封盖的塑料夹。

3）车轮扳手。

4）用于更换车轮的定位销。

5）可换工具头的旋具。

6）开口扳手。

7）牵引环。

8）防盗车轮螺栓的适配接头。

9）汽车千斤顶和折叠式车轮楔。

上述部件中的一些部件是选装装备或仅用于某些车型。

（2）随车工具的使用

1）汽车千斤顶。汽车千斤顶和折叠式车轮楔在行李箱中地板盖板下面（见图 2—21）。使用时的注意事项如下：

图 2—21　汽车千斤顶和折叠式车轮楔

① 不得用其举升更重的汽车或其他重物，否则有受伤危险。

② 汽车举升起来后，不得起动发动机，否则有发生事故的危险。

③ 如果必须在汽车下面作业，那么一定要用合适的垫块将汽车牢固顶住，否则有受伤危险。

④ 如果支撑板的“凸耳”没有按规定在底座的长形孔中插好，车轮楔便不能充分发挥功能，而且不稳定。在这种情况下，汽车在更换车轮时可能会移动。

⑤ 切勿使用有损坏或没有按规定装配的车轮楔。

⑥ 在用汽车千斤顶顶起汽车之前，对于带有可调空气悬架的汽车必须先激活举升模式。

2）折叠式车轮楔的使用方法（见图 2—22）

图 2—22　折叠式车轮楔的使用方法

① 解开两个尼龙搭扣，然后取出两个车轮楔。

② 先把支撑板掀起来，然后把固定板用两个“凸耳”插入底座的长形孔中。

三、钳工安全操作规程

1. 锤头和锤把要安装牢固，没有楔子不准使用。

2. 锤头、錾子、冲头尾部不准有淬头裂缝或卷边及毛刺，錾切工件时要注意自己和他人，不要被切屑击伤。

3. 锤击时要注意周围环境，根据工作场所情况在工件前放置安全网。

4. 锤击时应尽量将锤头和锤把上的油擦净，不得戴手套操作。

5. 使用锉刀前应装上手柄。

6. 锉刀柄不得有裂缝，必须有箍，不得用铁丝绑扎。

7. 锉刀放置不得伸出工作台外。

8. 不准用锉刀撬、砸、敲打其他物品。

9. 锉刀在工件上不能推拉过端部。

10. 不得将坚硬物品放置于锉刀之上。

11. 工件支撑一定要牢固平稳，在支撑过程中要随时加木垫。

12. 大工件翻身调面，必须有起重工具，并加木垫。

13. 平台要保持洁净，搬动时要防止平面划伤，保持平台工作面的精度。

14. 锯条安装得不宜过松或过紧，以免断裂。

15. 锯割工件用台虎钳夹持时，锯切位置不宜伸出过长。

16. 工件锯割开始或将要切断时，须轻轻推锯，以防滑出碰手或使锯条断裂。

17. 锯切的工件一定要夹紧，锯切钢件时要润滑。

18. 工作前必须检查扳牙、扳牙架、丝锥和丝杠是否有损坏、裂纹。

19. 使用丝锥和扳牙时，一定要使其垂直于加工工件，用力均匀，不要过猛，以防工具及工件损坏，攻不透孔螺钉时更要特别小心。

20. 刮刀一定要装好手把后方可使用，以免戳伤。

21. 刮研时不要用力过猛，以免滑脱刺伤。

22. 刮研时工件要轻拿轻放，合研表面必须保持清洁。

23. 工件研磨时不要用力过猛，推拉时不得过长。

24. 工件放在钳口上要夹紧，转紧或放松台虎钳时，防止打伤手指。

25. 使用砂轮刃磨工具时，要听从师傅指导，并按操作规程进行。

26. 钻孔时按机加工一般安全技术规则进行（见机加工安全技术规则）。

27. 钻床速度不能随意变更，如需调整，需经师傅同意，必须停车后才能调整。

28. 钻孔时工件必须夹于台虎钳上，严禁用手握住工件进行，钻孔将要穿透时，应十分小心，不可用力过猛。

29. 装配时，笨重零件的搬运应量力而行，装配清洗零件时，注意不要接近火种，用油加温轴承时，温度不得超过 200℃，以防火灾。

30. 装配中所用扳手、旋具等均要符合规定，用力不能过猛，以防打滑造成事故。

技能要求

螺栓的拆卸

操作内容：

（1）拆卸支架上的内六角螺钉和星形螺栓。

（2）用锥子和锤子拆卸支架上的无角螺钉。

（3）用梅花扳手将 2 个螺钉以规定的力矩拧紧。

教学目标：

（1）学会选用和使用常用工具。

（2）能拆卸锈蚀和无角的螺栓。

（3）具备估算拧紧力矩的能力。

实训设备与器材：

（1）螺栓拆装支架（定制）（2 个），如图 2—23 所示。

图 2—23　螺栓拆装支架

（2）长短接杆、棘轮、梅花扳手、錾子、锤子。

（3）梅花扳手、套筒扳手（8 mm、10 mm、12 mm、14 mm、17 mm）各种规格各 1 个。

（4）螺钉（6 mm、8 mm）各种规格各 2 个，内六角螺钉和星形螺栓。

（5）扭力扳手（25～75 N·m）。

操作步骤：

步骤 1　拆卸支架上的内六角螺钉

（1）选择合适的工具。

（2）以恰当的手势拆卸。

步骤 2　拆卸支架上的星形螺栓

（1）选择合适的工具。

（2）以恰当的手势拆卸。

步骤 3　拆卸无角的螺栓

（1）用左手把住錾子，将刀口垂直对准拆卸螺栓的边沿。

（2）右手用锤子敲打錾子的尾部，直至在螺栓的边沿形成深度为 1～2 mm 的缺口。

（3）錾子的刀口以 45°水平对准螺栓的边沿，逆时针敲击錾子直至螺栓慢慢旋出（见

图 2—24）。

图 2—24　拆卸无角的螺栓

步骤 4　估算拧紧扭矩

(1) 用手将六角螺栓带紧在支架上的对应孔内。

(2) 选择合适的梅花扳手。

(3) 依靠感觉将六角螺栓以一定的扭矩（如 15 N·m）拧紧。

(4) 将扭力扳手调整至 13 N·m，拆卸该螺栓。如能拆卸，则拧紧的扭矩过低。

(5) 将扭力扳手调整至 17 N·m，拆卸该螺栓。如还不能拆卸，则拧紧的扭矩过大。

凹凸体的加工

操作内容：

(1) 在 2 块 8 mm 的钢板上完成图示凹凸体的加工。

(2) 形状、位置和尺寸符合图示的要求。

(3) 完成后能达到图 2—25 所示的配合要求。

教学目标：

(1) 学习与训练锉削的姿势与手法。

(2) 学习与训练锯削的姿势与手法。

(3) 学习与训练錾削的姿势与动作。

实训设备与器材：

(1) 划针。

(2) 锉刀。

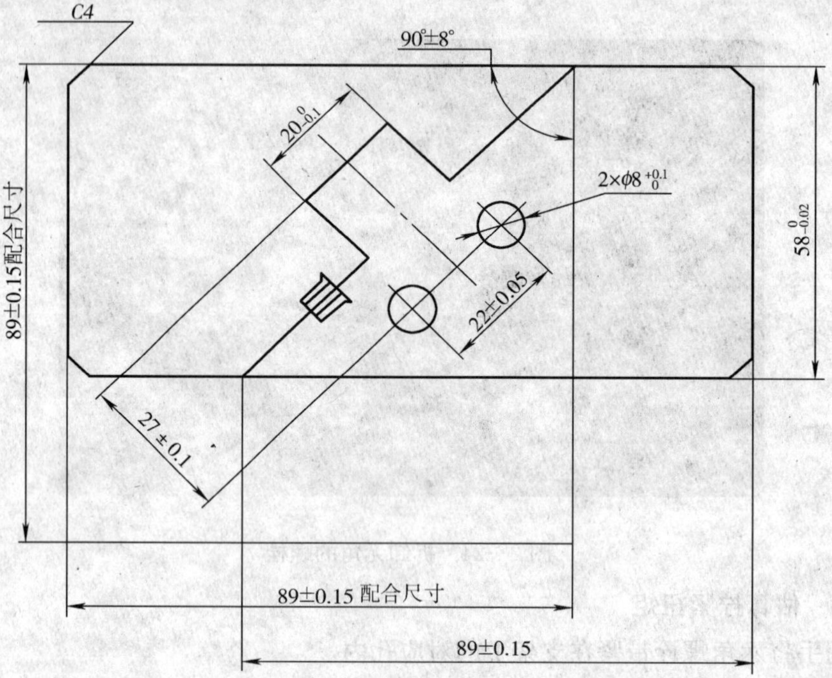

图 2—25　加工要求

（3）锯弓。

（4）8 mm 钻头。

（5）钻床。

（6）8 mm 钢板。

操作步骤：

步骤 1　用划针在钢板上划出图形和圆孔中心的位置。

步骤 2　用钢锯按图 2—25 所示尺寸锯削，留有 0.5 mm 的余量。

步骤 3　用粗、细锉刀分别锉削至规定尺寸，并达到配合的精度（见图 2—26）。

步骤 4　在指定位置上钻 2 个直径 8 mm 的孔。

更换轮胎

操作内容：

（1）拆卸备胎。

（2）取出随车工具。

（3）更换车轮。

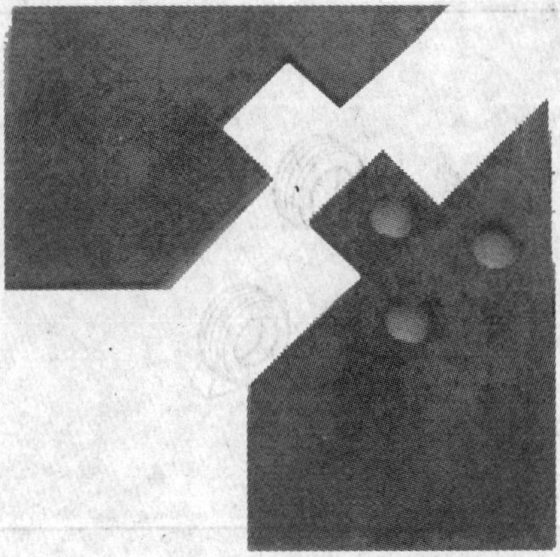

图 2—26　凹凸体加工的成果

（4）工具和备胎复位。

教学目标：

（1）知道换胎的方法和流程。

（2）熟练掌握随车工具的使用方法。

实训设备与器材：

（1）整车一辆。

（2）备胎。

（3）车轮扳手。

（4）千斤顶。

操作步骤：

步骤 1　准备工作

（1）将车辆停放在安全、坚硬的水平地面上并接合驻车制动器。

（2）拔出点火钥匙并将自动变速器挂在 P（驻车挡）位置。

（3）用适合的实心物体挡住与瘪胎对角的车轮（见图 2—27）。

步骤 2　取出备胎和随车工具

（1）备用车轮存放在后备厢地板中的一个舱内。打开后备厢，抓住备用车轮罩伸缩带把手并向上拉起（见图 2—28）。

（2）用手松开夹持器螺母并取出备用车轮（见图 2—29）。

（3）松开第二个夹持器螺母，拆下压盘，拿取工具。

（4）取出车轮扳手和千斤顶（见图 2—30）。

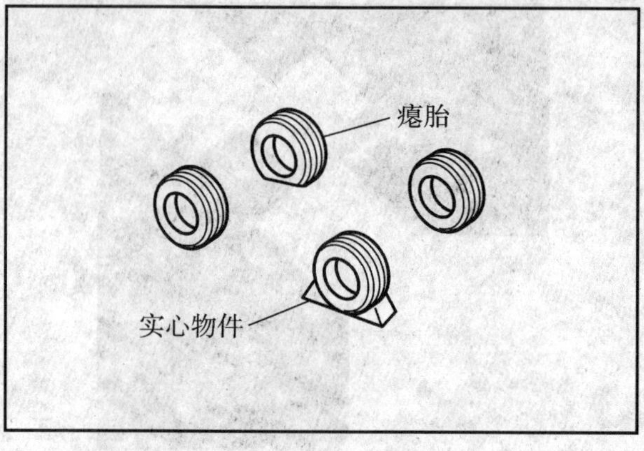

图 2—27　架起瘪胎对角的车轮

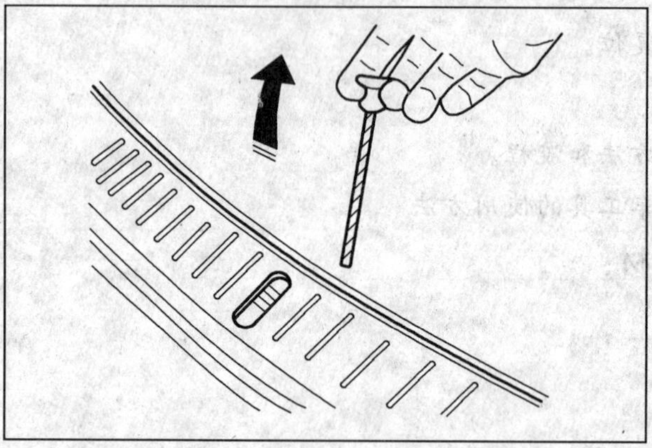

图 2—28　抬起后备厢地板

（5）将工具放在正在更换的车轮旁边。

步骤 3　移开车轮螺母

如果车轮装饰盖盖住了车轮螺母，按照以下操作步骤移开：

（1）如果安装了完整的车轮罩，则用车轮扳手末端将其撬开。

（2）如果是安装的中心盖盖住了车轮螺母，则用扳手末端移开。

（3）如果中心盖是用车轮螺母固定，则在拆下车轮螺母时会拆除。

步骤 4　轮胎的拆卸

（1）将车轮螺母扳手完全展开，以逆时针方向将车轮螺母拧松半圈或一圈，但不要拆下车轮螺母。

（2）将千斤顶放在靠要更换车轮最近的举升位置下方。有四个举升位置可供应千斤顶

图 2—29 取出备用车轮

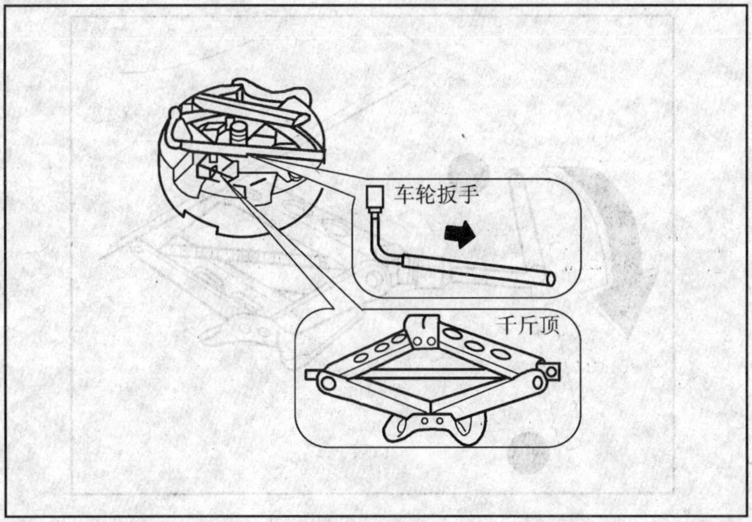

图 2—30 取出车轮扳手和千斤顶

使用，这些位置可通过门槛下侧的切口标记识别（见图 2—31）。千斤顶不得用在任何其他位置。

（3）用手摇起千斤顶，直到顶住举升点，确保千斤顶未倾斜，基座平放在地面上。

（4）将车轮扳手与千斤顶套合，将扳手从位置 A 转到位置 B 顶起车轮，直到瘪胎底部离地约 5 cm（见图 2—32）。

（5）拆卸车轮螺母并将其（一起）放在干燥、清洁的地方，避免螺纹中进入灰尘。拆

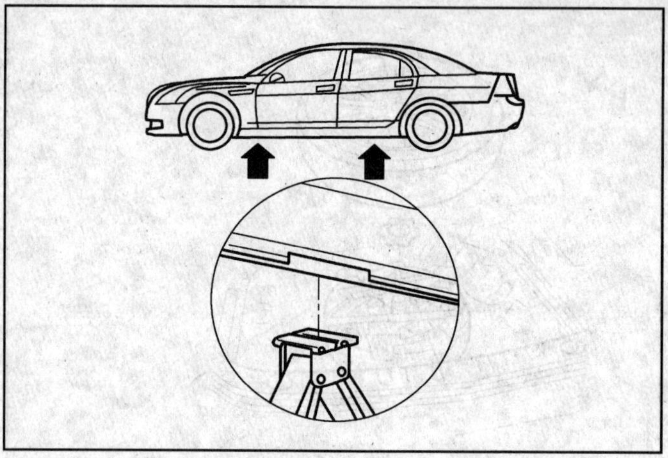

图 2—31　举升位置

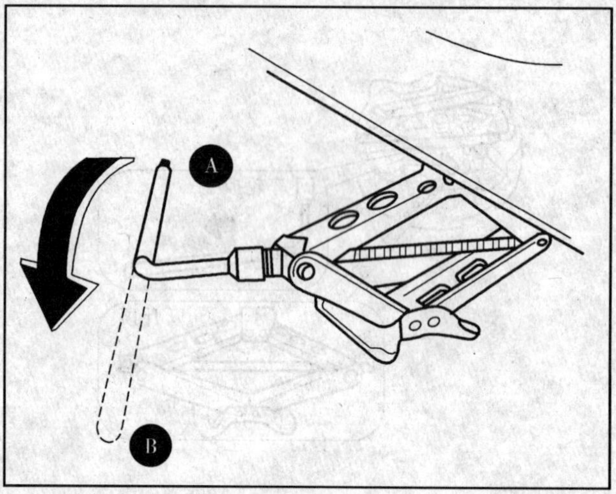

图 2—32　顶起车轮

卸瘪胎。

步骤 5　换胎

（1）用备用车轮替换车辆上的车轮。

（2）装回车轮螺母，并用车轮螺母扳手轻轻拧紧。

（3）按使用千斤顶顶起车辆的相反顺序降下车辆，从车辆下面移开千斤顶。

（4）将车轮放到地面，展开车轮螺母扳手，按照图 2—33 所示顺序将车轮螺母完全拧紧。

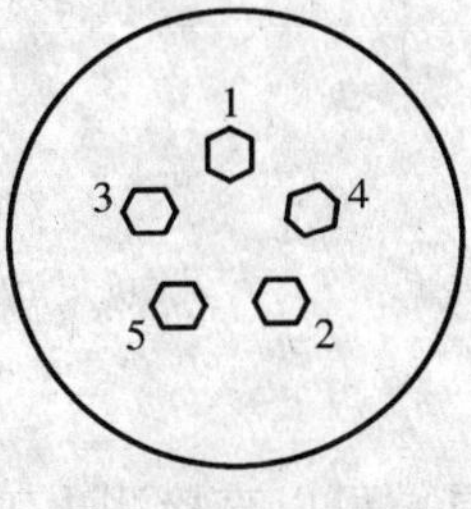

图 2—33　车轮螺母固定顺序

(5) 更换车轮后，应尽快用扭力扳手将车轮螺母紧固到（170±20）N·m。车轮螺母应按图 2—33 所示顺序均匀紧固至正确的拧紧力矩，如果车轮螺母紧固不当，最终会导致车辆行驶时车轮脱落。

(6) 将车轮装饰盖装回，盖住车轮或车轮螺母。如果安装了完整的车轮装饰盖，轮胎气门必须对准车轮装饰盖中的孔，然后安装。确保车轮装饰盖卡夹式支脚正确固定在卡槽中。

(7) 将工具放回工具箱中，将瘪胎放在后备厢中。为避免工具在工具箱中移动以及备用车轮移动，用手将两个固定螺母拧紧。

第 2 节　常用量具的使用

学习单元 1　游标卡尺、千分尺、内径百分表的使用

学习目标

- 1. 了解游标卡尺、千分尺、百分表的作用和使用方法。
- 2. 通过测量内径，熟练掌握游标卡尺、千分尺和内径百分表的使用方法。
- 3. 通过测量轴类零件的跳动量，熟练掌握磁性表座、百分表的使用方法。
- 4. 通过测量汽缸盖的平面度，熟练掌握刀口尺和塞尺的使用方法。

知识要求

一、游标卡尺

1. 游标卡尺的作用与规格

游标卡尺是一种中等精度的量具，可以直接测出工件的长度、外径、内径和深度，如图 2—34 所示。常用的游标卡尺有 150 mm 和 200 mm 两种规格，这两种游标卡尺的精度均为 0.02 mm。

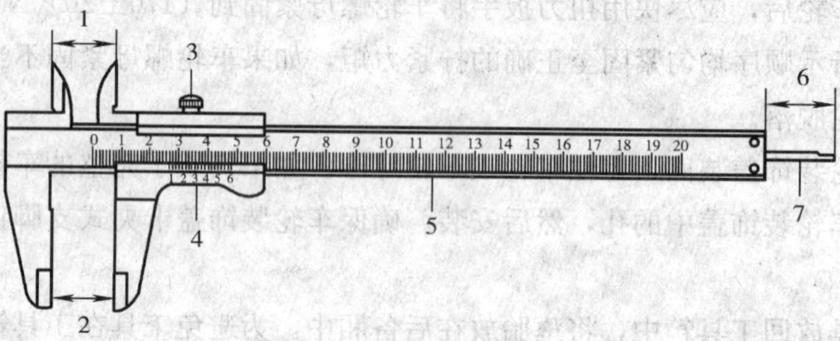

图 2—34　游标卡尺示意图

1—测量爪内径　2—测量爪外径　3—止动螺钉　4—游标尺刻度

5—主要刻度　6—深度测量　7—深度尺

2. 游标卡尺的使用方法

（1）游标卡尺的测量方法（见图 2—35）

1）在测量前完全合上量爪，并检查读数是否为 0。

2）在测量时，轻轻地移动卡尺，使零件刚好放在量爪间。

3）一旦零件刚好放在量爪之间，用止动螺钉固定游标尺，以便更方便地读取测量值。

（2）游标卡尺的读数

1）在主尺上读出副尺零位的读数，如图 2—36 所示。

2）在副尺上找到和主尺相重合的读数，将此读数除 100 即为毫米数，将上述两数值相加，即为游标卡尺测得的尺寸。

读数时要在光线较好的地方进行，不能斜视读数。

图 2—36 所示的读数为 45＋0.25＝45.25（mm）。

（3）使用注意事项

1）测量前应擦净工件测量表面、游标卡尺的尺身和内、外测量爪及深度尺尖端。

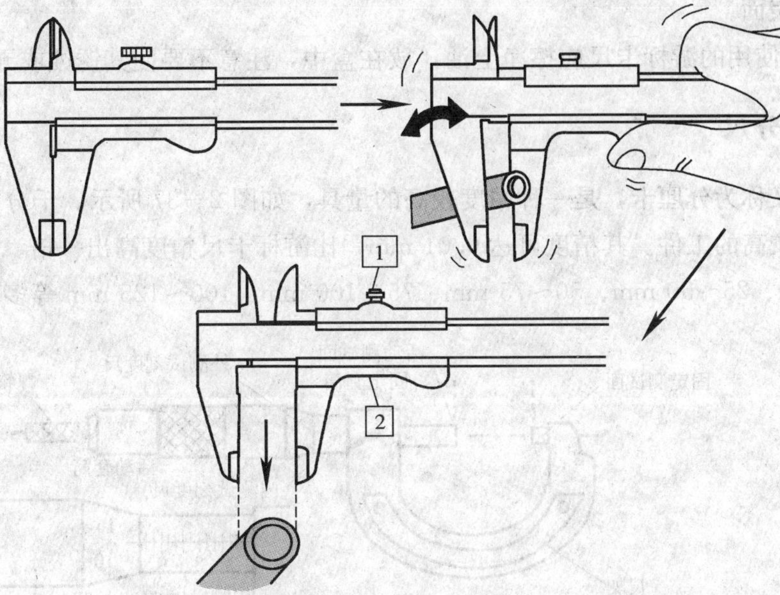

图 2—35　游标卡尺的测量方法

1—止动螺钉　2—游标尺

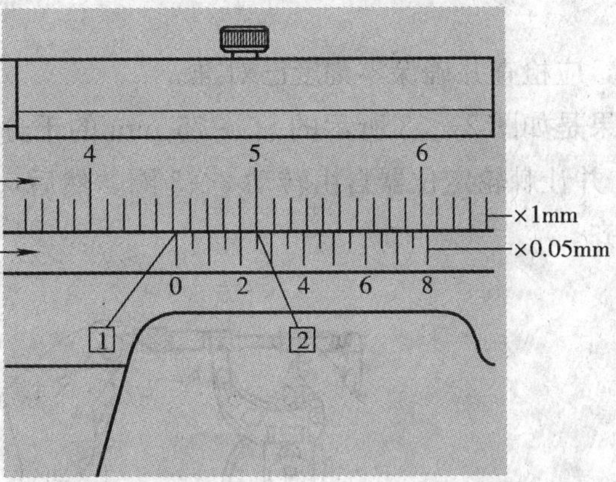

图 2—36　游标卡尺的读数

1—主尺读数　2—副尺读数

2）使用前合拢外测量爪，检查尺身、游标零线是否对齐。

3）在测量时按图 2—35 所示的正确方法进行测量。读数时，应使游标卡尺处于水平状态，并让视线正对着刻线，以免视线不正而产生读数误差。

4）使用中应注意清洁卡尺测量爪的测量面。不能用游标卡尺测量锻件、铸件表面与运动工件的表面。

5）久不使用的游标卡尺应擦净上油，放在盒中，注意不要使其锈蚀或弄脏。

二、千分尺

千分尺又称为分厘卡，是一种精度较高的量具，如图 2—37 所示。千分尺主要用于测量精度要求较高的工件。其精度可达 0.01 mm，比游标卡尺精度高出一倍。常用的千分尺有 0～25 mm、25～50 mm、50～75 mm、75～100 mm、100～125 mm 等多种规格。

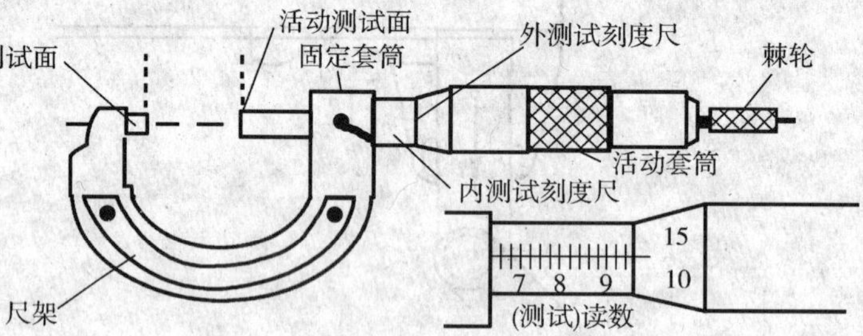

图 2—37　千分尺结构示意图

1. 校零

使用千分尺前，应检查并确保零刻度已对准。

（1）检查。如果是如图 2—38 所示的 50～75 mm 的千分尺，在开口内放置一个标准的 50 mm 校正器，并让棘轮定位器自由转动 2～3 圈。然后，检查套管上的基准线与套筒的零刻度线是否对齐。

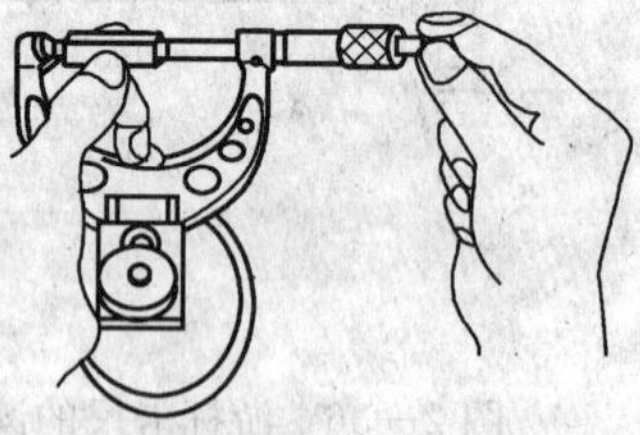

图 2—38　千分尺的校零

（2）调整。如果误差低于 0.02 mm，使锁销啮合以便固定轴。然后，使用如图 2—39 所示的调整扳手以便移动和调整套管。

如果误差大于 0.02 mm，使锁销啮合以便固定轴。用调整扳手按图 2—40 所示的箭头方向松开棘轮定位器，然后将套筒的零刻度线与套管的基准线对齐。

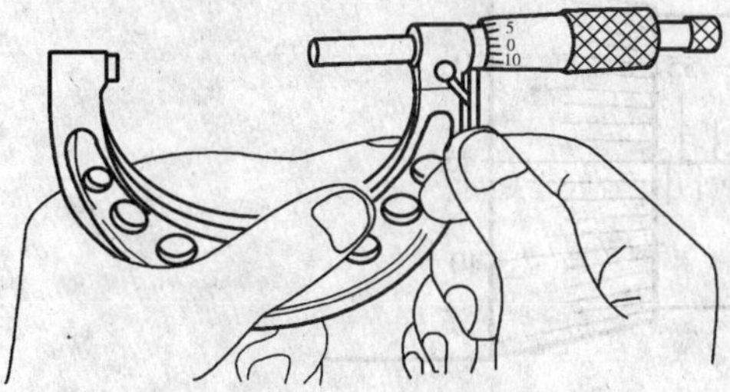

图 2—39　千分尺的调整（一）

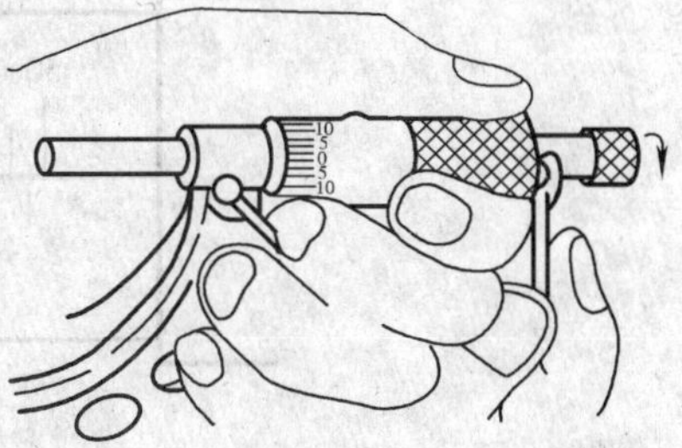

图 2—40　千分尺的调整（二）

2. 千分尺的使用方法（见图 2—41）

（1）将千分尺的测量面擦拭干净，检查零位是否准确。

（2）将工件的被测表面擦拭干净。

（3）将测砧抵住被测物，旋转套筒直到轴轻轻接触被测物。

（4）千分尺的测量面一接触工件表面就转动棘轮，直到测力控制装置发出“咔嗒”声时停止。

（5）通过移动测微计，寻找可测得正确直径的位置。

（6）停止转动，此时即可读数。

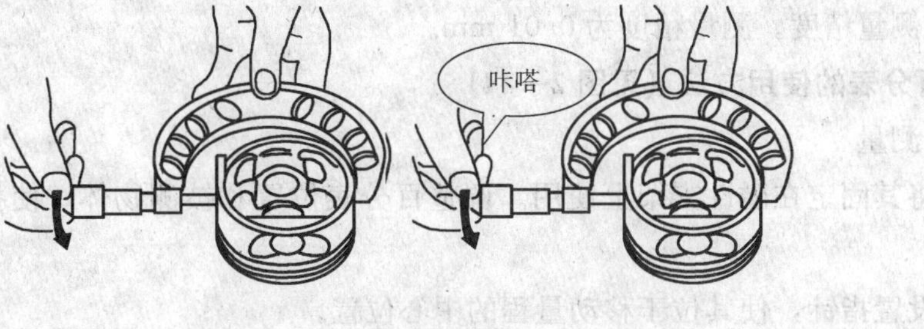

图 2—41　测量外径的方法

3. 读数

读数时，要先从内测试刻度尺刻线上读取毫米数或半毫米数，再从外测试刻度尺（即活动套筒）与固定套筒上基准线对齐的刻线上读取格数（每一格为 0.01 mm），将两个数值相加，就是测量值。

图 2—42 所示的读数：55.5＋0.45＝55.95（mm）。

不可用千分尺测量粗糙工件表面，使用后测量面要擦拭干净，并加润滑油防锈，然后放入盒中保存。

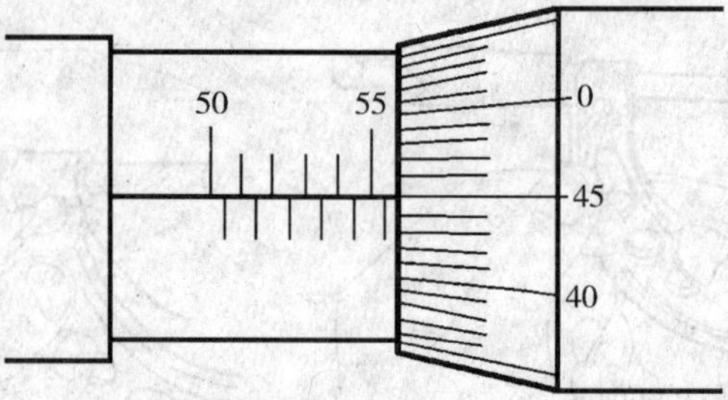

图 2—42　读数的方法

三、百分表

1. 百分表的作用

百分表的作用是测量零件的平面度误差、圆度误差、圆柱度误差、圆跳动误差和配合间隙等。百分表的测量范围为 0～3 mm、0～5 mm、0～10 mm。

2. 百分表的结构

（1）测量原理。悬挂式测量头的上下移动被转变为长短指针的转动。用于测量轴的偏差或弯曲以及法兰的表面振动等。

（2）悬挂式测量头的类型如图 2—43 所示。

（3）测量精度。测量精度为 0.01 mm。

3. 百分表的使用方法（见图 2—44）

（1）测量

1）将其固定在磁性支架上使用。调整百分表位置和被测物体，使指针垂直于被测物体表面。

2）设置指针，使其位于移动量程的中心位置。

3）转动被测物并读出指针偏离值。

（2）读取测量值。指针在表盘的 7 个刻度范围内左、右摆动，则偏差范围为 0.07 mm。

（3）百分表的使用注意事项

1）为保证测量准确，在测量时应使测杆垂直于被测面，在测圆柱形工件时应使测杆与工件直径方向一致。

2）对于毛坯或有显著凸凹表面的工件，不应用百分表进行测量，以防损坏百分表。

3）百分表在不使用时，应解除所有的负荷并用软布将表面擦干净。然后在其易生锈的金属表面上涂上一层凡士林，并将其装入盒内保管。

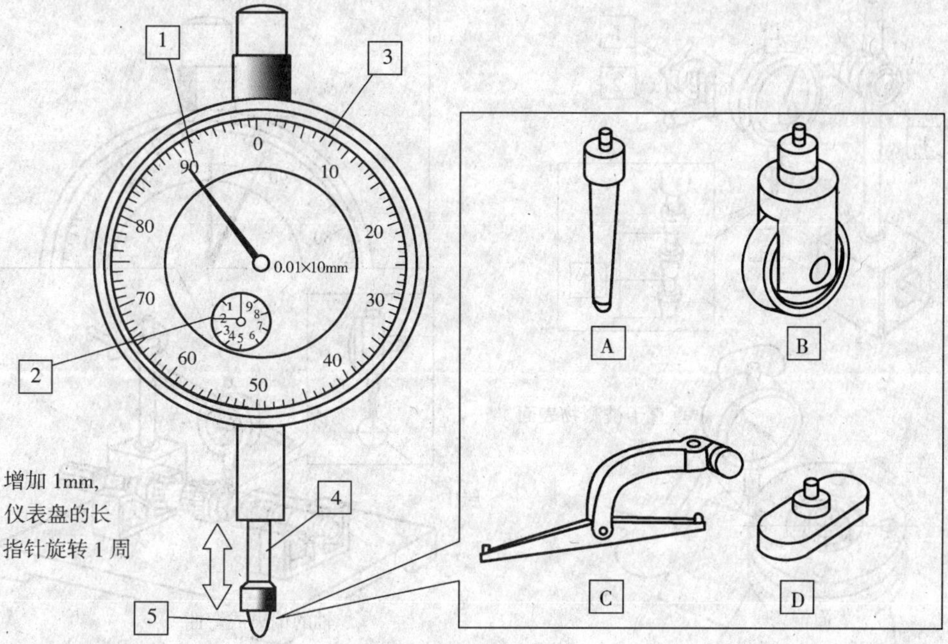

图 2—43　测量头的类型

A—长型（适合在有限空间中使用）　B—辊子类型（用于轮胎的凸面、凹面图案）

C—杠杆类型［用于测量摆不能直接接触的部件（配套法兰的垂直偏离）］

D—平板类型（用于测量活塞凸出部分等）

1—长指针（0.01 mm/刻度递增）　2—短指针（1 mm/刻度递增）

3—表盘（旋转，使指示到零）　4—轴　5—悬挂式测量头

四、内径百分表

1. 内径百分表的用途

（1）作用。用于测量汽缸直径。

（2）测量精度。0.01 mm。

（3）结构和原理。内径百分表的结构如图 2—45 所示。探头伸长或收缩后可用表盘指示器读出数值。

2. 内径百分表的测量

（1）内径百分表设定（见图 2—46）

1）使用游标卡尺，测量汽缸直径以获得标准尺寸。

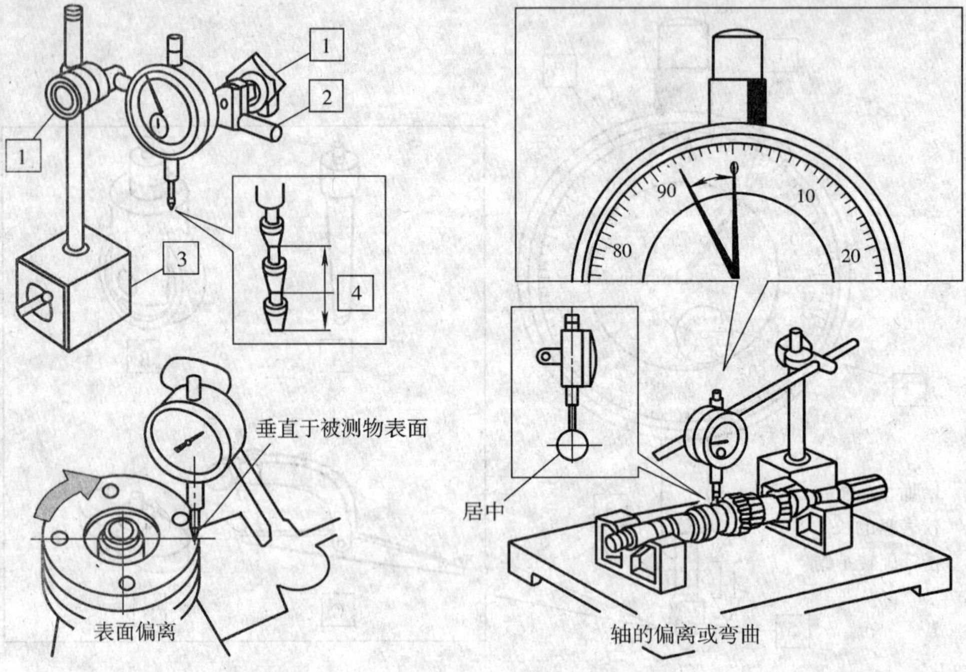

图 2—44　百分表的使用方法

1—固定手柄　2—固定杆　3—磁性座　4—表头

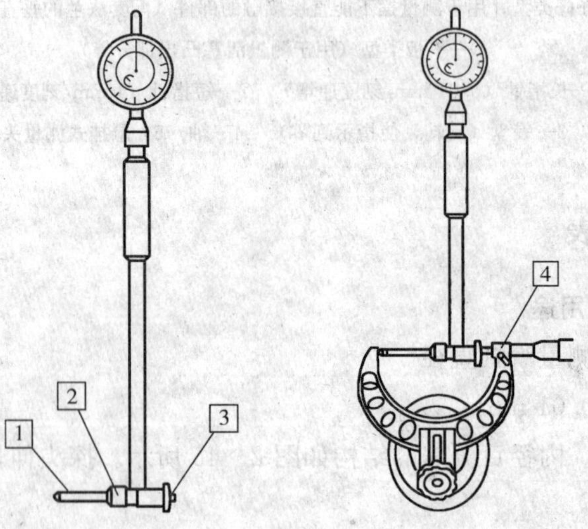

图 2—45　内径百分表的结构

1—替换杆件　2—替换杆件紧固螺钉　3—探头　4—测微计

2）选择一个更换杆和一个调整垫圈，使量规比内径大 0.5～1.0 mm（在更换杆上标

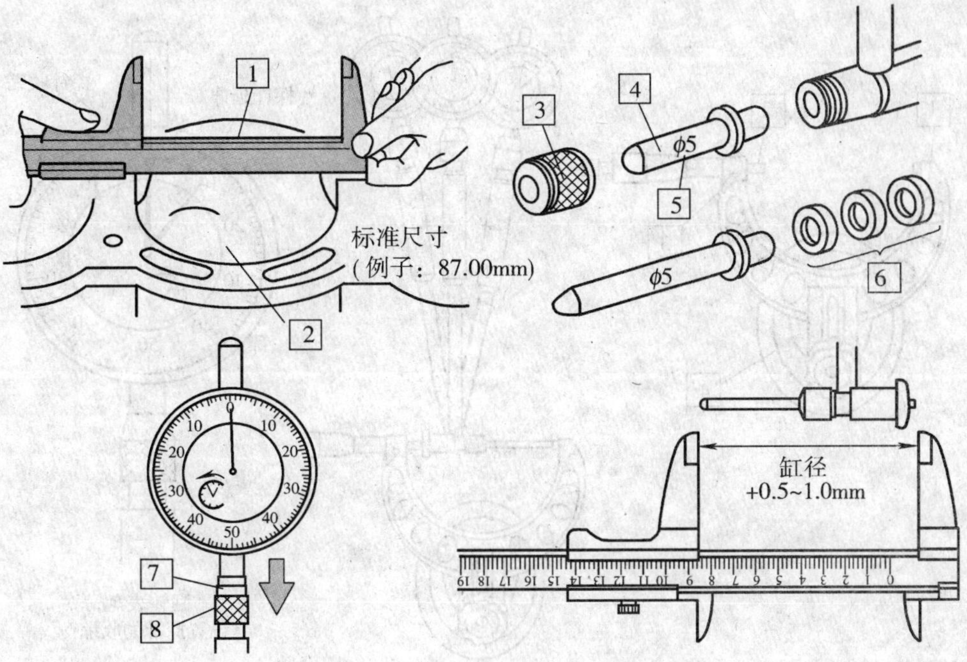

图 2—46　内径百分表的设定

1—游标卡尺　2—汽缸　3—更换杆调整螺钉　4—更换杆

5—杆尺寸　6—调整垫圈　7—轴　8—调整螺钉

有尺寸，以 5 mm 递增)，使用这些长度作为选择合适杆件的参考。然后，用调整垫圈进行微调。

3）当百分表安装到内径百分表的规体上时，轴留有约 1 mm 的压缩余量。

（2）内径百分表的零校准（见图 2—47）

1）将百分表设置到由游标卡尺取得的标准尺寸。夹具固定住百分表轴。

2）将更换杆作为杠杆的支点移动量规。

3）将内径百分表设定到零点（在这一点刻度盘指示器指针在探头的收缩侧回转）。

（3）汽缸直径的测量（见图 2—48）

1）慢慢地推导向板并仔细地把量规插入汽缸筒。

2）移动量规寻找最短距离的位置。

3）读出最短距离位置上的刻度。

（4）读取测量值。根据汽缸直径计算椭圆度和锥形度（见图 2—49）。

椭圆度＝（$A'-B'$）/2 或（$a'-b'$）/2 的大值

锥形度＝（在整个缸径内的最大直径－最小直径）/2

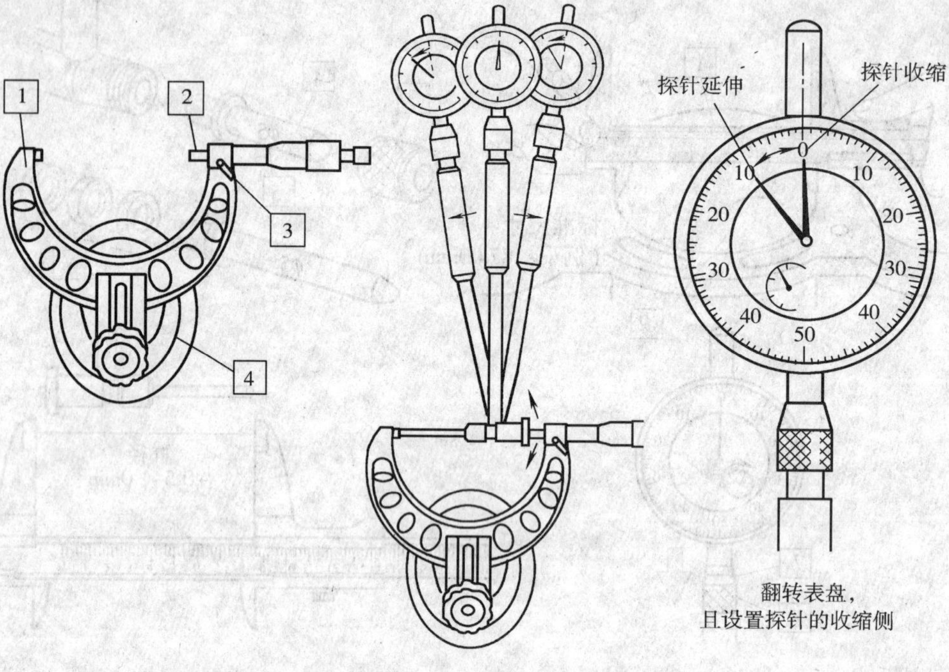

图 2—47　内径百分表的零校准
1—测微计　2—轴　3—夹　4—支架

3. 内径百分表的使用注意事项

测量时，必须使百分表与汽缸的轴线保持垂直，应前后摆动百分表，指针指示到最小数字时，即表示量杆与汽缸轴线垂直，此读数为标准读数。若大指针顺时针方向离开“0”位，表示汽缸直径小于标准尺寸的汽缸直径。若逆时针方向离开“0”位，表示汽缸直径大于标准尺寸的汽缸直径。

技能要求

汽缸孔内径的测量

操作内容：

（1）安装检查量具。

（2）使用内径百分表、千分尺、游标卡尺等测量汽缸磨损情况。

教学目标：

（1）知道测量汽缸孔直径的方法。

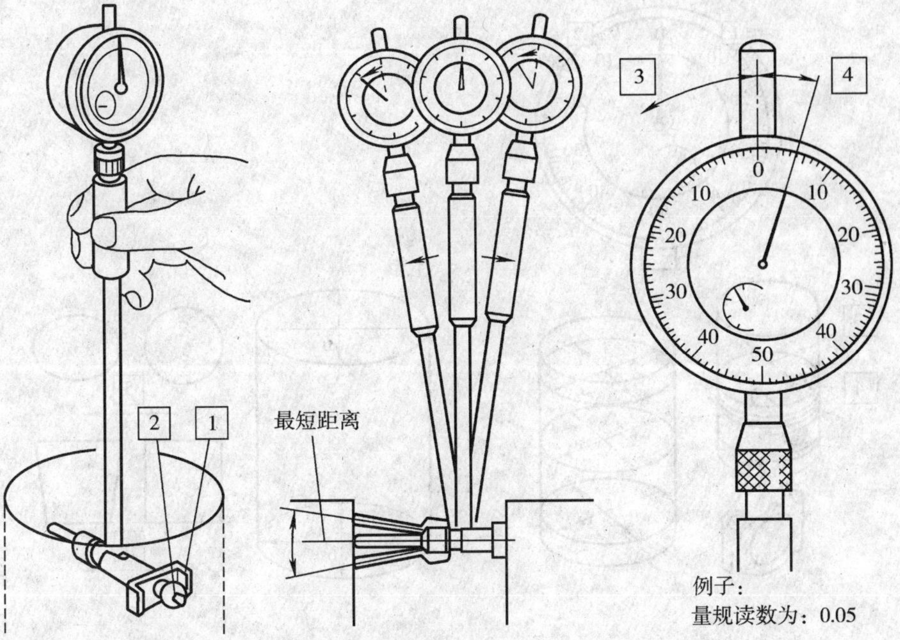

图 2—48　汽缸直径的测量方法

1—导板　2—探头　3—延长侧　4—收缩侧

(2) 熟练使用内径百分表、千分尺、游标卡尺。

(3) 测量的精度在 0.01 mm 以内。

实训设备与器材：

(1) 游标卡尺。

(2) 千分尺。

(3) 内径百分表。

(4) 擦拭的布等。

操作步骤：

步骤 1　内径百分表的安装

(1) 校正游标卡尺零位（见图 2—50）。如有误差，须在读数时纠正。

(2) 清洁汽缸的内表面，用内径测量爪测量汽缸孔的直径（见图 2—51），据此确定测量的基准尺寸。

(3) 用标准试棒对千分尺的零位进行校正（见图 2—52），如有误差，须在读数时纠正。

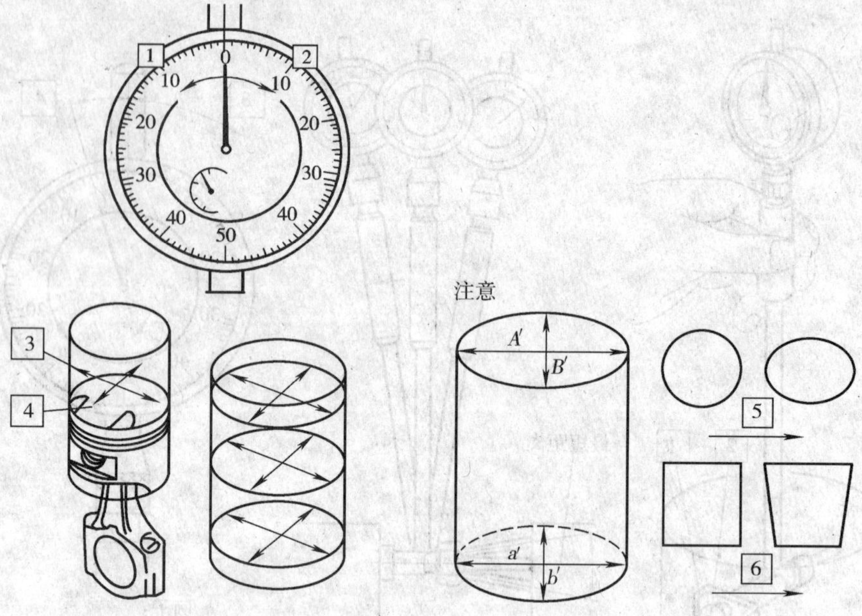

图 2—49　汽缸直径的测量点和变形量的计算

1—延长侧　2—收缩侧　3—推力方向　4—曲轴方向　5—圆度　6—锥度

图 2—50　游标卡尺零位的校正

(4) 将千分尺预置为汽缸孔的标准直径（见图 2—53)。

(5) 按被测汽缸的标准尺寸选择合适的接杆（见图 2—54)，装上后，暂不拧紧固定

图 2—51　用游标卡尺测量内径

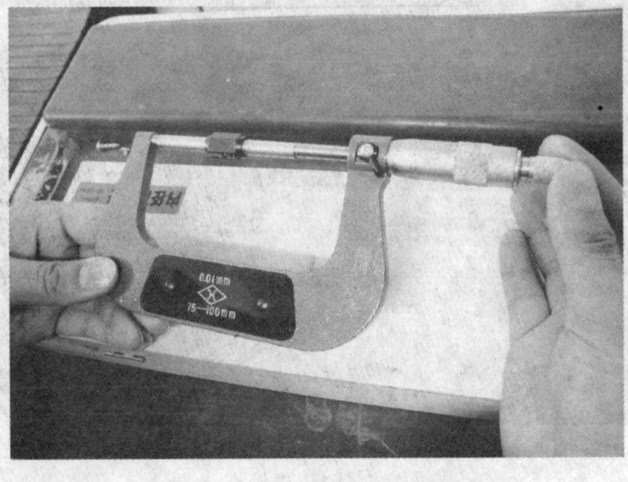

图 2—52　千分尺校零

螺母。

（6）把千分尺调到被测汽缸的标准尺寸，将装好的百分表放入千分尺。

（7）稍微旋动接杆，使百分表指针转动约 2 mm，指针对准刻度零处，扭紧接杆的固定螺母（见图 2—55）。为使测量正确，重复校零一次。

步骤 2　测量方法（见图 2—56）

（1）使用百分表时，一手拿住隔热套，另一手托住管子下部靠近本体的地方。

（2）将校对后的百分表活动测杆在平行于曲轴轴线方向和垂直于曲轴轴线方向等两方位，沿汽缸轴线方向上、中、下取三个位置，共测六个数值。上面一个位置一般定在活塞

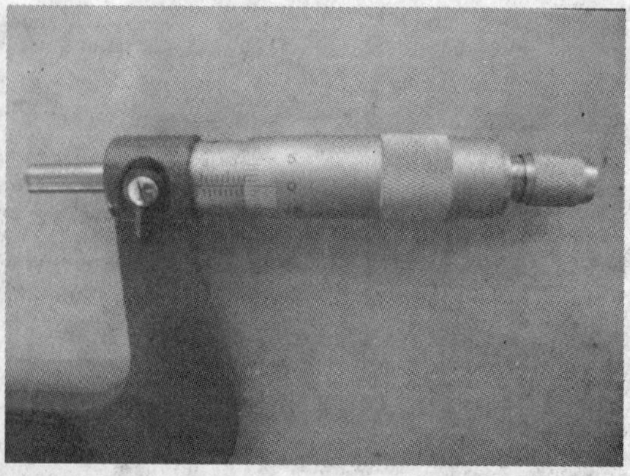

图 2—53　预置为汽缸孔的标准直径

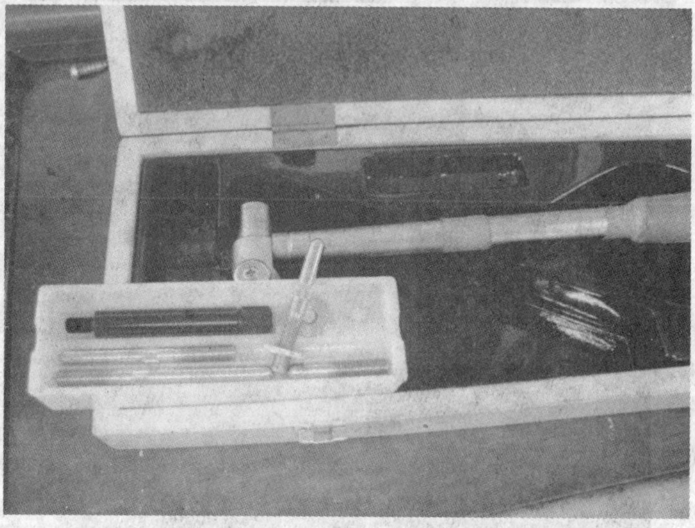

图 2—54　选接杆

的上止点，位于第一道活塞环汽缸壁处，约距汽缸上端 15 mm。下面一个位置一般取在汽缸套下端以上 10 mm 左右处，该部位磨损最小。

（3）测量时，使百分表的活动测杆同汽缸轴线保持垂直，才能测量准确。当前后摆动百分表表针指示到最小数字时，即表示活动测杆已垂直于汽缸轴线。

步骤 3　读数

（1）百分表表盘刻度为 100，指针在圆表盘上转动一格为 0.01 mm，转动一圈为 1 mm；小指针移动一格为 1 mm。

（2）测量时，当表针顺时针方向离开“0”位时，表示汽缸内径小于标准尺寸，实际尺寸是标准缸径与表针离开“0”位格数的差；若表针逆时针方向离开“0”位，表示汽缸

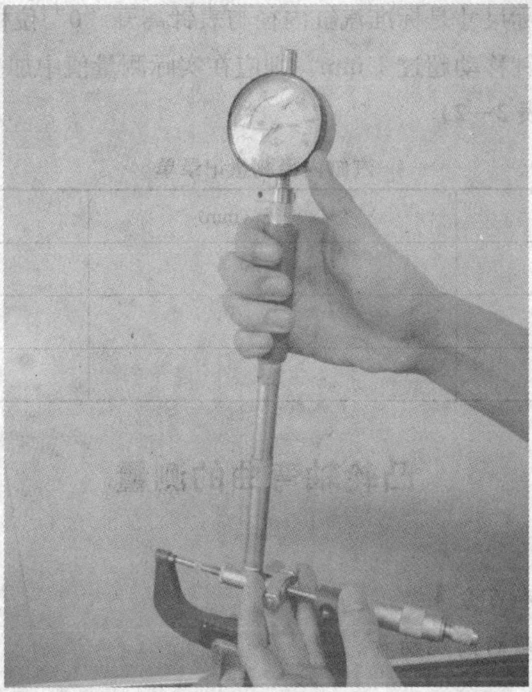

图 2—55　千分尺进行预压缩

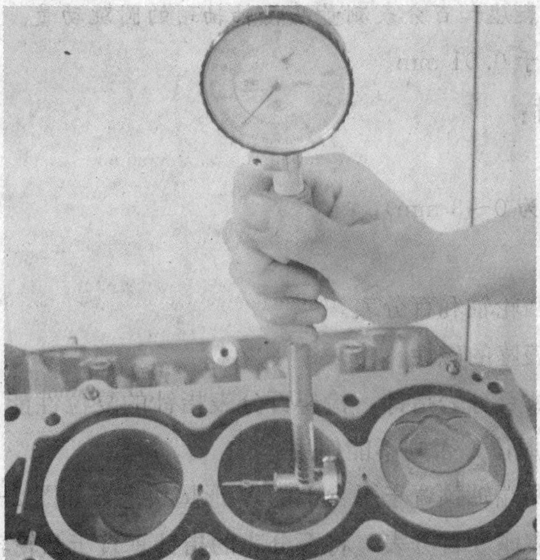

图 2—56　测量方法

内径大于标准尺寸，实际尺寸是标准汽缸内径与表针离开“0”位格数之和。

（3）若测量时，小针移动超过 1 mm，则应在实际测量值中加上或减去 1 mm。

步骤 4　记录（见表 2—2）

表 2—2　汽缸内径测量记录单

	纵向直径（mm）	横向直径（mm）
上截面		
中截面		
下截面		

凸轮轴弯曲的测量

操作内容：

（1）安装磁性表座和百分表。

（2）测量凸轮轴轴颈的圆跳动量。

教学目标：

（1）知道凸轮轴轴颈的圆跳动量的测量方法。

（2）熟练使用磁性表座和百分表测量凸轮轴轴颈的圆跳动量。

（3）测量误差不大于 0.01 mm。

实训设备与器材：

（1）磁性表座。

（2）百分表（量程为 0～3 mm）。

操作步骤：

步骤 1　清洁被测凸轮轴和百分表。

步骤 2　检查磁性表座的磁性。

步骤 3　反复按、放百分表指针，检查百分表指针的复位性能。每次按下百分表指针后，其指针必须复位至原位，否则不能使用。

步骤 4　将凸轮轴两端轴颈置于平台上的 V 形垫块上，如图 2—57 所示。

步骤 5　安装磁性表座和百分表，将百分表的指针垂直于凸轮轴轴颈的中心线。

步骤 6　慢慢地转动凸轮轴，记录百分表指针摆动的范围。

步骤 7　计算凸轮轴轴颈的径向圆跳动量。

步骤 8　将测量值填入记录表（见表 2—3）。

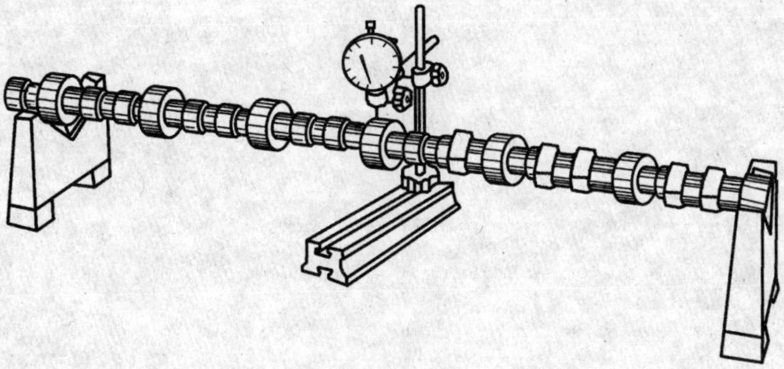

图 2—57　凸轮轴弯曲的测量

表 2—3　**凸轮轴弯曲测量记录单**

测量数据	径向圆跳动量（mm）		
	第二道轴颈	第三道轴颈	第四道轴颈

汽缸盖平面度的测量

操作内容：

(1) 检查汽缸盖平面和测量工具。

(2) 测量汽缸盖平面度，按图 2—58 所示的 6 个位置（横向、纵向、对角各 2 个）测量汽缸盖平面度，每个位置有几处漏光，就测几个点。

(3) 完成测量数据记录。

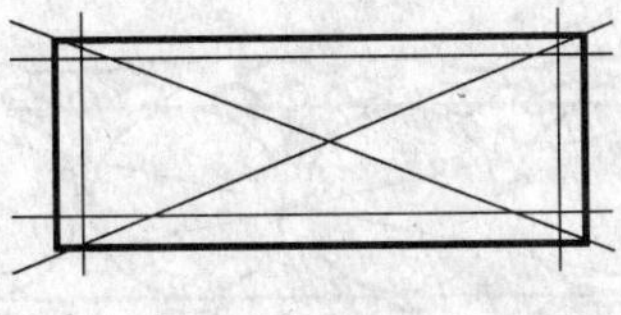

图 2—58　缸盖平面度测量位置

教学目标：

(1) 知道关于平面测量的基础知识。

(2) 能够操作使用刀口尺、塞尺。

(3) 掌握平面测量的基本操作，平面测量方法正确。测量数据误差小于 0.01 mm。

(4) 能对汽缸体平面检测结果做出判断处理。

实训设备与器材：

（1）汽缸体总成。

（2）刀口尺。

（3）90°角尺。

（4）塞尺。

（5）铲刀或刮刀。

（6）抹布等。

操作步骤：

步骤1　清洁

按要求清洁、检查工件，对汽缸体平面去毛刺，清洁检查量具。

步骤2　外观检查

检视汽缸体外部、各安装平面、曲轴箱内部等，各部位应无磨损、损伤及裂纹。检视曲轴箱主油道外壁，应无碰擦伤痕、裂纹、砂眼。

步骤3　平面检测

（1）将刀口尺搁置在平面上，用塞尺测量刀口尺与汽缸体平面间的间隙，从而得到平面度误差（见图2—59）。

（2）在汽缸体平面四周及对角线方向检测整个平面上的平面度误差。

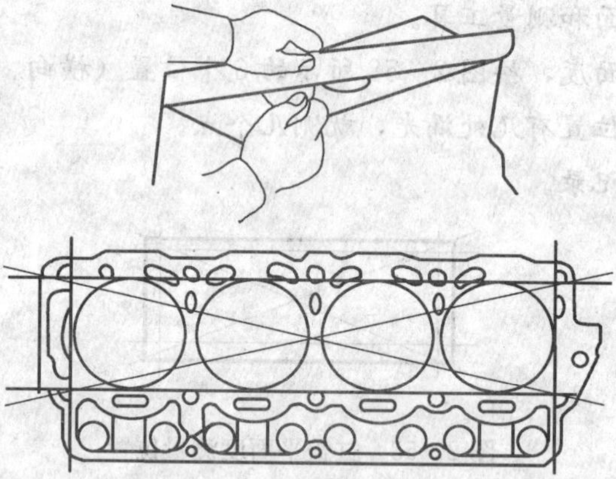

图2—59　汽缸体平面测量

（3）用90°角尺和塞尺对局部平面进行平面度误差检测。

（4）平面度误差一般要求整个平面不大于0.20 mm，50 mm×50 mm不大于0.05 mm，附件安装平面不大于0.15 mm。

步骤4　重点检查

应重点检查与水密、油密、气密相关的部位。

步骤 5　记录填表

将检测结果填入表格（见表 2—4）。

表 2—4　　**汽缸平面测量记录表**

测量位置		测量点 1	测量点 2	测量点 3	测量点 4
测量数据	纵向 1				
	纵向 2				
	横向 1				
	横向 2				
	对角线 1				
	对角线 2				

备注：测量点个数可自己判断，测量值如果由于小于 0.02 mm 而测不出来，表内值可以填写小于 0.02 mm。

学习单元 2　数字式万用表的使用

学习目标

➤1. 知道数字式万用表的作用。

➤2. 了解常用数字式万用表的功能选择开关和端子的意义。

➤3. 能运用数字式万用表测量电阻、电压和电流。

➤4. 掌握数字式万用表的安全操作规范。

知识要求

一、万用表的作用及功能简介

1. 作用

万用表是一种多功能、多量程的测量仪表，一般万用表可测量直流电流、直流电压、交流电压、电阻和音频电平等，有的还可以测交流电流、电容量、电感量及半导体的一些参数。现常用数字式万用表。数字式万用表灵敏度高，准确度高，显示清晰，过载能力强，便于携带，使用简单。

2. 功能选择开关（见图 2—60）

以下以数字式万用表为例。

根据想要使用的用途切换测量范围。当此开关设定在正确位置时，测量范围将根据输入信号值自动更换。

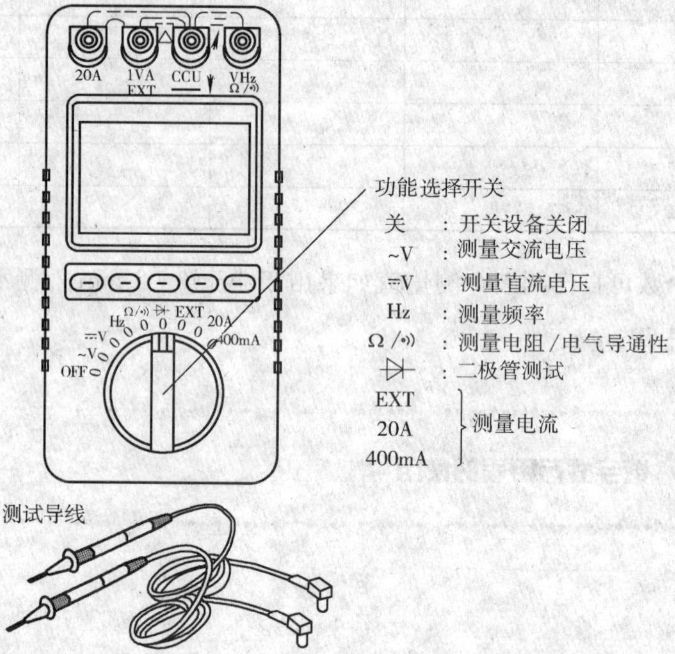

图 2—60　数字式万用表的功能选择开关

3. 端子

各端子的作用如图 2—61 所示，使用时按照测量需要插入测试导线。

二、数字式万用表的使用方法

1. 直流电压测量（见图 2—62）

（1）将黑色（－）测试棒连接到 COM 端子，将红色（＋）测试棒连接到 V 端子。

（2）将功能选择开关设定在 DC 电压（⎓ V）。

（3）将范围选择开关设定在适应于测量电压的范围上。

2. 测量直流电流（见图 2—63）

（1）将探头的黑色（－）测试棒连接到 COM 端子，将红色（＋）测试棒连接到 20 A 端子或 mA 端子。

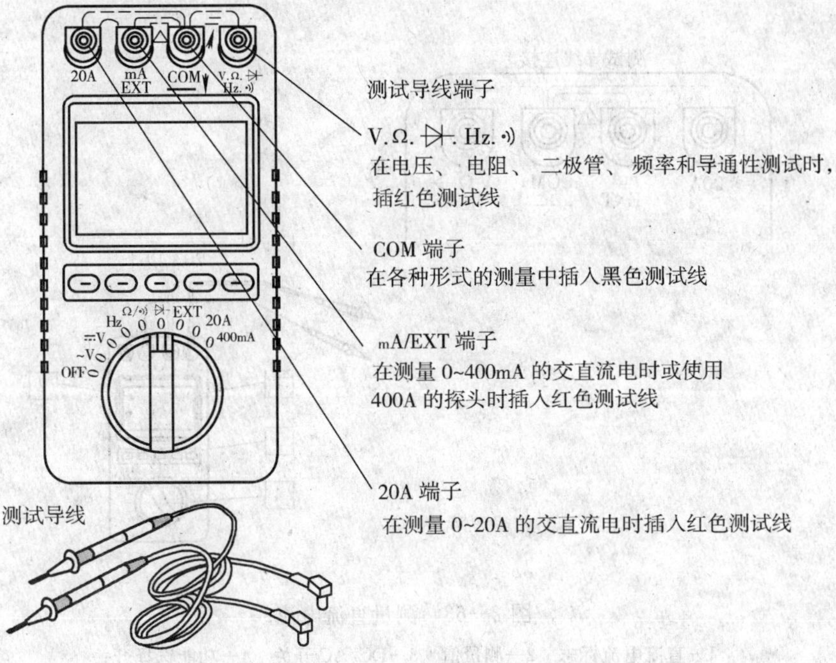

图 2—61　数字式万用表的端子

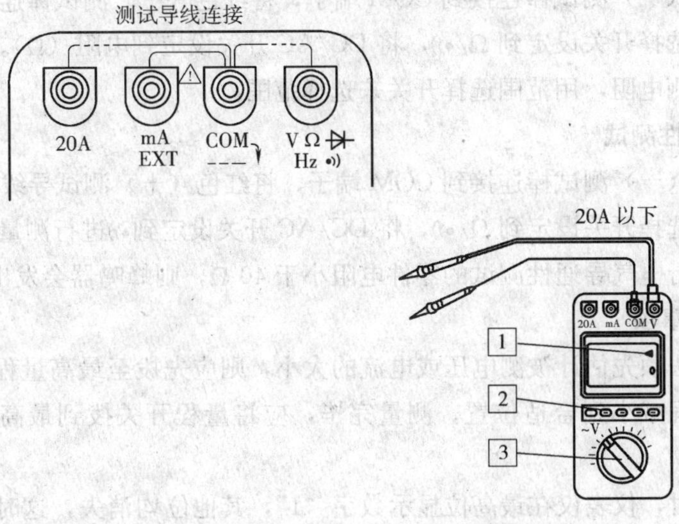

图 2—62　电压测量

1—电压（V）　2—范围选择开关　3—功能选择开关

（2）将功能选择开关设在 20 A 或 400 mA 的范围，并用 DC/AC 开关转换为直流电进行测量。

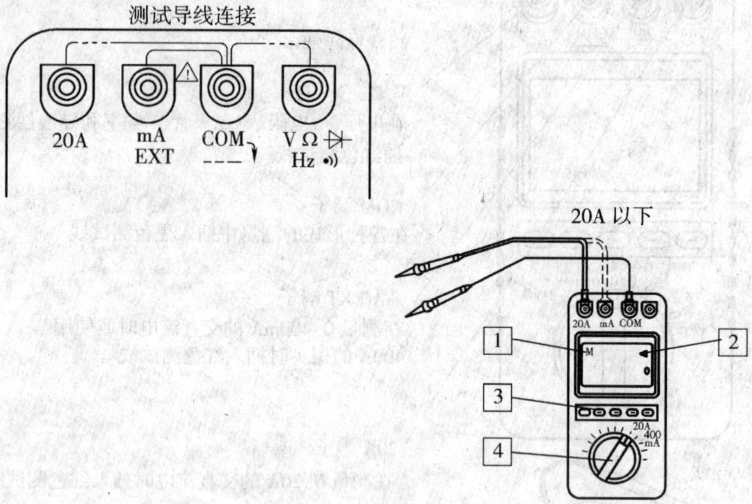

图 2—63　测量直流电流

1—直流电流标志　2—测量值　3—DC/AC 开关　4—功能选择开关

3. 测量电阻（见图 2—64）

（1）将黑色（—）测试棒连接到 COM 端子，将红色（+）测试棒连接到 Ω 端子。

（2）将功能选择开关设定到 Ω/•))，将 DC/AC 开关设定到电阻（Ω）。

（3）按照待测电阻，用范围选择开关来选择范围。

4. 电气导通性测试

（1）将黑色（—）测试棒连接到 COM 端子，将红色（+）测试导线连接到•))。

（2）将功能选择开关设定到 Ω/•))，将 DC/AC 开关设定到•))进行测量。

（3）如果进行电气导通性测试的零件电阻小于 40 Ω，则蜂鸣器会发出响声。

5. 使用注意事项

（1）如果无法预先估计被测电压或电流的大小，则应先拨至最高量程挡测量一次，再视情况逐渐把量程减小到合适位置。测量完毕，应将量程开关拨到最高电压挡并关闭电源。

（2）满量程时，仪表仅在最高位显示数字“1”，其他位均消失，这时应选择更高的量程。

（3）测量电压时，应将数字式万用表与被测电路并联。测电流时应与被测电路串联，测直流量时不必考虑正、负极性。

（4）当误用交流电压挡测量直流电压，或者误用直流电压挡测量交流电压时，显示屏

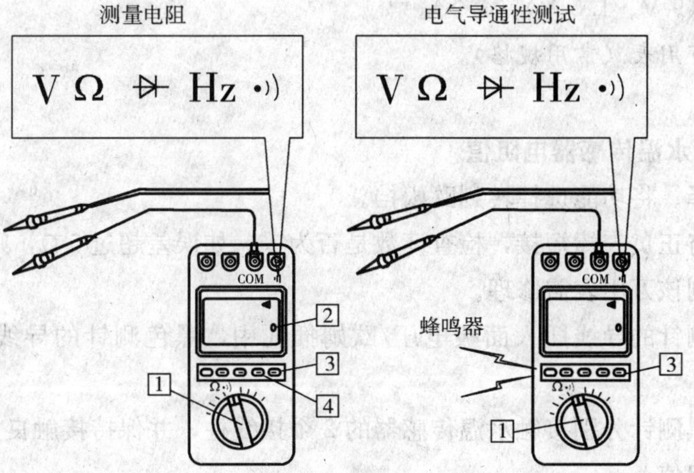

图 2—64　电阻的测量

1—功能选择开关　2—显示器　3—范围选择开关　4—DC/AC 开关

将显示“000”，或低位上的数字出现跳动。

（5）禁止在测量高电压（220 V 以上）或大电流（0.5 A 以上）时换量程，以免产生电弧，烧毁开关触点。

（6）当显示“BATT”或“LOW BAT”时，表示电池电压低于工作电压。

技能要求

数字式万用表的使用

操作内容：

（1）用数字式万用表测量水温传感器电阻值。

（2）用数字式万用表测量干电池电压值。

（3）测水温传感器的电阻值误差应在 100 Ω 以内。

（4）测干电池的电压误差应在 0.1 V 以内。

教学目标：

（1）所有操作应符合规范，操作应采取正确的步骤、方法。

（2）正确使用数字式万用表测量。

实训设备与器材：

（1）水温传感器（2.5～4.5 kΩ）（4 个）。

（2）干电池（9 V、1.5 V）（4 个）。

（3）数字式万用表（常用规格）。

操作步骤：

步骤 1　测量水温传感器电阻值

（1）功能选择。将功能选择转到欧姆挡。

（2）校表。将正负表棒短接，检查读数是否为零。如误差超过 5 Ω，则更换电池再试。如仍旧有误差，则该万用表需修理。

（3）将红色测针的导线插入面板电压/欧姆插孔中，黑色测针的导线插入面板 COM 插孔中。

（4）将红、黑测针分别接触水温传感器的 2 个接线柱，并保持接触良好。

（5）读取电阻值。

步骤 2　测量干电池电压值

（1）将数字式万用表“选择开关”旋转到直流电压位置。有的数字式万用表能自动选择最佳测量量程，有的则需选择量程，这时，可以选择量程为 20 V。

（2）将红色测针的导线插入面板电压/欧姆插孔中，黑色测针的导线插入面板 COM 插孔中。

（3）红、黑测针分别接触干电池的两端。注意数字式万用表的“＋”“－”测针应和电路测点的“＋”“－”极性一致。

（4）读取直流电压值。

第 3 节　维修机具的使用

学习单元 1　举升机的使用

学习目标

➢ 1. 知道常用举升机的操作方法。

➢ 2. 能规范使用举升机举升车辆。

➢ 3. 懂得安全操作举升机的规范。

知识要求

一、举升机的种类

1. 剪式举升机

剪式举升机有单剪式、单剪子母式、双剪式几种。单剪式举升机由于无立柱，下降后整个维修区域无任何障碍物，因而视野开阔，节省空间，是比较受欢迎的机型。目前单剪子母式是其主流机型，已成为除四柱机以外另一种四轮定位专用举升机。双剪式举升机（见图 2—65）由于其体积较小，在一些快修店、汽车美容店较受欢迎。但是由于剪式举升机的制造技术难度较大，因而其制造成本高于其他机型，市场价格也比其他机型高，这也限制了其发展空间。

剪式举升机必须有以下安全保险装置：

（1）液压系统过载保护及锁定。

（2）举升机机械锁止装置。

（3）两边同步系统。

这些安全保险装置缺少任何一项都是不安全的。

图 2—65　双剪式举升机

2. 柱式举升机

可分为双柱式、四柱式两大类型。按传动形式可分为机械式和液压式。

（1）机械式双柱机。工作原理是在每根立柱里有一套丝杆螺母传动结构，两套传动结构之间由藏于底架中的套筒滚子链来传递连接动力，使两根立柱里的托举系统保持同步上升。

设计优良的机械式举升机必须具有以下几种安全保险装置：

1）要有安全螺母保护系统。工作螺母磨损失效后靠安全螺母支撑托举整个系统，使车辆不致坠落，此时按启动按钮，举升机应不能正常举升。

2）要有两边托举系统不同步的保险，比如底架中的链条断裂。

3）要有上下限位开关和极限开关。

4）要在托举系统中加锁紧支臂保险。在举升车辆时，保证支臂不会转动，可以安全可靠地支撑车辆。

5）要选用合格的材料。

（2）液压式举升机（见图 2—66）。液压式举升机可分为单缸式和双缸式。

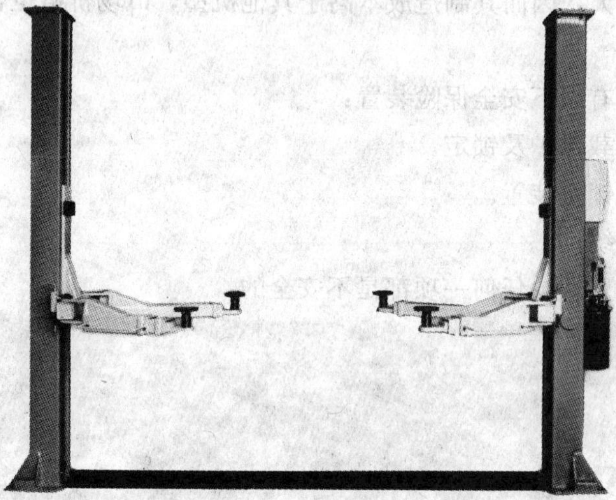

图 2—66　液压式举升机

单缸式举升机的主立柱里的油缸通过主链条带动主滑架，再通过连接主滑架上的链条带动，使副立柱里的副滑架同步上升、下降。它有以下几种安全保险装置：

1）液压系统过载保护及液压自锁。

2）机械锁止装置。

3）链条断裂保护装置。

4）液压双缸举升机除了上述几种安全保险装置外，还应有两缸同步平衡装置和防止液压管突然爆裂的装置，以防油管损坏发生车辆倾翻的情况。

机械式举升机存在螺母、丝杆等零件较容易磨损，维修保养量大，噪声大等问题。随着现代液压技术不断进步，国内已能够生产质量过关的液压泵、液压缸、液压阀等关键部件，因此，现在液压式举升机在数量上已超过了机械式举升机，成为主流品种。

3. 平板式举升机（见图 2—67）

平板式举升机基本上都是液压传动式，工作油缸可以放置在两立柱之间的顶部、立柱里边、停车平台里边。其中油缸放置在停车平台里边的机型，平台升降平稳，外观简洁明了，是比较理想的一种机型。

图 2—67　带二次举升的平板式举升机

根据不同的使用目的可以配置副梁，这样可以将车辆的四个轮子架空，进行四轮保养操作。

若在平台上设置二次举升小车，还可以进行四轮定位项目。这种带二次举升小车的平板机已成为四轮定位专用举升机的主流机型。和双柱式举升机相比平板式举升机可以进行较大型车辆的举升作业，适用范围更广。今后这种机型的使用量应该会大幅增加。

平板式举升机应该有以下安全保险装置：

（1）液压系统过载保护及锁定。

（2）钢丝绳及链条断裂保护装置。

（3）平台在高位的机械锁定装置。

（4）二次举升小车举升后的机械锁定装置。

（5）二次举升小车能可靠回位的装置。

一台平板式举升机缺少以上任何一种装置都是不安全的。

二、举升机的安全操作

1. 使用前应清除举升机附近妨碍作业的器具及杂物。升降时，举升机左右侧不能站人，平台上也不能站人。

2. 举升前，拉好手制动，四轮前后垫好三角块。

3. 被举升的车辆重量不得超过举升机的最大举升重量。

4. 支车时，四个支角应在同一平面上，调整支角胶垫高度使其接触车辆底盘支撑部位。待举升车辆驶入后，应将举升机支撑块调整移动至对正该车型规定的举升点。

5. 初步举升至车辆稍稍抬起，检查举升点的位置是否正确。

6. 再次举升至车辆四轮离地，目测车辆是否平衡。晃动车辆，检查举升是否平稳。

7. 举升时人员应离开车辆，举升到需要高度时，必须插入保险锁销，并确保安全可靠才可开始车底作业。

8. 下降时，应先打开手动保险，才可按动“下降”按钮。若保险爪为锁止状态，应先上升一些，打开手动保险，再按“下降”按钮。

技能要求

车辆的举升

操作内容：

(1) 使用双柱式举升机举升车辆。

(2) 降下车辆。

教学目标：

(1) 熟悉举升机的结构和工作原理。

(2) 掌握举升机的规范操作要领。

实训设备与器材：

(1) SYJ－320 型双柱式举升机（见图 2—68）。

(2) 整车。

操作步骤：

步骤 1　清理障碍物

清理举升机周围的障碍物。

步骤 2　安全检查

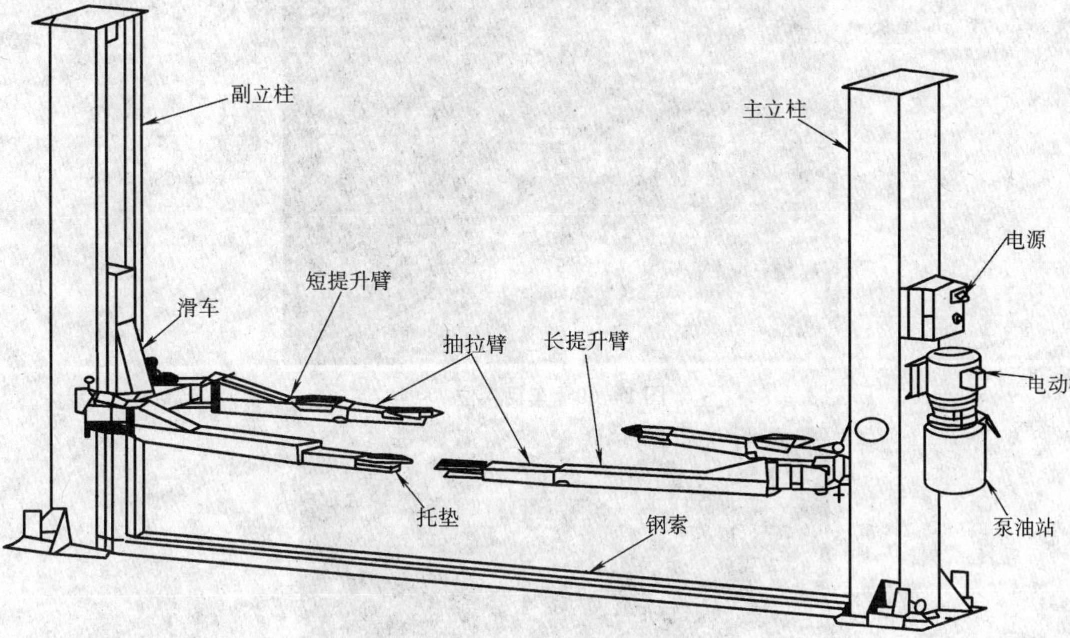

图 2—68　SYJ－320 型双柱式举升机

（1）立柱检查。

（2）锁止检查。

（3）检查液压装置是否泄漏。

步骤 3　举升准备

（1）车辆入位。车头朝前，停在举升器的中央，注意两侧的距离一定要相等（见图 2—69）。

（2）选择托垫。车辆的支撑点通常位于底板的两侧（见图 2—70），常见的支撑点有两种形式：圆盘凸起式和卷边加强式。圆盘凸起式最好采用平面托垫；卷边加强式最好采用带有凹槽的托垫，有利于提高举升车辆的稳定性。

步骤 4　举升

（1）初次举升。启动电动机，至托垫接近车辆底板。

（2）调整 4 个抽拉臂的长度和位置，将前后托垫对准支撑点，如图 2—71 所示。

（3）再次举升。将车辆升至车轮离地，用力晃动车辆，检查举升的稳定性。

（4）启动电动机，直至将车辆举升至合适的高度。

（5）按下手动卸荷阀，将车辆下降少许后可靠停住。

图 2—69　车辆入位

图 2—70　选择托垫

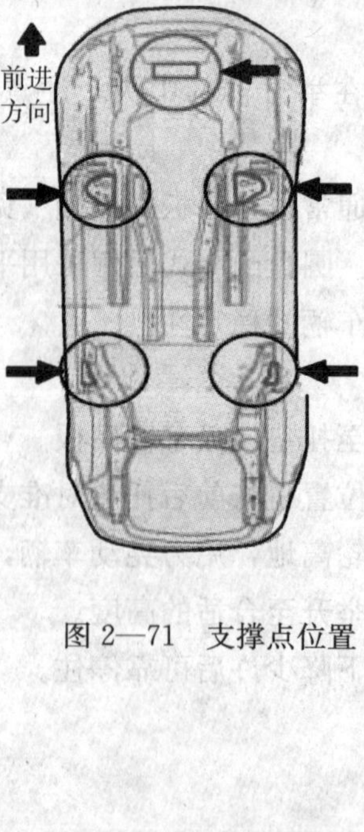

图 2—71　支撑点位置

步骤 5　降车

（1）启动电动机，使车辆上升 10～20 mm。

（2）拉下机械保险的拉线，解除滑车的锁止。

（3）压下手动卸荷阀，缓缓降下车辆。

（4）车辆平稳落地后，推回抽拉臂，将短提升臂回转至立柱内侧并锁止。

（5）将长提升臂回转至立柱内侧并锁止。

学习单元 2　轮胎动平衡机的使用

学习目标

➤ 1. 了解轮胎动平衡机的作用。

➤ 2. 知道常用轮胎动平衡机的使用方法。

➤ 3. 能运用轮胎动平衡机进行车轮动平衡作业。

知识要求

一、车轮的动平衡

1. 轮胎动平衡的意义

汽车的车轮是由轮胎、轮毂组成的一个整体。但由于制造上的原因，使这个整体各部分的质量分布不可能非常均匀。当汽车车轮高速旋转起来后，就会形成动不平衡状态，造成车辆在行驶中车轮抖动、转向盘振动的现象。为了避免这种现象或是消除已经发生的这种现象，就要使车轮在动态情况下通过增加配重的方法，使车轮校正各边缘部分的平衡。这个校正的过程就是动平衡。车辆做动平衡检查时需使用轮胎动平衡机（见图 2—72）。在下列情况下，车辆需要做动平衡检查：

（1）在购买新胎时，轮胎与轮辋组合完成并充气后，在装上汽车之前需做动平衡。

（2）由于在做动平衡时加上的平衡铅块在接触路缘时可能会掉落，所以应该经常检查，如已丢失，应速做动平衡。

（3）如果车辆行驶时转向盘抖动，应先检查是否为动平衡的问题，如是的话，就需要做动平衡。

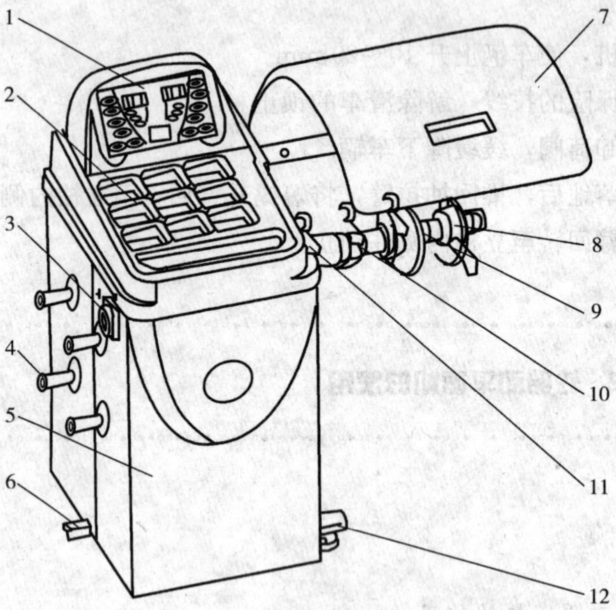

图 2—72　轮胎动平衡机

1—操作面板　2—置铅盒　3—电源开关　4—锥体挂杆　5—箱体
6—固定底脚　7—安全防护罩　8—快速紧固螺母　9—专用锥体
10—平衡轴　11—自动测量尺　12—制动脚刹

2. 轮胎动平衡机的使用说明

（1）控制面板各部件名称。控制面板的各部件名称如图 2—73 所示。

（2）轮胎固定

1）使用倒锥式固定（见图 2—74）

① 先装入弹簧。

② 装入锥套。

③ 钢圈装上锥套。

④ 装上钢圈罩盖。

⑤ 装入衬套。

⑥ 固定旋转螺母。

2）使用前锥式固定（见图 2—75）

① 挂上钢圈。

② 装入锥套。

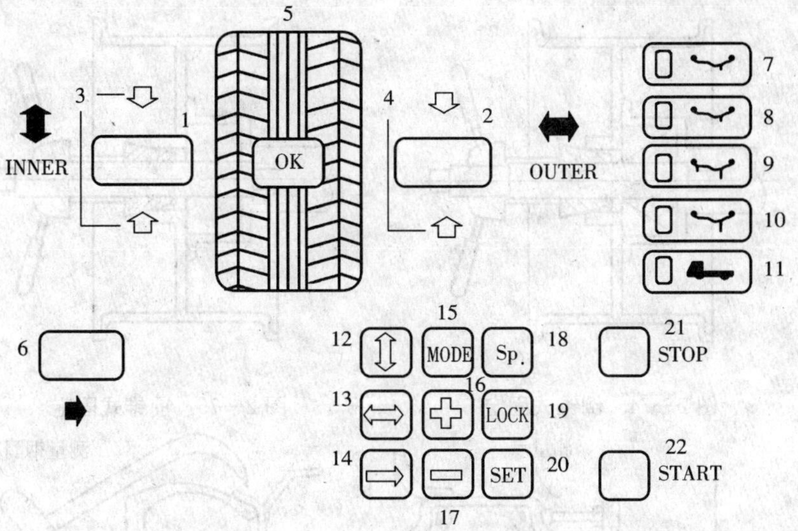

图 2—73 轮胎动平衡机的控制面板

1—内侧配重数值/钢圈直径 2—外侧配重数值/钢圈宽幅 3—内侧配重位置灯 4—外侧配重位置灯 5—平衡 OK 灯 6—至钢圈边缘距离 7—两面用嵌入式配重模式 8—内侧嵌入式，外侧粘贴式模式 9—内外侧均用粘贴式模式 10—静平衡使用粘贴式模式 11—小卡车轮圈使用模式 12—钢圈直径输入选择键 13—钢圈宽幅输入选择键 14—钢圈边缘距离输入选择键 15—测试模式选择键 16—数值增加键 17—数值减少键 18—特殊按键 19—轴心锁定键 20—设定键 21—紧急停止键 22—启动键

③ 装入衬套。

④ 固定旋转螺母。

(3) 选择测试模式。一般选择两面嵌入式配重模式（此模式单位为英寸）。

(4) 输入各项数据

1) 设定至钢圈边缘的距离。拉出距离尺到测量点，停留 1 s，等有响声后自动输入（见图 2—76）。

2) 设定钢圈宽幅（见图 2—77）

① 使用宽幅量尺测量钢圈宽幅。

② 按键 13 后用键 16 及键 17 调整。

③ 按键 20 确认。

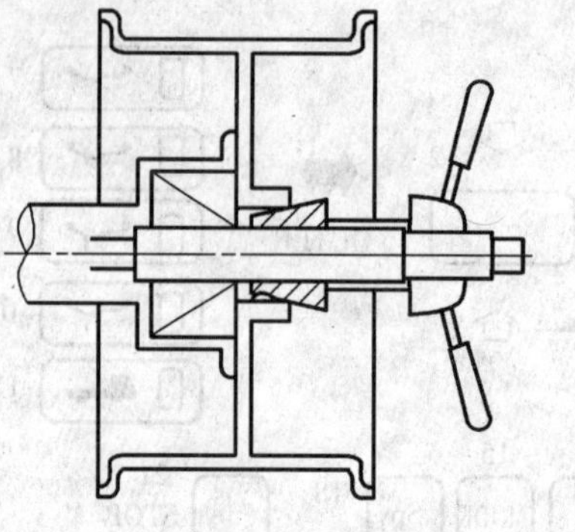

图 2—74　倒锥式固定

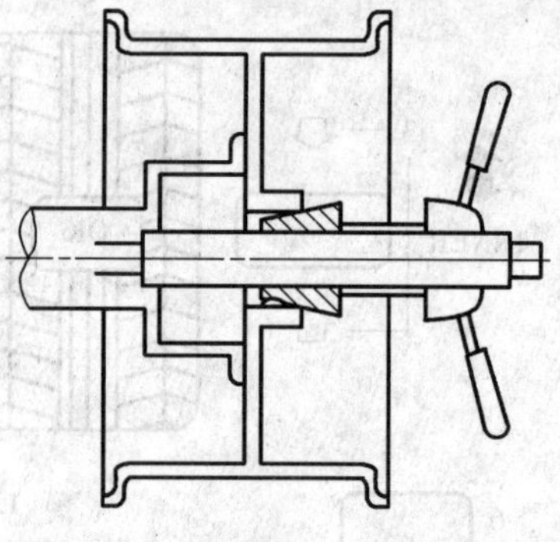

图 2—75　前锥式固定

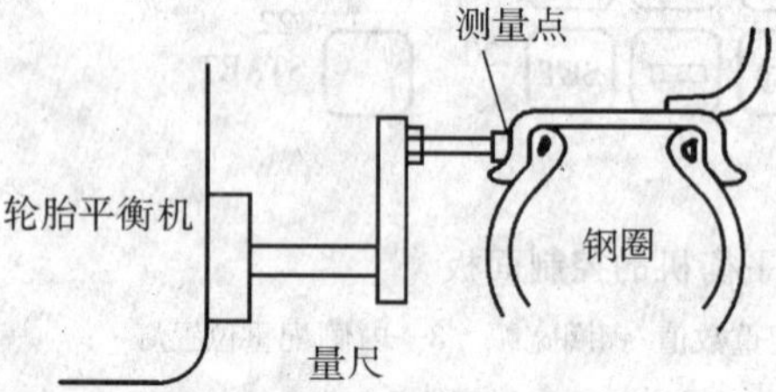

图 2—76　设定至钢圈边缘的距离

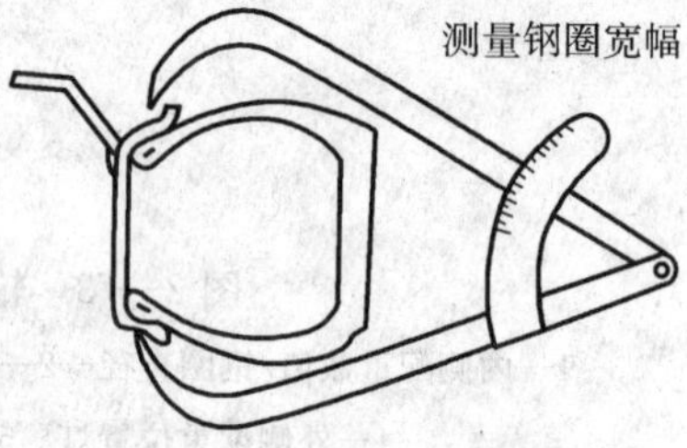

图 2—77　设定钢圈宽幅

3）设定钢圈直径

① 按键 12 后用键 16 及键 17 调整。

② 按键 20 确认。

注意：显示窗 1 和 2 为两种数值共用，其切换方式如下：

在指示直径宽幅情况下，按键 14，再按键 20，变为表示配重状态。在指示配重情况下，按键 12 或 13，再按键 20，变为表示直径和宽幅状态。

（5）测试。盖上盖子后，按动 START 键，启动动平衡机。当轮胎转动 8 s 后，再次按动 START 键（也可踩制动脚刹），停止轮胎旋转。此时，即可显示配重量和需配重的位置。

（6）安装配重。用手慢慢转动轮胎，至配重数字灯闪烁并响起“嘟嘟”声。此时轮胎最高点位置即为需要平衡的位置。按下锁定键 19，轴心会锁住 10 s，以便安装平衡块。常用的平衡块有 5 g、10 g、15 g、20 g、25 g、30 g、50 g 和 100 g 八种。

（7）确认结果。盖上盖子后，再次启动，若 OK 灯亮起，则表示动平衡值在 5 g 以内。否则还需重新测量和调整。

3. 轮胎动平衡机的校正

轮胎动平衡机在使用中遇到突然的电压不稳、强磁干扰、主轴受到外力碰撞会变得不准，故需给平衡机做一次自我校正。

（1）找一个平衡度比较好的轮胎（14～15 英寸）。

（2）输入轮胎尺寸（距离、宽度、直径）。

（3）按控制面板上的 START 键加 CAL 键（显示板显示 CAL，CAL 灯同时闪烁，直到灯不闪烁时方可放开）。

（4）按 START 键，轮胎旋转停止后显示 ADD. 100。

（5）在轮胎的外侧任意位置加上一个 100 g 的平衡块（一定要用 100 g 的平衡块）。

（6）按 START 键（轮胎旋转停止后显示 END CAL）。

（7）完成后关机重开就可以按正常方式平衡轮胎了。

二、相关维修设备

1. 零件清洗机（见图 2—78）

（1）作用。主要用于汽车、火车、船舶、飞机、摩托车、自行车等零部件加工过程中和装配前，除去油污、切削屑、粉尘，使清洁度达到要求，满足汽车、摩托车等的性能要求，如汽车齿轮、曲轴、连杆、气门、喷油嘴、减振器、化油器、油泵、阀门、齿轮箱、制动片、制动油缸，以及各种汽车、火车、船舶、飞机、摩托车、自行车等零部件的清洗。

图 2—78　零件清洗机

（2）功能

1）能彻底清洗汽缸体、缸盖内外等零部件表面的积炭、胶质、油泥等油污，达到翻新的效果。

2）能彻底清洗各个润滑油油道孔及部分冷却系，大大提高发动机性能。

3）产品采用自来水加清洗剂清洗，可循环长期使用，清洗成本极低（是汽油刷洗的1/10）。

4）大大提高清洗效率，是传统浸泡清洗、加热喷淋等清洗方式的5～10倍。

2. 轮胎拆装机（见图2—79）

（1）作用。用于对各种中小型汽车10～24英寸轮辋的轮胎进行半自动拆装和充气。

（2）功能

1）使轮胎拆装方便。

2）可以给装配后的轮胎充气。

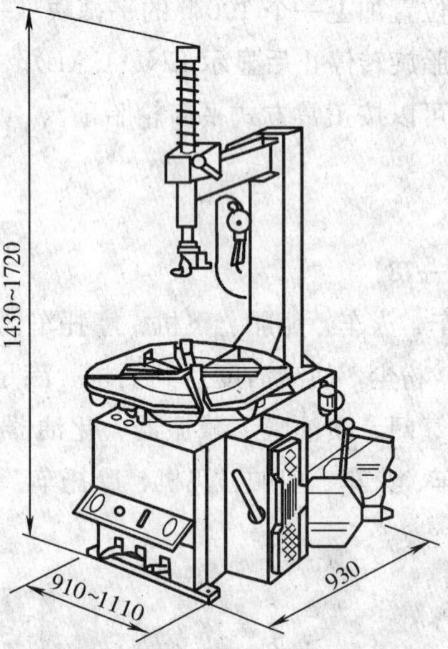

图2—79　轮胎拆装机

技能要求

轮胎动平衡检查与调整

操作内容：

（1）检查轮胎，测量轮胎气压，按需补充轮胎气压。

（2）检查调整轮胎动平衡仪，安装需要进行调整动平衡的轮胎。

（3）使用轮胎动平衡仪调整轮胎动平衡。

（4）调整后轮胎动平衡的不平衡值不大于5 g。

教学目标：

(1) 熟悉轮胎动平衡机的操作流程。

(2) 掌握调整轮胎动平衡的作业规范。

实训设备与器材：

(1) 轮胎。

(2) 轮胎动平衡机。

(3) 轮胎气压表。

(4) 轮胎充气枪。

(5) 气门芯扳手。

(6) 轮胎清洁工具。

操作步骤：

步骤 1　安装车轮

(1) 取下被测车轮上的所有平衡块。

(2) 在未装车轮时，检查动平衡机的精度（转动后测试平衡情况，应该为 0 g）。

(3) 选择合适的适配器，装上车轮。牢固旋紧适配器，以防松动。

步骤 2　输入车轮数据

(1) 从车轮说明书读取或实际测量轮辋宽度、轮辋直径，并输入动平衡器中（见图 2—80）。

(2) 用动平衡机的拉尺测量轮辋内侧与动平衡机的距离，并输入动平衡器中。

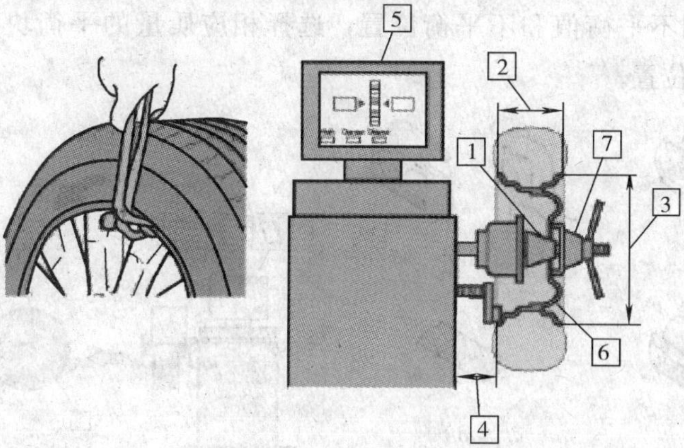

图 2—80　输入车轮参数

1—车轮中心　2—轮辋宽度　3—轮辋直径　4—距离

5—动平衡器　6—车轮　7—适配器

步骤 3　测量动平衡

（1）清理轮胎上的石子。

（2）盖上轮胎罩。

（3）按下启动按钮旋转车轮，待动平衡机发出“嘟”的提示音后，踩制动脚刹停止车轮旋转。

（4）仪器即显示出内、外侧的不平衡值（见图 2—81）。

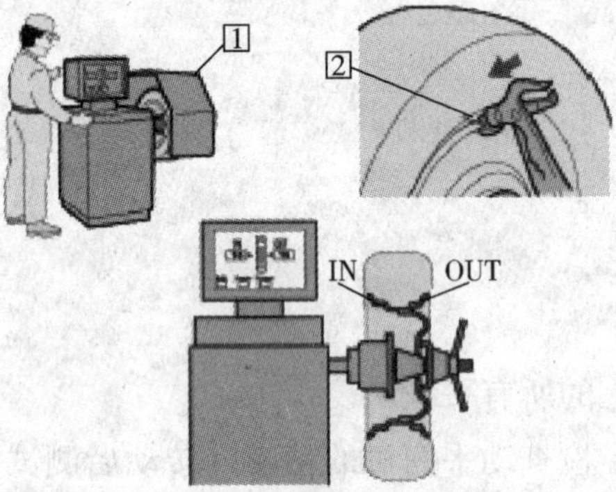

图 2—81　车轮动平衡的测量

1—轮胎罩　2—平衡配重

步骤 4　调整动平衡

（1）选择适用于该类型车轮的配重块（见图 2—82）。

（2）找出外侧不平衡值和不平衡位置，选择相应质量的平衡块（图 2—83 所示为 60 g）安装在指定位置。

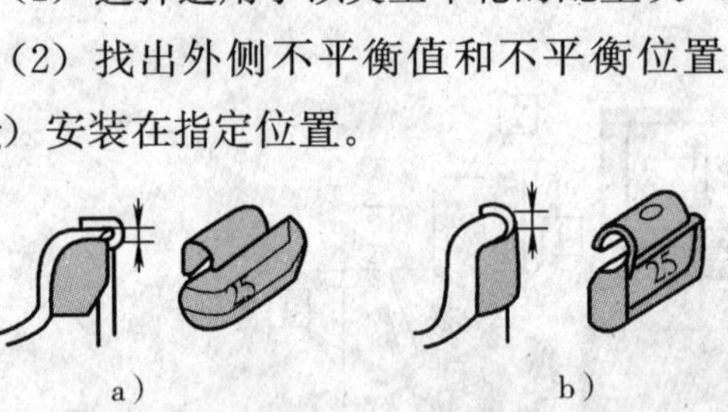

图 2—82　各种类型车轮的配重块

a）钢制轮辋选用　b）c）铝合金轮辋选用

d）非卡钩类型

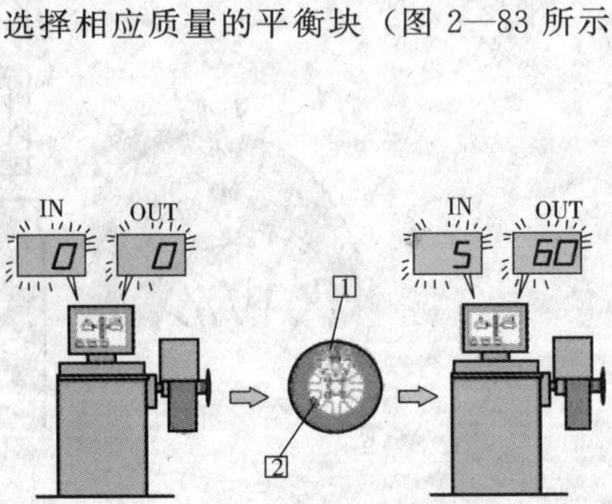

图 2—83　不平衡值和不平衡位置

1—添加的平衡块　2—原先的平衡块

（3）重新测量，直至外侧的平衡值为零。

（4）检查内侧的不平衡值和不平衡位置，如有则按上述方法进行平衡。平衡标准为 5 g 以内。

第3章

汽车发动机构造与拆装

第 1 节　汽车发动机概述

学习目标

➢ 1. 掌握汽车发动机的组成。

➢ 2. 掌握汽车发动机的作用。

➢ 3. 掌握四冲程发动机的工作原理。

知识要求

一、汽车发动机的组成

汽车发动机的组成如图 3—1 所示。

1. 曲柄连杆机构

曲柄连杆机构是由机体、活塞连杆组和曲柄飞轮组三部分组成的。其作用是将燃料燃烧所产生的热能，经机构由活塞的直线往复运动转变为曲柄旋转运动而对外输出动力。机体还是发动机各个机构、各个系统和一些其他部件的安装基础，并且机体许多部分还是配气机构、燃料供给系、冷却系和润滑系的组成部分。

2. 配气机构

配气机构是由气门组和气门传动组两部分组成的。其作用是按照发动机各缸工作顺序和工作循环的要求，定时将各缸进排气门打开或关闭，以便发动机进行换气过程。

3. 燃料供给系

汽油燃料供给系和柴油燃料供给系由于供油系和燃烧过程不同，在结构上有很大区别。汽油燃料供给系分为化油器式和燃油直接喷射式两种。通常所用的化油器式燃料供给系由燃油箱、汽油泵、汽油滤清器、化油器、空气滤清器、进排气歧管和排气消声器等组成，其作用是根据发动机不同工况的要求，配制一定数量和浓度的可燃混合气，供入汽缸，并在燃烧做功后将燃烧后的废气排至大气中。柴油机燃料供给系由燃油箱、输油泵、喷油泵、柴油滤清器、进排气管和排气消声器等组成。其作用是向汽缸内供给纯空气并在规定时刻向缸内喷入定量雾化柴油，以调节发动机输出功率和转速，最后，将燃烧后的废气排出汽缸。

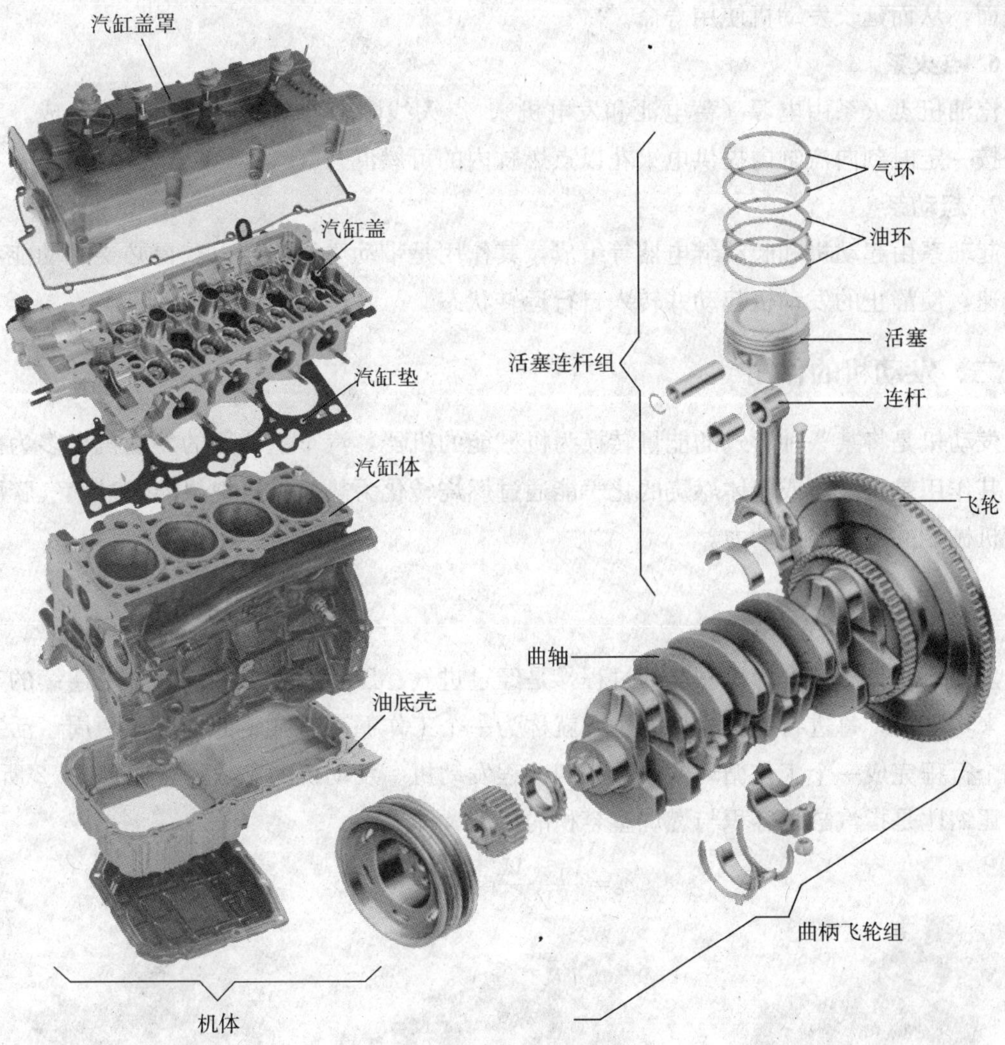

图 3—1 发动机的结构

4. 冷却系

冷却系有水冷式和风冷式两种，现代汽车一般都采用水冷式。水冷式由水泵、散热器、风扇、分水管、节温器和水套（在机体内）等组成。其作用是利用冷却水冷却高温零件，并通过散热器将热量散发到大气中去，从而保证发动机在正常状态下工作。

5. 润滑系

润滑系由机油泵、限压阀、集滤器、机油滤清器、限压阀、油底壳等组成。其作用是将润滑油分送至各个摩擦零件的摩擦面，以减小摩擦力，减缓机件磨损，并清洗、冷却摩擦表面，从而延长发动机使用寿命。

6. 点火系

汽油机点火系由电源（蓄电池和发电机）、点火线圈、分电器和火花塞等组成。其作用是按一定时刻向汽缸内提供电火花以点燃缸内的可燃混合气。

7. 起动系

起动系由起动机和起动继电器等组成，其作用是带动飞轮旋转以获得必要的动能和起动转速，使静止的发动机起动并转入自行运转状态。

二、发动机的作用

发动机是将某一种形式的能量转换为机械能的机器，汽车上使用的发动机大多为内燃机，其作用是将液体或气体燃烧的化学能通过燃烧转化为热能，再把热能通过燃气膨胀转化为机械能并对外输出动力。

三、四冲程发动机

发动机将热能转变为机械能的过程，是经过进气、压缩、做功和排气 4 个连续的工作过程来实现的，每进行一次这样的过程就称为一个工作循环。凡是曲柄旋转两周，活塞往复四个行程完成一个工作循环的，称为四冲程发动机。发动机的参数示意如图 3—2 所示。

压缩比是指汽缸总容积与燃烧室容积的比值，即：

$$\varepsilon=\frac{V_h+V_c}{V_c}=1+\frac{V_h}{V_c}$$

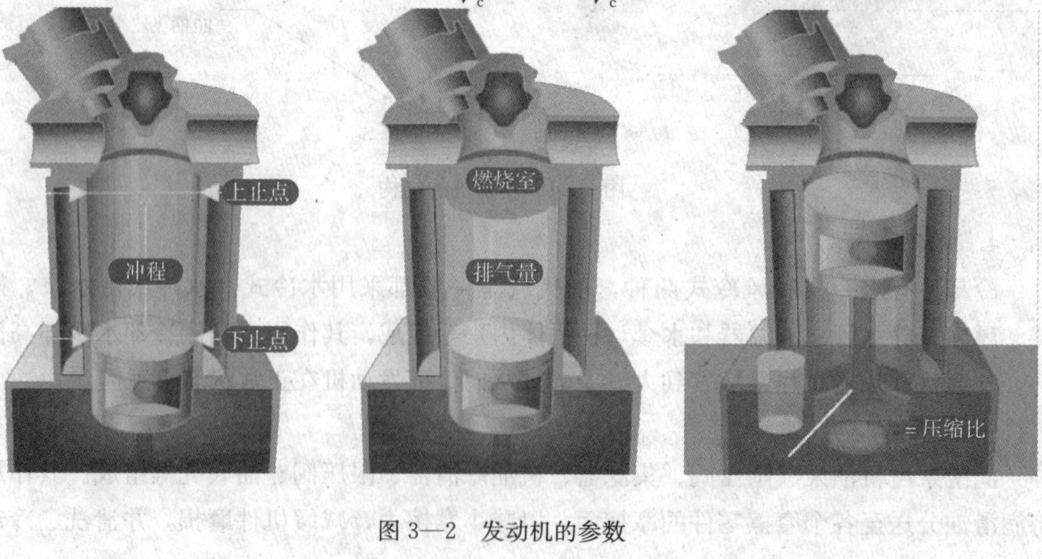

图 3—2　发动机的参数

四冲程汽油机的工作循环是由进气、压缩、做功和排气四个行程组成的，具体原理如下：

1. 进气行程（见图 3—3）

活塞由曲柄带动从上止点向下止点运动，此时，排气门关闭，进气门开启。活塞移动过程中，汽缸内容积逐渐增大，形成一定的真空度，于是经过滤清的空气与化油器供给的汽油混合成可燃混合气，通过进气门被吸入汽缸。至活塞到达下止点时，进气门关闭，停止进气。

2. 压缩行程（见图 3—4）

进气行程结束时，活塞在曲柄的带动下，从下止点向上止点运动，汽缸内容积逐渐减小，由于进、排气门均关闭，可燃混合气被压缩的程度称为压缩比。压缩比越大，则压缩终了时汽缸内气体的压力和温度就越高，燃烧速度也越快，因而发动机发出的功率越大，经济性也越好。

压缩过程中，气体压力和温度同时升高，并使混合气进一步均匀混合，压缩终了时，汽缸内的压力为 0.6～1.2 MPa，温度为 600～800 K。

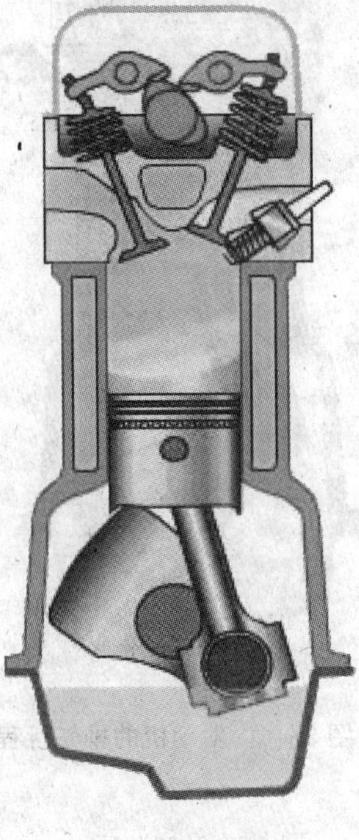

图 3—3　发动机的进气行程

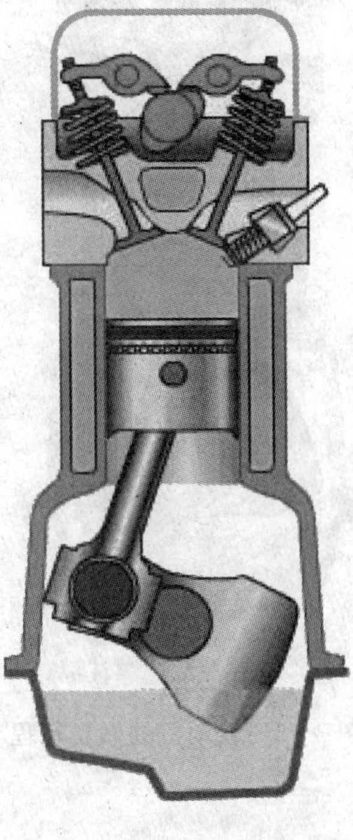

图 3—4　发动机的压缩行程

3. 做功行程（见图 3—5）

在压缩行程末期，火花塞产生电火花点燃混合气，混合气迅速燃烧，使气体因温度、压力迅速升高而膨胀，从而推动活塞从上止点向下止点运动，通过连杆使曲柄旋转做功，至活塞到达下止点时做功结束。

在做功行程中，开始阶段汽缸内气体压力、温度急剧上升，瞬间压力可达 3～5 MPa，瞬时温度可达 2 200～2 800 K。

4. 排气行程（见图 3—6）

在做功行程终了时，排气门打开，进气门关闭，曲柄通过连杆推动活塞从下止点向上止点运动，废气在自身剩余压力和活塞推动下被排出汽缸，至活塞到达上止点时，排气门关闭，排气结束。

排气行程终了时，汽缸内还存有少量废气，气体压力也因排气系统存在排气阻力而略高于大气压力。此时，压力为 0.105～0.115 MPa，温度为 900～1 200 K。

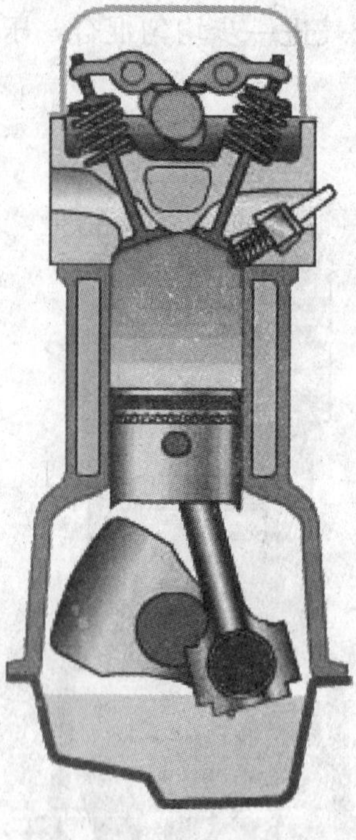

图 3—5　发动机的做功行程

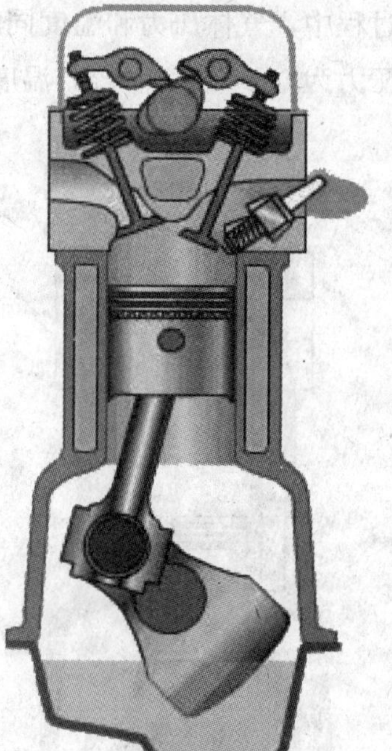

图 3—6　发动机的排气行程

第 2 节　发动机机构的拆卸与装配

学习单元 1　曲柄连杆机构的装配

学习目标

➤ 1. 知道发动机曲柄连杆机构主要零件的结构与功用。

➤ 2. 掌握曲柄连杆机构的装配技术要求。

➤ 3. 能熟练拆装活塞连杆机构。

知识要求

一、曲柄连杆机构的结构

曲柄连杆机构的功用是将燃烧时作用在活塞顶上的压力转变为曲轴旋转运动而对外输出动力。

曲柄连杆机构由机体、活塞连杆组和曲轴飞轮组三部分组成（见图 3—7）。

曲柄连杆机构是往复活塞式发动机将热能转换为机械能的主要机构。在发动机工作过程中，燃料燃烧产生的气体压力直接作用在活塞顶上，推动活塞做往复直线运动。经活塞销、连杆和曲轴，将活塞的往复直线运动转换为曲轴的旋转运动。发动机产生的动力，大部分由曲轴后端的飞轮传给传动系中的离合器；还有一部分通过曲轴前端的齿轮和带轮驱动本机其他机构和系统。

1. 活塞连杆组

（1）活塞连杆组的结构。活塞连杆组的分解图如图 3—8 所示。活塞连杆组由活塞、活塞环、活塞销和连杆等主要机件组成。

（2）活塞。活塞的结构如图 3—9 所示。

1）活塞的功用。活塞的功用是与汽缸盖、汽缸壁共同组成燃烧室，承受汽缸中气体压力并通过活塞销和连杆传给曲轴。

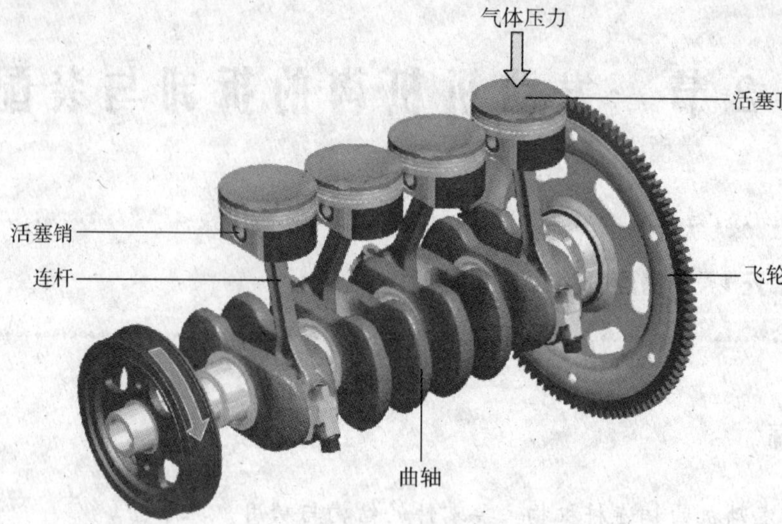

图 3—7　曲柄连杆机构的结构

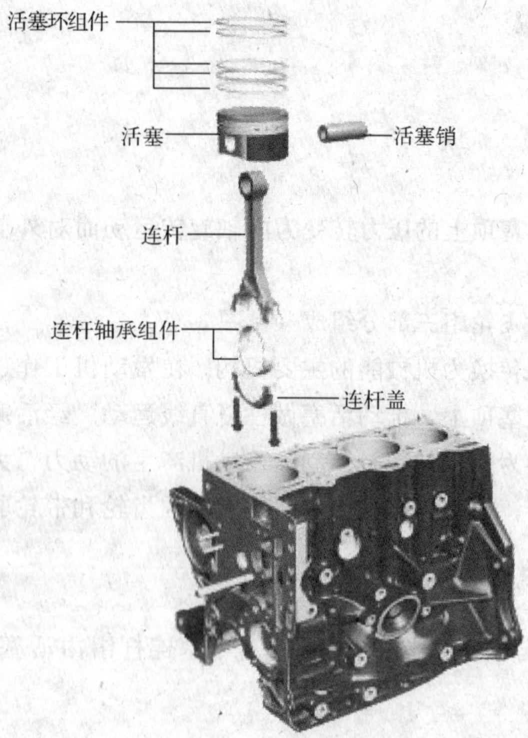

图 3—8　活塞连杆组的分解图

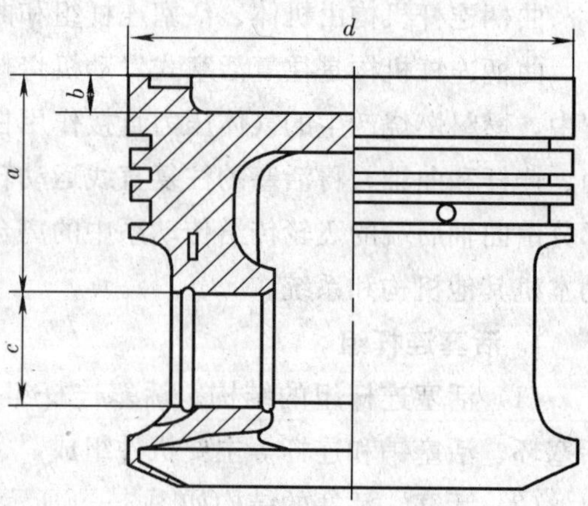

图 3—9　活塞的结构

2）活塞的结构。活塞的基本结构可分为顶部、头部和裙部三个部分。

3）活塞的顶部。活塞的顶部是燃烧室的组成部分，用来承受气体压力。

4）活塞的头部（见图 3—10）。活塞的头部是活塞环槽以上的部分。其主要作用是承受气体压力，并传给连杆；与活塞环一起实现对汽缸的密封；将活塞顶部所吸收的热量通过活塞环传给汽缸壁。

活塞的头部切有若干道用以安装活塞环的环槽。汽油机活塞一般有 3～4 道环槽，上面 2～3 道用以安装气环，下面一道用以安装油环。在油环槽底面上钻有许多径向小孔，使得被油环从汽缸壁上刮下来的多余机油经过这些小孔流回油底壳。

5）活塞的裙部。自油环槽下端面起至活塞底面的部分称为活塞裙部（见图 3—11）。其作用是为活塞在汽缸内做往复运动导向和承受侧压力。

活塞销座是活塞通过活塞销与连杆的连接部分，位于活塞裙部的上部，用于安装活塞销。

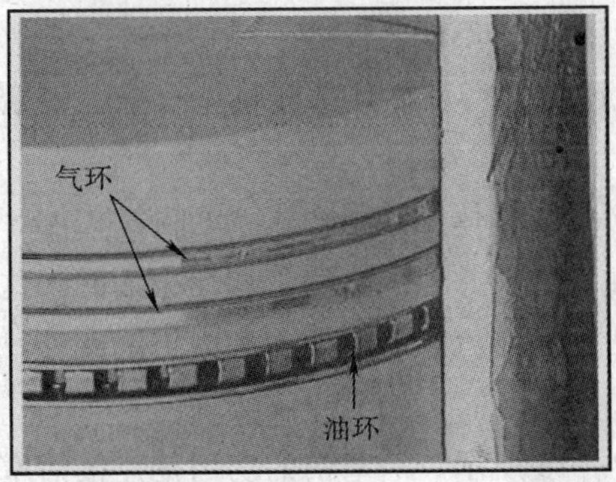

图 3—10　活塞的头部

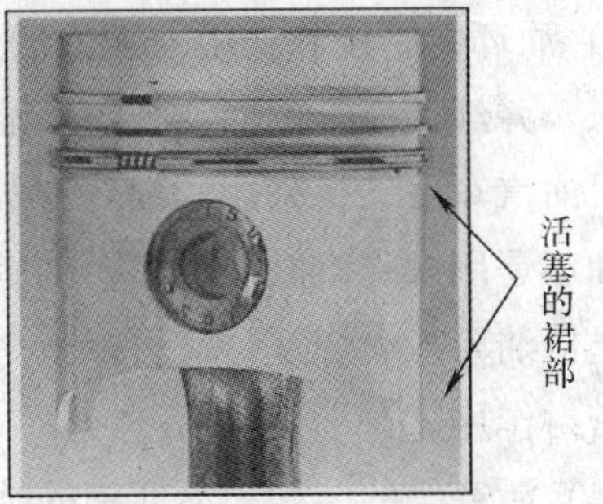

图 3—11　活塞的裙部

（3）活塞环。活塞环按其主要功用可分为气环和油环两类，如图 3—12 所示。

1）气环的结构和功用。发动机工作时，活塞和活塞环都会发生热膨胀。并且，活塞环随活塞在汽缸内做往复运动时，有径向胀缩变形现象。因此，活塞环在汽缸内应有开口间隙，与活塞环槽间应有侧隙与背隙（见图 3—13）。

为了加强密封、加速磨合、减小泵油作用及改善润滑，除了合理地选择材料和加工工艺外，在结构上还采用了许多不同断面形状的气环。

气环的功用是保证活塞与汽缸壁间的密封，防止汽缸中的气体窜入曲轴箱；同时还将活塞头部的热量传给汽缸，再由冷却水或空气带走。另外，它还起到刮油、布油的辅助作用。

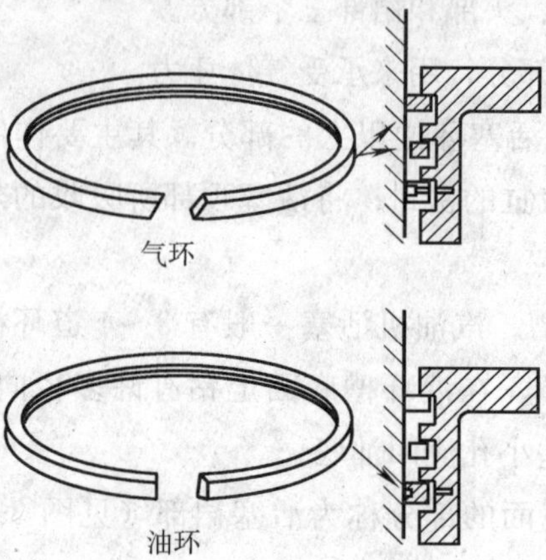

图 3—12　活塞环的结构

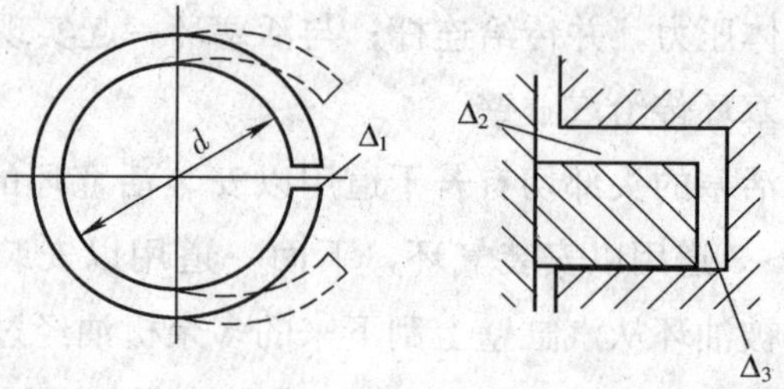

图 3—13　活塞环的三隙

Δ_1—端隙　Δ—$_2$ 侧隙　Δ—$_3$ 背隙

扭曲环目前在发动机上得到了广泛应用。在安装时，必须注意扭曲环的断面形状和方向，正扭曲环应将其内圆切槽向上，外圆切槽向下，不能装反。

2）油环的结构和功用。无论活塞是下行还是上行，油环都能将汽缸壁上多余的机油刮下来，并经活塞上的回油孔流回油底壳。

目前汽车发动机采用的油环有两种结构形式：整体式和组合式（见图 3—14）。

油环是用来将汽缸壁上多余的机油刮回油底壳，并在汽缸壁上均匀布油的。这样既可以防止机油窜入燃烧室，又可以减小活塞、活塞环与汽缸的摩擦力和磨损。此外，油环也兼起密封作用。

（4）活塞销的结构。活塞销的结构如图 3—15 所示。活塞销的功用是连接活塞与连杆小头，将活塞承受的气体作用力传给连杆。

（5）连杆的结构及功用

1）连杆的组成。连杆由杆身、连杆盖、连杆螺栓和连杆轴承等部分组成（见图 3—16）。

2）连杆的功用。其功用是将活塞承受的力传给曲轴，使活塞的往复运动转变为曲轴的旋转运动。

3）连杆螺栓及其锁止。连杆螺栓是一个要承受很大冲击力载荷的重要零件，当其发生损坏时，将给发动机带来极其严重的后果。因此一般采用韧性较好的优质合金钢或优质碳素钢锻制或冷镦成形。连杆大头在安装时，必须紧固可靠。连杆螺栓必须按原厂规定的力矩，分 2～3 次均匀地拧紧。

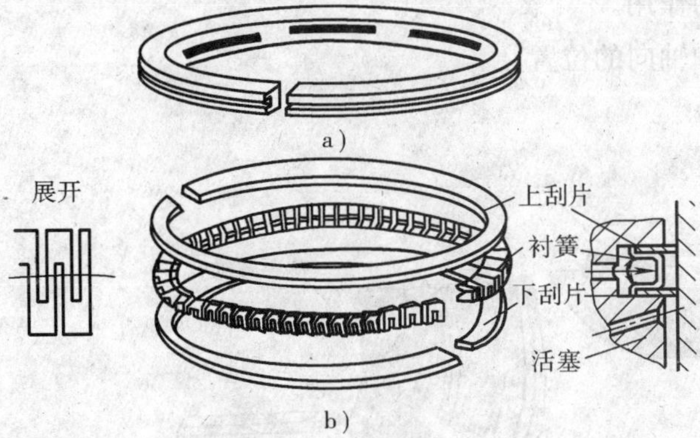

图 3—14 油环的结构形式

a）整体式 b）组合式

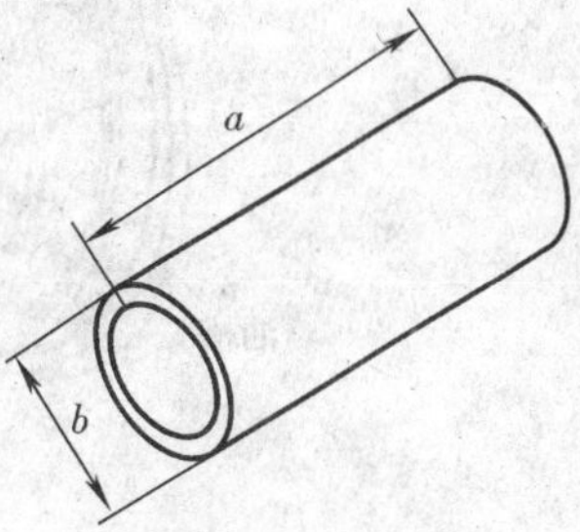

图 3—15 活塞销的结构

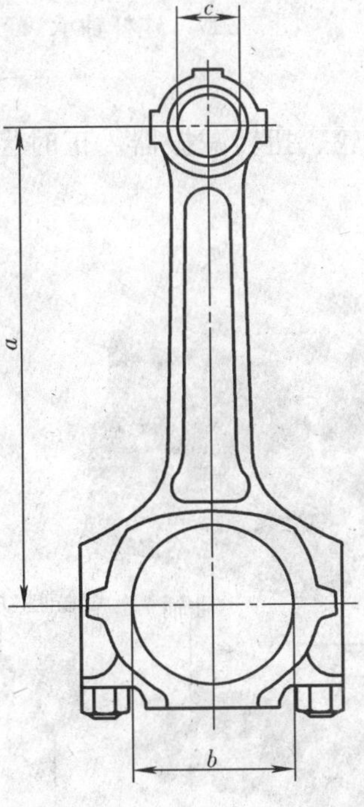

图 3—16 连杆的结构

（6）连杆轴承（见图 3—17）。连杆轴承也称连杆轴瓦（俗称小瓦），装在连杆大头内，用以保护连杆轴颈和连杆大头孔。

由于其在工作时承受着较大的交变载荷、高速摩擦、低速大负荷时润滑困难等苛刻条件，因此，要求连杆轴承具有足够的强度、良好的减摩性和耐腐蚀性。

油槽起储存润滑油，减少磨损的作用。

定位凸键保证了连杆轴承径向和轴向的位置。

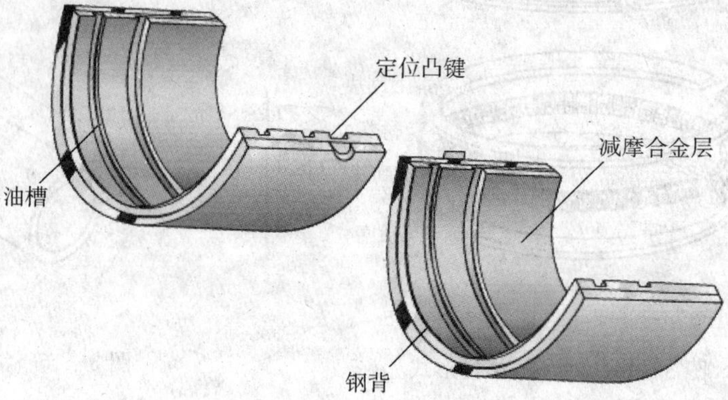

图 3—17　连杆轴承

2. 曲轴飞轮组

曲轴飞轮组主要由曲轴、飞轮、扭转减振器、正时齿轮和曲轴带轮等组成，如图 3—18 所示。

（1）曲轴的功用与结构

图 3—18　曲轴飞轮组分解图

1）曲轴的功用。曲轴的主要功用是把活塞连杆组传来的气体压力转变为转矩并对外输出。另外，还用来驱动发动机的配气机构和其他各种辅助装置。

2）曲轴的结构。如图 3—19 所示，曲轴上钻有贯穿主轴承、曲柄和连杆轴承的油道，以使主轴承内的润滑油经此贯穿油道至连杆轴承。

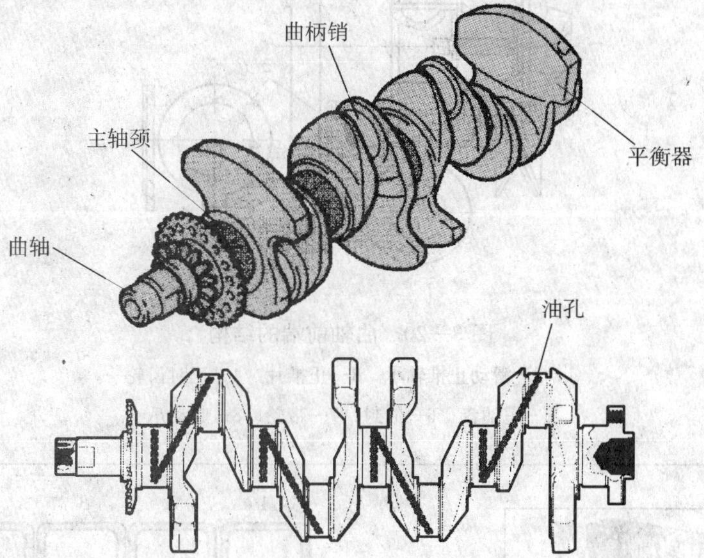

图 3—19　曲轴的结构

3）曲轴前后端的密封和轴向定位。曲轴前端装有驱动配气凸轮轴的正时齿轮、驱动风扇和水泵的带轮及止推片等（见图 3—20）。

为了防止机油沿曲轴轴颈外漏，在曲轴前端装有甩油盘，随着曲轴旋转，由于离心力的作用，油被甩到齿轮室盖的壁面，再沿壁面流回油底壳中。

曲轴后端有安装飞轮用的凸缘。为了防止机油向后漏出，常采用甩油盘、油封（自紧油封或填料油封）和回油螺纹等封油装置。

（2）做功顺序（见图 3—21）

1）直列四缸发动机各缸的工作顺序有 1—3—4—2 和 1—2—4—3 两种。

2）直列六缸发动机各缸的工作顺序为 1—5—3—6—2—4（见图 3—22）。

3）V 形八缸四冲程发动机的工作顺序，随汽缸序号的排列方法而定。8V100 型汽油机的结构与工作循环如图 3—23 所示。

（3）汽缸体的结构（见图 3—24）。汽缸体是发动机各个机构和系统的装配机体，并由其保持发动机各运动件相互之间的准确关系。

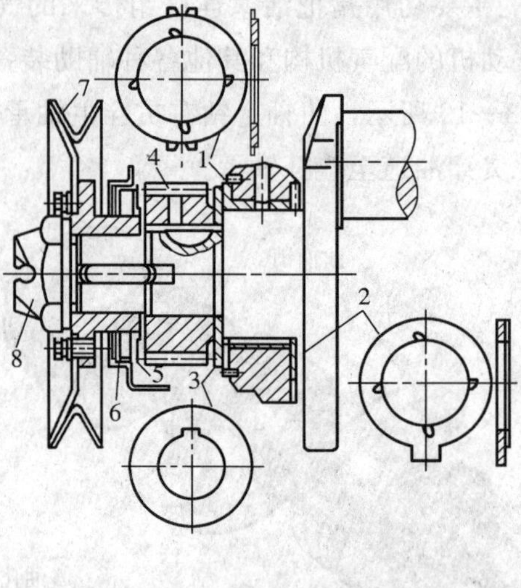

图 3—20　曲轴前端的结构

1，2—滑动止推轴承　3—止推片　4—正时齿轮

5—甩油盘　6—油封　7—带轮　8—起动爪

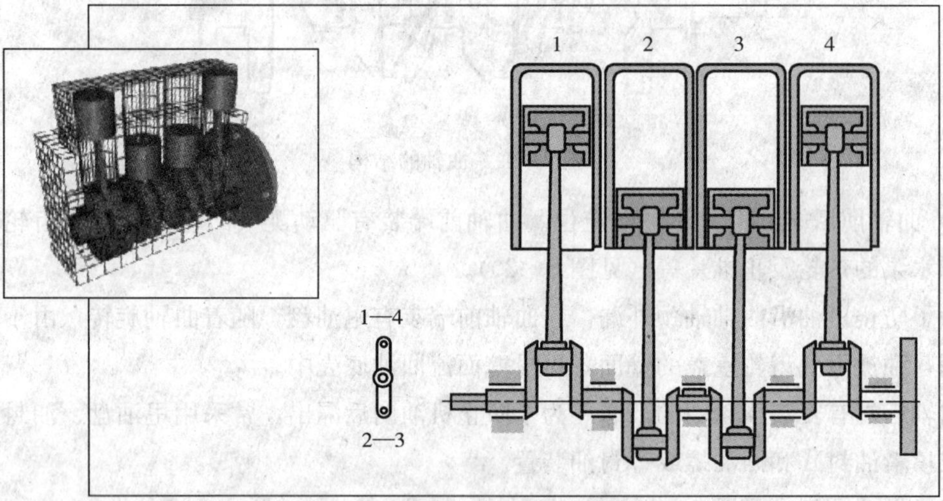

图 3—21　四缸发动机做功顺序

在上曲轴箱制有主轴承座孔。为了润滑这些轴承，在侧壁上钻有主油道，前后壁和中间隔板上钻有分油道。

(4) 扭转减振器的结构（见图 3—25）。发动机运转时，由于飞轮的惯性很大，可以看成是等速转动。而各缸气体压力和往复运动件的惯性力是周期性地作用在曲柄连杆轴颈上的，给曲轴一个周期性变化的扭转外力，使曲轴发生忽快忽慢的转动，从而形成曲轴对于

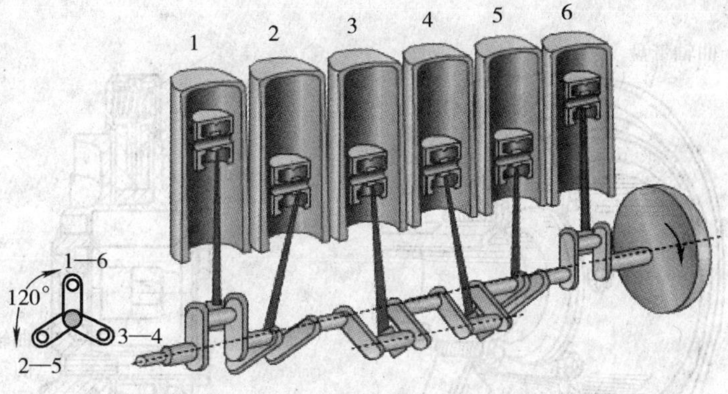

图 3—22　直列六缸发动机各缸的工作顺序

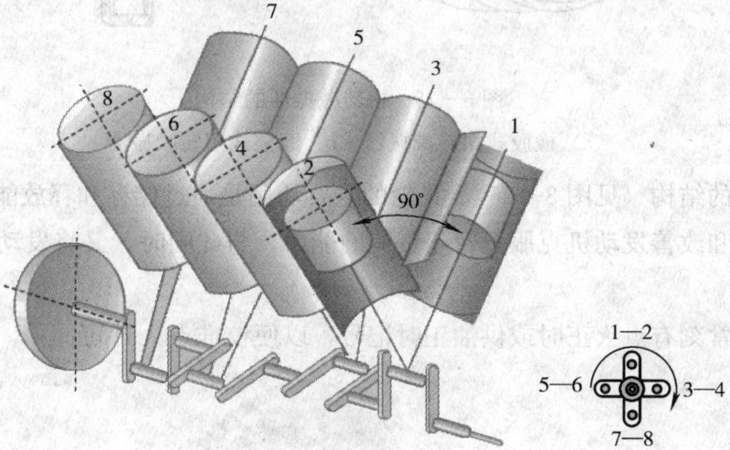

图 3—23　V形八缸发动机曲拐的布置

图 3—24　汽缸体的结构

飞轮的扭转摆动，即曲轴的扭转振动。为了消减曲轴的扭转振动，有的发动机在曲轴前端装有扭转减振器。

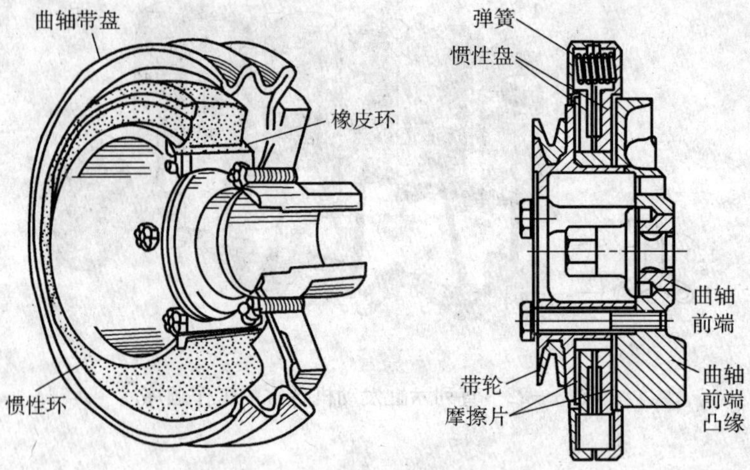

图 3—25　扭转减振器的结构

a）橡胶式扭转减振器　b）摩擦式扭转减振器

（5）飞轮的结构（见图 3—26）。飞轮的主要功用是通过储存和释放能量来提高发动机运转的均匀性和改善发动机克服短暂超负荷的能力，与此同时，又将发动机的动力传给离合器。

飞轮上通常刻有点火正时或供油正时记号，以便校准点火时间。

图 3—26　飞轮的结构

二、曲柄连杆机构的拆装工艺

以别克凯越 1.8DOHC 发动机为例。

1. 活塞连杆的拆装工艺

(1) 拧紧力矩

1) 连杆轴承的紧固力矩为 25 N·m+45°+15°。即先以 25 N·m 的扭矩紧固一遍，再将每个螺栓旋转 45°，最后将每个螺栓旋转 15°。

2) 发动机支架的拧紧力矩为 55 N·m。

(2) 装配技术要求

1) 连杆轴承不可互换，拆卸时要做好记号。

2) 活塞环拆卸和装配一定要使用专用环钳。

3) 安装时，活塞与连杆的方向与原来一致，有记号的朝向发动机的前方。

4) 活塞环安装的缺口位置如图 3—27 所示。

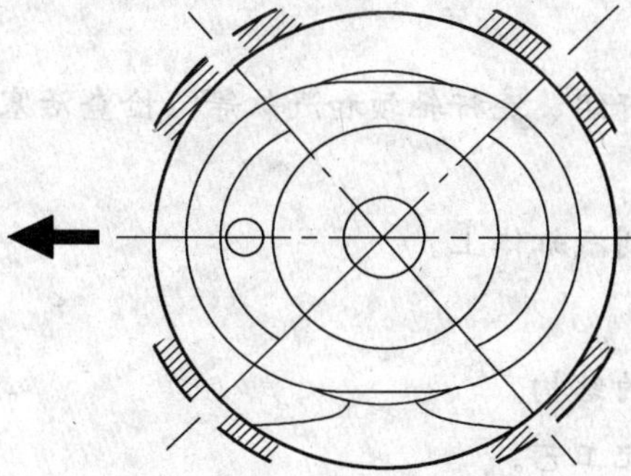

图 3—27 活塞环端口的安装位置

5) 活塞环开口端隙。第一道环为 0.2～0.3 mm，第二道环为 0.5～0.6 mm。

6) 活塞环侧隙。第一道环为 0.016 mm，第二道环为 0.066 mm。

7) 汽缸的圆度误差为 0.013 mm，锥度误差为 0.013 mm。

8) 活塞与汽缸的间隙为 0.03 mm。

9) 连杆侧隙为 0.7 mm。

10) 活塞圆度误差为 0.5 mm，锥度误差为 0.013 mm。

11) 活塞销与活塞的配合间隙为 0.0035～0.01 mm。

2. 曲轴的拆装工艺

（1）拧紧力矩

1）曲轴轴承盖螺栓为 50 N·m+45°+15°。

2）曲轴带轮螺栓为 20 N·m。

3）曲轴齿轮螺栓为 145 N·m+30°+15°。

（2）技术要求

1）曲轴的加大尺寸为 0.25 mm 和 0.5 mm。

2）主轴颈最大圆度误差为 0.003 mm。

3）主轴承间隙为 0.015～0.04 mm。

4）曲轴的轴向间隙为 0.07～0.3 mm。

技能要求

活塞连杆组拆装

操作内容：

（1）检查并清洁活塞连杆组、连杆轴颈和汽缸等（检查活塞环、连杆轴瓦）。

（2）组装活塞连杆。

（3）将活塞连杆组安装到汽缸体上。

教学目标：

（1）熟悉曲柄连杆机构的结构。

（2）掌握活塞连杆的装配工艺。

（3）熟练使用专用工具。

实训设备与器材：

（1）发动机总成台架。

（2）活塞环卡箍。

（3）活塞环拆装工具。

（4）扭力扳手（25～100 N·m）。

（5）常用组套工具。

操作步骤：

步骤 1　活塞连杆的组装（见图 3—28）

（1）对活塞做标记时，应从发动机前端向后打上汽缸号，并打上指向发动机前端的箭头。

(2) 拆卸连杆和连杆轴承盖时，应打上所属汽缸号。安装连杆时，浇铸的标记须朝 V 形带轮方向（发动机前方）。

(3) 连杆螺母为 M8×1，拧紧连杆螺母时，应在接触面涂机油，用 30 N·m 力矩拧紧，接着再转动 90°。

(4) 拆装活塞环时应使用专用工具，如图 3—29 所示。

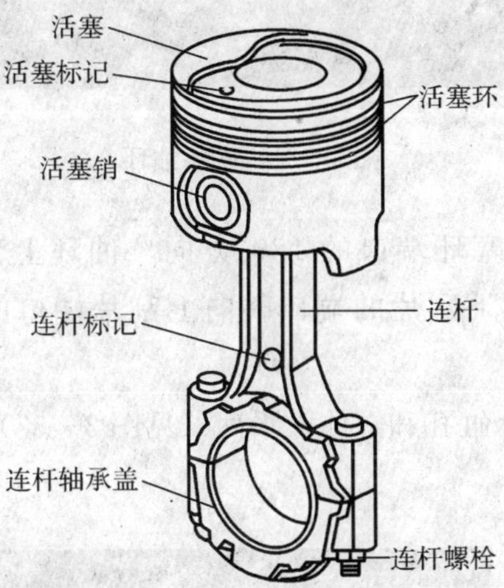

图 3—28 活塞、连杆上的标记

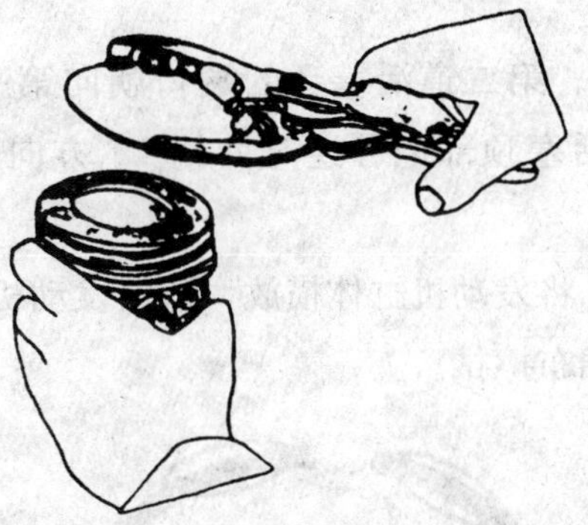

图 3—29 拆装活塞环

安装活塞环时，应使活塞环开口错开 120°，有“TOP”记号的一面朝向活塞顶部。

(5) 装配活塞销。应将活塞加热至 60℃，用拇指仅需较小的力就应能将涂有机油的活塞销压入活塞销座孔中，如图 3—30 所示。

在垂直状态时，活塞销不能在自重作用下从销座孔中自行滑出，用手晃动活塞销时应无间隙感，这表明活塞销与销座孔配合适宜。

拆装活塞销卡簧时需用专用工具。

步骤 2 将活塞连杆组安装到汽缸体上

(1) 安装油环（见图 3—31）。用专用工具安装油环。

安装前，应先检查活塞环的加大尺寸是否与汽缸的加大尺寸一致。

(2) 安装气环（见图 3—32）。注意气环的安装方向，有“TOP”记号的一面应朝向活塞的顶部。

(3) 将活塞环的开口相互错开 120°。第一道活塞环的端口朝向活塞顶部记号顺时针偏

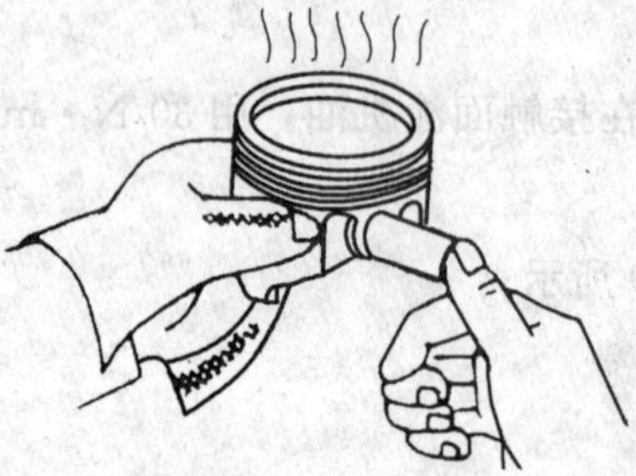

图 3—30　装配活塞销

图 3—31　安装油环

45°方向。第二道活塞环的端口朝向第一道活塞环端口的 180°方向。油环上刮片的端口朝向活塞顶部记号逆时针偏 45°方向。油环下刮片的端口朝向上刮片端口的 180°方向。

（4）将发动机缸体横放，清洁发动机的各个缸孔和缸体上平面（见图 3—33）。必须用干净的棉布擦拭。

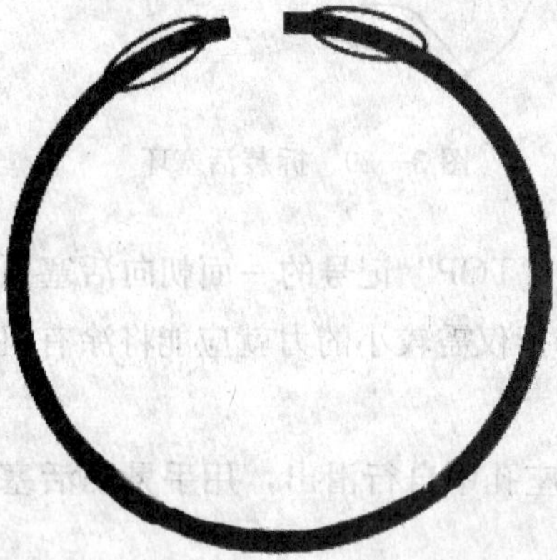

图 3—32　安装气环

图 3—33　清洁发动机缸孔

（5）用清洁的发动机机油润滑活塞连杆轴承、活塞销和活塞环槽（见图 3—34）。润滑各汽缸孔。将油环和气环的端口位置错开 120°。

（6）注意活塞顶部箭头标记应指向发动机的前部。活塞顶部边缘应有指向箭头标记或代表活塞加大尺寸的数字，如＋0.25。安装时将箭头标记或数字指向发动机的前方（见图 3—35）。

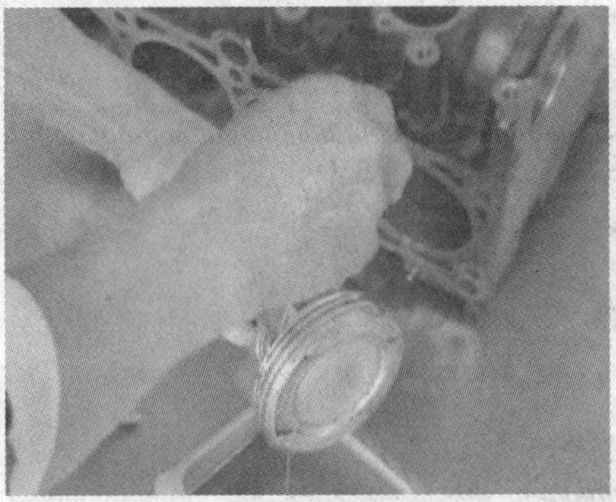

图 3—34　润滑活塞环

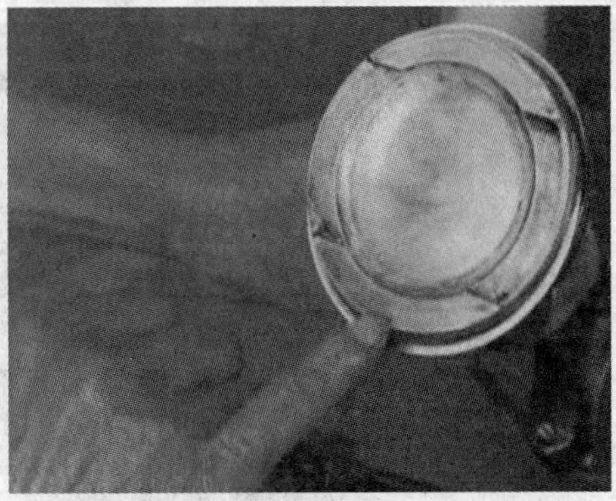

图 3—35　活塞顶部的安装指示标记

（7）依照正确的方向将活塞、连杆送入相应的汽缸（见图 3—36）。放置时不要移动活塞环的位置。防止连杆擦伤汽缸孔壁面。

图 3—36　将活塞连杆送入汽缸

（8）先将活塞、连杆送入相应的汽缸体内，至油环的端面与汽缸上平面平齐（见图 3—37）。然后用专用卡箍箍紧活塞环。仔细核对活塞的方向后，用锤子的木柄轻轻敲击活塞顶部，将活塞、连杆推入汽缸体内，直至连杆进入曲轴轴颈上。

（9）套上同组连杆端盖，注意连杆端盖的方向，一般在连杆和端盖上有汽缸号的一侧应相对（见图 3—38）。用摇杆预紧端盖螺栓。

图 3—37　箍紧活塞环，推入活塞连杆

图 3—38　安装连杆端盖

（10）按规定的拧紧力矩（30 N·m，接着再转动 90°）拧紧端盖（见图 3—39）。先按上述方法依照 1—4—2—3 的顺序安装其他三组活塞连杆，再用扭力扳手依次拧紧。

（11）四组活塞连杆装配完成后，用手扳转曲轴，看是否阻力正常，运转良好，无卡滞现象（见图 3—40）。

图 3—39　按规定的拧紧力矩拧紧端盖

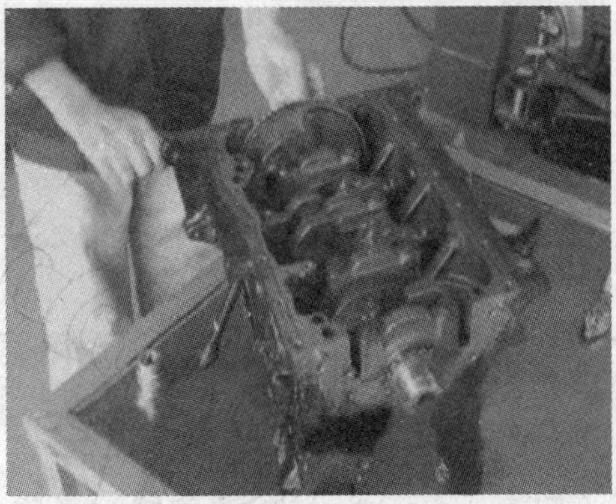

图 3—40　安装后的检验

学习单元 2　配气机构的装配

学习目标

➤ 1. 能正确描述发动机配气机构的种类、工作过程。

➤ 2. 知道发动机汽缸盖和气门机构的作用和结构。

➤ 3. 知道气门机构中主要零件的作用和结构。

➤ 4. 能规范地进行汽缸盖和气门机构的拆卸和组装作业。

知识要求

一、配气机构的组成和作用

配气机构的作用是按照发动机各缸的做功次序和每一缸工作循环的要求，定时地将各缸进气门与排气门打开、关闭，以便发动机进行进气、压缩、做功和排气等工作过程。

配气机构由气门组和气门传动组组成，如图 3—41 所示。

配气机构按气门组的布置位置不同可分为顶置式配气机构和侧置式配气机构。

1. 气门组结构

(1) 气门组的作用是封闭进、排气道。气门传动组的作用是使进、排气门按配气相位

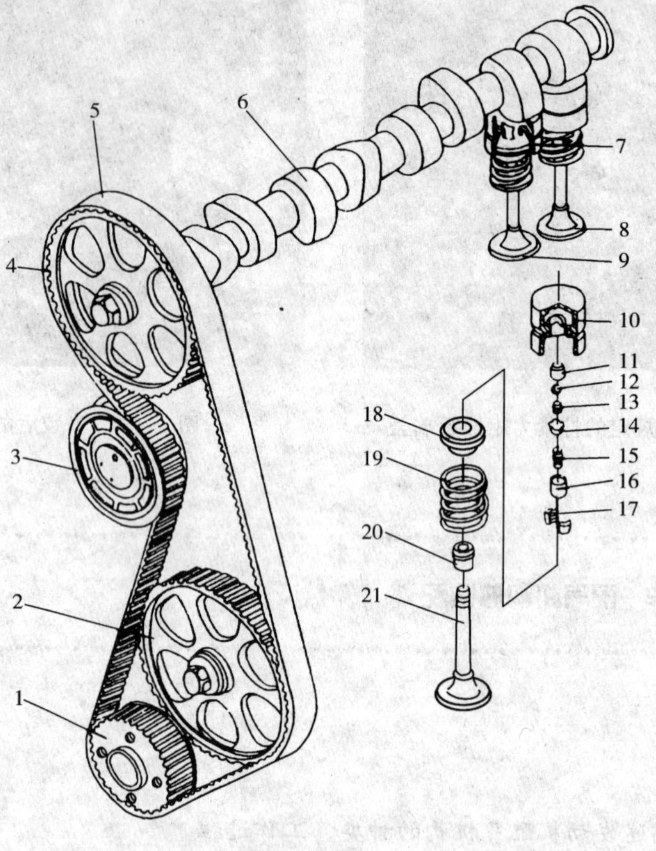

图 3—41　FE 发动机的配气机构示意图

1—曲轴正时齿轮　2—中间轴正时齿轮　3—张紧轮　4—凸轮轴正时齿轮　5—正时齿形带　6—凸轮轴　7—液压挺杆组件　8—排气门　9—进气门　10—挺柱体　11—柱塞　12—止回阀钢球　13—小弹簧　14—托架　15—回位弹簧　16—油缸　17—气门锁片　18—上弹簧座　19—气门弹簧　20—气门油封　21—气门

规定的时刻开闭，且保证有足够的开度。

（2）气门组主要包括气门、气门导管、气门弹簧、气门弹簧座和气门锁片等（见图 3—42）。

（3）气门。气门是用来封闭气道的。气门由头部和杆身两部分组成。头部用来封闭进排气道，杆身用来在气门开闭过程中起导向作用。

气门穿过气门导管，在其尾端通过气门锁环固定气门弹簧座。气门弹簧套于气门杆外围，并有一定的预紧力。

气门杆身与气门导管配合，为气门开启与关闭过程中的上下运动导向。

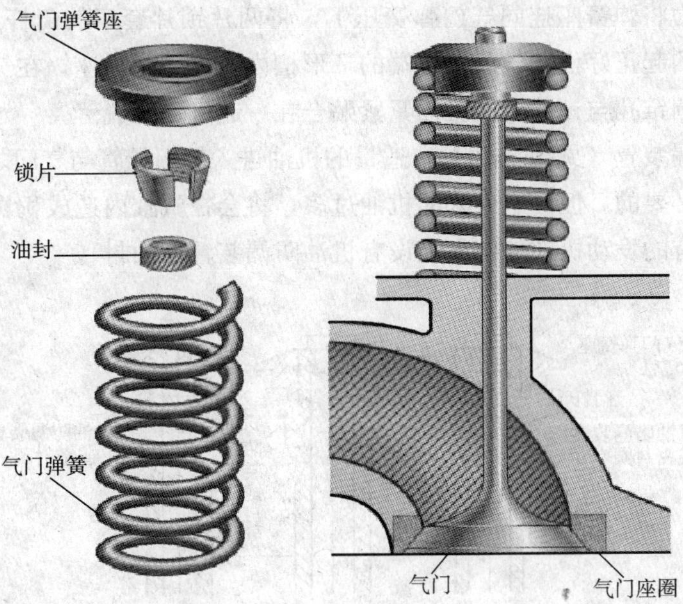

图 3—42　气门组的组成

（4）气门密封锥面。气门密封锥面是与杆身同心的圆锥面，用来与气门座接触，起到密封气道的作用。

（5）气门弹簧。气门弹簧是圆柱形的螺旋弹簧，位于汽缸盖与气门尾端弹簧座之间。

气门弹簧的上端抵于弹簧座，下端抵于汽缸盖。当气门关闭时，在气门弹簧预紧力的作用下，气门头部密封锥面压紧在气门座上，将气道封闭。

（6）气门弹簧座的固定（见图 3—43）。锥形锁片被剖分成两半，合在一起形成一个完整的圆锥结构，内孔有一环形凸起。弹簧座的中心孔为圆锥孔，用来与锁片的外圆锥面配

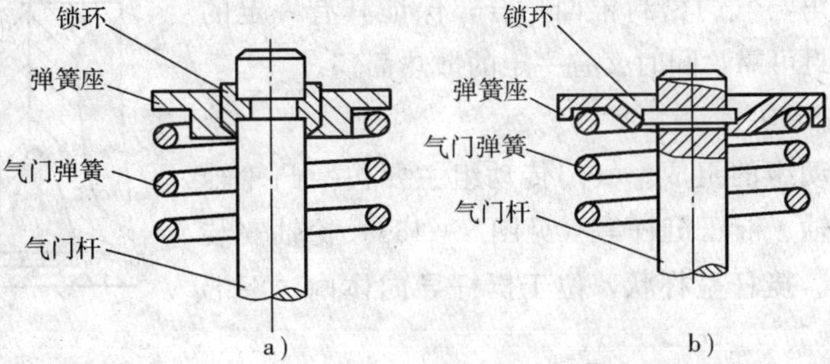

图 3—43　气门弹簧座的固定

a）锥形锁环式　b）锁销式

合。安装时，用力将弹簧座连同气门弹簧压下，将两片锁片套于气门杆尾部合并在一起，锁片内孔的环状凸起正好位于气门杆尾端的环形槽内。放松弹簧座，在气门弹簧的弹力作用下，弹簧座的圆锥孔与锁片的圆锥面紧紧贴合在一起，不会脱落。

（7）气门防漏装置（见图 3—44）。适量的机油进入气门导管与气门之间的间隙，对于气门杆的润滑是必要的。但如果进入的机油过多，将会在汽缸内造成积炭和在气门上产生沉积物。因此，有的发动机在气门杆上设有机油防漏装置（油封）。

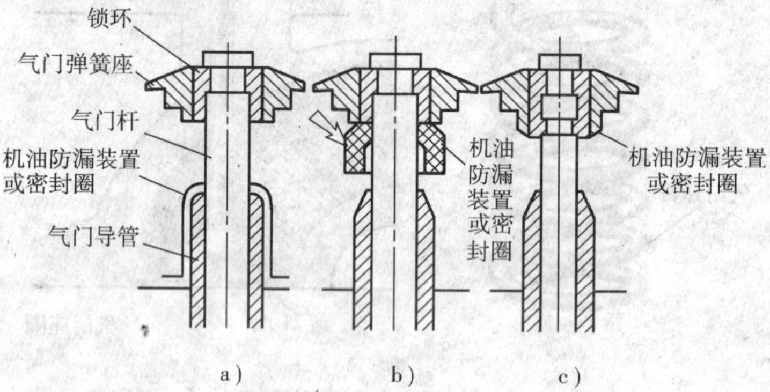

图 3—44　气门防漏装置

（8）气门导管。气门导管的功用是给气门的运动导向，保证气门的往复直线运动和气门关闭时能正确地与气门座贴合，并为气门杆散热。

（9）气门座。进、排气道口与气门密封锥面直接贴合的部位称为气门座（见图 3—45）。气门座与气门头部一起对汽缸起密封作用，同时接受气门头部传来的热量，起到对气门散热的作用。

气门座的锥角与气门密封锥面贴合，保证其有一定的座合压力，使密封可靠，同时又有一定的散热面积。

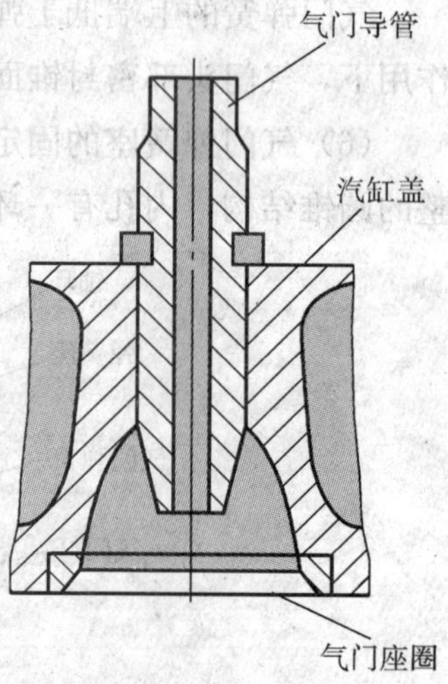

图 3—45　气门座

2. 气门传动机构

（1）气门传动组的组成。气门传动组主要包括凸轮轴正时齿轮、凸轮轴、液压挺杆等（见图 3—46）。轮轴安装在汽缸体的一侧。挺杆呈杯状，位于挺杆导向体内，下端与凸轮轴接触。

1）凸轮轴（见图 3—47）。凸轮轴是由发动机曲轴驱动而旋转，用来驱动和控制各缸气门的开启和关闭，使其符合发动机的工作顺序、配气相位及气门开度的变化规律等要求。

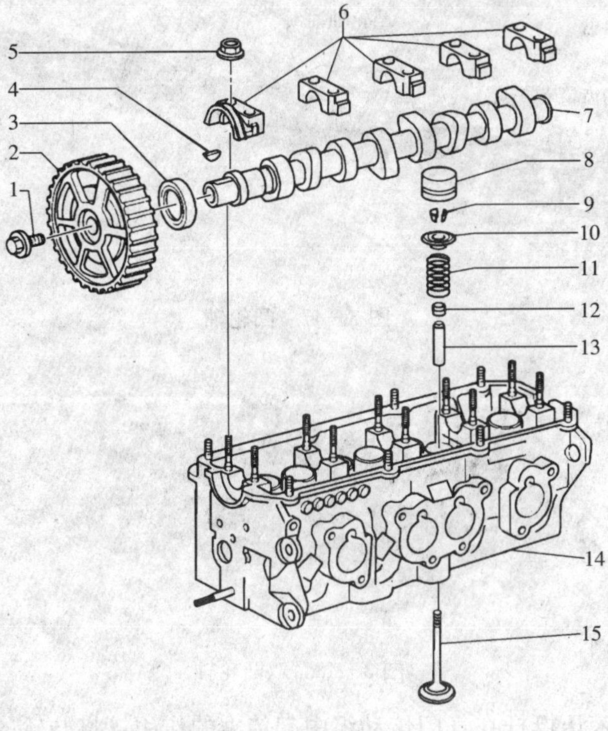

图 3—46　气门传动组的组成

1—螺栓（拧紧力矩 100 N·m）　2—凸轮轴正时齿轮　3—密封圈　4—半圆键
5—螺栓（拧紧力矩 20 N·m）　6—轴承盖　7—凸轮轴　8—液压挺杆
9—气门锥形锁夹　10—气门弹簧座　11—气门弹簧　12—气门杆密封圈
13—气门导管　14—汽缸盖　15—气门

凸轮的轮廓应能使气门开启与关闭的时间符合配气相位的要求，使气门有尽量大的升程。气门的开启与关闭过程的运动规律也取决于凸轮的轮廓曲线。

凸轮轴轴颈的润滑采用压力润滑，缸体或缸盖上钻有油道与轴承相通。凸轮与挺杆间采用飞溅润滑。

凸轮轴与曲轴转动方向相同，传动比为 2∶1。

多气门配气机构一般采用进气凸轮轴和排气凸轮轴两根轴，分别压开进气门和排气门。

2）双凸轮轴。为了使发动机进气充分，换气彻底，使燃烧更完全，现代发动机一般布置两个进气门和两个排气门（见图 3—48）。

平行布置的 4 个气门需要用两个凸轮轴来分别驱动。为此，需要一个进气凸轮轴和一个排气凸轮轴来分别驱动 2 个进气门和 2 个排气门。

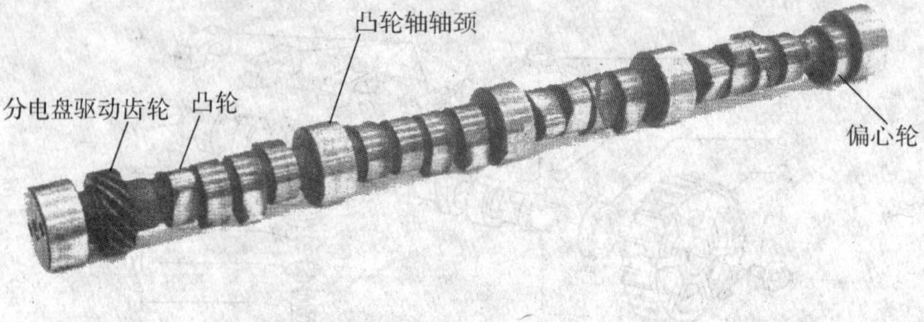

图 3—47　凸轮轴

图 3—48　双凸轮轴

3）液压挺杆。液压挺杆在气门传动组中起传力的作用，将凸轮的推力传给气门。

为了防止受热膨胀后气门关闭不严，大多数发动机预留了气门间隙，但这又会造成气门开启关闭时的冲击，产生磨损和噪声。为解决这一矛盾，目前越来越多的发动机（尤其是轿车发动机）采用了长度随温度轻微变化的液压挺杆，而不采用预留气门间隙的方法。

气门受热膨胀伸长时，挺杆自动缩短，保证气门关闭紧密；当气门冷却收缩时，挺杆自动伸长，可保证无气门间隙（见图 3—49）。

4）汽缸盖。汽缸盖的主要功用是封闭汽缸上部，与汽缸和活塞顶部共同构成燃烧室（见图 3—50）。汽缸盖内有冷却水套，其端面上的冷却水孔与汽缸体上的冷却水孔相通，以利用循环水来冷却燃烧室等高温部分。

5）汽缸垫（见图 3—51）。汽缸垫用于保证汽缸体与汽缸盖结合面间的密封，防止漏气、漏水。由于是在高温和高压下工作且与冷却水接触，缸口的卷边很容易被烧蚀，因此，汽缸垫采用石棉作为内芯，并用铜皮包裹，在缸口、水孔和油道口采用卷边加固。

安装时，如汽缸盖和汽缸体同为铸铁件，为了便于变形后的修理，汽缸垫的卷边应朝向汽缸盖；如汽缸盖为铝合金件，汽缸体为铸铁件，汽缸垫的卷边应朝向汽缸体。

6）燃烧室。燃烧室由活塞顶部和汽缸盖上相应的凹坑组成（见图 3—52）。燃烧室内平行布置 4 个气门座圈，分别与进气门和排气门配合，密封进气门和排气门。

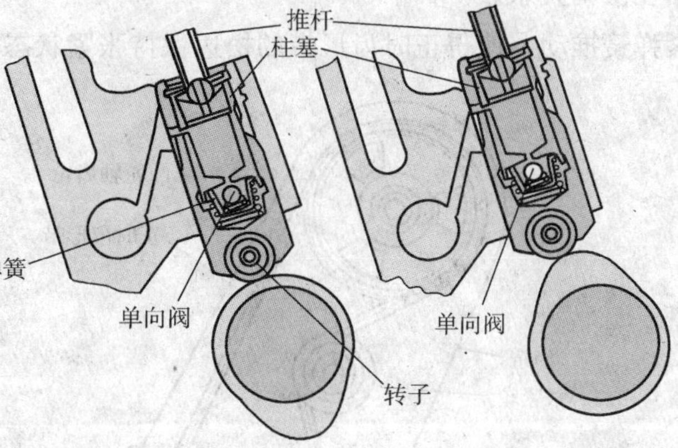

图 3—49 液压挺杆的工作原理

a）气门关闭 b）气门打开

图 3—50 汽缸盖

图 3—51 汽缸垫

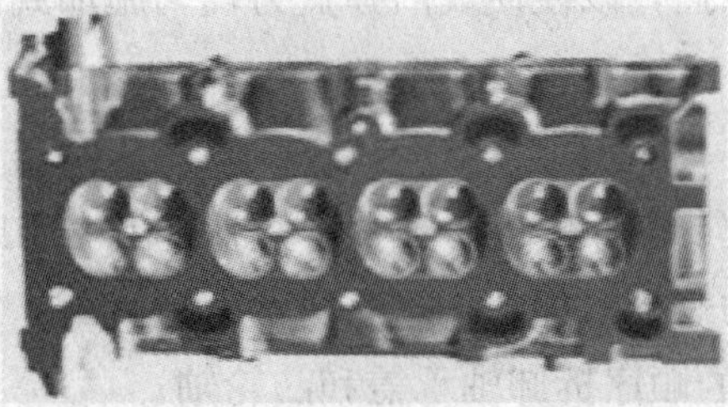

图 3—52 燃烧室

（2）正时机构。正时机构如图 3—53 所示。凸轮轴由曲轴通过正时齿形带驱动。曲轴带轮、凸轮轴齿轮与壳体和正时齿形带分别做有标记。安装时必须对准，否则，不能保证凸轮轴与曲轴的相互协调关系。

张紧轮由张紧弹簧推动，使得正时齿形带的松边保持张紧状态。

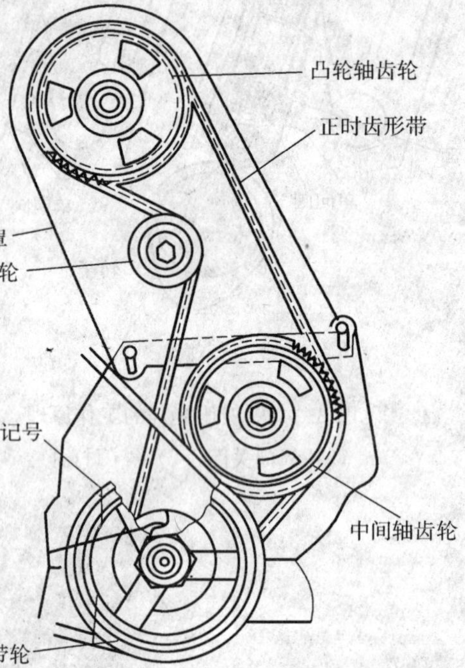

图 3—53　正时机构

二、配气机构的拆装工艺

1. 凸轮轴的拆卸工艺

（1）安装凸轮轴定位螺栓，以便使气门弹簧力均匀施加到凸轮轴上，并且可以水平地拆卸凸轮轴。

（2）拆卸凸轮轴

1）为确保阀门弹力均匀地加在凸轮轴上，每次少许均匀地松动固定轴承盖的螺栓，重复该操作，以卸掉所有的螺栓，如图 3—54 所示。

2）按照图 3—55 规定的顺序拆卸轴承盖和凸轮轴。

3）按照汽缸序号存放已经拆卸的轴承盖。

2. 汽缸盖拆卸工艺

（1）拆卸汽缸盖螺栓（见图 3—56）

1）从外往内松开并拆卸汽缸盖固定螺栓，①～⑩为固定螺栓的拆卸顺序。

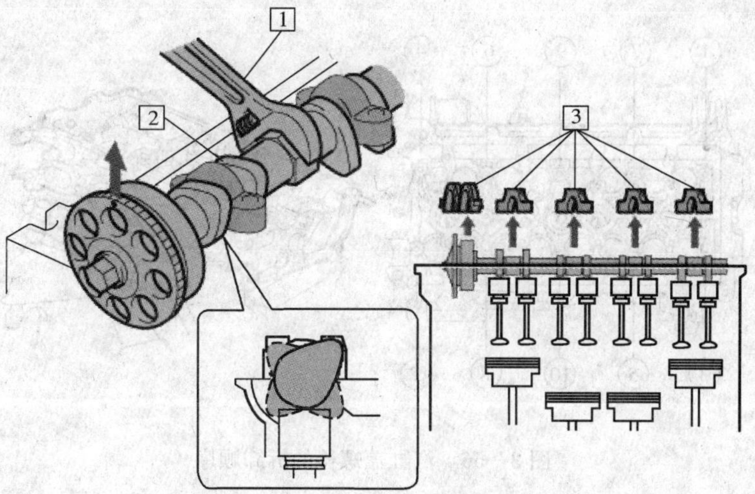

图 3—54　松动固定轴承盖的螺栓

1—可调扳手　2—凸轮轴　3—轴承盖

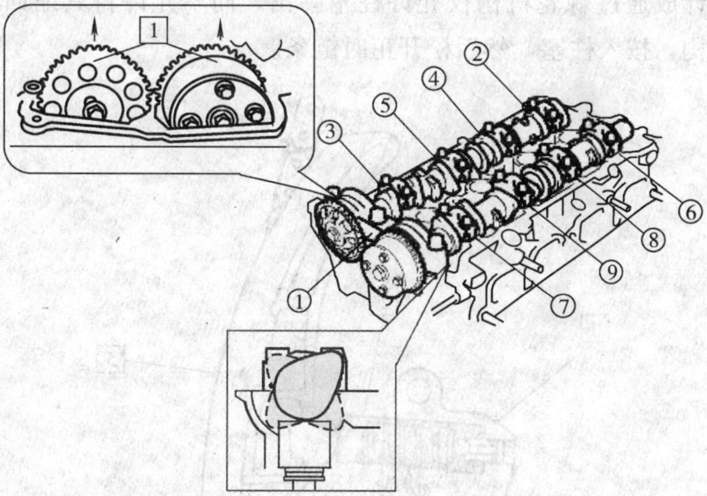

图 3—55　拆卸轴承盖的顺序

1—正时标记，①～⑨为拆卸顺序

2）安装时，从内侧向外侧紧固螺栓。

（2）拆卸汽缸盖

1）使用一把塑料锤子轻敲肋部，以便拆卸汽缸盖。

2）当盖被拆卸后，水和油将从水套和油孔中流出。将被拆卸的盖放在一个工作台或

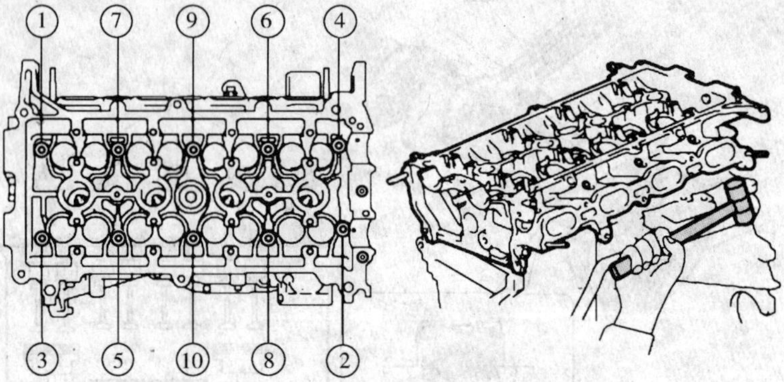

图 3—56　汽缸盖螺栓的拆卸顺序

者一个拆卸盘中，在台或者盘上放一块布，将油吸收掉，以便保持工作区域清洁。

3. 正时链条拆装工艺

（1）拆卸链条张紧器（也称自动张紧器，见图 3—57）。释放链条张紧器张紧力。链条张紧器的柱塞设计成通过棘轮机构仅允许柱塞弹出，而不允许将其缩回。因此移动止动板，释放棘轮机构，按入柱塞，然后松开正时链条。

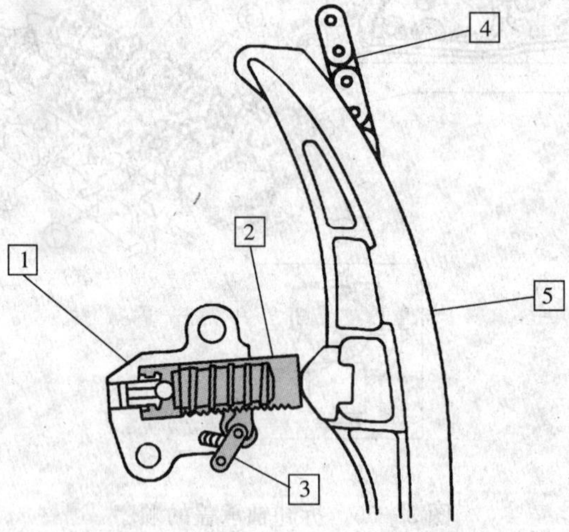

图 3—57　链条张紧器的结构

1—链条张紧器　2—柱塞　3—止动板　4—正时链条　5—链条张紧器滑板

张紧力的释放方法如下：

1）松开螺栓 A 和 B（见图 3—58）。

2）将带轮朝未安装带的方向推，并且临时上紧螺栓 A。

3）稍微上紧螺栓 A 使张紧器固定。

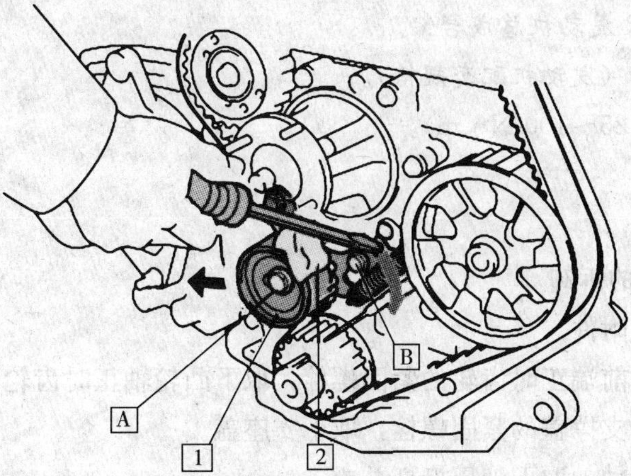

图 3—58　张紧力的释放方法

1—正时带张紧器　2—布条　A，B—螺栓

（2）拆卸链条张紧器滑板。

（3）拆卸链条减振器。

（4）拆卸正时链条。不要使用过大的力拆卸正时链条。

（5）设定活塞位置。从 TDC（上止点）逆时针旋转曲轴 40°，使活塞向下移动。因为在拆卸链条张紧器或者链条的情况下转动曲轴可能造成气门和活塞相互干扰，所以必须先降低活塞的位置。

技能要求

汽缸盖拆装

操作内容：

（1）拆卸汽缸盖。

（2）装配汽缸盖。

教学目标：

（1）熟悉汽缸盖的结构。

（2）掌握汽缸盖的拆装工艺。

（3）掌握汽缸盖螺栓检验的方法。

（4）掌握汽缸盖螺栓的拆卸和安装顺序。

实训设备与器材：

（1）桑塔纳 AJR 发动机总成台架。

（2）汽缸盖螺栓（发动机配套规格）。

（3）扭力扳手（25～100 N·m）。

（4）组套工具。

操作步骤：

步骤 1　汽缸盖的拆卸

（1）拆卸汽缸盖附件。

（2）拆下凸轮轴前端正时齿轮的紧固螺栓，取下凸轮轴正时齿轮。

（3）旋松凸轮轴支撑盖的紧固螺栓，取下支座盖。

（4）拆卸下凸轮轴，取下液压挺杆总成。

（5）按图 3—59 所示的数字顺序逐渐松开所有汽缸盖螺栓。

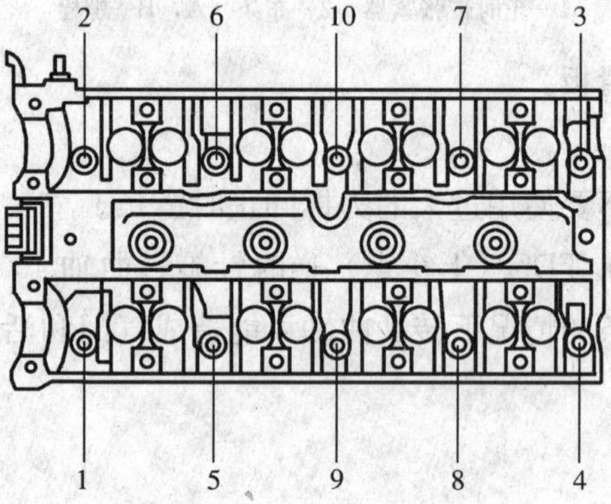

图 3—59　汽缸盖螺栓的拆卸顺序

（6）拆卸汽缸盖螺栓。

（7）连同进气歧管和排气歧管一起拆卸汽缸盖。

提示：在拆卸汽缸盖时，避免发动机机油或冷却液进入汽缸。

（8）拆卸汽缸盖衬垫。

步骤 2　清洗汽缸盖和汽缸体

（1）清理汽缸盖和发动机缸体衬垫表面。

（2）确认汽缸盖和发动机缸体衬垫表面没有划痕和深印。

（3）清理汽缸盖螺栓。

（4）检查汽缸盖是否翘曲。

步骤 3　汽缸盖的安装

汽缸盖的安装顺序基本与拆卸顺序相反，但是应注意以下事项：

(1) 安装时应更换所有密封条或密封衬垫，并注意衬垫的安装位置。特别是汽缸盖衬垫，标有“OBEN TOP”字样的一面必须朝向汽缸盖，如图 3—60 所示。

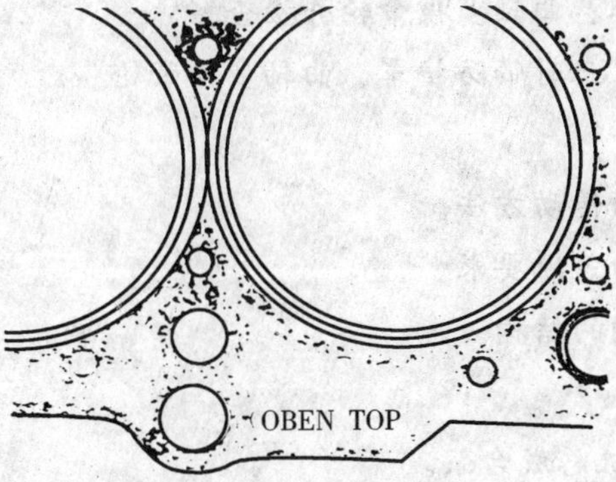

图 3—60　汽缸盖衬垫的标记

(2) 安装汽缸盖时，可将定位装置中的导向销插入汽缸盖螺栓的前部外侧的孔内。放上汽缸盖和其余 8 个螺栓，并稍微拧紧。

用扳手旋出事先拧入的定位导向螺栓，并拧入汽缸螺栓。按图 3—61 所示的顺序，将汽缸盖螺栓分四次旋紧。

(3) 在安装汽缸盖之前，要将曲轴转动到第一缸的上止点位置。再将曲轴略微反向旋转。

(4) 安装汽缸盖衬垫时，有标号（配件号）的一面必须可见。

(5) 更换汽缸盖紧固螺栓，不能重复使用已经按照拧紧力矩拧紧过的螺栓。

(6) 按照如图 3—61 的顺序以 40 N·m 的力矩拧紧汽缸盖螺栓。

(7) 接着用固定扳手将所有的螺栓继续转动 1/4 圈（90°）。

(8) 最后再次将所有螺栓继续转动 1/4 圈（90°）。

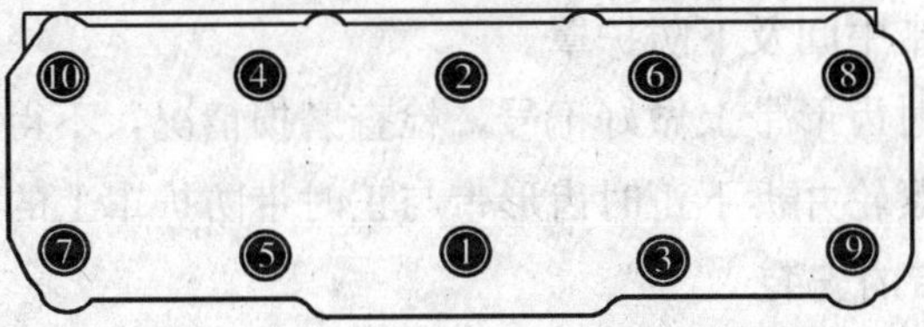

图 3—61　汽缸盖螺栓的安装顺序

正时带更换

操作内容：

（1）安装正时齿形带。

（2）安装正时带防护罩、曲轴多楔带轮并检查。

（3）拆卸正时齿形带、正时带防护罩、曲轴多楔带轮。

教学目标：

（1）知道正时齿形带的传动方法。

（2）掌握正时齿形带的装配要求。

（3）了解气门驱动机构的结构。

实训设备与器材：

（1）桑塔纳 AJR 发动机总成台架。

（2）张紧器（发动机配套）。

（3）正时齿形带（备用、发动机配套）。

（4）正时齿形带张紧器调整工具（Matra V159）。

（5）扭力扳手（25～100 N·m）。

（6）组套工具。

操作步骤：

步骤 1　正时齿形带的拆卸

（1）将发动机安装在维修工作台上。

（2）拆卸 V 带。

（3）将曲轴转到第一缸的上止点位置（见图 3—62 中箭头）。

（4）拆卸正时齿形带上的防护罩。

（5）将凸轮轴正时齿轮上的标记（见图 3—63 中箭头）对准正时带防护罩上的标记。

（6）拆卸曲轴正时齿轮。

（7）拆卸正时齿形带中间及下防护罩。

（8）用粉笔等在正时齿形带上做好记号，检查磨损情况，不得有扭曲现象。

（9）松开半自动张紧轮并拆下正时齿形带与正时带防护罩上的标记。

步骤 2　正时齿形带的安装

正时齿形带的安装可参照图 3—64 所示进行。

图 3—62　第一缸上止点记号

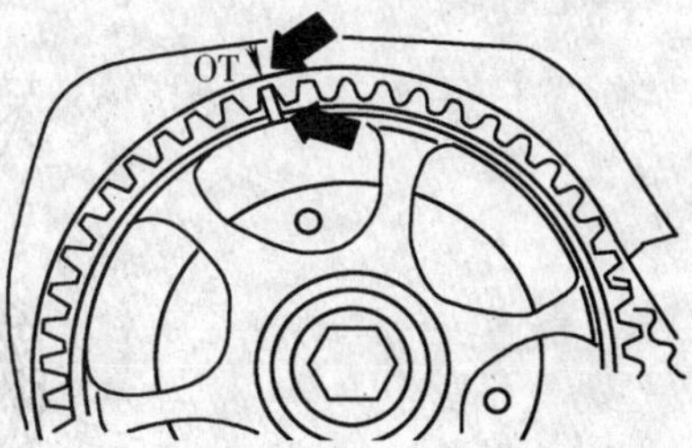

图 3—63　凸轮轴正时齿轮

(1) 转动凸轮轴，使曲轴不在上止点的位置，以免损坏气门及活塞。

(2) 将凸轮轴正时齿轮上的标记对准正时带防护罩上的标记。

(3) 检查曲轴正时齿轮上止点记号与参考标记是否对准。

(4) 将正时齿形带安装到曲轴正时齿轮和水泵上，注意安装位置。

(5) 将正时齿形带安装到张紧轮和凸轮轴正时齿轮上。注意半自动张紧轮的位置，定位块（见图 3—65 的箭头）必须嵌入汽缸盖上的缺口内。

(6) 将半自动张紧轮逆时针转动，直到可以使用专用工具（Matra V159）为止，如图 3—66 中箭头所示。松开张紧轮，直到指针 1 位于缺口 2 下方约 10 mm 处。旋紧张紧轮，直到指针 1 和缺口 2 重叠，将张紧轮上锁紧螺母以 15 N·m 的力矩拧紧。

(7) 用手转动曲轴，检查并调整。

(8) 安装正时带下防护罩、曲轴正时齿轮、正时齿形带上部和中间防护罩。

步骤 3　检查半自动张紧轮

当发动机前端位于维修工作台上，正时齿形带已安装并张紧时，拆下正时齿形带上的防护罩，用拇指用力弯曲正时齿形带，指针 2 应该移向一侧。当放松正时齿形带时，张紧轮应该回到初始位置（缺口 1 和指针 2 重叠），如图 3—67 所示。

凸轮轴和液压挺杆的拆装

操作内容：

(1) 安装凸轮轴和液压挺杆。

(2) 测量凸轮和液压挺杆之间的间隙，判断是否更换。

(3) 拆卸凸轮轴、液压挺杆、凸轮轴带轮。

教学目标：

(1) 知道气门传动机构的结构。

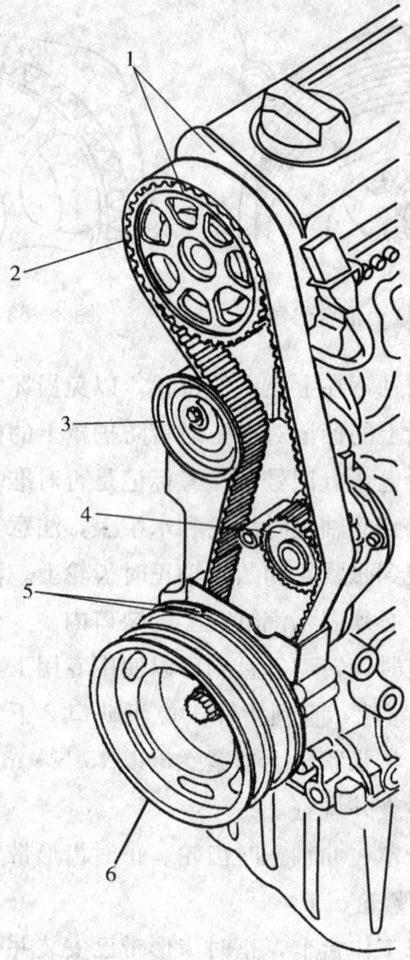

图 3—64　正时齿形带的安装

1—凸轮轴正时记号　2—凸轮轴带轮　3—半自动张紧轮

4—水泵　5—曲轴正时记号　6—曲轴带轮

（2）掌握凸轮轴和液压挺杆拆装的规范。

实训设备与器材：

（1）桑塔纳 AJR 发动机汽缸盖总成（具备凸轮轴及液压挺杆）。

（2）塞尺（常用规格）。

（3）扭力扳手（25～100 N·m）。

（4）液压挺杆（发动机配套规格）（8 个）。

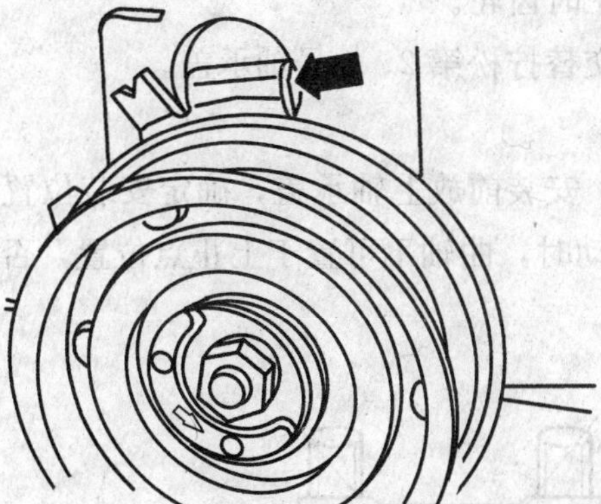

图 3—65　半自动张紧轮的位置

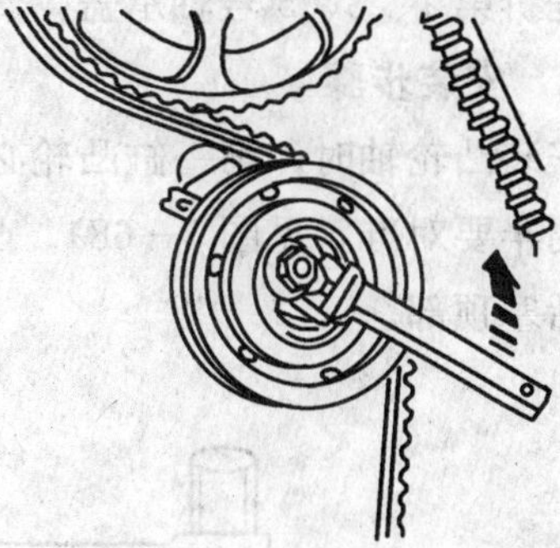

图 3—66　用专用工具安装半自动张紧轮

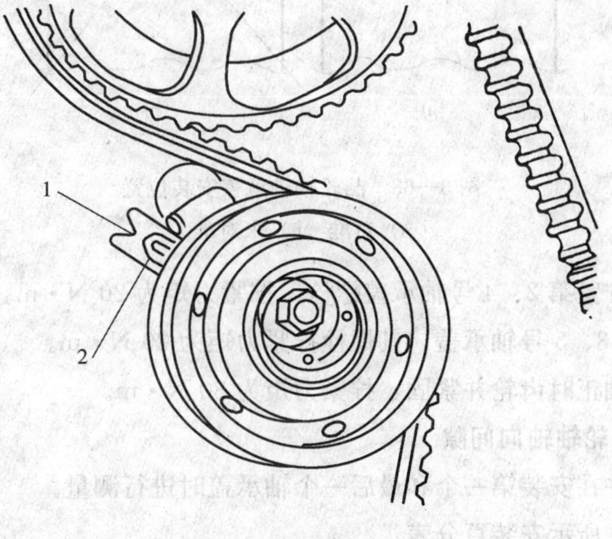

图 3—67　检查半自动张紧轮

1—指针　2—缺口

(5) 润滑油（常用规格）。

(6) 组套工具。

操作步骤：

步骤 1　凸轮轴的拆卸和安装

(1) 拆下空气滤清器。

(2) 拆下正时齿形带上的防护罩，再拆下气门罩盖。

(3) 将曲轴置于第一缸上止点位置。

（4）放松并取下正时齿形带，拆下凸轮轴正时齿轮。

（5）先拆第 1、3、5 号轴承盖，然后对角交替拧松第 2、4 号轴承盖。

步骤 2　安装步骤

（1）安装凸轮轴时，第一缸凸轮必须朝上。安装前放上轴承盖，确定安装位置（注意孔的上下两半要对准，见图 3—68）。凸轮轴转动时，曲轴不可置于上止点位置，否则会损坏气门和活塞顶部。

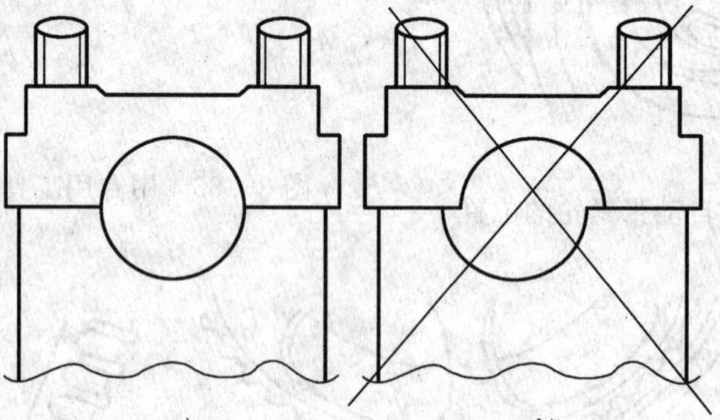

a)　　b)

图 3—68　凸轮轴轴承盖安装位置

a）对准　b）未对准

（2）对角交替拧紧第 2、4 号轴承盖螺栓，拧紧力矩为 20 N·m。

（3）装上第 1、3、5 号轴承盖，其螺栓拧紧力矩为 20 N·m。

（4）装入凸轮轴正时齿轮并紧固，拧紧力矩为 80 N·m。

步骤 3　检查凸轮轴轴向间隙

（1）拆下挺杆并在安装第一个和最后一个轴承盖时进行测量。

（2）按图 3—69 所示安装百分表。

（3）用旋具前后撬动凸轮轴，检视百分表的摆动量，即为凸轮轴轴向间隙。

（4）凸轮轴轴向间隙磨损极限为 0.15 mm。

气门拆装

操作内容：

（1）检查汽缸盖和气门组件（包括气门座圈、气门锁片、气门弹簧座、气门弹簧和气门等）。

（2）安装气门组件（一缸气门组件）。

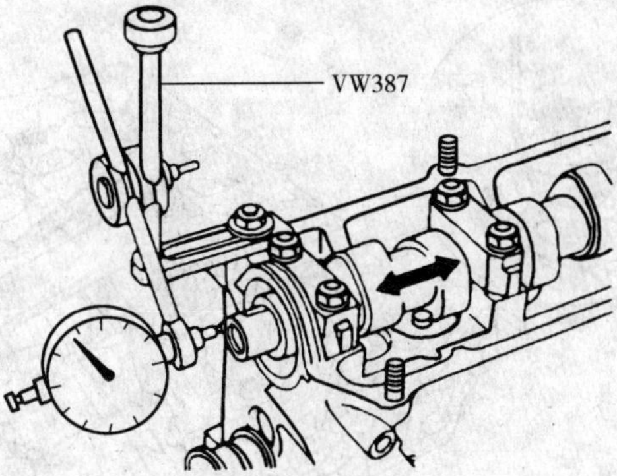

图 3—69　凸轮轴轴向间隙检查方法

(3) 拆卸一缸气门组件（包括下气门锁片、气门弹簧座、气门弹簧和气门）。

教学目标：

(1) 熟悉常见气门组件的结构。

(2) 了解气门的安装位置。

(3) 掌握气门拆装工艺。

实训设备与器材：

(1) 丰田 5A 发动机汽缸盖总成。

(2) 进、排气门拆装专用工具（发动机配套）。

(3) 游标卡尺。

(4) 组套工具。

(5) 润滑油（常用规格）。

操作步骤：

按照顺序将气门安装到原拆卸位置。气门的装配过程如下：

(1) 使用适量的机油涂在气门杆上，然后将杆从燃烧室插入气门导管衬套中。

(2) 确保气门能够平滑移动。

(3) 安装弹簧和弹簧座。

(4) 设置气门弹簧压缩器，使其与气门位于同一直线上（见图 3—70）。

(5) 上紧气门弹簧压缩器直到气门锁片安装好。

(6) 防止气门锁片滑落，在气门锁片内部涂上薄薄的一层润滑油，然后将其安装在气门内。

(7) 拆卸气门弹簧压缩器。

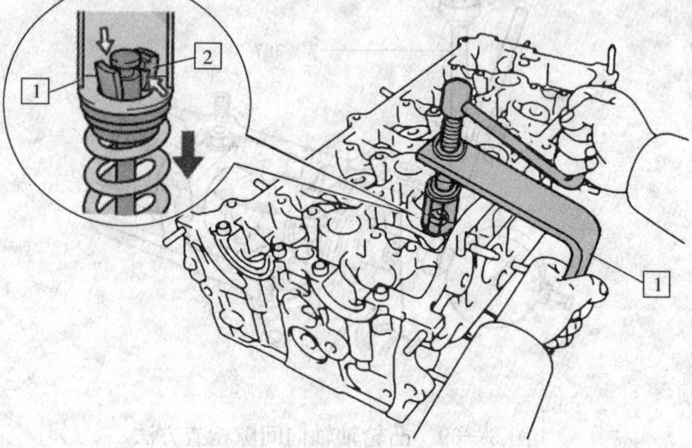

图 3—70　安装气门锁片

1—气门弹簧压缩器　2—气门锁片

（8）拆卸气门弹簧压缩器后，将废弃阀的阀杆放入已经安装的气门中，并且使用一把塑料锤子将废弃阀的阀杆快速而轻轻地敲进已经安装的气门中（见图 3—71）。

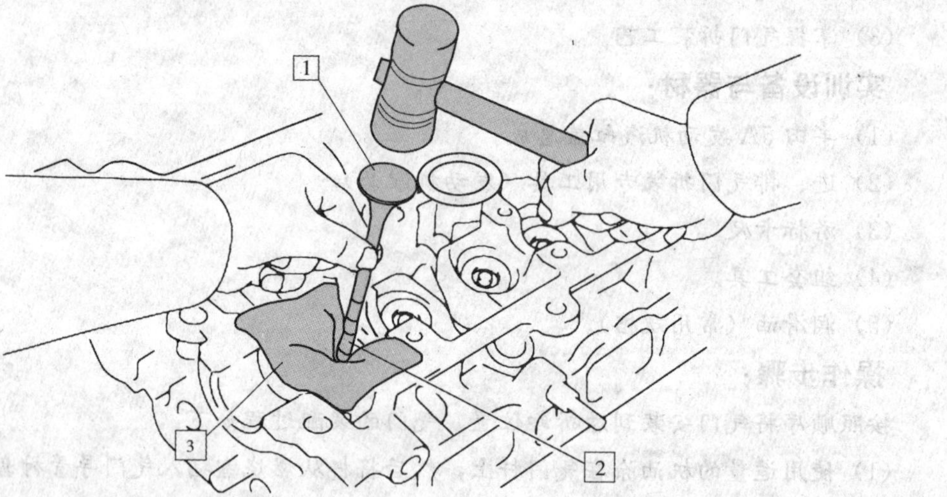

图 3—71　安装旧气门

1—废弃阀　2—胶带　3—布

敲进气门杆时，使用布将阀杆盖住，以便在气门未正确安装时防止气门锁片弹出。

第3节　发动机附件的结构与识别

学习单元1　燃油供给装置结构的认识

学习目标

➢ 1. 知道常见发动机燃油供给系统的组成。

➢ 2. 知道发动机燃油供给系统中主要总成的安装位置和作用。

➢ 3. 能识别不同发动机燃油供给系统的主要总成。

➢ 4. 了解电控柴油机的组成和控制原理。

➢ 5. 了解柴油共轨系统的特点。

知识要求

一、汽油机电控燃料供给系结构

电子控制汽油喷射系统（EFI 系统）是利用安装在发动机不同部位上的各种传感器所测得的工作参数，按电控单元中设定的控制程序，通过对汽油喷射时间的控制调节喷油量，从而改变混合气浓度，使发动机在各种工况下都能获得与所处工况相匹配的最佳空燃比。电控汽油喷射系统由三个子系统组成：空气供给系统、燃油供给系统和电子控制系统（见图 3—72）。

1. 空气供给系统

空气供给系统的作用是测量和控制进入发动机汽缸的空气量，形成符合空燃比要求的可燃混合气。空气供给系统的组成如图 3—73 所示。

（1）空气滤清器（见图 3—74）。空气滤清器内装有一个滤清器芯，在外部空气进入发动机时，可从空气中除去灰尘和其他颗粒。空气滤清器的滤芯必须定期清洗或更换。

（2）节气门体（见图 3—75）。节气门由拉索和位于车辆内部的加速器踏板协同操作，

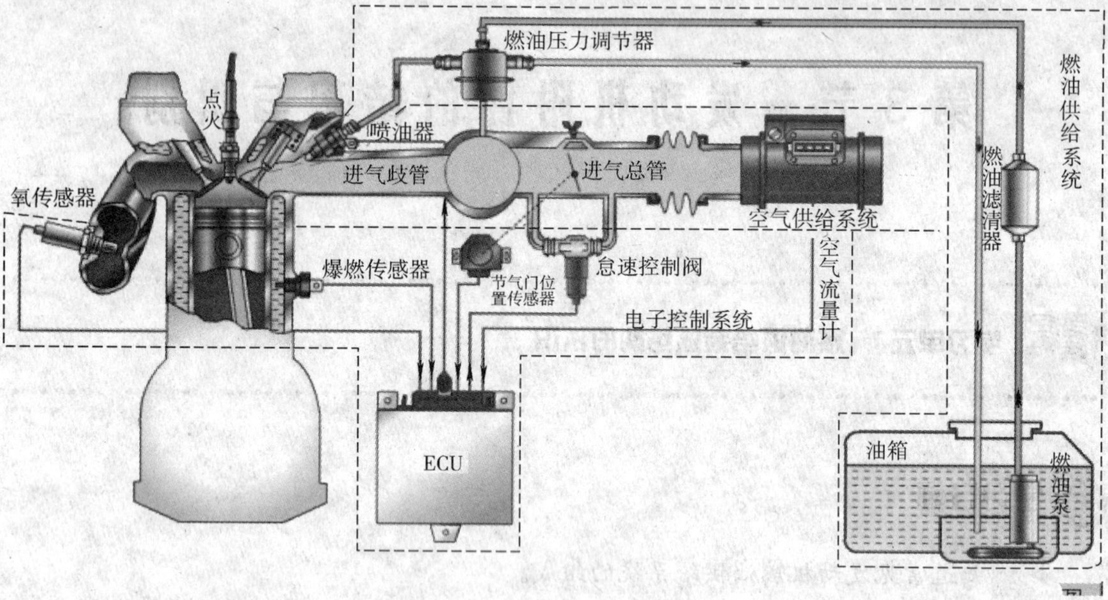

图 3—72　电控汽油喷射系统

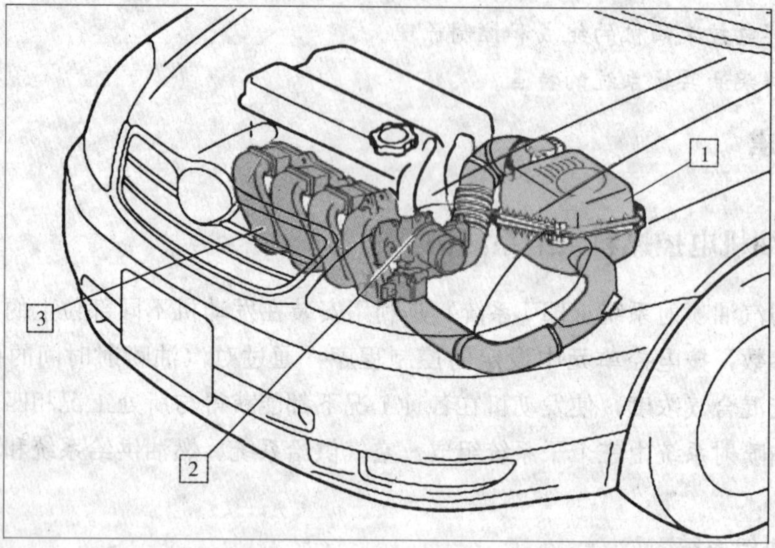

图 3—73　空气供给系统的组成

1—空气滤清器　2—节气门体　3—进气歧管

调节吸入汽缸中的空气燃油混合气容积。当加速器踏板被踩下时，节气门开启，吸入大量的空气和燃油，使发动机输出功率增加。同时还配备 ISCV（怠速控制阀）以便当发动机冷态或怠速期间调节空气量。

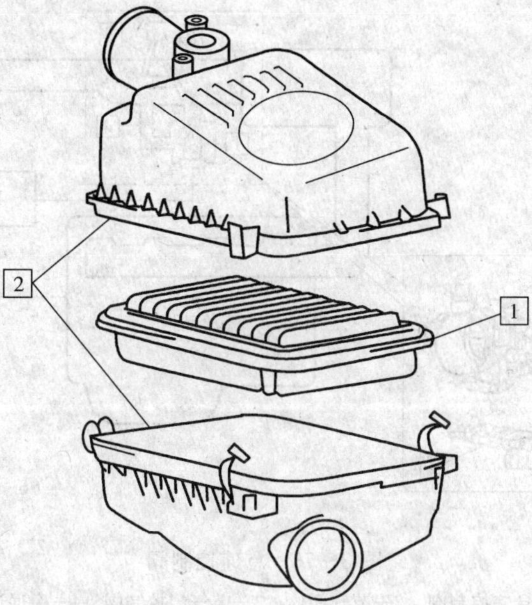

图 3—74　空气滤清器

1—空气滤芯　2—空气滤清器壳体

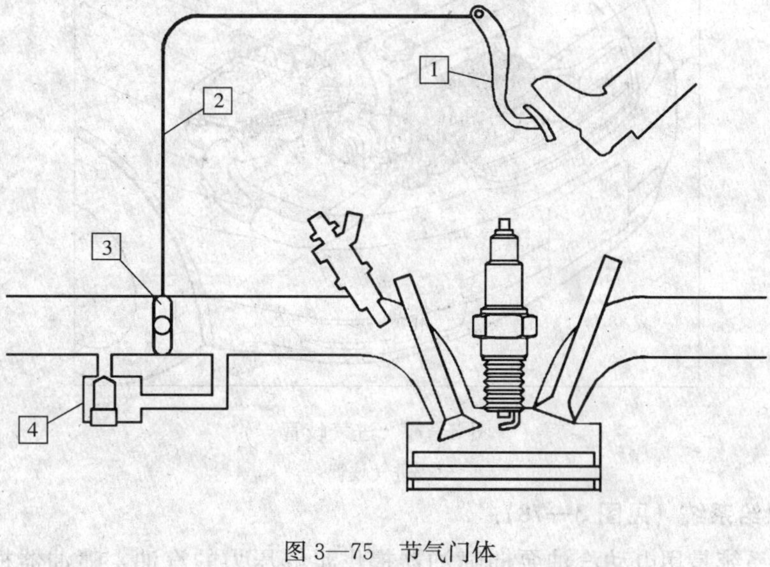

图 3—75　节气门体

1—加速器踏板　2—拉索　3—节气门　4—怠速控制阀

(3) 怠速控制阀（见图 3—76）。怠速控制阀用于调节节气门控制阀提供的、通过旁通通路的空气量，以便总是将怠速控制在最佳的水平。

(4) 进气歧管（见图 3—77）。进气歧管由若干管路组成，目的是为各个缸供气。

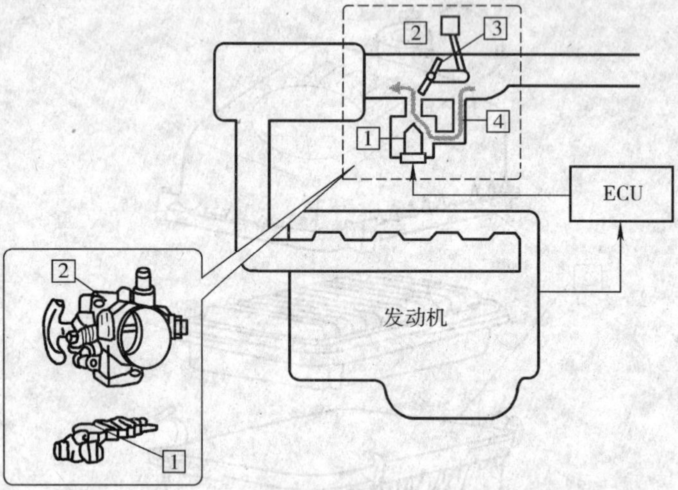

图 3—76　怠速控制阀

1—怠速控制阀　2—节气门体　3—节气门控制阀　4—旁通通路

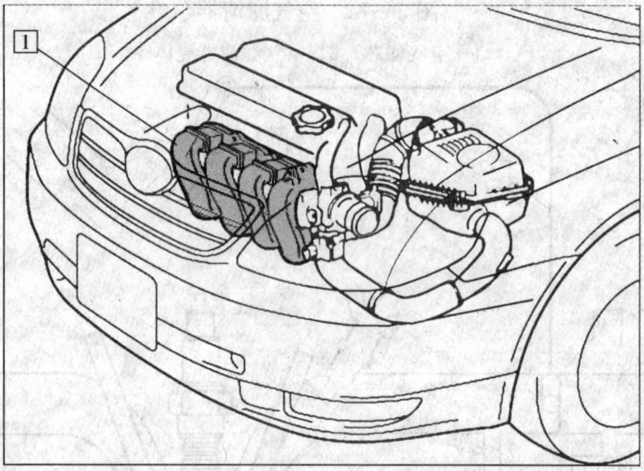

图 3—77　进气歧管

1—进气歧管

2. 燃油供给系统（见图 3—78）

燃油供给系统是用电动汽油泵向喷油器提供足够压力的汽油，喷油器根据来自 ECU 的控制信号，向进气歧管内进气门上方喷射定量的汽油。

(1) 燃油泵（见图 3—79）。燃油泵将燃油从燃油箱泵到发动机，这样使燃油管保持固定的压力。燃油泵有油箱内装式（位于燃油箱内）和外装式（位于燃油管中间）。驱动泵有不同的方法，EFI（电子燃油喷射系统）使用一种带电动机的电动泵。

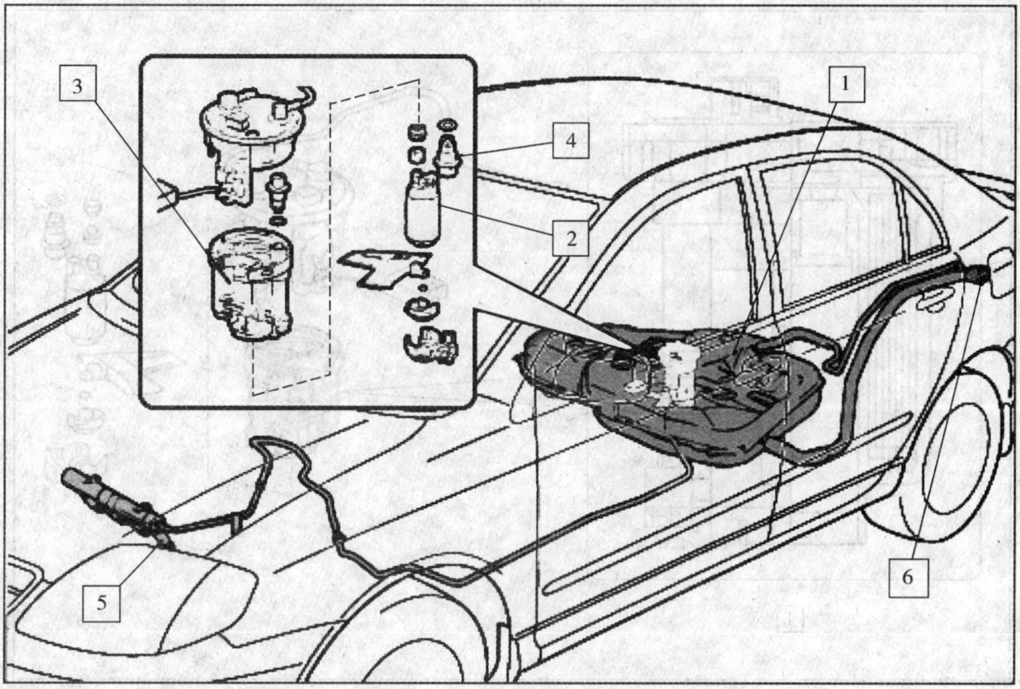

图 3—78　燃油供给系统

1—油箱　2—燃油泵　3—燃油滤清器　4—压力调节阀　5—喷油嘴　6—燃油箱盖

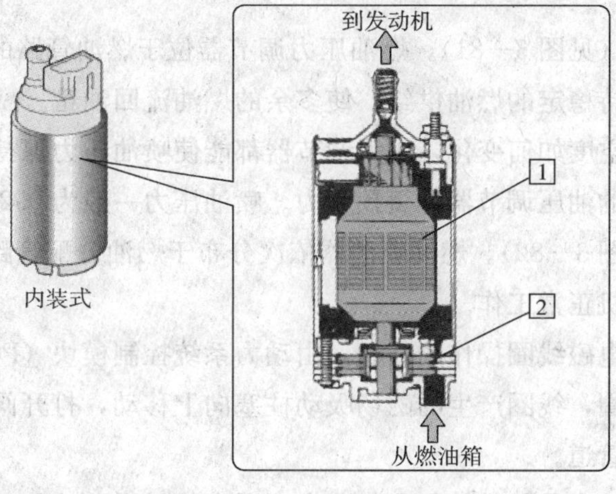

图 3—79　燃油泵的结构

1—电动机　2—涡轮式泵叶轮

（2）燃油滤清器（见图 3—80）。燃油滤清器通过过滤纸清除燃油中的污物，防止其被吸入喷油器。燃油滤清器总成必须定期更换。

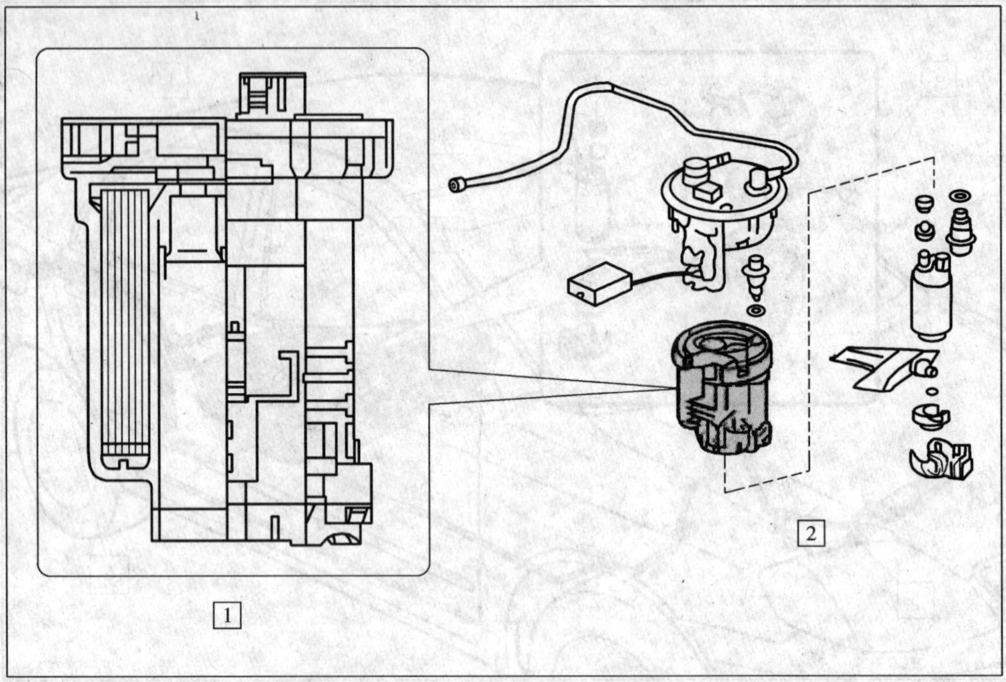

图 3—80　燃油滤清器的结构

1—燃油滤清器（箱式集成型）　2—燃油泵总成

（3）压力调节器（见图 3—81）。燃油压力调节器位于燃油管路的末端，作用是将燃油调整到设定压力，保持稳定的燃油供给，使多余的燃油流回油箱。

不论进气歧管真空度如何变化，压力调节器都能使喷油压力保持恒定，喷油器的喷油压力等于数值为定值的油压调节器弹簧预紧力。喷油压力一般为 0.25～0.35 MPa。

（4）喷油器（见图 3—82）。燃油喷油器依次分布于燃油分配管路上，可将燃油以雾状喷入汽缸，保证发动机正常工作。

喷油器是一个由电磁线圈操作的装置，由动力系统控制模块（PCM）控制。动力系统控制模块接通电磁线圈，线圈产生的磁场吸动柱塞向上移动，打开阀门，燃油在压力作用下，呈锥状喷入进气管道。

喷油器喷射的燃油在进气歧管与空气混合，混合物被送到汽缸，如图 3—83 所示。为了获得最佳空燃比，由 ECU 控制喷射时间和喷射量。

喷射量通过喷射持续时间来调节。

3. 电子控制系统

电子控制系统的主要作用是根据发动机和汽车不同的运行状况，对喷油时刻、喷油量

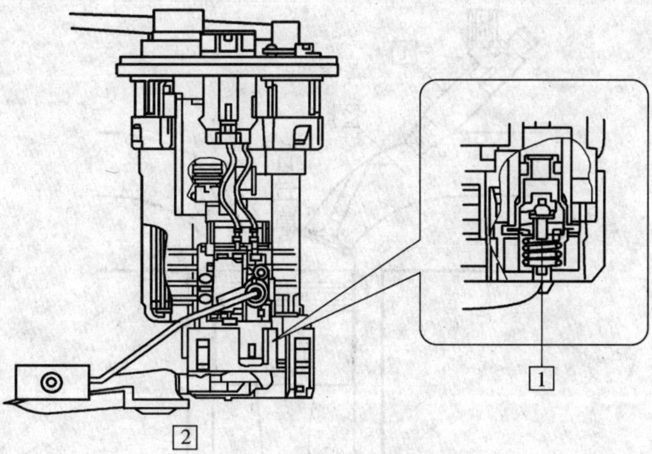

图 3—81　压力调节器

1—压力调节器　2—燃油泵总成

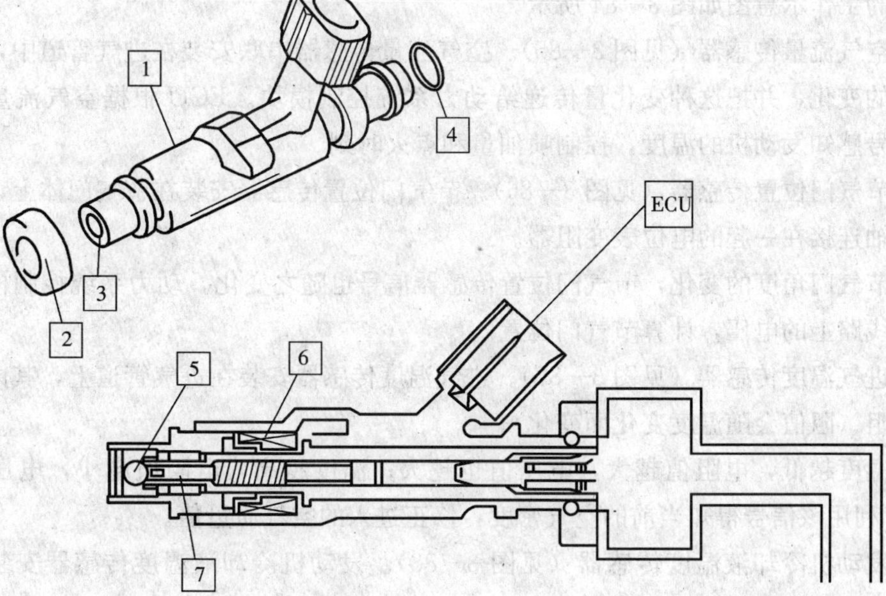

图 3—82　喷油器的结构

1—喷油器　2—孔环　3—喷油嘴　4—O 形环

5—阀　6—线圈　7—柱塞

以及点火时刻等进行确定和修正，检测各传感器的工作，并将工作参数储存和输出。电子

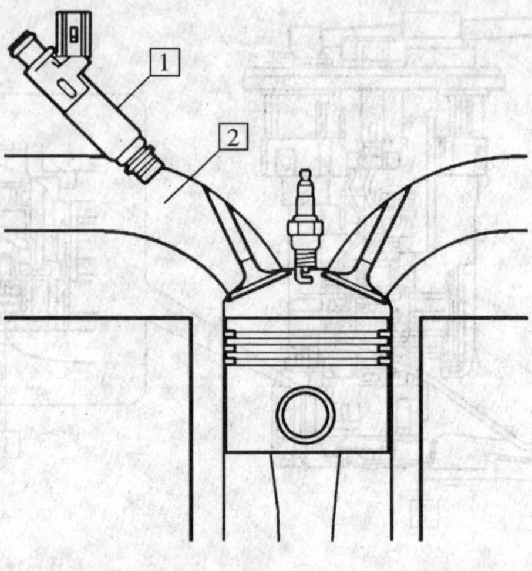

图 3—83　燃油喷射的位置
1—喷油器　2—进气口

控制系统的工作示意图如图 3—84 所示。

（1）空气流量传感器（见图 3—85）。空气流量传感器串联安装在进气管道中，直接感应进气量的变化，并把这种变化量传递给动力系统控制模块。ECU 根据空气流量传感器的频率信号感知发动机的温度，控制喷油量和点火时刻。

（2）节气门位置传感器（见图 3—86）。节气门位置传感器安装在节气门体上，是一个和节气门轴连接在一起的电位表变阻器。

随着节气门角度的变化，节气门位置传感器信号也随之变化。动力系统控制模块通过监视信号线路上的电压，计算节气门位置。

（3）进气温度传感器（见图 3—87）。进气温度传感器安装在进气管道上，其内部有一个热敏电阻（阻值会随温度变化而变化）。

空气温度越低，电阻值越大，电压值也越大；温度越高，电阻值越小，电压值也越小。ECU 利用该信号得知当前的空气密度，修正进入的空气质量值。

（4）发动机冷却液温度传感器（见图 3—88）。发动机冷却液温度传感器安装在水道中，与冷却液直接接触。

冷却液温度传感器内部的热敏电阻值和电压值都随温度的升高而减小。当温度达到 50℃左右时，电压有一突变，然后再随温度升高而降低，这样增大了传感器的检测范围，提高了检测精度。

ECU 根据冷却液温度传感器的电压信号感知发动机的温度，控制喷油量和点火时刻。

（5）怠速空气控制阀（见图 3—89）。怠速空气控制阀安装在节气门体上，主要用来控

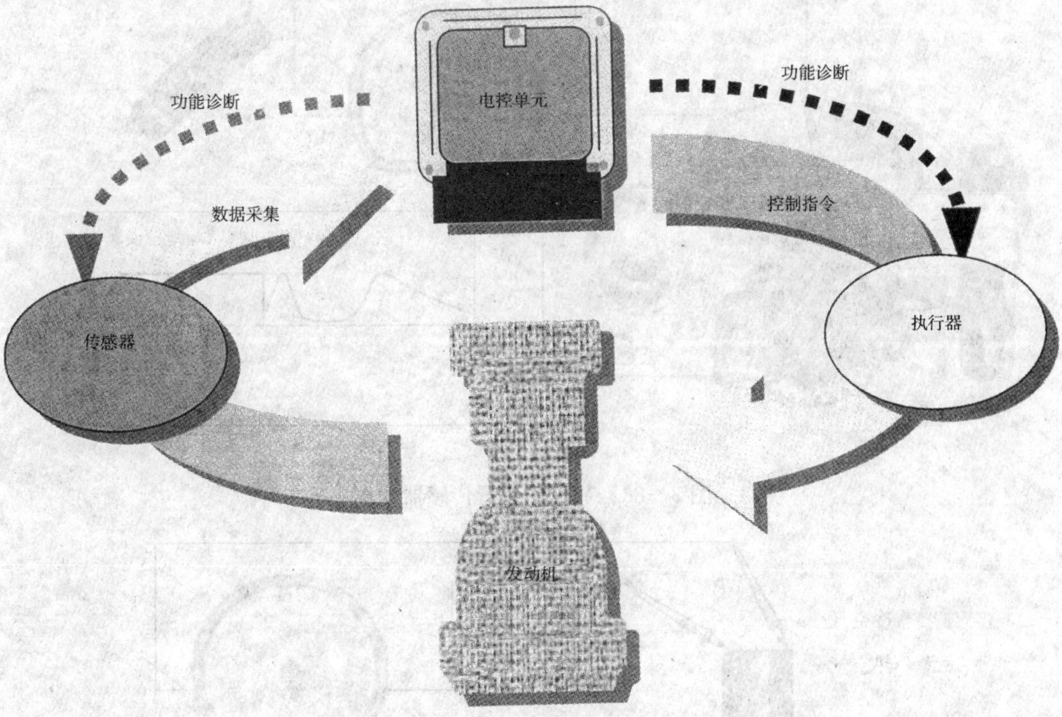

图 3—84　电子控制系统工作示意图

图 3—85　空气流量传感器

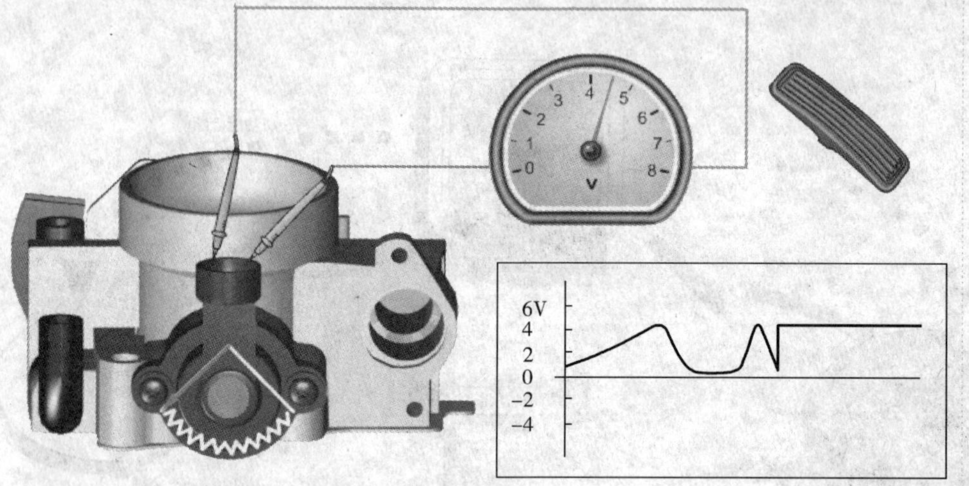

图 3—86　节气门位置传感器

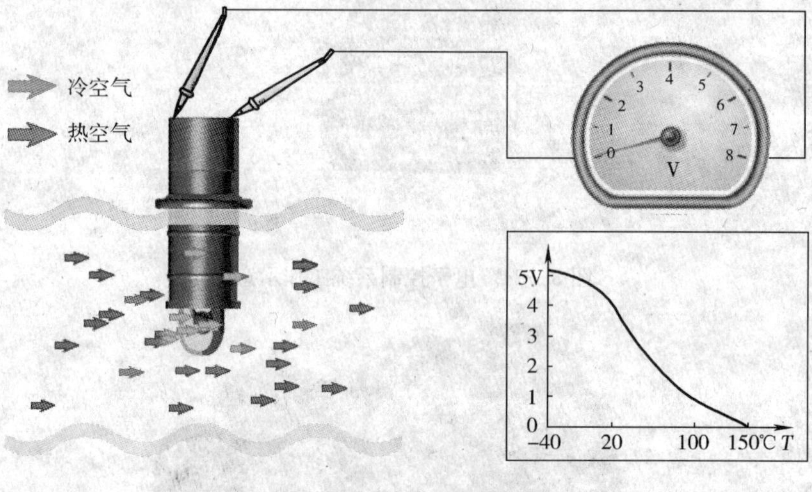

图 3—87　进气温度传感器

制怠速旁通气道的大小，从而控制怠速时的发动机转速。

怠速控制阀是由阀芯、进给丝杆、弹簧、转子、定子线圈、壳体等部件组成的。

（6）氧传感器（见图 3—90）。氧传感器安装在排气管上，用来监视排气气流中的氧气含量，从而判断废气的浓度。

当混合气较稀时，废气中氧含量高，传感器内外侧氧的浓度差小，两电极产生的电压低，约为 100 mV。混合气较浓时，废气中氧含量低，传感器内外侧氧的浓度差突然增大，两电极产生的电压也突然增大，约为 900 mV。

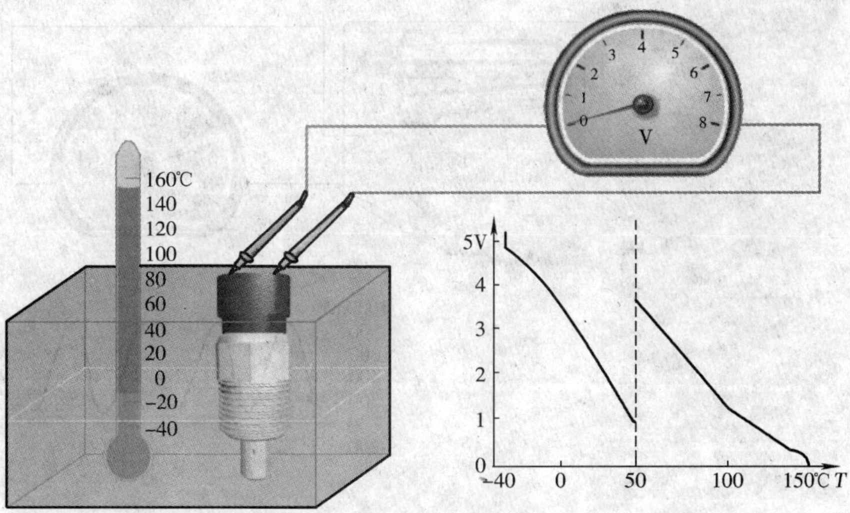

图 3—88　冷却液温度传感器

图 3—89　怠速空气控制阀

在氧传感器温度达到 318℃以上，发动机转速达到 2 500 r/min，检测氧传感器信号波形；最高电压为 824 mV，平均电压为 457 mV，最低电压为 120 mV，每 10 s 波动 15 次。

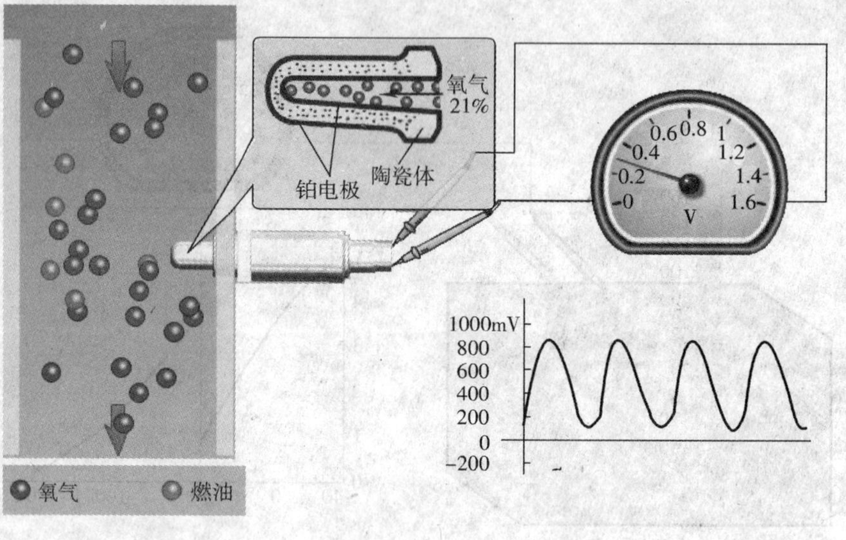

图 3—90 氧传感器

二、柴油机燃油供给系统的结构与识别

柴油机燃油供给系统的功用是根据柴油机的工作要求，定时、定量、定压地将雾化质量良好的柴油以一定的要求喷入汽缸内，并使这些燃油与空气迅速混合和燃烧。所谓定时就是按照供油相位要求。定量则是保证一定的油量，满足动力性输出的要求。定压则要求喷入汽缸的燃油具备一定的动能与空气进行混合。

1. 机械式燃油供给系统识别

机械式燃油供给系统由油箱、输油泵、燃油滤清器、高压油泵、喷油器、高低压油管等组成。柴油机燃油供给系统如图 3—91 所示。

机械式燃油供给系统的主要零部件及其基本功能如下：

（1）喷油泵。对燃油进行加压、计量，并按照一定的次序将燃油供入各个汽缸所对应的喷油器中去。

（2）提前器。连接在发动机驱动轴和喷油泵被驱动轴之间，由其内部机构的作用改变喷油时间。这是一个自动相位调节机构。

（3）调速器。检测出发动机的即时转速，并将即时转速和设定的转速进行比较，产生与两种速度差相对应的作用力，使发动机的转速向设定转速逼近。调速器既是一种速度传感器，又是调节喷油量的执行器，是一种典型的速度自动调节装置。

（4）喷油器。喷油器安装在发动机汽缸盖上，将喷油泵送来的高压燃油喷入燃烧室内。喷油器是一个自动阀，可以设定其开阀压力，喷油嘴的结构决定其关闭压力。

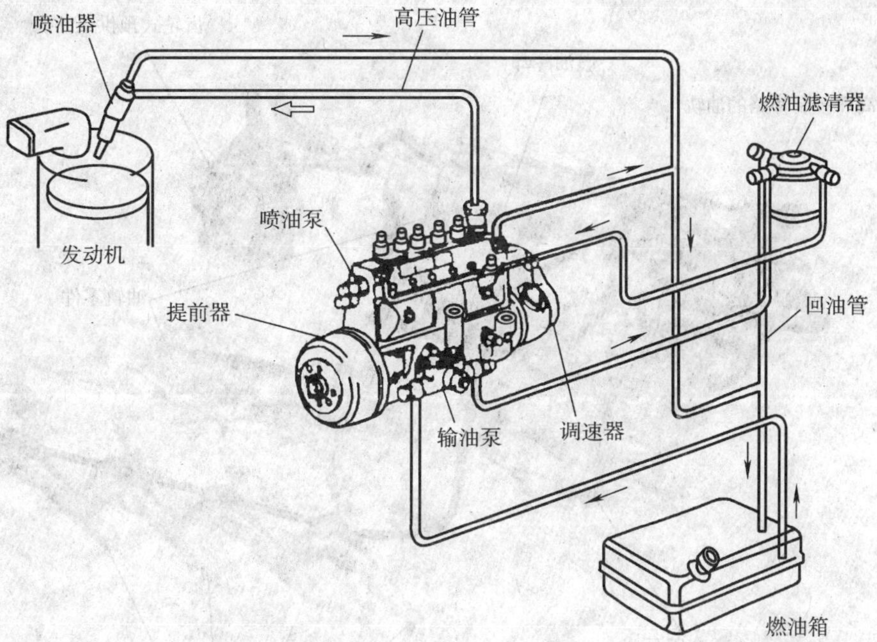

图 3—91　燃油供给系统的组成

（5）输油泵。将油箱中的燃油吸出来，送入喷油泵的低压腔中。

（6）高压油管。无缝钢管，将喷油泵中的高压燃油送入喷油嘴中。

（7）滤清器。将燃油中的杂物滤去，保证喷油嘴正常工作。

（8）回油管。将多余的燃油送回油箱。

柴油机工作时，输油泵将柴油从油箱经柴油机粗滤器吸入，压送到油水分离器、燃油滤清器。柴油滤清后，经油管流到高压油泵总成。高压油泵使柴油压力增加，并将高压柴油定时定量地经高压油管等压送到喷油器。喷油器将柴油喷射进汽缸内，形成雾状燃油燃烧做功。喷油器多余的柴油经回油管流回油箱。

2. 电控燃油共轨系统识别

（1）电控燃油共轨系统概述。20 世纪 90 年代，博世公司和日本电装公司先后研制出一种全新的燃油喷射系统——电控燃油共轨系统，从此开始了绿色柴油机时代。

1994 年，博世公司生产了第一代电控共轨燃油系统（见图 3—92）。

该系统主要由 ECU、燃油泵、空气流量计、共轨组件、限压阀和调压阀、油门位置传感器、电磁断油阀等组成。

（2）电控共轨燃油系统的使用特点

1）共轨压力高达 135～200 MPa，使得喷油雾化极好，燃烧彻底，发动机的动力性和

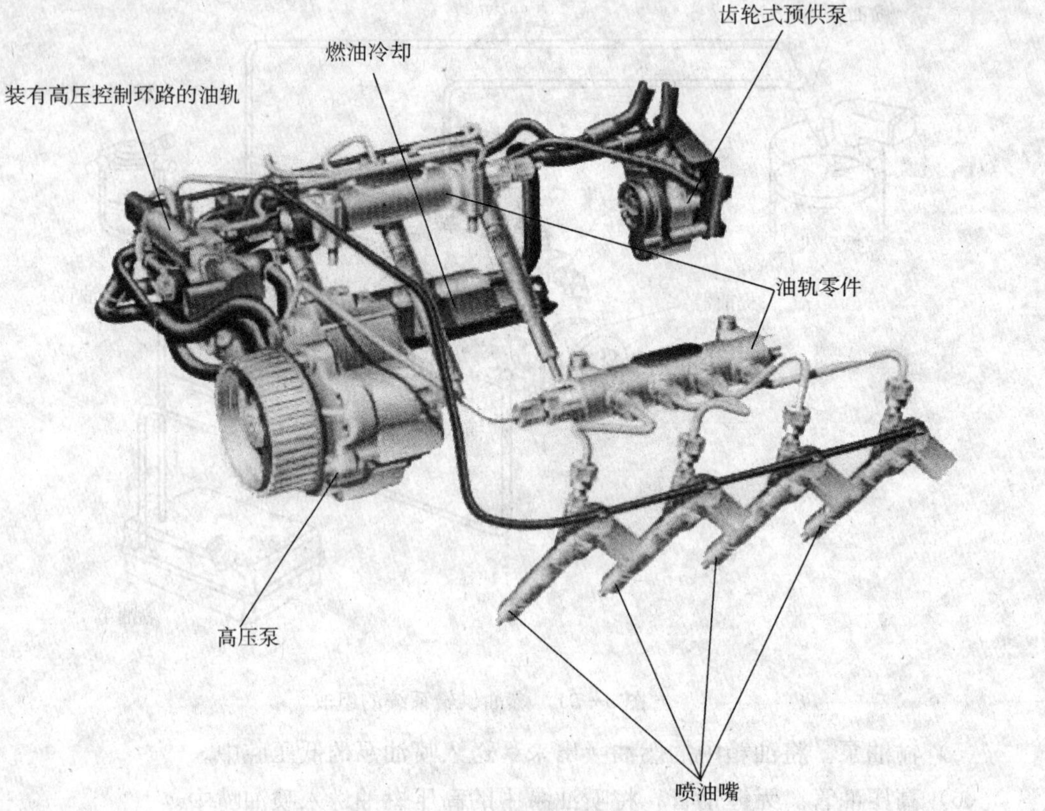

图 3—92 电控共轨燃油系统

经济性好。

2）采用高速电磁阀控制燃油喷射，可以实现预喷射（一个工作循环可以实现 2～3 次燃油喷射）使柴油燃烧更彻底。

3）闭环控制。

4）满足欧Ⅲ以上排放法规。

（3）电控共轨燃油系统的优点

1）自由调节喷油压力（共轨压力）。利用共轨压力传感器测量共轨内的燃油压力，从而调整供油泵的供油量、控制共轨压力（即喷油压力）。此外，还可以根据发动机转速、喷油量的大小与设定了的最佳值（指令值）始终一致地进行反馈控制。

2）自由调节喷油量。以发动机的转速及油门开度信息等为基础，由计算机计算出最佳喷油量，通过控制喷油器电磁阀的通电、断电时刻直接控制喷油参数。

3）自由调节喷油规律。根据发动机用途的需要，设置并控制喷油规律，即预喷射、后喷射、多段喷射等。

4）自由调节喷油时间。根据发动机的转速和负荷等参数，计算出最佳喷油时间，并控制电控喷油器在适当的时刻开启，在适当的时刻关闭等，从而准确控制喷油时间。

在电控共轨系统中，由各种传感器（发动机转速传感器、油门开度传感器、温度传感器等）实时检测出发动机的实际运行状态，由微型计算机根据预先设计的计算程序进行计算后，定出适合于该运行状态的喷油量、喷油时间、喷油率等参数，使发动机始终都能在最佳状态下工作。

（4）电控共轨系统的工作过程。燃油从油箱经输油泵供入供油泵中，在供油泵中提升压力之后，送入共轨，共轨内的燃油压力在 25（怠速）～160 MPa（额定转速）。共轨内的高压燃油供给各个汽缸所对应的喷油器，设置在电控喷油器上的电磁阀严格按照 ECU 发来的指令动作，控制各个汽缸的喷油时间和喷油量，向各个汽缸内喷射最适量的燃油。

发动机转速、发动机负荷等各种传感器信息、各种开关的信号送入电控单元。电控单元根据这些信息，经过预先编制好的计算处理程序，经计算处理以后向供油泵、喷油器等执行器发出控制指令，从而实现对燃油喷射过程进行最佳控制。

学习单元 2　冷却与润滑装置的结构与识别

学习目标

- 1. 知道发动机冷却系统的组成和工作过程。
- 2. 知道发动机润滑系统的组成和工作过程。
- 3. 能识别发动机冷却系统的主要总成。
- 4. 能识别发动机润滑系统的主要总成。
- 5. 知道冷却系大小循环的走向。
- 6. 知道发动机润滑系统的油路走向。

知识要求

一、冷却系组成与功用

1. 冷却系的作用

发动机在燃烧过程中，汽缸与燃烧室内的气体温度可高达 2 073～2 273 K。因此，必须在发动机上设置冷却系，在发动机工作中对高温机件进行冷却，保证发动机的正常工作。

冷却系的冷却强度的调节是否合适，对发动机的工作影响很大。冷却不足，会造成发动机过热，导致发动机充气量下降而影响发动机功率输出。对于汽油机来说，还可能造成早燃、爆燃和表面点火等不正常燃烧。同时，过高的温度会使润滑油黏度降低，导致机件磨损加剧。

冷却过度，会使发动机过冷，导致燃料蒸发困难，可燃混合气形成条件变差。燃烧不完全不但会造成发动机功率下降、油耗量增大，同时还会引起废气排放的污染物增加。

通过在整个发动机中循环冷却液，冷却系统把发动机温度调至最佳水平（80～90℃）。

2. 冷却系的组成（见图 3—93）

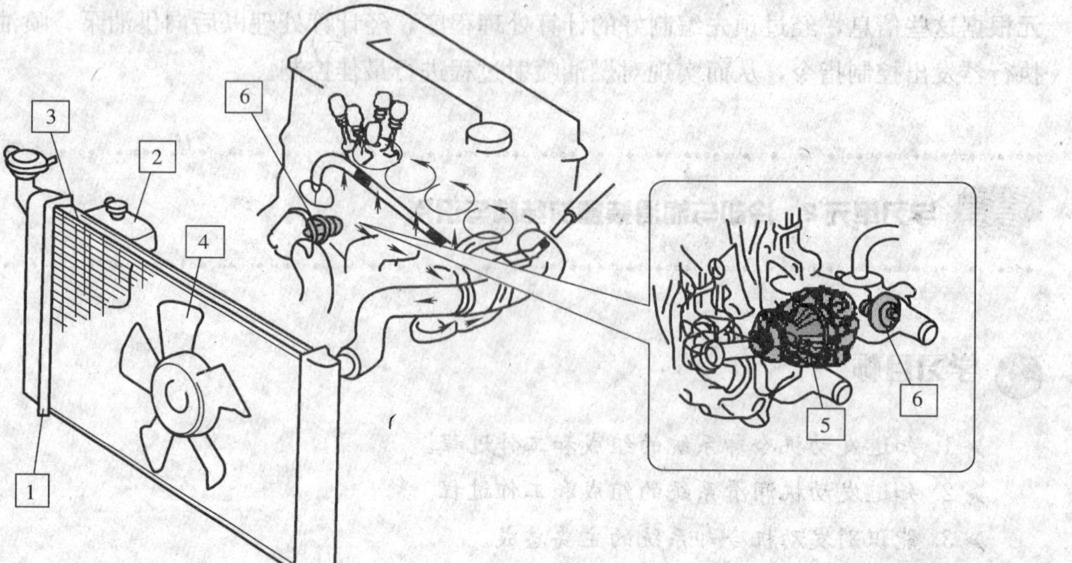

图 3—93　冷却系的组成

1—散热器　2—储液罐　3—散热器盖　4—冷却风扇　5—水泵　6—节温器

（1）散热器（见图 3—94）。散热器冷却已经到达高温的冷却液。当散热器的管子和散热片暴露在冷却风扇产生的气流及车辆运动产生的气流中时，散热器中的冷却液变冷。

要根据每个地区的特定环境温度来决定 LLC（长效冷却液）的最佳浓度。另外，LLC 必须定期更换。

（2）散热器盖（见图 3—95）。散热器盖上有一压力阀，能给冷却液加压。

压力下的冷却液温度升至 100℃以上，这使得冷却液温度和空气温度的差别更大。这

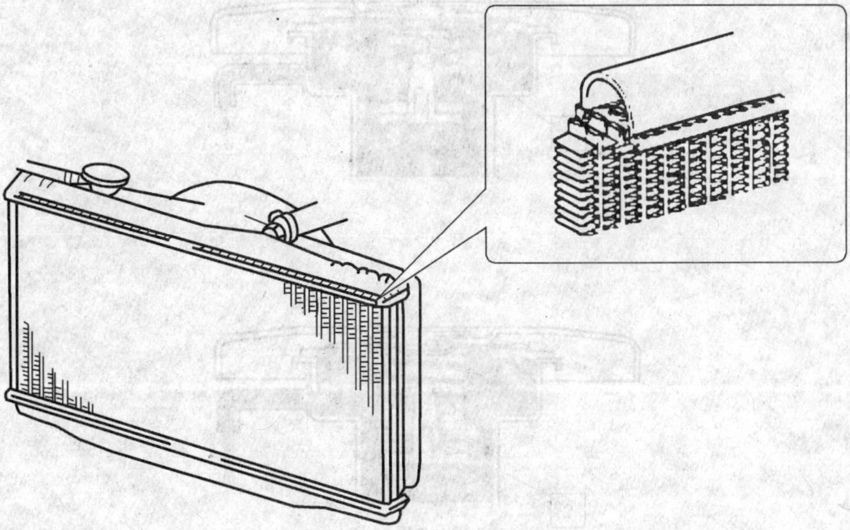

图 3—94　散热器的结构

样可以改善冷却效果。

当散热器压力增加时，压力阀打开，并将冷却液送回储液罐。

当散热器减压时，真空阀打开，使储液罐放出冷却液。

(3) 冷却风扇（见图 3—96)。冷却风扇根据水温开关检测到的冷却液温度，在水温高的时候将大量空气引入散热器，以便提高冷却效果。

(4) 储液罐（见图 3—97)。储液罐与散热器相连，以便存储从散热器溢出的冷却液，并防止它流到外面。

当散热器中的冷却液温度上升时，膨胀并流入储液罐。当散热器冷却时，可从储液罐吸取冷却液。

(5) 水泵（见图 3—98)。水泵由曲轴通过传动带驱动，向冷却液回路提供冷却液。

(6) 节温器（见图 3—99)。节温器是快速预热发动机并调节冷却液温度的部件。它位于散热器与发动机之间的通路中。当冷却液温度变高时，连接散热器的阀打开，以便冷却发动机。

3. 发动机工作温度的调节

(1) 冷却液的流向（见图 3—100)。水泵使冷却液在冷却液通路中循环。冷却液从发动机吸热并通过散热器将热量释放到大气中。冷却液就这样被冷却，然后返回到发动机。

(2) 大循环。节温器位于水泵的进口侧。节温器有一只旁通阀，当冷却液温度高于60℃时，节温器逐渐打开，旁路逐渐关闭，冷却液逐步流经水箱，至发动机温度高于 90℃

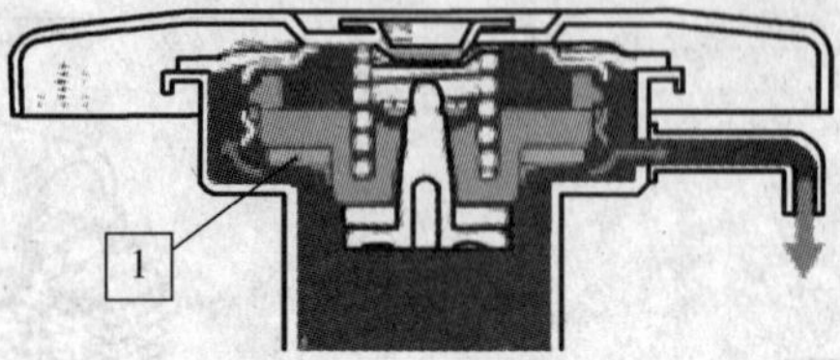

a)

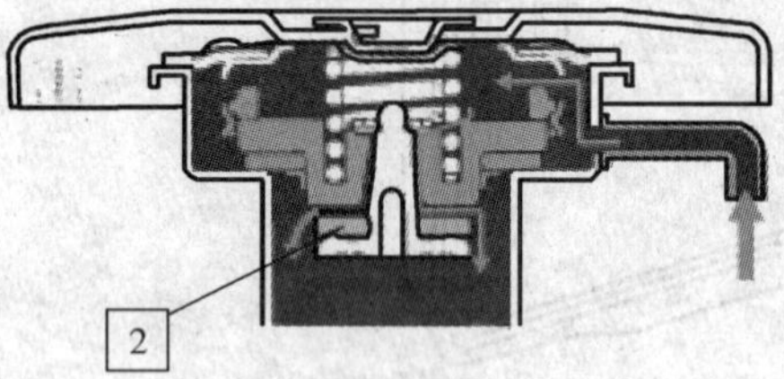

b)

图 3—95　散热器盖的结构

a）增加压力期间，压力上升（高温）　b）减压期间，压力下降（冷却）

1—压力阀　2—真空阀

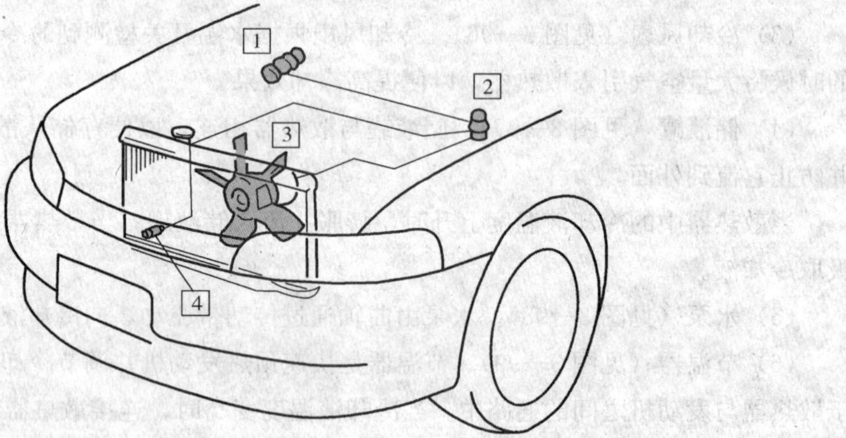

图 3—96　冷却风扇

1—点火开关　2—继电器　3—冷却风扇　4—水温开关

时，冷却液全部流经冷却水箱，此时，冷却效果最好。

（3）小循环。当发动机水温低于 60℃时，旁路一直打开，并且在预热期间通往散热器的管路被恒温器关闭。因此，冷却液通过旁通管路。

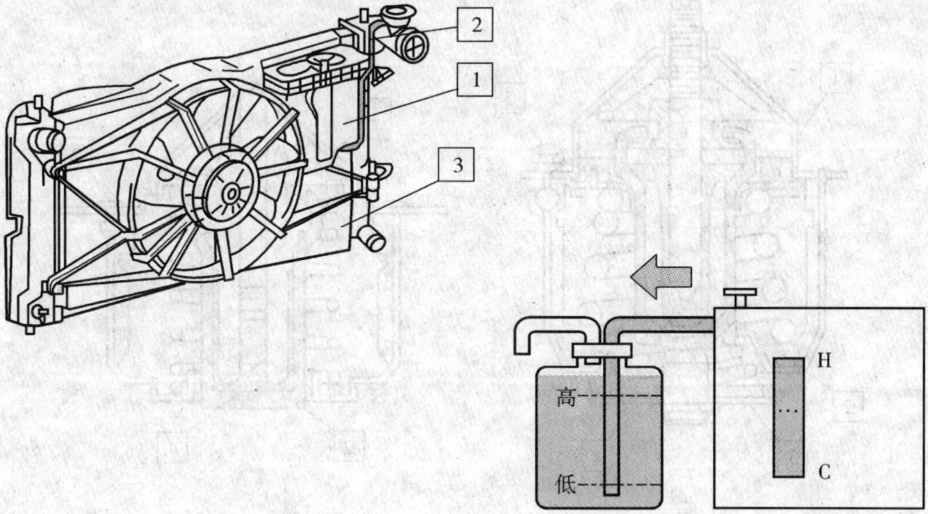

图 3—97　储液罐

1—储液罐　2—储液罐软管　3—散热器

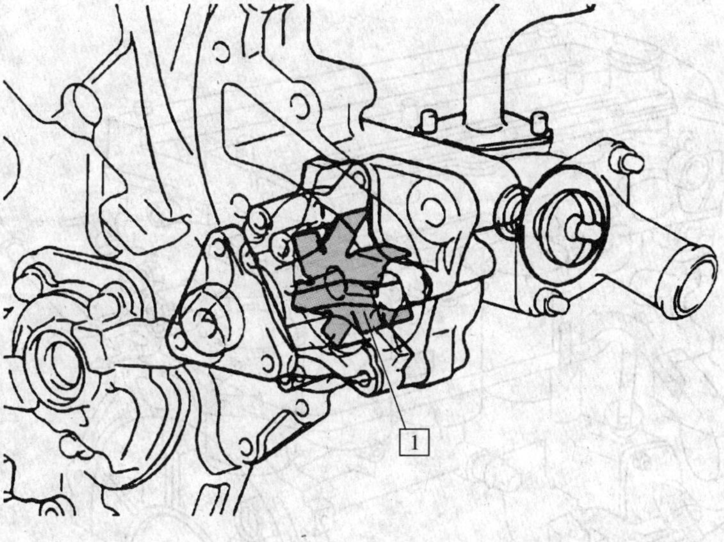

图 3—98　水泵

1—水泵

当冷却液温度升高时，节温器开始打开，让冷却液流入散热器。此时，少量冷却液也流过旁通管路。

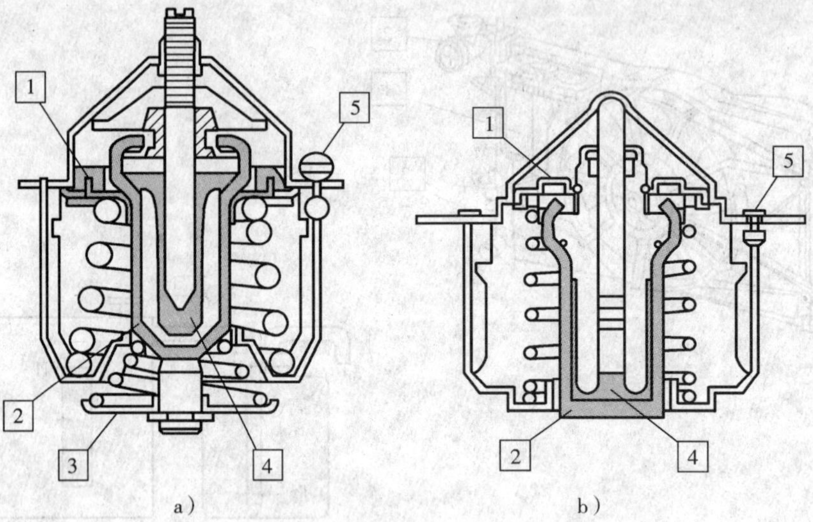

图 3—99　节温器

a）带旁通阀　b）不带旁通阀

1—阀　2—缸　3—旁通阀　4—蜡　5—跳阀

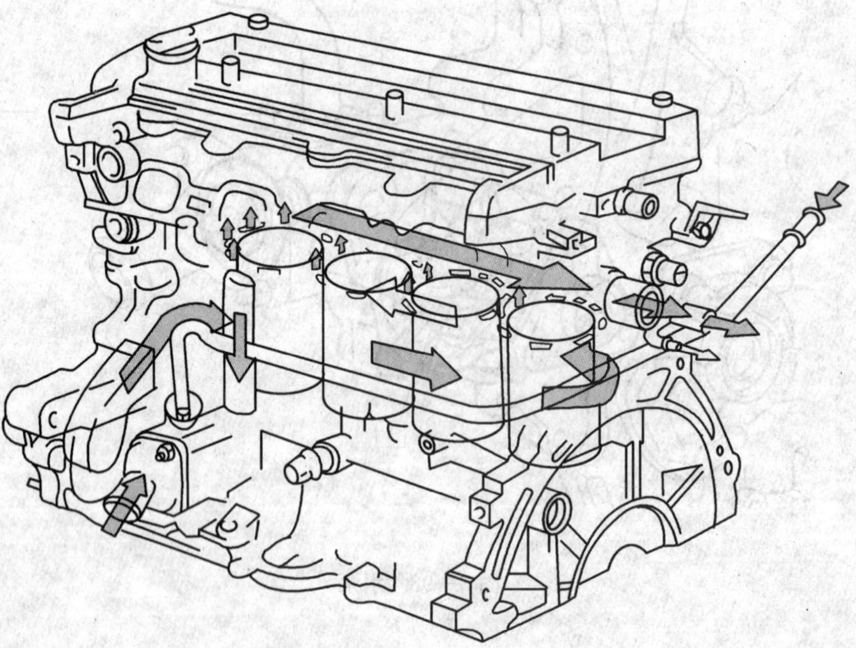

图 3—100　冷却液的流向

二、润滑系的组成与功用

润滑系的基本任务就是将机油不断供给各零件的摩擦表面，减少零件的摩擦和磨损。润滑油流经各零件表面时，会带走零件摩擦表面的热量和清除零件表面的金属磨屑等杂质；在零件表面形成的油膜，保护零件免受水、空气和燃气的直接作用，防止零件受到化学及氧的腐蚀；润滑油有一定的黏度，还可以填补缸壁与活塞环之间的间隙，减少气体的泄漏。

因此，润滑系除了润滑作用外，还具有散热、清洗、保护和密封等作用。

发动机润滑系统的结构如图 3—101 所示。

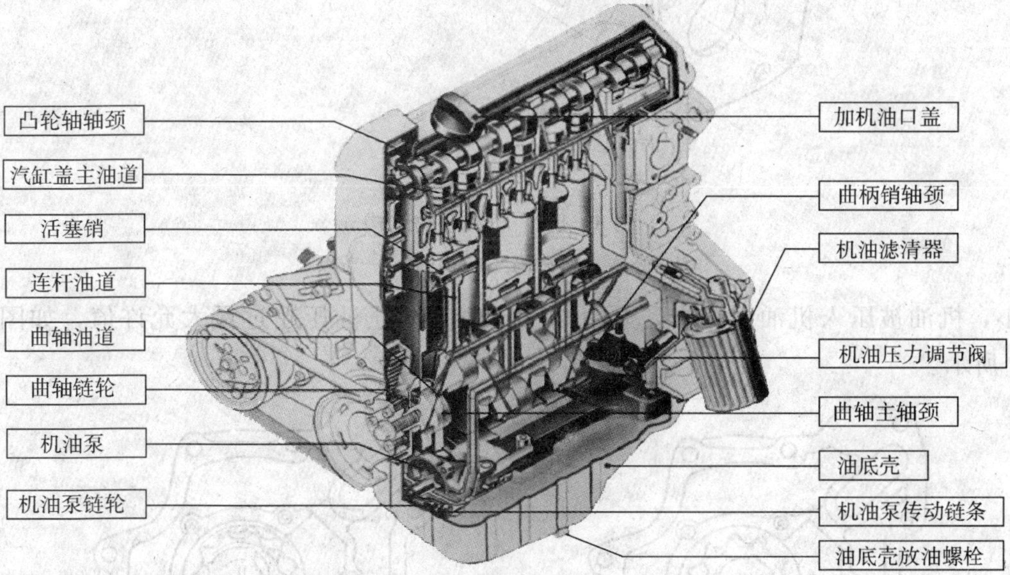

图 3—101　润滑系统的结构

1. 润滑系的主要总成

（1）机油泵

1）安装位置。位于发动机缸体前端，其内圈直接位于曲轴前端的曲柄销上。

2）机油泵的结构。机油泵的结构如图 3—102 所示。机油泵的内圈直接由曲轴驱动，使发动机噪声得以改善，摩擦大为减少。

内圈驱动外圈转动时，由于转动的轴心不同（所谓双中心），在输入端的齿间被加大，机油通过一个类似通气管的管路，吸入并被传送到输出端。在输出端的齿间隙

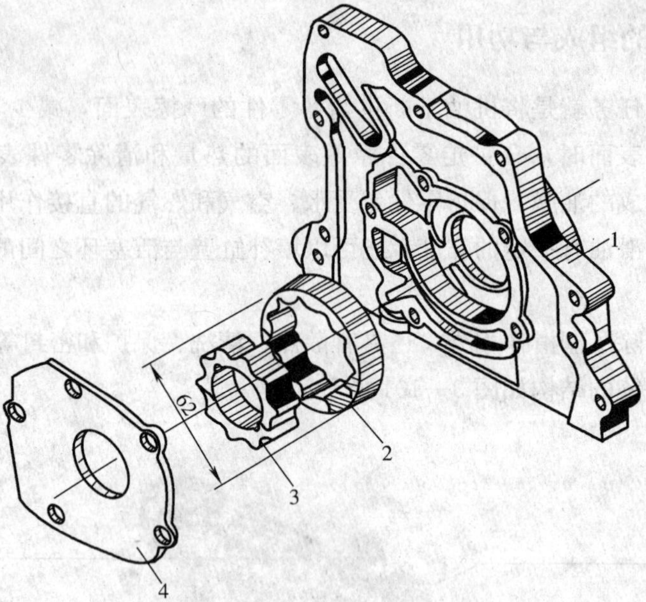

图 3—102 机油泵的结构

1—壳体 2—外圈 3—内圈 4—盖板

变小，机油被压入机油回路中，并由油压限值阀防止油压超过最大允许值，如图 3—103 所示。

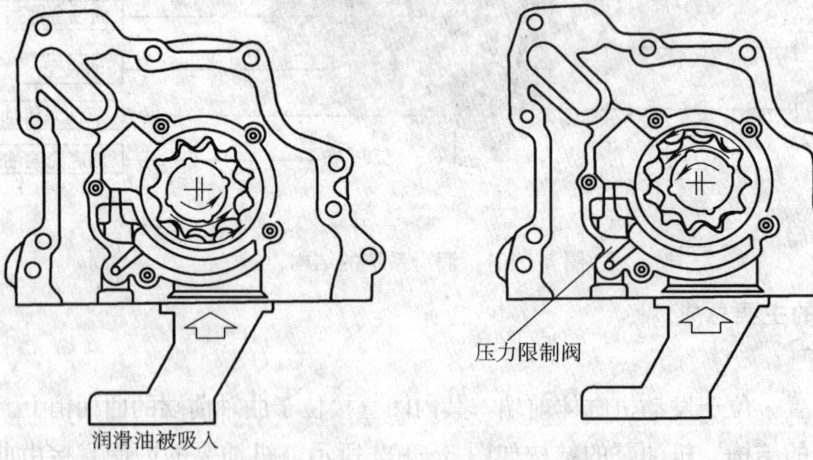

图 3—103 机油泵的工作原理

（2）机油滤清器。机油滤清器主要由外壳、端盖和滤芯等组成。

机油滤清器采用粗（尼龙滤芯）细（褶纸滤芯）机油滤清器合为一体的过滤式滤清

器，安装于机油泵出油孔与主油道之间。其结构如图 3—104 所示。

从机油泵输出的压力油经端盖上的进油孔进入粗滤器与滤芯之间，经滤芯过滤后，进入芯筒并经端盖上的出油孔进入主油道。工作流程如图 3—105 所示。

机油滤清器装有用吸附能力不同的棉花、毛绒、人造纤维等不同材料制成的褶纸滤芯和尼龙滤芯。两种滤芯串联，能滤去直径为 0.05～0.1 mm 的机械杂质，细滤器能滤去直径为 0.001 mm 以上的机械杂质。

机油滤清器还装有旁通阀和止回阀，防止滤芯被堵或发动机停止工作时，润滑油道内缺油。

为维护方便，机油滤清器采用旋装式滤芯结构。滤芯为纸质折叠式结构，封闭式外壳，定期更换，直接旋装于滤清器盖上。

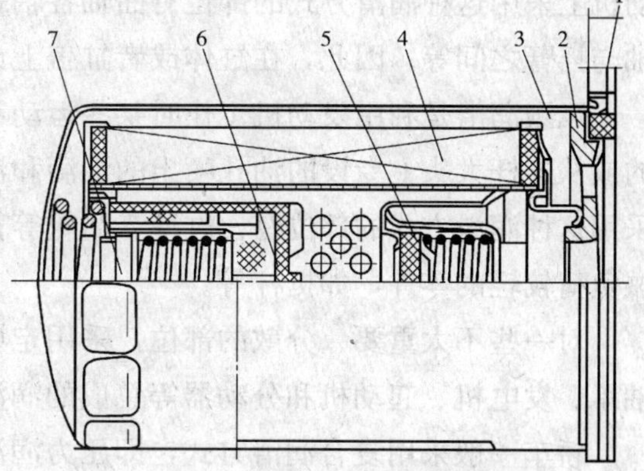

图 3—104　发动机机油滤清器结构

1—密封圈　2—滤清器盖　3—滤清器壳　4—褶纸滤芯　5—止回阀　6—尼龙滤芯　7—旁通阀

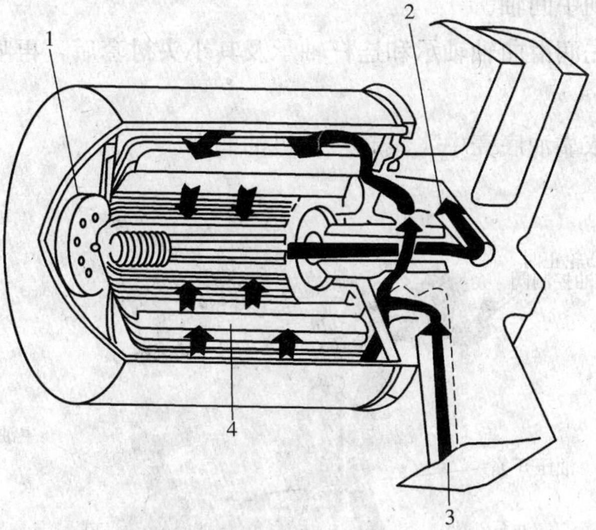

图 3—105　滤清器工作流程图

1—旁通阀　2—通向发动机的清洁润滑油　3—从油底壳来的脏油　4—褶纸滤芯

2. 发动机的润滑方式

(1) 润滑的种类。发动机各零件的润滑强度及润滑方式取决于该零件的工作条件，相对运动速度和承受机械负荷、热负荷的大小。现代汽车发动机多采用压力润滑与飞溅润滑的综合润滑方式。

压力润滑就是将具有一定压力的润滑油源源不断地送到零件的摩擦面间，形成具有一定厚度并能承受一定机械负荷的油膜，尽量将两摩擦零件完全隔开，实现可靠的润滑。发动机上采用这种润滑方式的部位有曲轴各轴颈与轴承之间、凸轮轴轴颈与轴承之间、摇臂轴与摇臂之间等。因此，在缸体或者缸盖上设有专门的油道来向这些部位输送润滑油。

飞溅润滑是利用发动机工作时某些运动零件（主要是曲轴和凸轮轴）旋转时，飞溅起的或从连杆大头上专设的油孔喷出的油滴和油雾，对摩擦表面进行润滑的方式。发动机上采用这种润滑方式的部位有：缸壁、凸轮等；相对运动速度较低的零件，如活塞销等；机械负荷较轻的零件，如挺杆等。

对一些不太重要、分散的部位，采用定期加注润滑脂的方式进行润滑，如发动机水泵轴承、发电机、起动机和分动器等总成的润滑。

轿车一般采用复合润滑方式，即压力润滑与飞溅润滑。

(2) 发动机的润滑循环（见图 3—106）。油底壳的机油经机油集滤器，除去较大杂质后被机油泵吸入。加压后经机油滤清器进一步过滤，大部分压力油进入发动机主油道，一小部分压力油直接到中间轴。

主油道的机油先润滑曲轴轴承和连杆轴承及其小头衬套后，再喷到活塞内腔最后回到油底壳。

活塞与汽缸壁依靠油底壳中飞溅起来的机油润滑。

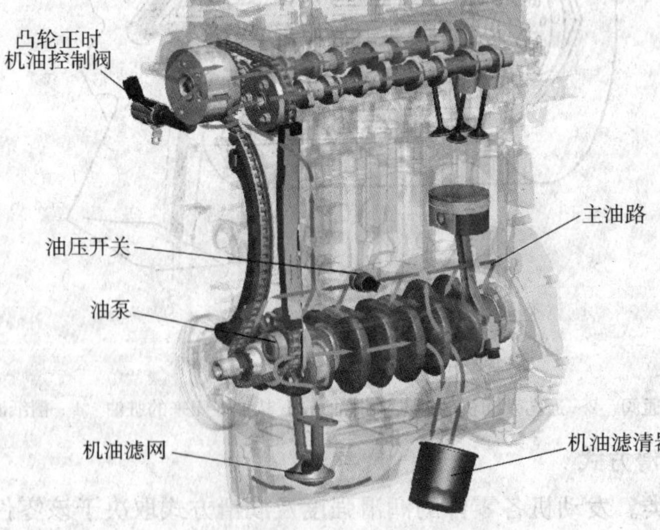

图 3—106　发动机润滑系统示意图

4

第 4 章

汽车底盘结构与拆装

第 1 节　底盘的结构与识别

学习单元 1　汽车传动系统的结构与识别

学习目标

➤ 1. 知道轿车传动系统的分类和组成。

➤ 2. 知道离合器的组成和工作过程。

➤ 3. 知道手动变速器的结构和工作过程。

➤ 4. 能识别离合器和操纵机构的主要总成。

➤ 5. 能识别变速器和操纵机构的主要总成。

知识要求

一、汽车传动系

1. 传动系的分类

（1）传动系的作用。传动系的作用是将发动机动力传送到车轮。

（2）分类。按布置形式可以分为 FF（发动机前置/前轮驱动车辆）和 FR（发动机前置/后轮驱动车辆）两类（见图 4—1）。

按变速器形式可以分为手动变速器（MT）和自动变速器（AT）两种。

2. 各种布置形式的特点

（1）前置发动机、前轮驱动（见图 4—2）。车辆的发动机和变速驱动桥都装在前部，传动桥连接变速驱动桥，将动力传递给前驱动轮。这是最常见的一种配置方式。沉重的动力传动系增加了前驱动轮上的重量，使得车辆在光滑路面上有着良好的牵引力。

（2）前置发动机、后轮驱动。车辆的发动机装在前部，而驱动桥装在后部。变速器通常在发动机的正后方，而传动轴将动力向后传递到后桥。

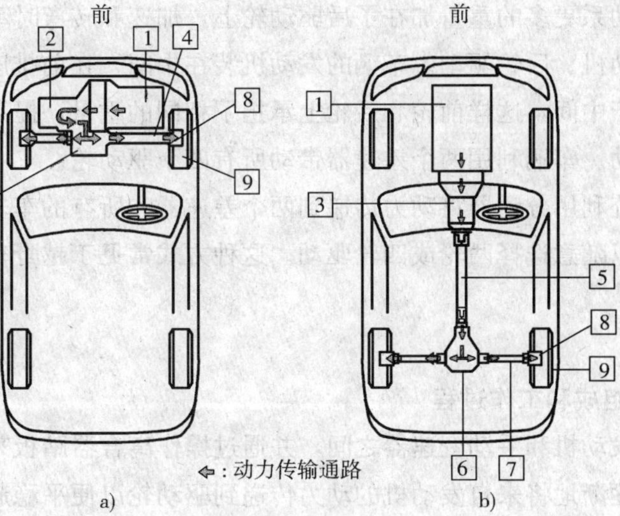

图 4—1　传动系

a）FF　b）FR

1—发动机　2—传动桥　3—变速器　4—驱动轴　5—传动轴

6—差速器　7—车桥轴　8—车桥　9—车轮

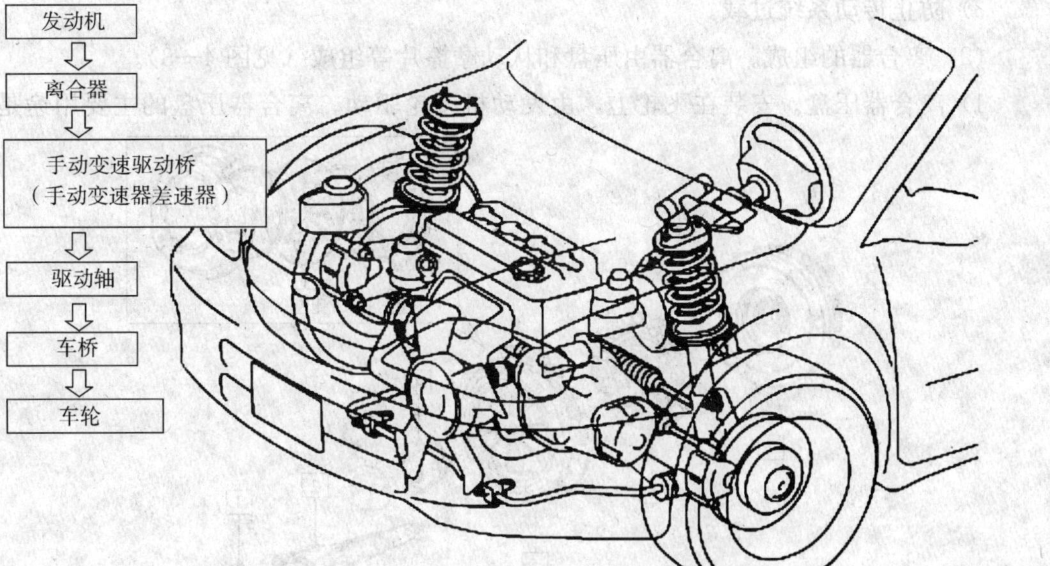

图 4—2　FF 发动机动力传递过程

（3）后置发动机、后轮驱动。车辆的发动机在后面，通过变速驱动桥将动力传递给后驱动轮。因为传动系更多的重量加在了后驱动轮上，加速和转弯时牵引力表现良好。

（4）中置发动机、后轮驱动。车辆的发动机装在中间，在前排座椅的正后方。这有助于使车辆重心位于中间，这样前轮和后轮上承担了相同的重量，提高了转向能力。

（5）四轮驱动。车辆利用两个差速器带动所有四个驱动轮。

四轮驱动系统利用分动器将动力传递到两个差速器和所有的车轮。分动器能够结合或分离，这样就可以随意选择两轮或四轮驱动。这种方式常见于越野车辆上。

二、离合器

1. 离合器的组成和工作过程

离合器位于发动机和手动变速器之间，并通过操作离合器踏板来连接和切断发动机的动力。离合器可逐渐地将来自发动机的动力传递到驱动轮以便平稳起动汽车并在驾驶汽车过程中根据各种条件平稳地变换变速器挡位。

（1）离合器的功用

1）保证汽车起步平稳。

2）保证换挡工作平顺。

3）防止传动系统过载。

（2）离合器的组成。离合器由压盘和从动摩擦片等组成（见图 4—3）。

1）离合器压盘。安装在飞轮上，由发动机飞轮驱动。离合器压盘的主要用途是连接

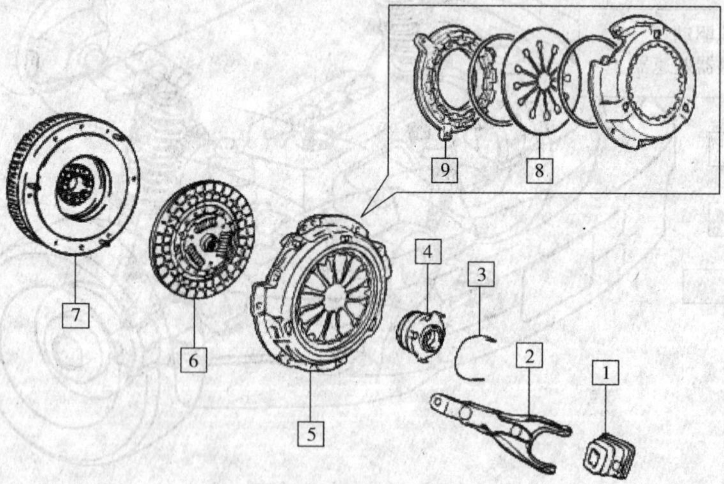

图 4—3　离合器的组成

1—护套　2—分离叉　3—夹头　4—分离轴承　5—离合器盖

6—离合器盘　7—飞轮　8—膜片弹簧　9—压盘

和切断发动机动力。

离合器压盘有一弹簧用来推动摩擦片紧靠离合器盘。这些弹簧或是螺旋弹簧或是膜片弹簧。现今大多离合器采用膜片弹簧。

膜片弹簧由弹簧钢制作，它被铆接或拴接到压盘。枢轴环位于膜片弹簧的每一侧并且在操作膜片弹簧的同时起枢轴的作用。

分离弹簧钩用来将膜片弹簧连接到压盘上。新的型号已采用 DST（膜片弹簧翻转）式离合器盖。在此类离合器盖中，离合器盖的末端被翻转以将膜片弹簧直接维持在恰当的位置。传动带按弦状（切弦）方向连接以便传递转矩。

2）摩擦片（见图 4—4）。摩擦片在结合时均匀地触及压盘和飞轮的摩擦面以平稳地传递动力。它还用于缓和离合器啮合的冲击。

① 扭转橡胶。装在结合齿毂内，按圆周方向稍微移动的方式缓和离合器啮合的旋转冲击。

② 减振板。减振板接在两层结合面之间。离合器突然啮合时，冲击被此板弯曲部分吸收以缓和换挡冲击及平稳传递动力。

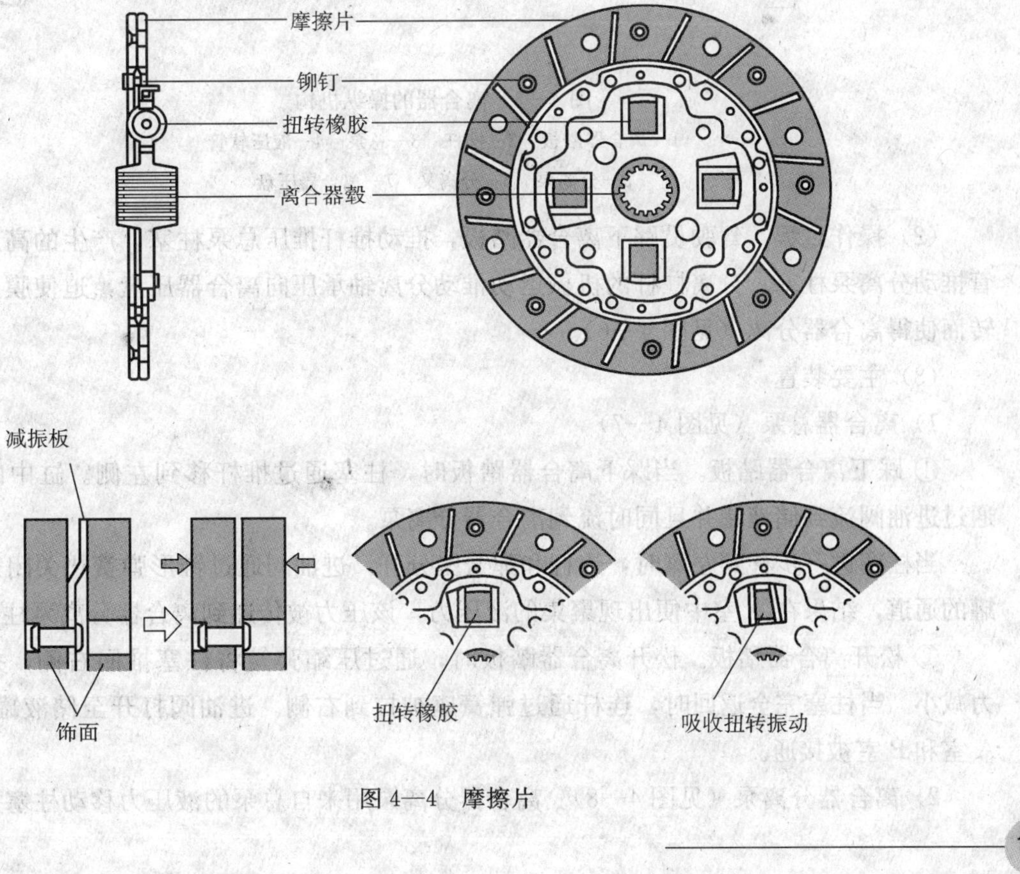

图 4—4　摩擦片

2. 离合器的操纵

按所用操纵装置的类型区分，离合器可分为机械式和液压式两种。

(1) 离合器的操纵机构（见图 4—5）。离合器的操纵机构由离合器踏板、总泵、分离叉、分离轴承组成。

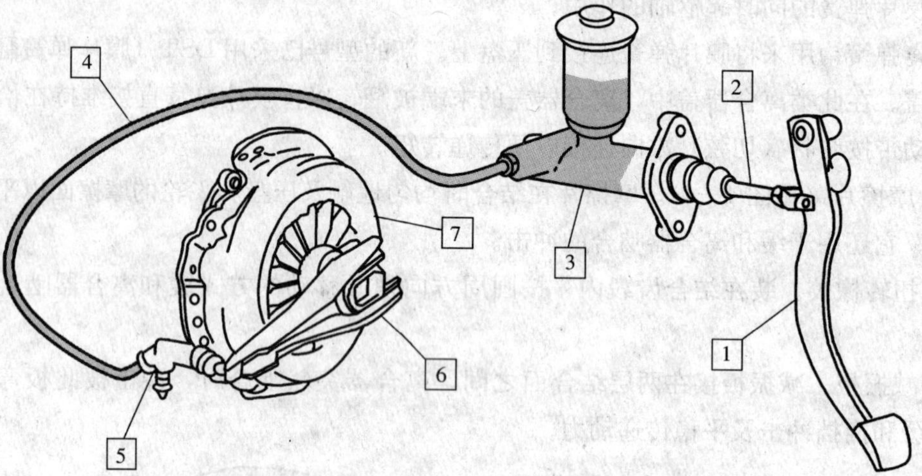

图 4—5 离合器的操纵机构

1—离合器踏板 2—推杆 3—总泵 4—液压软管

5—分离泵 6—分离叉 7—离合器压盘

(2) 操作过程。驾驶员踩下离合器踏板，推动推杆推压总泵柱塞，产生的高压油经油管推动分离泵柱塞。分离杠杆的机械运动推动分离轴承压向离合器压盘，迫使膜片弹簧翻转而使得离合器分离（见图 4—6）。

(3) 主要装置

1) 离合器总泵（见图 4—7）

① 踩下离合器踏板。当踩下离合器踏板时，柱塞通过推杆移到左侧。缸中的制动液通过进油阀流到储液罐并且同时流到离合器分离泵。

当柱塞进一步移到左侧时，连杆和弹簧座分开，进油阀通过锥形弹簧垫关闭进入储液罐的通道，结果在 A 室中便出现聚集的液压力，该压力被传递到离合器分离泵柱塞。

② 松开离合器踏板。松开离合器踏板时，通过压缩弹簧将柱塞推回右侧，并且液压力减小。当柱塞完全返回时，连杆通过弹簧座被拉到右侧。进油阀打开至储液罐的通道，A 室和 B 室被接通。

2) 离合器分离泵（见图 4—8）。离合器分离泵用来自总泵的液压力移动柱塞并通过推

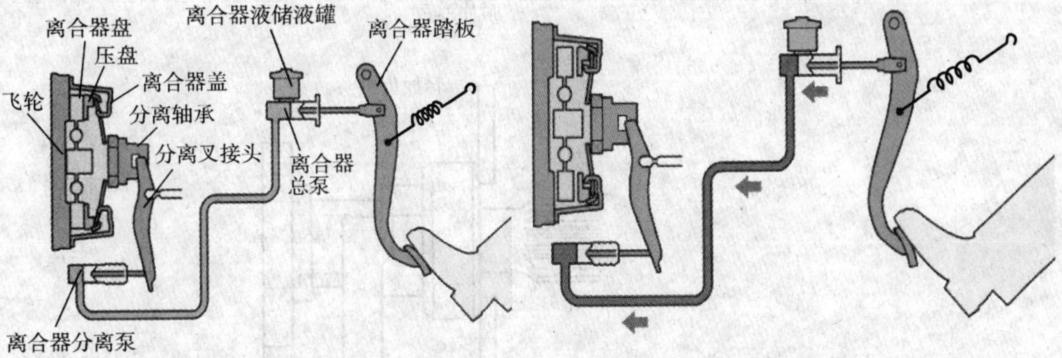

图 4—6　离合器工作过程

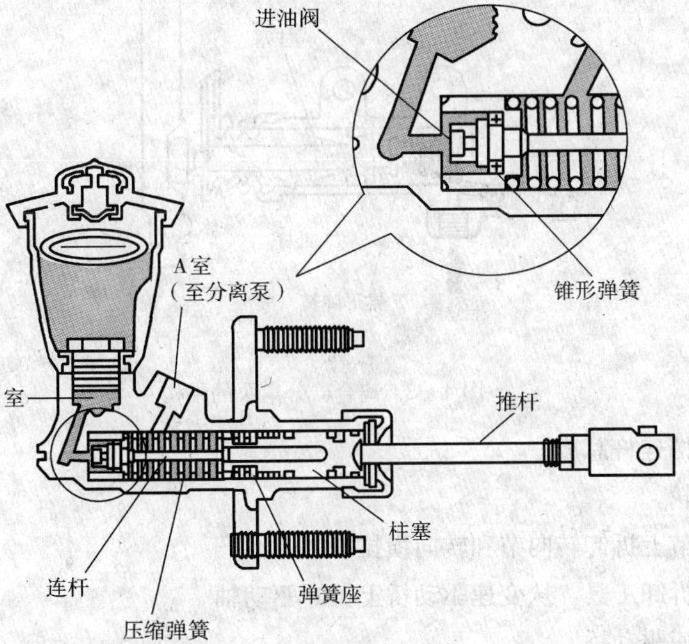

图 4—7　离合器总泵结构

杆操作分离叉。

3）分离轴承。离合器分离轴承吸收分离叉（不转动）和膜片弹簧（转动）之间的相对旋转以将分离叉的移动力传递给膜片弹簧。

3. 离合器拆装

（1）从车上拆卸变速驱动桥

1）从变速驱动桥上拆开万向节。

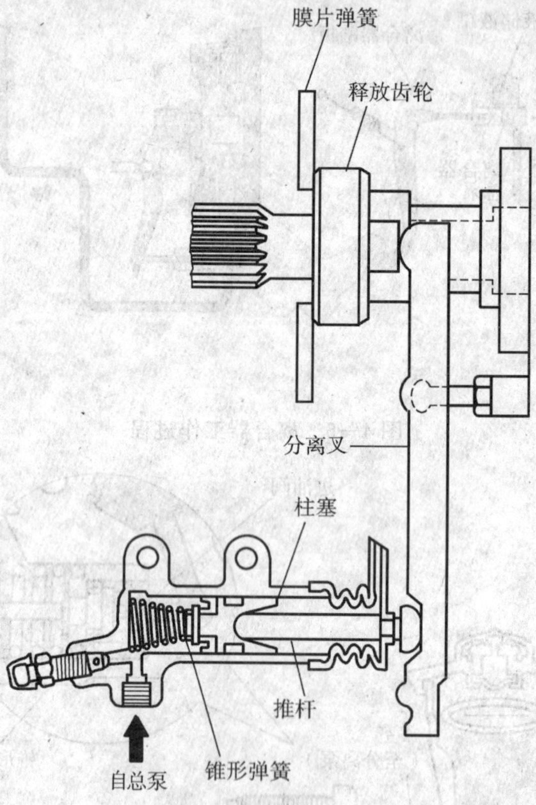

图 4—8　离合器分离泵的结构

2）拆卸换挡连杆总成。

3）拆卸车轮。

4）从下球节上拆卸转向节和转向横拉杆。

5）用半轴拆卸工具，从变速驱动桥上拆卸驱动轴。

6）拆卸变速驱动桥。

（2）拆卸离合器

1）拆卸压盘螺栓和压盘。在拆卸最后一个螺栓时，支撑住压盘。

2）从飞轮上拆卸离合器片。

三、手动变速器

1. 手动变速器的结构

手动变速器（见图 4—9）是通过用手拨动变速杆提高或降低发动机转速和将其转换到

适当转矩以便将动力传递到驱动轮的一种装置。如果变速器和差速器装为一体，则称为手动传动桥。

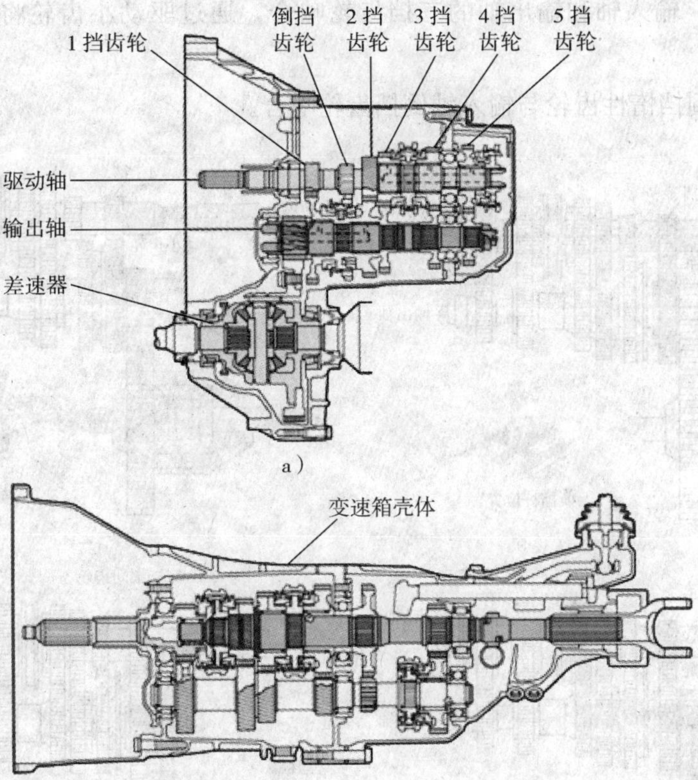

图 4—9　手动变速器和手动传动桥

a）手动传动桥　b）手动变速器

在 FF 车中，手动传动桥位于横向安装的发动机的左端或右端。

在 FR 车中，手动变速器位于纵向安装的发动机的后部。

（1）手动变速器的作用

1）通过操作换挡杆接通或断开来自发动机的动力。

2）当车辆起步和爬坡时增加转矩。

3）高速行驶时提高驱动轮转速。

4）倒车时使驱动轮反转。

（2）挡位和动力传递（见图 4—10）

1）空挡。来自发动机的原动力并未从输入轴传到输出轴，从而差速器上也无作用力。

2）第一挡。输入轴和输出轴的一挡齿轮啮合，通过驱动小齿轮将动力传递到差速器。

3）第三挡。输入轴和输出轴的三挡齿轮啮合，通过驱动小齿轮将动力传递到差速器。

4）倒挡。倒挡惰性齿轮与输入轴倒挡齿轮啮合。

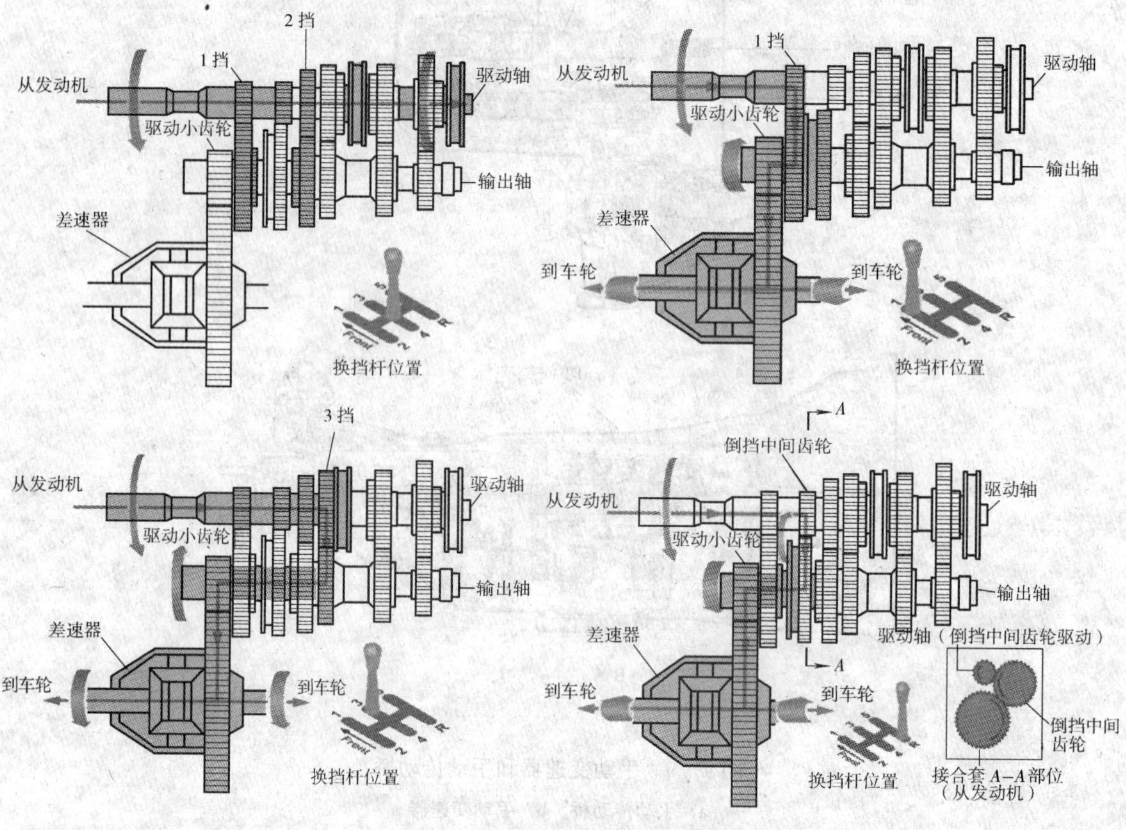

图 4—10　手动变速器的动力传递路线

（3）同步器

1）同步器的优点。同步啮合机构用来防止齿轮噪声，使换挡较为顺畅。

① 不需要驾驶员“两脚离合”（每次换挡时踩下离合器两次）。

② 换挡时，稍微延迟便可传递动力。

③ 可更平稳地进行换挡而不损伤齿轮。

2）同步过程（见图 4—11）

① 空挡。每个变速齿轮与相应的从动齿轮啮合并在轴上空转。

② 同步开始。移动换挡杆时，装在接合套凹槽内的换挡叉按箭头所示的方向移动。

由于换挡键中央凸起部装到接合套凹槽内，换挡键也同时移到箭头方向并将锁环推到变速齿轮锥体部分从而导致同步开始。

③ 中途直到同步。当换挡杆进一步移动时，施加到接合套上的力克服换挡键弹簧的力使接合套向上进入该键的凸起部。

④ 同步结束。施加到锁环上的力变得更强并推动变速齿轮锥形部分。

这使得变速齿轮的速度与接合套速度同步。当接合套和变速齿轮的转速变得相等时，锁环开始按旋转方向转动稍许。结果，接合套花键与锁环相啮合。

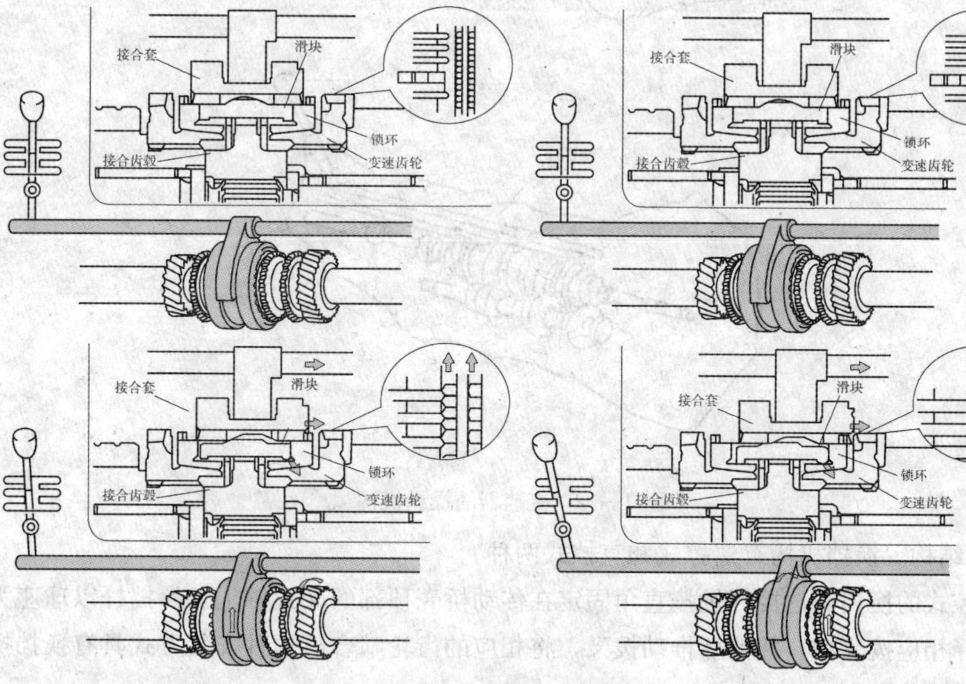

图 4—11　同步过程

2. 变速器的操纵机构

（1）操纵机构形式（见图 4—12）

1）遥控式。这种形式用拉索或连杆等在换挡杆和传动桥之间连接。在 FF 车中使用此种形式，具有易于布置换挡杆及振动噪声小的优点。

2）直控式。这种形式将换挡杆直接安装在变速器上。这种方式具有换挡操作迅速准确的优点。

（2）换挡锁止机构（见图 4—13）

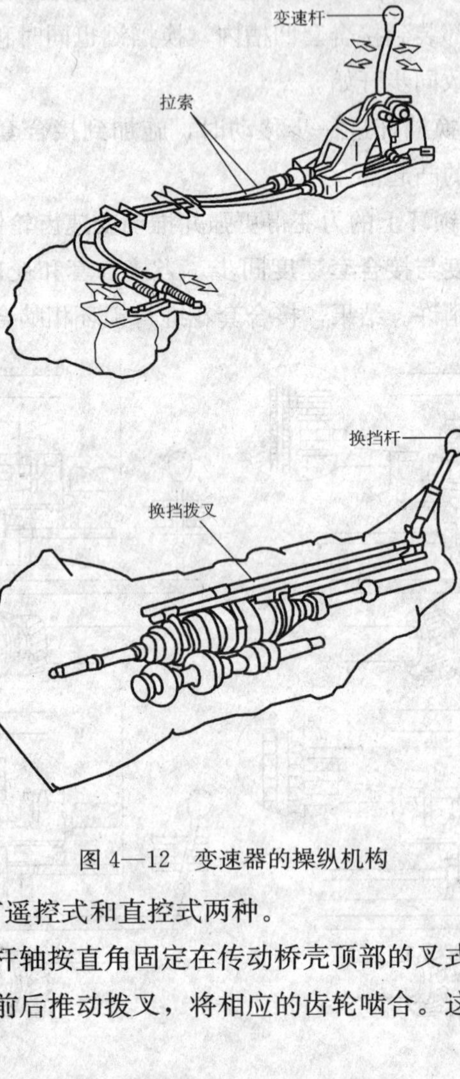

图 4—12　变速器的操纵机构

1）结构。换挡机构有遥控式和直控式两种。

直控式的换挡和选挡杆轴按直角固定在传动桥壳顶部的叉式轴上。换挡杆以球座为支点，选择相应拨叉槽，并前后推动拨叉，将相应的齿轮啮合。这种安装方式具有换挡操作迅速准确的优点。

遥控式用拉索或连杆等在换挡杆和传动桥之间连接。

换挡机构设有自锁、互锁、倒挡锁。

2）作用

① 自锁。每个换挡拨叉轴上有三个凹槽，换挡时自锁钢珠通过弹簧推入凹槽。这不仅能防止传动桥脱挡，也能给予驾驶员齿轮啮合较好的感觉。

② 互锁。此机构防止同时可能换挡至两个挡位。

③ 倒挡锁。防止误挂入倒挡。

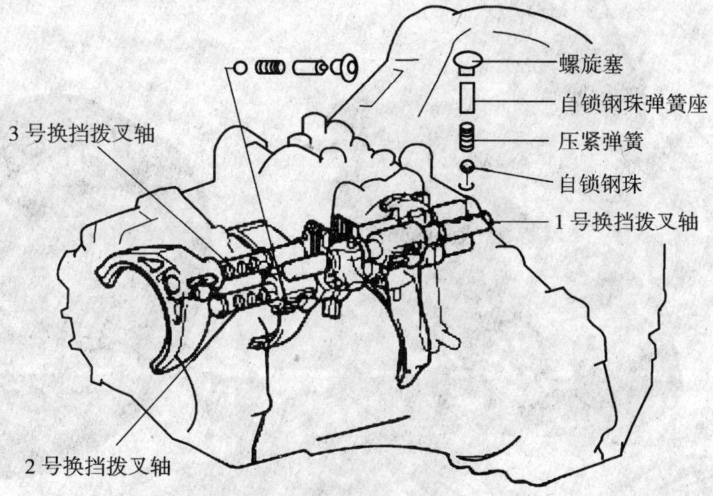

a）

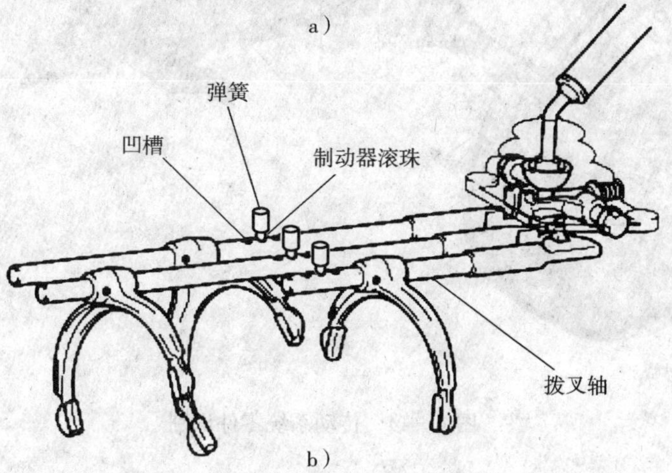

b）

图 4—13　换挡锁止机构

a）FF　b）FR

技能要求

各类传动系统装置的识别

1. 图 4—14 所示的传动系统属于何种类型？分别写出传动系统中标示零件的名称。

类型：____

零件识别：

图 4—14　传动系统零件识别

(1) ________ (2) ________

(3) ________ (4) ________

(5) ________ (6) ________

(7) ________ (8) ________

2. 请写出图 4—15 所示离合器中标示零件的名称。

零件识别：

(1) ________ (2) ________

(3) ________ (4) ________

(5) ________ (6) ________

(7) ________ (8) ________

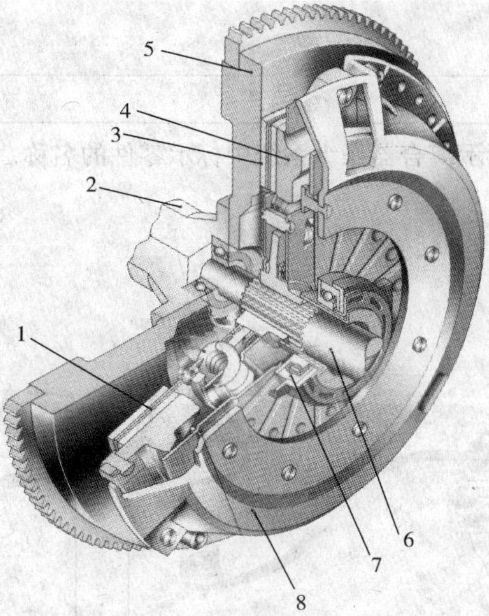

图 4—15　离合器零件的识别

3. 请写出图 4—16 所示摩擦片中标示零件的名称。

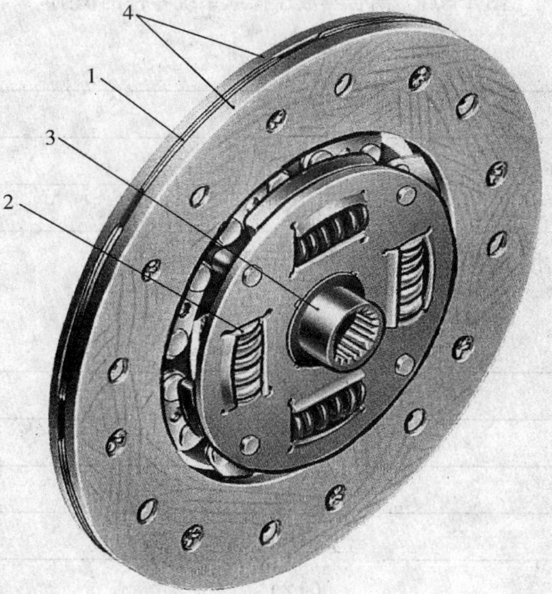

图 4—16　摩擦片的识别

零件识别：

（1）________________ （2）________________

（3）________________ （4）________________

4. 请写出图 4—17 所示离合器操纵系统中标示零件的名称。

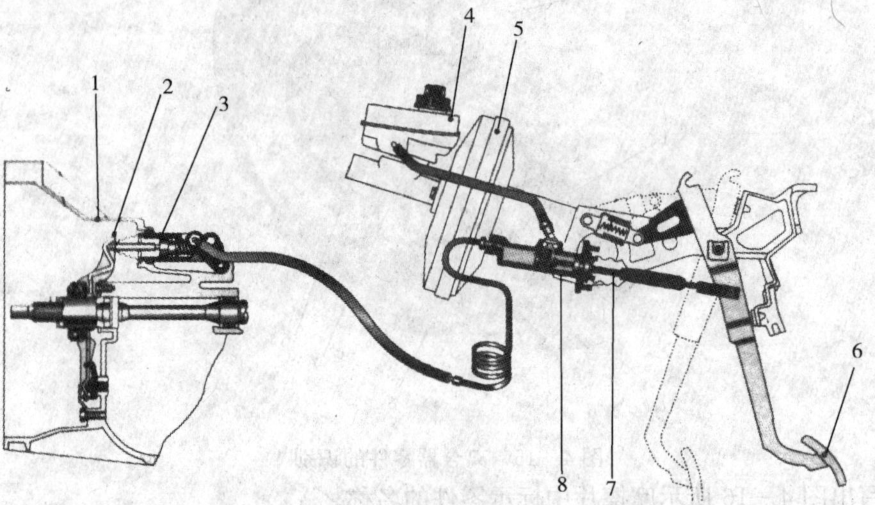

图 4—17　离合器液压操纵系统零件的识别

零件识别：

（1）________________ （2）________________

（3）________________ （4）________________

（5）________________ （6）________________

（7）________________ （8）________________

5. 请写出图 4—18 所示手动变速器中标示零件的名称。

零件识别：

（1）________________ （2）________________

（3）________________ （4）________________

（5）________________ （6）________________

（7）________________ （8）________________

（9）________________ （10）________________

（11）________________ （12）________________

（13）________________ （14）________________

（15）________________

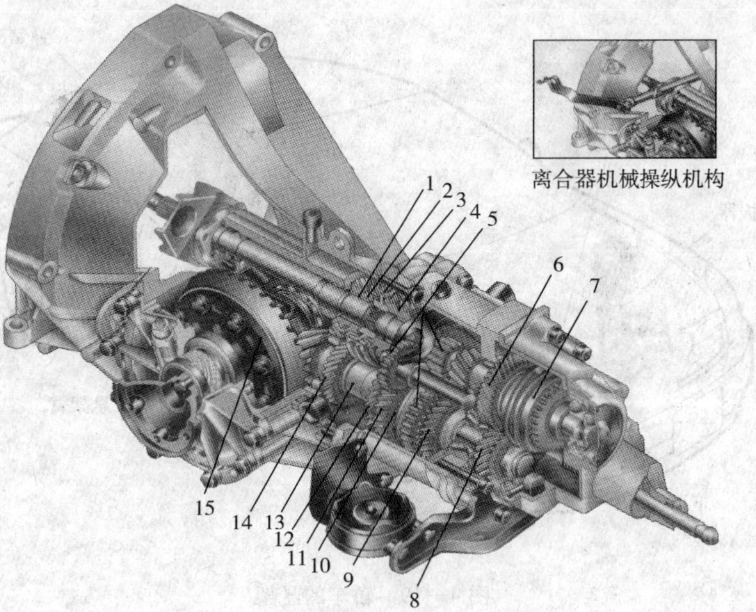

图 4—18　手动变速器零件的识别

学习单元 2　汽车行驶系统的认识

学习目标

➤ 1. 了解轿车常用悬架的结构。

➤ 2. 知道行驶系统的组成和作用。

➤ 3. 能辨别常用轿车悬架零件。

知识要求

悬架是连接车架（或承载式车身）与车桥（或车轮）的传力连接装置。它把作用于车轮的垂直反力、纵向反力和侧向力以及这些反力引起的力矩传递到车架，并使车辆具有良好的乘坐舒适性、平顺性和稳定性。

悬架的布置和组成如图 4—19 所示。

汽车悬架一般都由弹性元件、减振器、导向杆系三部分组成。一些车辆上还要加装横

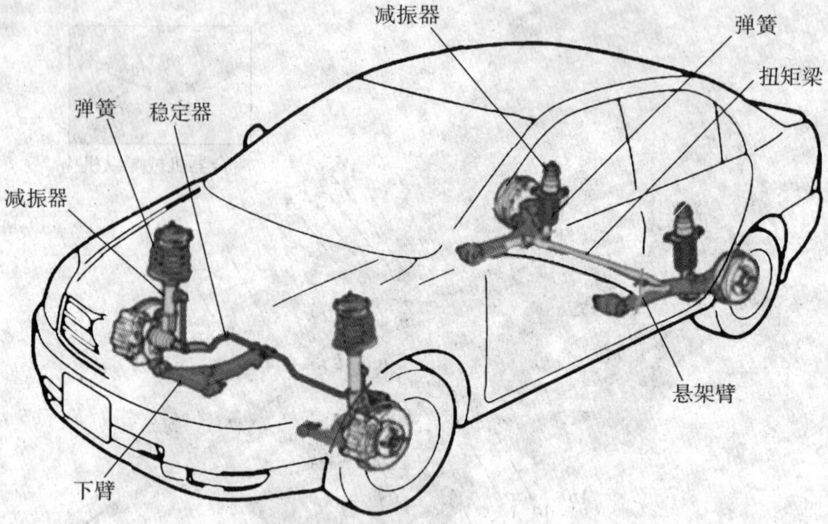

图 4—19　轿车的悬架

向稳定器。

车桥连接左右车轮，承受并传递由车轮传来的载荷，通过悬架弹簧与车架连接，有转向桥、驱动桥、转向驱动桥之分。

车轮支撑整车，连接车身与地面；缓冲路面冲击载荷；产生驱动力和制动力；汽车转弯时产生侧向抗力，并回正车轮；提高车辆的通过性。

轮毂通过两个轮毂轴承安装在车桥上，轮毂和车轮由轮胎螺栓紧固在一起，车轮安装在上面。

一、悬架

1. 悬架的分类

根据支撑车轮的方式，悬架分为非独立悬架和独立悬架两种。

（1）非独立悬架（见图 4—20）。两个车轮连接到一个车桥上，车桥通过弹簧固定到车身上。

由于两个车轮和车桥在垂直方向上运动步调一致，因此轮子的运动相互影响。这种悬架形式具有结构简单、可靠的特点。

1）扭矩梁式。包括连接横梁的左右拖臂。它与联式悬架相似，弹簧只受垂直方向的力，具有结构简单和驾驶舒适的特点，如图 4—20a 所示。

这种形式的悬架应用在轻型 FF 车的后悬架上。

图 4—20　各种类型的非独立悬架

a）扭矩梁式　b）四联式　c）板簧式

2）四联式。上下控制臂在车桥的两端纵向安装在车身上，而另一个控制臂从车桥端横向装在车身上。这些臂承受作用在车桥上的纵向力和横向力，而使弹簧只承受垂直方向的力，如图 4—20b 所示。虽然这种悬架形式比板簧式驾驶舒适，但其结构稍微复杂些，应用于单厢式车、SUV（多功能运动车）、FR 车和 4WD 车上。

3）板簧式。连接两个车轮的车桥两端都带有板簧。板簧片与片之间是平行的，它纵向装在车身上。作用在车桥上的力通过弹簧传给车身，如图 4—20c 所示。这种形式由于结构简单和坚固，主要用在有篷货车和卡车的后悬架上。

（2）独立悬架（见图 4—21）。每个车轮都有单独的支撑臂，支撑臂通过弹簧安装在车身上。这种悬架形式能有效地减振并提供舒适的驾驶，因为它的每个车轮相对于其他车轮都做独立的上下运动。

1）麦弗逊式。这是一种缺少一个上臂的悬架形式，这样就导致其结构比双叉式简单，如图 4—21a 所示。

由于有较少的零部件，因此较易保养。它主要用在 FF 车辆的前悬架上。

2）双叉式。包括支撑车轮和转向节的上下臂，转向节将臂连接起来。悬架臂承受纵向和横向的力，进而使弹簧只承受垂直负荷，如图 4—21b 所示。

尽管这种结构由于包括很多零件而变得复杂，但是由于其刚度好而能稳固地支撑车轮。由于这种悬架设计比较自由，故能提供稳定而舒适的驾驶，广泛地用于 FR 车辆。

3）半拖式。后悬架臂以规定的角度装在后悬架部件上，以便承受较大的侧向力。这种设计提供的效果就像使臂变得更有刚度一样。它用在某些 FR 车辆的后悬架上。

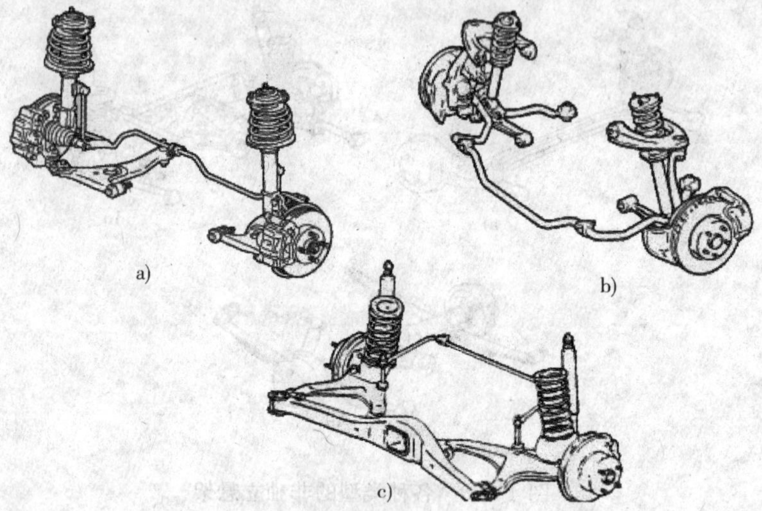

图 4—21 各种类型的独立悬架

a）麦弗逊式 b）双叉式 c）半拖式

2. 减振器

（1）减振器的作用。通过减振器自身的运动，消耗弹簧变形储存的能量，将其变为热能并散发到空气中，以衰减弹簧的振动。

（2）减振器的类型。按工作方式可分为单向减振器和双向减振器，按结构形式可分为单筒减振器和双筒减振器，按阻尼是否可调分为阻尼可调式减振器和阻尼不可调式减振器，按工作介质可分为油液减振器和气体减振器。

（3）减振器的结构。双向筒式减振器就是在压缩和伸张两行程内均能起减振作用的减振器。减振器由储油筒、工作缸、活塞连杆总成、底阀、导向器、防尘罩等组成。其结构如图 4—22 所示。

减振器有四个阀：伸张阀、补偿阀、压缩阀、流通阀。伸张阀和压缩阀分别是拉伸行程和压缩行程的卸载阀。

补偿阀和流通阀分别在拉伸和压缩行程中补偿油液，避免上下腔中出现真空。

（4）减振器的工作过程

1）压缩行程（活塞向下移动，见图 4—23）。活塞下方腔室容积减小，油压升高，油液通过流通阀流入上腔室。

由于上腔室增加的容积小于下腔室减小的容积，另一部分油液经支撑座上端面的常通油道流入储油筒。

当相对速度过大时，油液推开流通阀，增大流通截面。

2）伸张行程（活塞向上移动，见图 4—24）。活塞上腔室容积减小，油压升高，油液通过流通阀三个缺口流入下腔，储油筒的油液经补偿阀流入下腔室进行补偿。

当相对速度过大时，油液推开伸张阀，增大流通截面。

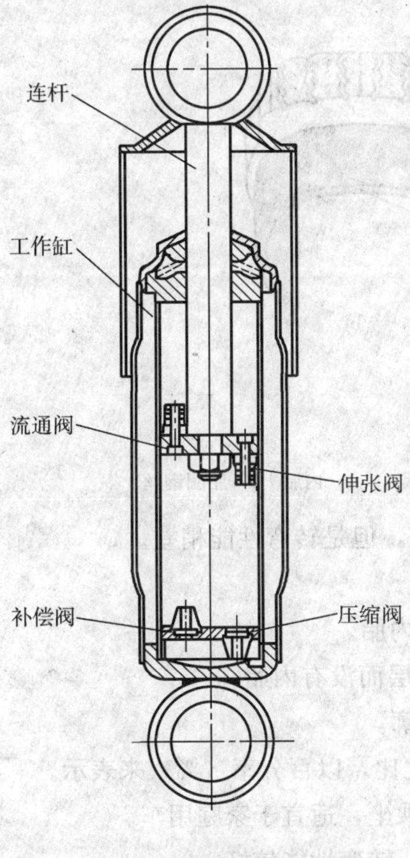

图 4—22　双向筒式减振器

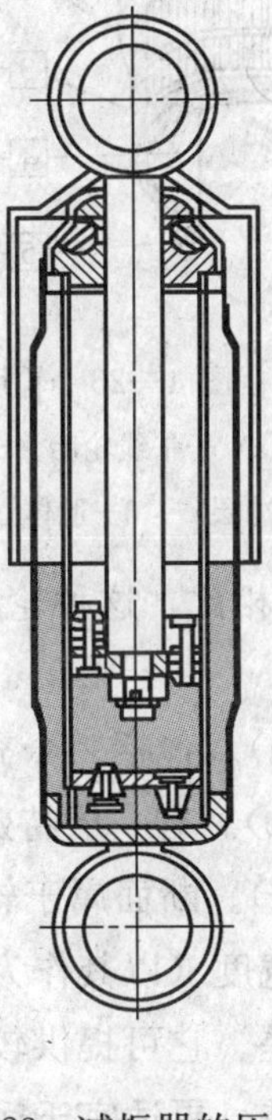

图 4—23　减振器的压缩行程

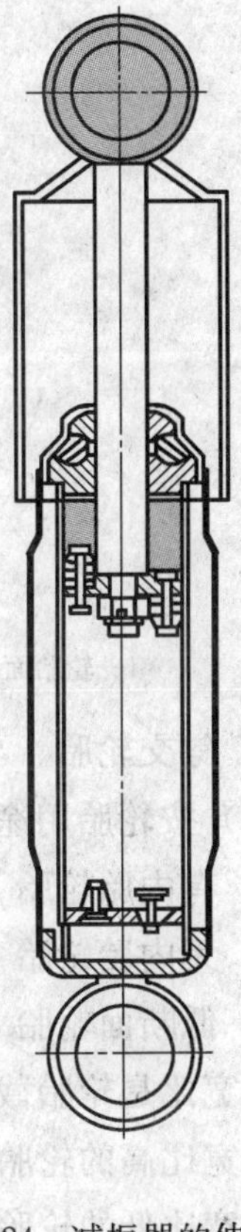

4—24　减振器的伸张行程

二、车轮

1. 轮胎概述

在汽车使用的许多部件中，轮胎是接触路面的唯一部件，支持三种基本性能：汽车的行驶、空转和停止。

轮胎维修项目包括轮胎检查（外部损坏、胎面花纹深度和磨损状况）、气压调节和轮胎旋转平衡。

2. 轮胎的类型

（1）按结构分类（见图 4—25）

1）子午线轮胎。子午线轮胎和斜交轮胎相比，轮胎面变形较小。这种轮胎具有较好的附着力和转弯性能。由于轮胎有较高的硬度，因此较容易感受到路面的颠簸，故而乘坐时稍感不适。

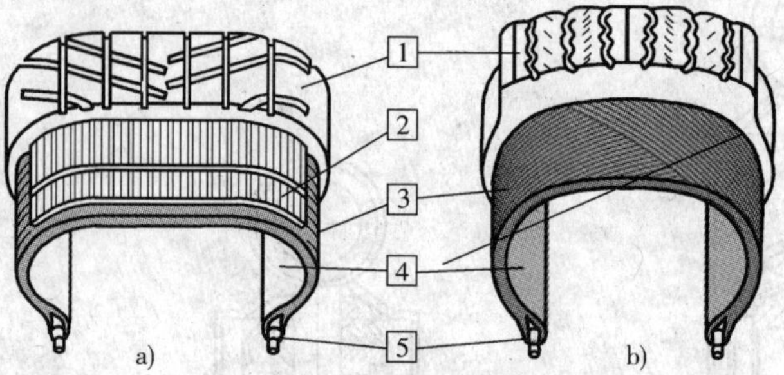

图 4—25　轮胎的结构

a）子午线轮胎　b）斜交轮胎

1—轮胎面　2—带（刚性缓冲层）　3—胎体（十字交叉板）　4—内胎　5—胎圈钢丝

2）斜交轮胎。与子午线轮胎相比，这种轮胎弹性好，但是转弯性能稍差。

（2）按轮胎用途分

1）有内胎轮胎（见图 4—26a）。包括一个充了气的内胎。

2）无内胎轮胎（见图 4—26b）。有一层特殊的内衬层而没有内胎。

3）低断面轮胎（见图 4—26c）。断面属于轮胎侧轮廓。

高宽比是轮胎截面的高度对宽度（以其作为 100）之比，以百分率（%）来表示。

高宽比高的轮胎转弯性能稍差。它可提供较舒适的乘坐，适宜于家庭用车。

高宽比低的轮胎，乘坐性稍差，更适宜于运动用车，转弯性能较好。

4）泄气保用轮胎（见图 4—26d）。这些轮胎的侧面包裹加强橡胶，所以即使装有这种轮胎的车辆在行驶中被扎破，扎破后轮胎内气压为零，车辆还能以 60 km/h 的最大速度再行驶 100 km。

5）备用轮胎（见图 4—26e）。在紧急情况下暂时使用的轮胎。如普通轮胎扎破时即可使用。它是高气压、窄斜交轮胎。

3. 轮胎的识别

（1）轮胎上的信息如图 4—27 所示。

（2）轮胎编码系统

1）轮胎的规格、性能和构造均标示在轮胎的侧壁上。图 4—28 所示为轮胎不同部位规格的名称。

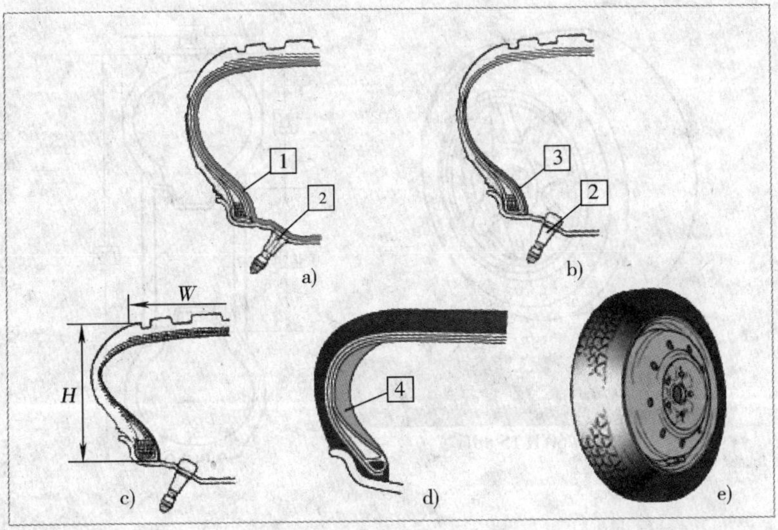

图 4—26　轮胎的类型

a）有内胎轮胎　b）无内胎轮胎　c）低断面轮胎　d）泄气保用轮胎　e）备用轮胎

1—内胎　　2—阀　3—内衬层　4—加强橡胶

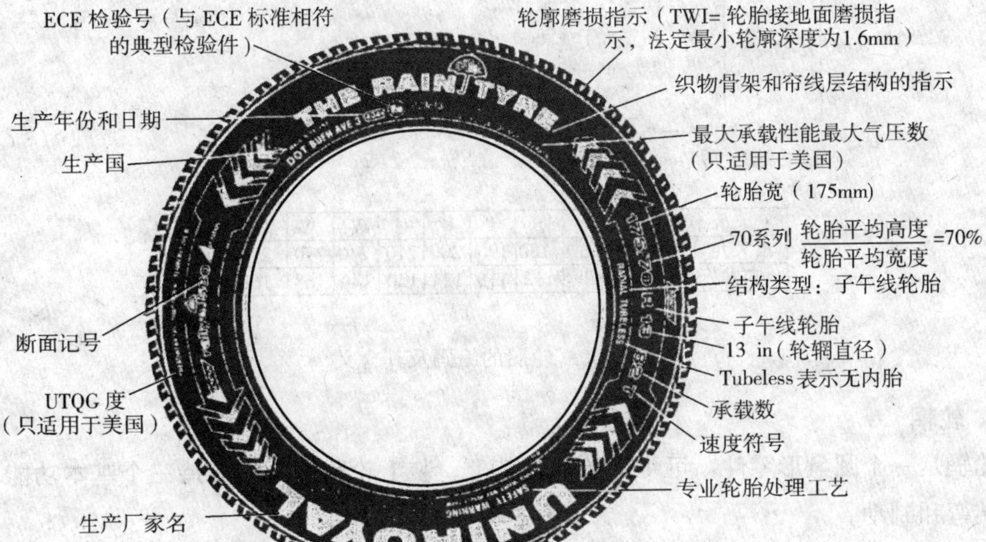

图 4—27　汽车轮胎上的标志及含义

2）子午线轮胎编码的含义如图 4—29 所示。

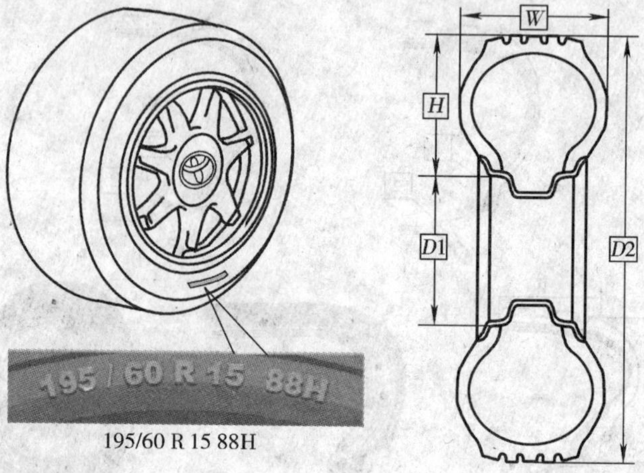

图 4—28　轮胎的规格

H—轮胎高度　*W*—轮胎宽度　*D*1—轮缘直径　*D*2—轮胎外径

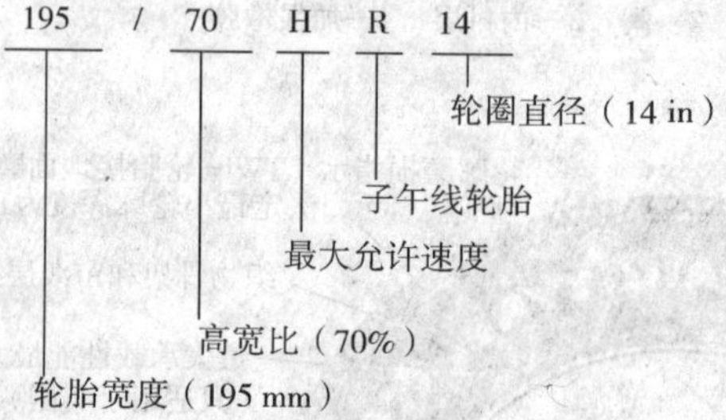

代码	S	T	U	H	V	W	Z
最大允许速度（km/h）	180	190	200	210	240	270	270 or more
最大允许速度（mile/h）	112	118	124	130	149	168	168 or more

图 4—29　轮胎的编码及其含义

4. 轮辋

轮辋是一个圆盘形零件，可将轮胎装在其上。装上轮胎后，它支持三个基本功能：行驶、转弯和制动。

（1）钢板压制的轮盘。此轮盘用钢板压制而成。它很重，但强度很高。

（2）轻合金铸造的轮盘。此轮盘用铝制成。它很轻，但具有极佳的设计性能。和钢制的车轮相比，其冲击强度较低。

（3）轮辋的标志和含义如图 4—30 所示。

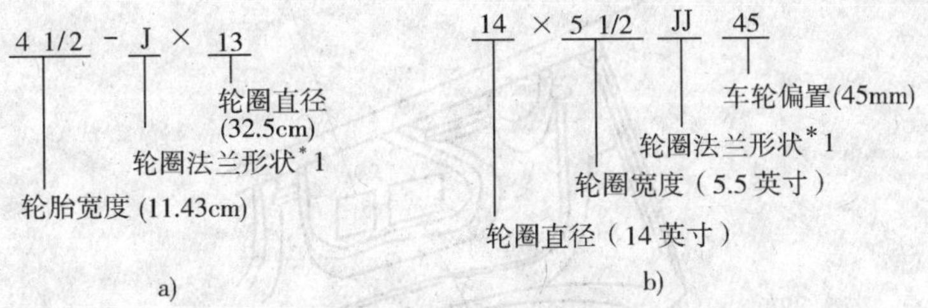

图 4—30 轮辋的标志和含义

a）压钢盘式车轮 b）铝合金盘式车轮

三、轮胎的使用

1. 四轮换位

由于车辆的前轮既用于转向又用于驱动汽车，所以一般前轮的磨损量要大于后轮。如果前轮磨损过甚，会导致车辆转向不足，驱动打滑，并使制动力不足。这就降低了车辆的使用性能和安全性能，构成潜在的威胁，所以需要定期调换轮胎和车轮以达到均匀磨损。

轮胎和车轮除定期换位外，每当观察到轮胎磨损不均匀时都应调换轮胎和车轮。子午胎的胎肩部位磨损较快，特别是前轮非驱动位置上的子午胎可能形成不规则磨损形状，从而增加轮胎的噪声，因此定期换位尤其必要。

2. 轮胎气压

所有车型的轮胎推荐压力都经过仔细计算以保证行驶舒适、转向灵活，达到最大胎面耐磨性，延长轮胎使用期，抗碰撞能力强。所以轮胎气压必须保持在推荐的压力范围内。

高于推荐压力可引起行驶困难、轮胎碰撞破损或胎体损坏、轮胎中心胎面迅速磨损。

低于推荐压力可引起轮胎轮流发出尖叫声、转向困难、胎纹边缘迅速不均匀磨损、轮胎轮圈擦伤及断裂、轮胎帘线断裂、轮胎温度升高、操纵性降低、燃油消耗量增加、行驶无力。

同一轮轴的车轮充气压力不等可引起不均匀制动、转向偏离、操纵性降低、扭矩变化。

3. 轮胎信息标牌

轮胎信息标牌位于后备箱门（见图 4—31）内侧。轮胎信息标牌有如下信息：

（1）车辆最大载重量。

（2）冷态轮胎充气压力。

（3）原装轮胎尺寸。

（4）原装轮胎额定行驶速度。

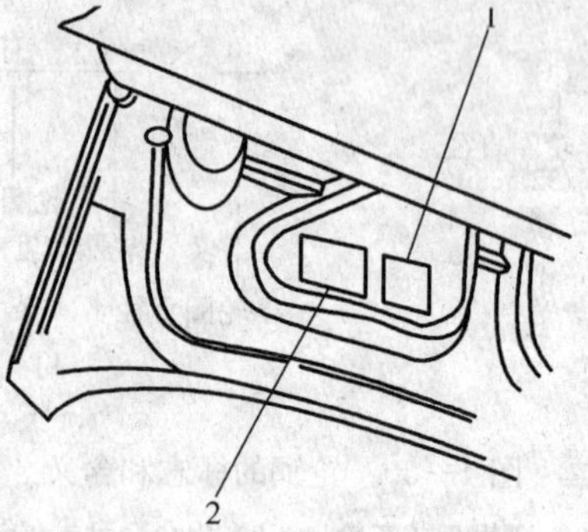

图 4—31　轮胎信息标牌

1—轮胎气压　2—轮胎规格

技能要求

各种悬架零件的识别

1. 请写出图 4—32 所示悬架系统中标示零件的名称。

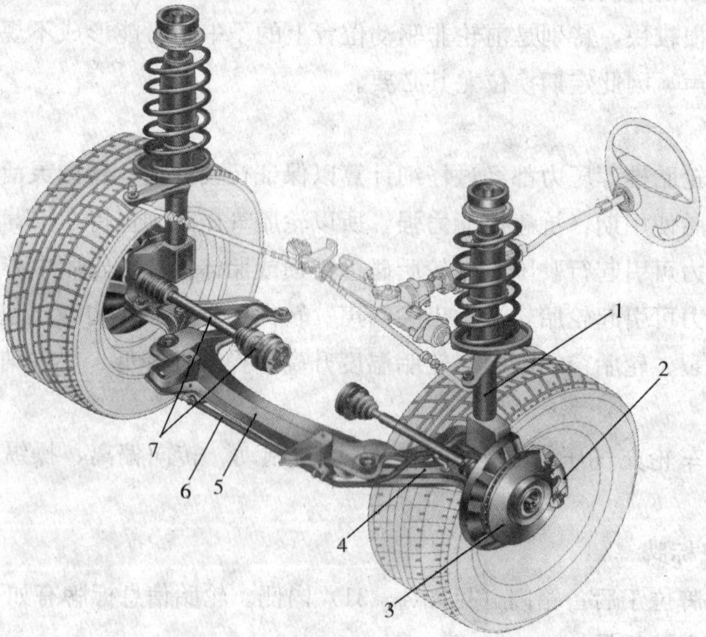

图 4—32　悬架系统零件的识别

零件识别：

（1）____________________　（2）____________________

(3) ____________________ (4) ____________________

(5) ____________________ (6) ____________________

(7) ____________________

2. 请写出图 4—33 所示后轮悬架中标示零件的名称。

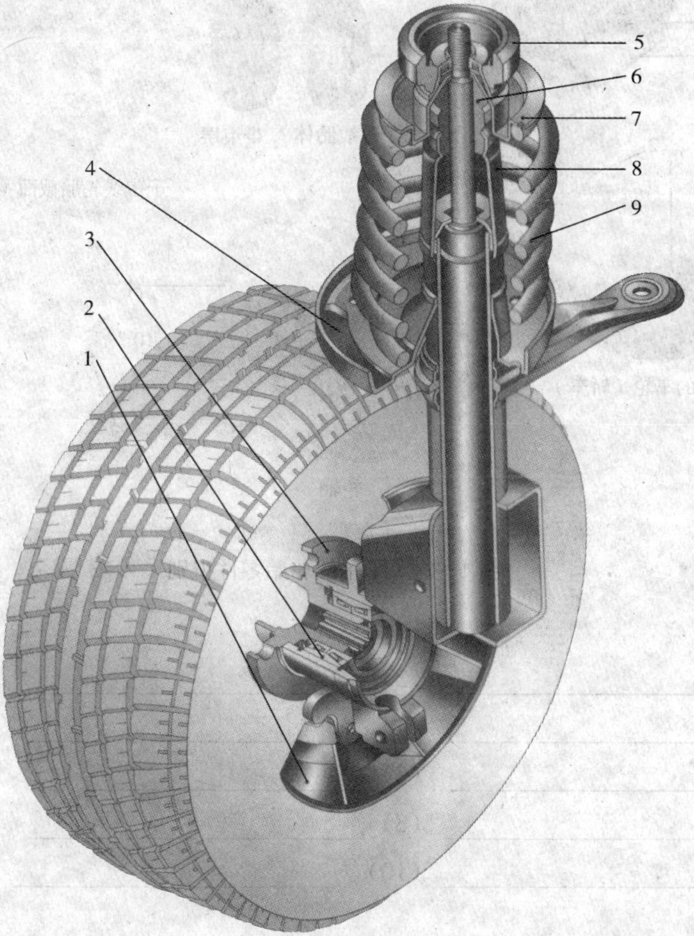

图 4—33　后轮悬架零件的识别

零件识别：

(1) ____________________ (2) ____________________

(3) ____________________ (4) ____________________

(5) ____________________ (6) ____________________

(7) ____________ (8) ____________

(9) ____________

3. 写出图 4—34 中子午线轮胎标示的零件名称。

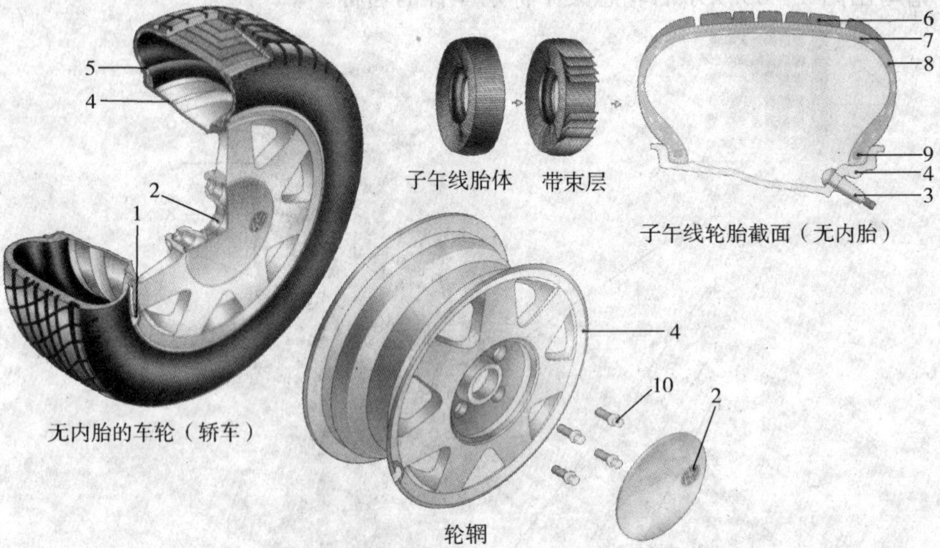

图 4—34　子午线轮胎零件识别

零件识别：

(1) ____________ (2) ____________

(3) ____________ (4) ____________

(5) ____________ (6) ____________

(7) ____________ (8) ____________

(9) ____________ (10) ____________

学习单元 3　汽车转向系统的认识

学习目标

➤ 1. 了解汽车转向装置的结构。

➢ 2. 能区分各种类型的转向装置。

➢ 3. 会进行转向盘的调节作业。

知识要求

一、转向机构

汽车转向装置保证汽车按驾驶员的要求进行转向和正常行驶。有机械转向（所有的传动件都是机械零件）、动力转向（转向系统中增加动力转向装置）、电动转向（转向系统中增加电控装置，实现可变助力）几种方式。

1. 机械转向装置

机械转向装置的结构如图 4—35 所示，由转向器和转向操纵机构两部分组成。

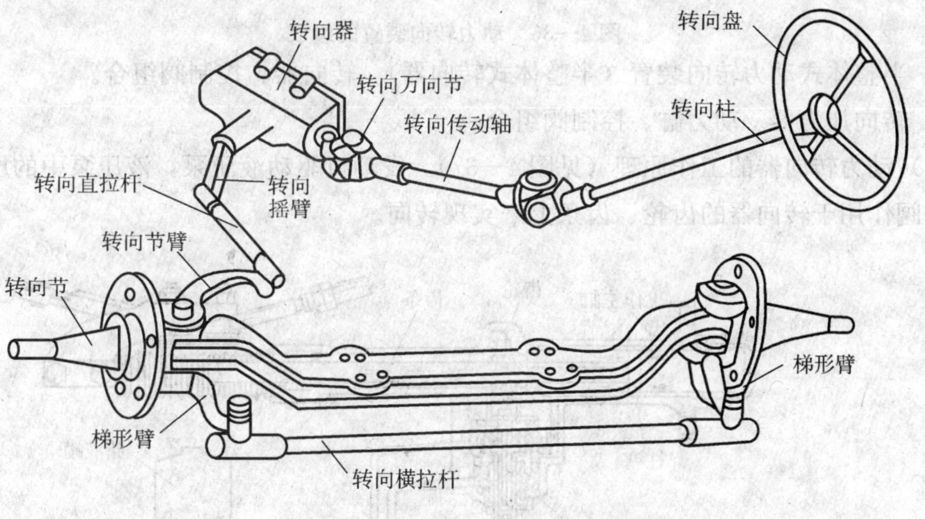

图 4—35　机械转向装置的结构

2. 动力转向装置

动力转向装置在原机械式转向基础上增加了储油罐、液压泵、控制阀及动力缸，如图 4—36 所示。动力转向装置能够减小汽车转向时驾驶员施加给转向盘的力，提高驾驶的舒适性。

（1）动力转向装置的类型。动力转向装置一般分为液压式和电动式两种类型。其中液压式动力转向装置根据系统内部的压力分为常压式、常流式两种。常流式动力转向装置按布置方案分为以下三种：

1）整体式动力转向装置（整体式转向器）。转向器和动力缸、控制阀组合成一体。

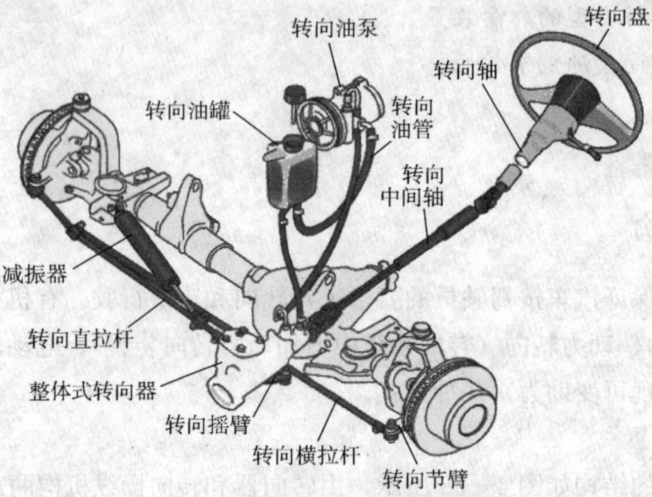

图 4—36　动力转向装置的组成

2）半整体式动力转向装置（半整体式转向器）。转向器、控制阀组合。

3）转向加力器。动力缸、控制阀组合。

（2）动力转向器的工作原理（见图 4—37）。发动机驱动液压泵，液压泵中的压力油通过控制阀作用于转向器的齿轮、齿条上来实现转向。

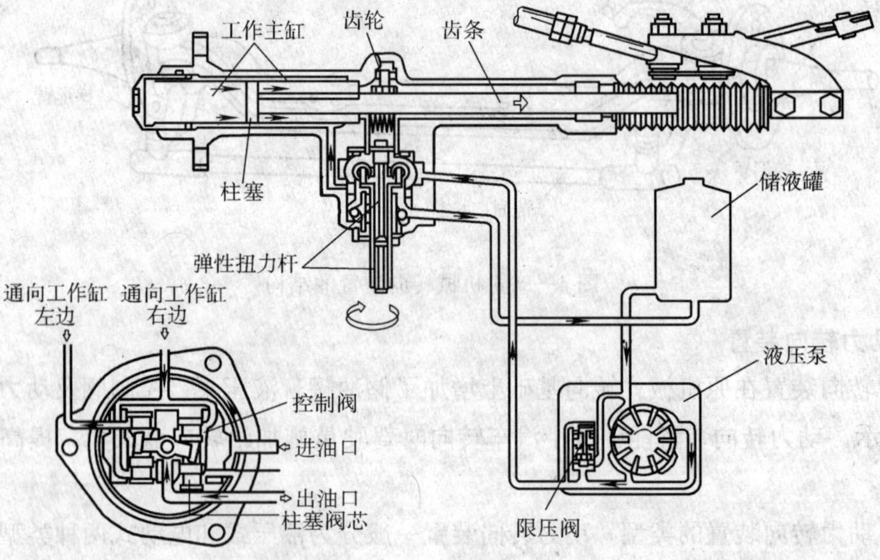

图 4—37　动力转向器的工作原理

当直线行驶时，转向盘处于中间位置，阀芯和阀套之间也处于中间位置，所有的控制口接通，液压油流经控制阀的阻力很小，液压泵处于空转状态，工作油缸不起作用。

当向右转动转向盘时，转向齿轮轴带动阀芯相对于阀套运动，改变了阀的控制口位置：右边旋转柱塞阀芯下降，开大过油通道，关闭回油通道；左边旋转柱塞阀芯上移，关闭进油通道，打开回油通道。根据右边旋转柱塞阀芯进油通道开度的大小，来控制流入工作缸左边的液压油的流量和油压，油压推动柱塞向右运动，起到助力作用。同时，工作缸右边的液压油在柱塞的作用下，通过打开的回油槽返回储油罐。

当向左转动转向盘时，情况与向右转动转向盘时相反。

3. 电动转向装置

（1）结构。常见电动转向装置如图 4—38 所示。

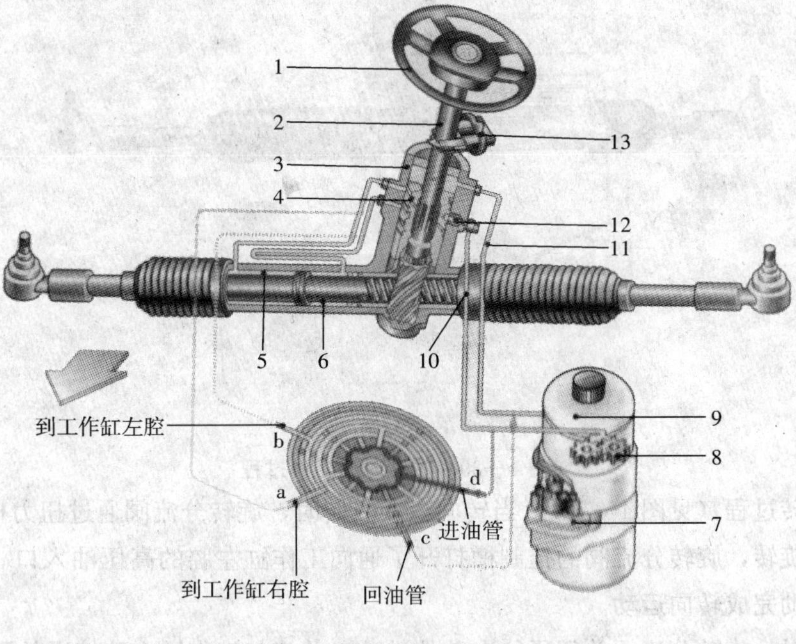

图 4—38　电动转向装置

1—转向盘　2—扭力杆　3—转向机构箱　4—油量调节套

5—工作缸右腔　6—工作缸左腔　7—动力转向控制单元

8—齿轮泵　9—储油罐　10—进油管　11—回油管

12—单向阀　13—动力转向传感器

（2）直线行驶。直线行驶时，扭力杆处于旋转分流阀和控制套筒的中间位置。助力转向装置传感器测不出转向角速度。

油液几乎是无压力地通过液压控制单元经回油道流回储液罐。此时转向助力装置不工作。

(3) 左转过程（见图 4—39)。当转向盘向左转时，旋转分流阀通过扭力杆的变形相对于控制套筒旋转，旋转分流阀的控制槽打开了通向工作缸右腔的高压油入口。高压油流入工作缸并协助完成转向运动。

与此同时，旋转分流阀关闭通往左腔的进油口并将与工作缸的左腔接通的回油口打开。

右腔的压力将油液从工作缸的左腔压回油道。此时，车辆向左转。

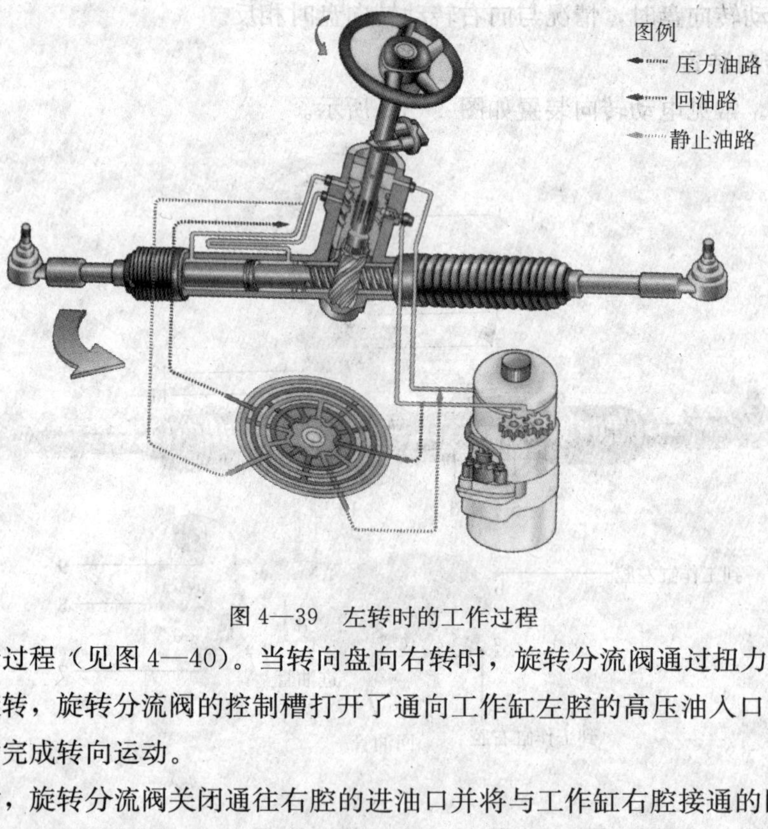

图 4—39　左转时的工作过程

(4) 右转过程（见图 4—40)。当转向盘向右转时，旋转分流阀通过扭力杆的变形相对于控制套筒旋转，旋转分流阀的控制槽打开了通向工作缸左腔的高压油入口。高压油流入工作缸并协助完成转向运动。

与此同时，旋转分流阀关闭通往右腔的进油口并将与工作缸右腔接通的回油口打开。

左腔的压力将油液从工作缸的右腔压回油道。此时，车辆向右转。

二、转向器

常见的转向器有齿轮齿条式转向器、循环球式转向器、蜗杆曲柄指销式转向器。

1. 齿轮齿条式转向器

齿轮齿条式转向器结构简单、紧凑，重量轻，转向灵敏，如图 4—41 所示，具有制造容易，成本低，转向传动机构简单，不需要转向摇臂和直拉杆等特点。

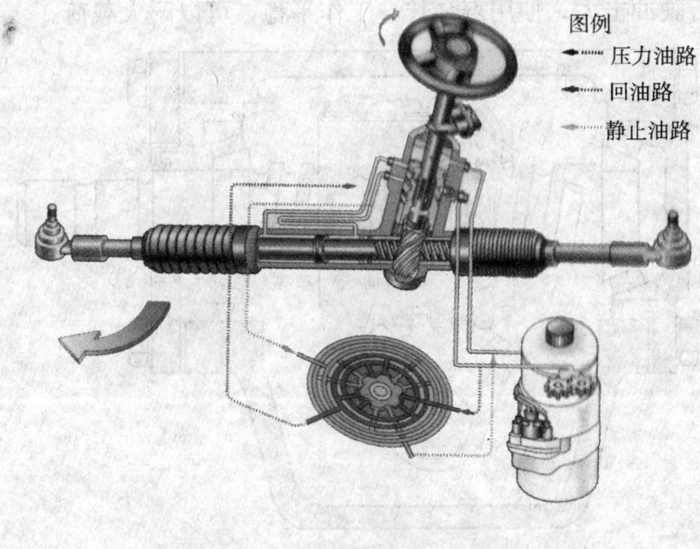

图 4—40　右转时的工作过程

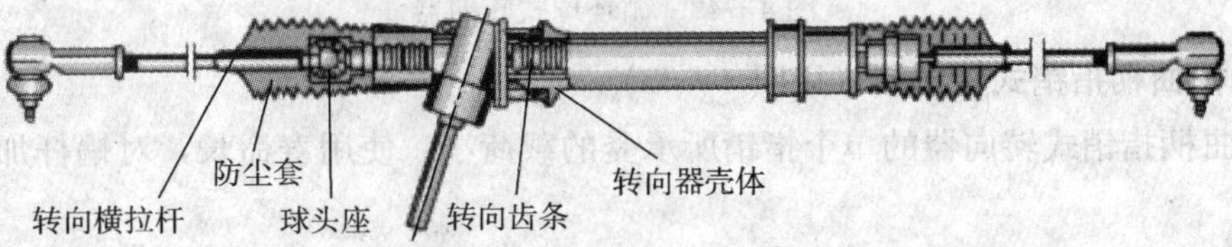

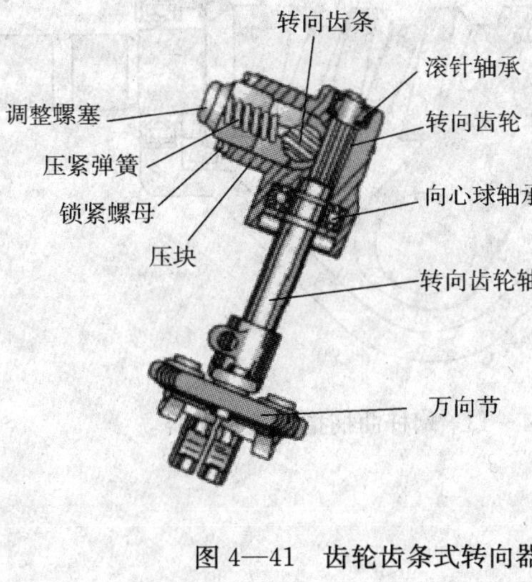

图 4—41　齿轮齿条式转向器

2. 循环球式转向器（见图 4—42）

循环球式转向器摩擦力非常之小，正传动效率高达 90%～95%，转向省力；逆效率也很高，不平路面行驶冲击大；使用寿命长，工作平稳，可以耐大载荷。

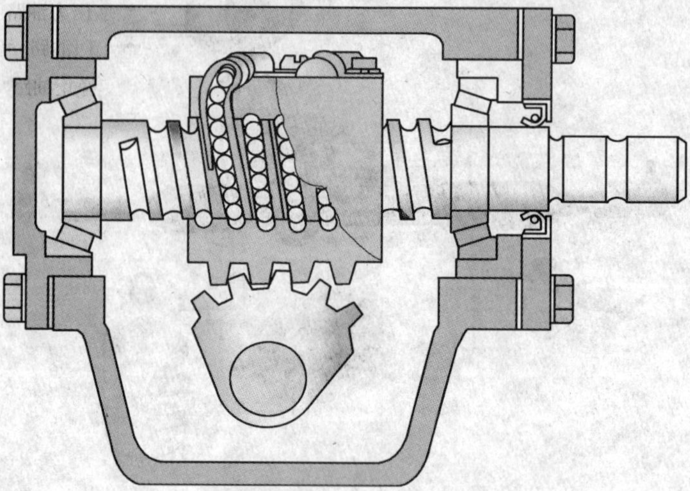

图 4—42　循环球式转向器

3. 蜗杆曲柄指销式转向器（见图 4—43）

蜗杆曲柄指销式转向器的单个指销所承受的载荷小，使用寿命长，对蜗杆加工精度要求高。

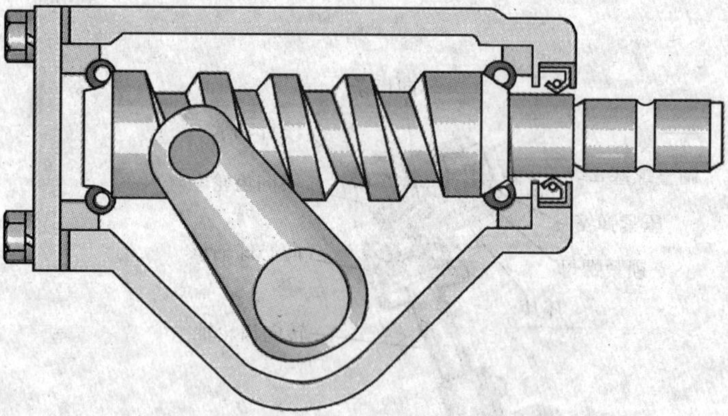

图 4—43　蜗杆曲柄指销式转向器

技能要求

动力转向系统零件的识别

1. 写出图 4—44 所示动力转向系统中标示的零件名称。

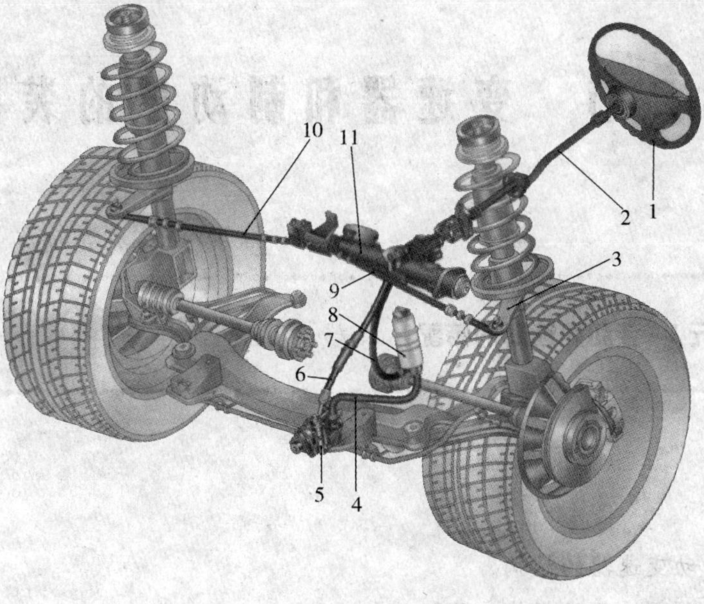

图 4—44　动力转向系统零件的识别

零件识别：

(1) ________________　(2) ________________

(3) ________________　(4) ________________

(5) ________________　(6) ________________

(7) ________________　(8) ________________

(9) ________________　(10) ________________

(11) ________________

第 2 节　变速器和制动器的装配

学习单元 1　手动变速器的装配

学习目标

➤ 1. 熟悉手动变速器的结构。

➤ 2. 掌握手动变速器的拆装工艺规范。

➤ 3. 学会专用工具的使用要求。

知识要求

以上海通用别克凯越 1.6L 所配装的五挡手动变速器为例，介绍变速器的拆装方法。

一、拆卸变速器齿轮

1. 拆卸变速驱动桥盖板螺栓。

2. 拆卸变速驱动桥盖板（见图 4—45）。

3. 将变速驱动桥换到 2 挡。

4. 拆卸轴承板螺栓。

5. 连同换挡机构一起从壳体上拆卸轴承板（见图 4—46）。

6. 将变速驱动桥换到倒挡。

7. 用螺栓将轴承板连接到支架 KM－552 上并将支架 KM－552 装到底座 KM－113－2 上（见图 4—47）。

8. 从轴承板上拆卸螺栓和 5 挡拨叉。

9. 拆卸主轴驱动 5 挡总成弹簧卡环。

10. 用轴承拔出器 J－22888－20－A 及拔出器爪 J－22888－35 拆卸 5 挡从动齿轮同步器套和同步器齿轮（见图 4—48）。

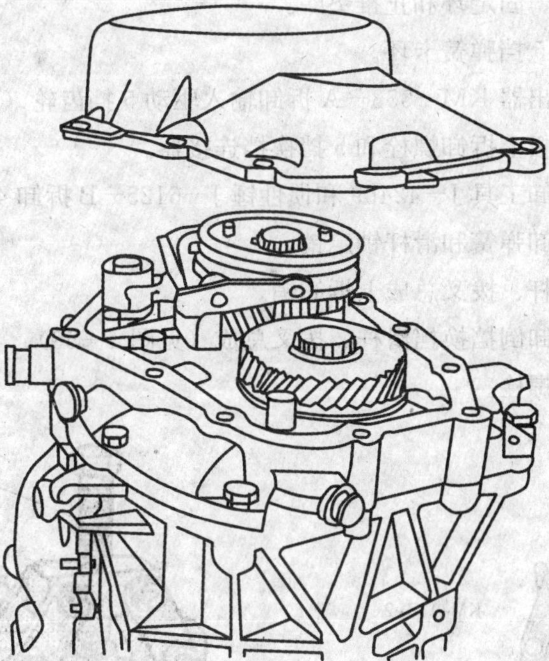

图 4—45　拆卸变速驱动桥盖板

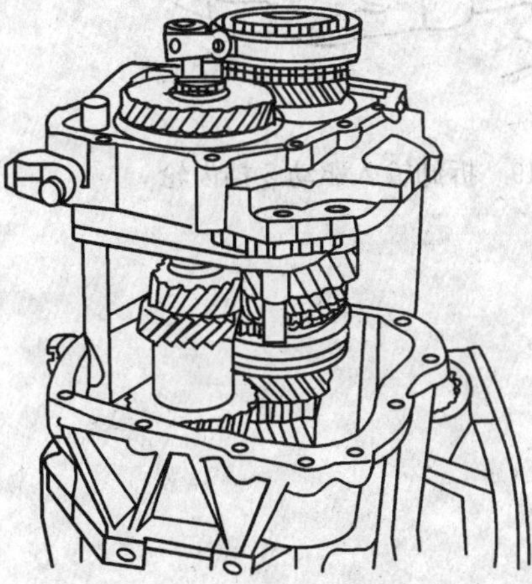

图 4—46　拆卸轴承板

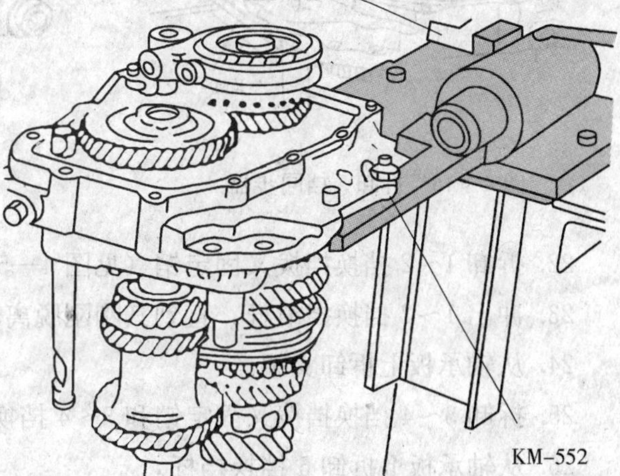

图 4—47　变速驱动桥的固定

11. 拆卸主轴驱动 5 挡总成。

12. 拆卸铜制同步器锁环。

13. 拆卸滚针轴承、固定环和止推垫圈。

14. 拆卸输入驱动 5 挡弹簧卡环。

15. 用 5 挡齿轮拔出器 KM－553－A 拆卸输入驱动 5 挡齿轮（见图 4—49）。

16. 用棘爪从轴承板上拆卸螺栓和 5 挡换挡连接器。

17. 用换挡滑杆拆卸工具 J－42469 和惯性锤 J－6125－B 拆卸 4 挡换挡滑杆孔塞。

18. 从小孔塞中拆卸弹簧和滑杆锁定销。

19. 从倒挡换挡滑杆、拨叉总成上拆卸销。

20. 从轴承板上拆卸倒挡换挡滑杆、拨叉总成（见图 4—50）。

21. 从支架上拆卸螺栓。

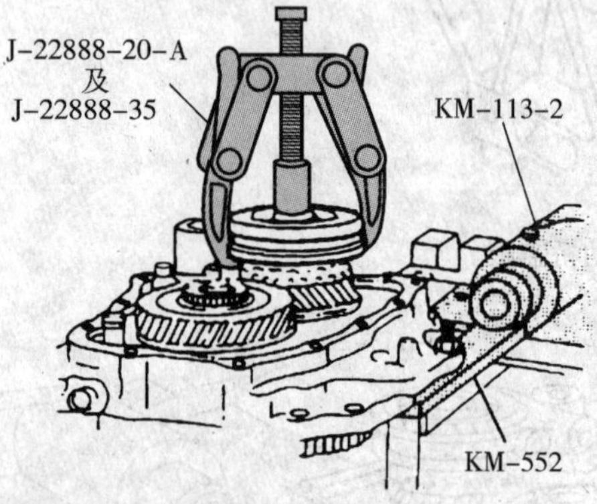

图 4—48　拆卸 5 挡同步器

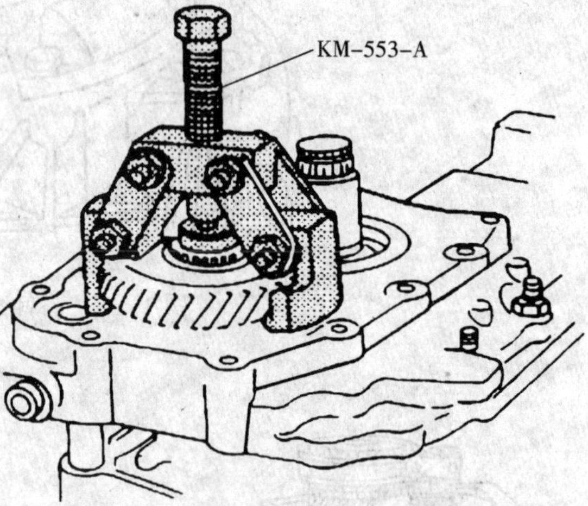

图 4—49　拆卸输入驱动 5 挡齿轮

22. 拆卸 1～2 挡换挡拨叉固定销（见图 4—51）。

23. 冲出 1～2 挡换挡滑杆，直到其刚刚脱离轴承板。

24. 从轴承板上拆卸支架。

25. 拆卸 3～4 挡换挡拨叉固定销和 3～4 挡换挡滑杆。

26. 从轴承板上拆卸 5 挡换挡杆。

27. 拆卸 1～2 挡换挡滑杆。

28. 压缩固定主轴的弹簧卡环并用弹簧卡环固定器 J－36633 固定。

29. 用弹簧卡环钳子从输入轴底部打开弹簧卡环。

30. 从轴承板上拆卸主轴总成和输入轴总成（见图 4—52）。

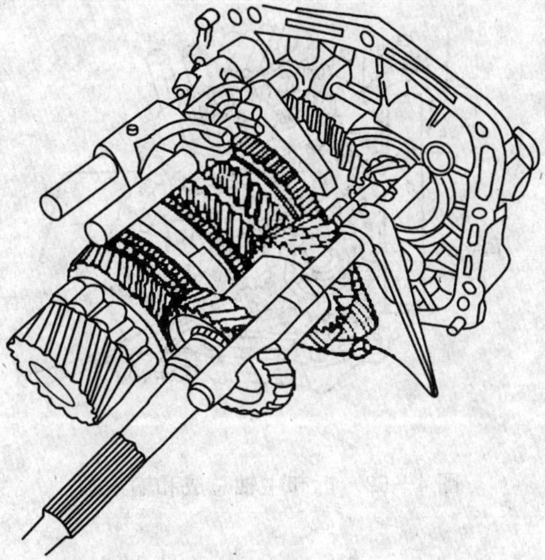

图 4—50　拆卸倒挡换挡滑杆、拨叉总成

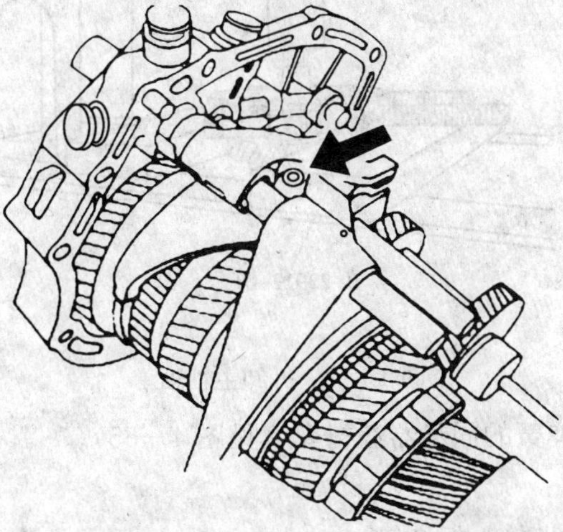

图 4—51　1～2 挡换挡拨叉固定销位置

二、拆卸主轴

1. 用通用轴承拔出器 J－22912－01 拆卸主轴轴承（见图 4—53）。

2. 拆卸弹簧卡环。

3. 拆卸 1 挡齿轮、平板型 1 挡滚针轴承和主轴防磨板（见图 4—54）。

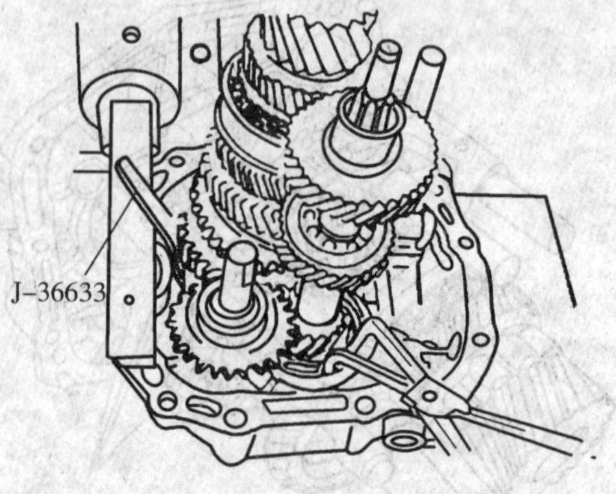

图 4—52　拆卸主轴总成和输入轴

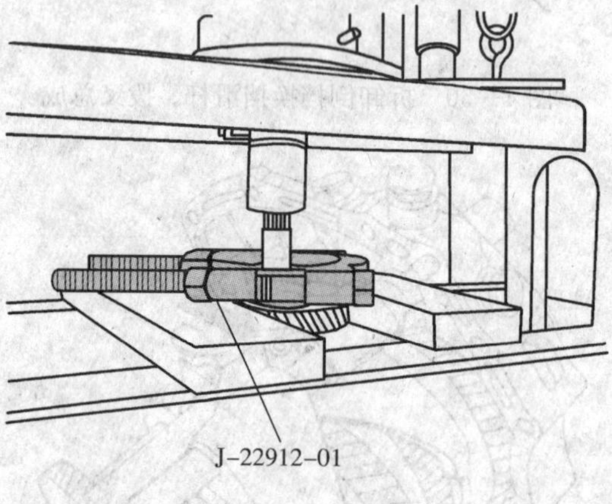

图 4—53　拆卸主轴轴承

4. 拆卸包括同步器弹簧的同步器毂衬套（见图 4—55）。

5. 拆卸外锁环。

6. 从 1～2 挡同步器齿轮上拆卸键。

7. 拆卸圆柱型 1 挡齿轮滚针轴承。

8. 拆卸弹簧卡环和垫圈。

9. 从主轴上拆卸 1～2 挡同步器齿轮。

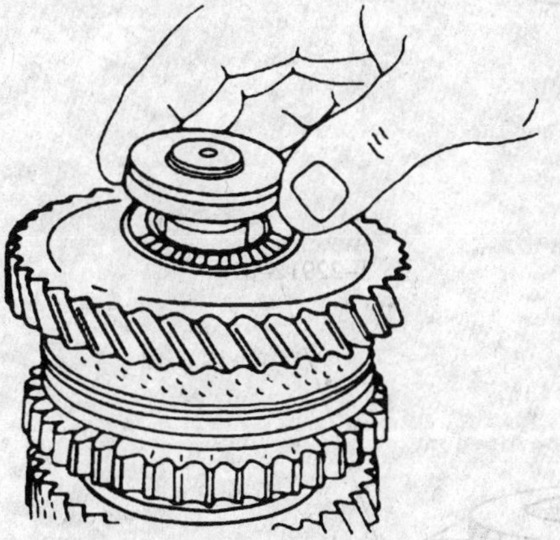

图 4—54　取下主轴防磨板

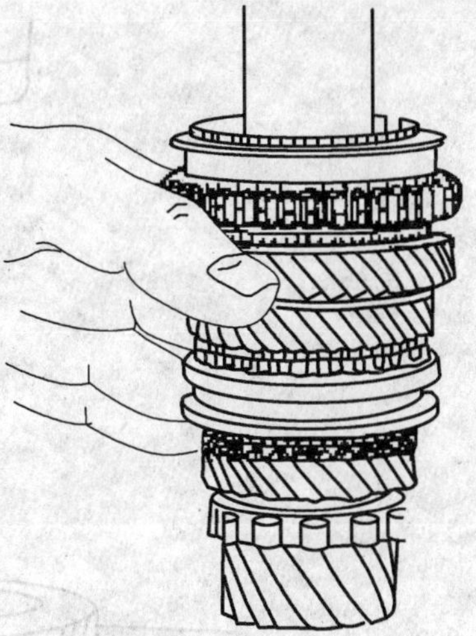

图 4—55　分解主轴

10. 拆卸 1～2 挡锁环。
11. 用通用轴承拔出器 J－22912－01 拆卸 2 挡齿轮（见图 4—56）。
12. 拆卸 2 挡滚针轴承。
13. 拆卸弹簧卡环和止推垫圈。
14. 拆卸 3 挡齿轮和同步器锁环（见图 4—57）。
15. 从 3 挡齿轮上拆开同步器锁环。
16. 从主轴上拆卸 3 挡滚针轴承。
17. 拆卸同步器套和键及弹簧。
18. 从主轴上拆卸弹簧卡环和垫圈。
19. 拆卸 3～4 挡同步器齿轮及同步器弹簧。
20. 拆卸 4 挡齿轮总成（见图 4—58）。
21. 从 4 挡齿轮上拆开同步器锁环。
22. 拆卸 4 挡滚针轴承、固定环和止推垫圈。
23. 拆卸主轴轴承（见图 4—59）。

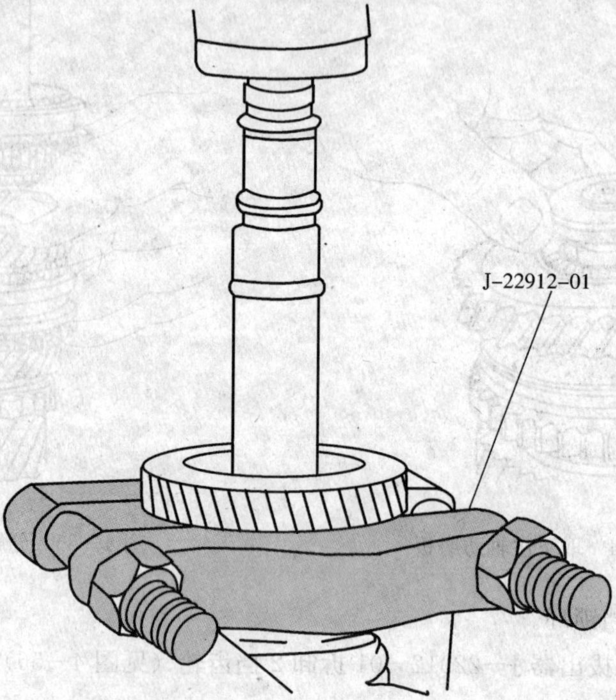

图 4—56　拆卸 2 挡齿轮

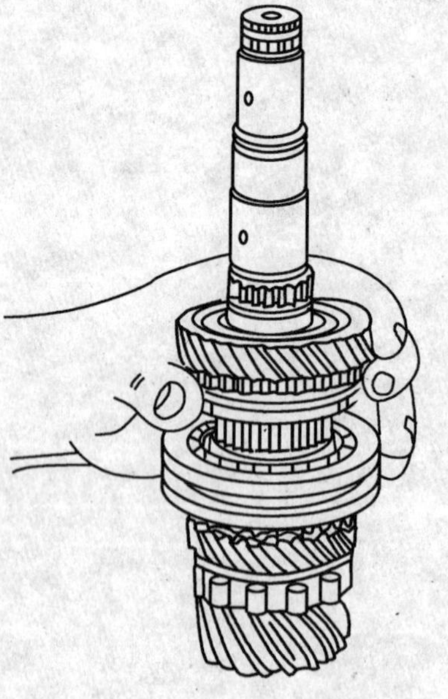

图 4—57　拆卸 3 挡齿轮

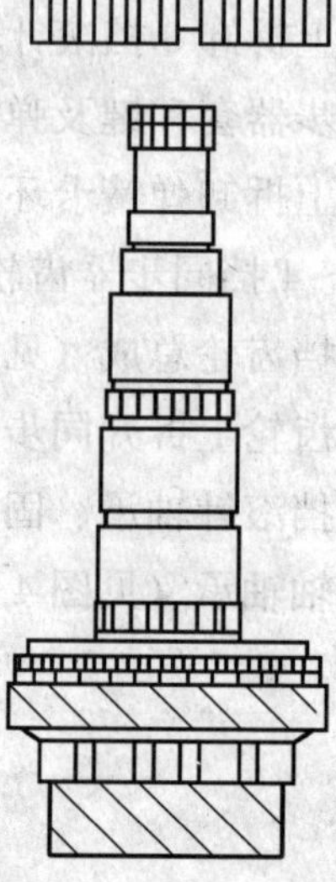

图 4—58　拆卸 4 挡齿轮总成

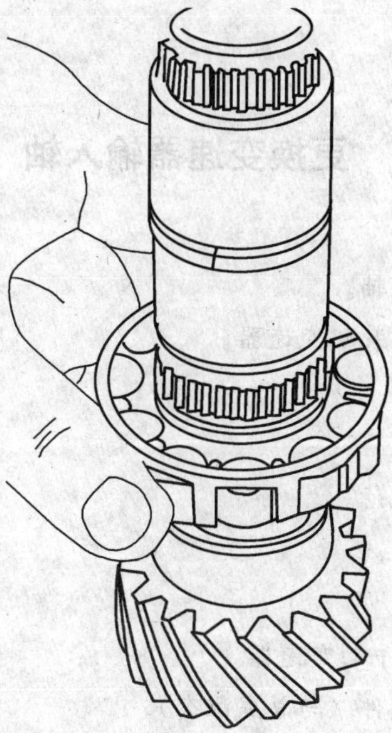

图 4—59　拆卸主轴轴承

技能要求

更换变速器输入轴

操作内容：

（1）分解拆卸变速器输入轴。

（2）更换变速器输入轴，装配变速器。

教学目标：

（1）熟悉变速器的结构。

（2）掌握变速器拆装的规范。

（3）能合理使用专用工具。

实训设备与器材：

（1）桑塔纳汽车 2P 五挡手动变速器。

（2）变速器输入轴及易损件（与总成配套）。

（3）专用工具 VW5161a、VW402、VW411、VW5693/2 和液压机。

（4）锤子、铜棒、卡环钳、组套工具。

操作步骤：

步骤 1　拆下第四挡齿轮的有齿锁环。

步骤 2　取下第四挡齿轮、同步环和滚针轴承。

步骤 3　拆下同步器锁环（见图 4—60）。

步骤 4　取下第三挡和第四挡同步器、第三挡同步环和齿轮（见图 4—61）。

步骤 5　取下第三挡齿轮的滚针轴承。

步骤 6　取下输入轴的中间轴承内环（见图 4—62）。

更换变速器 2 挡同步器

操作内容：

（1）检查同步器。

（2）安装桑塔纳 2P 五挡手动变速器的 2 挡同步器。

（3）拆卸变速器 2 挡同步器。

教学目标：

（1）熟悉同步器的结构。

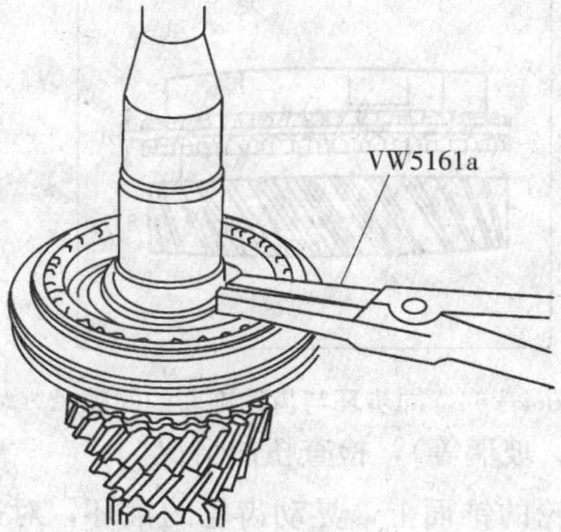

图 4—60　用 VW5161a 拆下同步器锁环

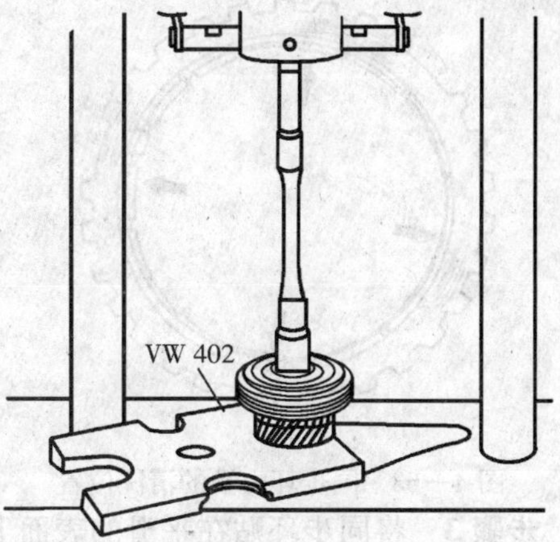

图 4—61　用 VW402 拆第三挡齿轮

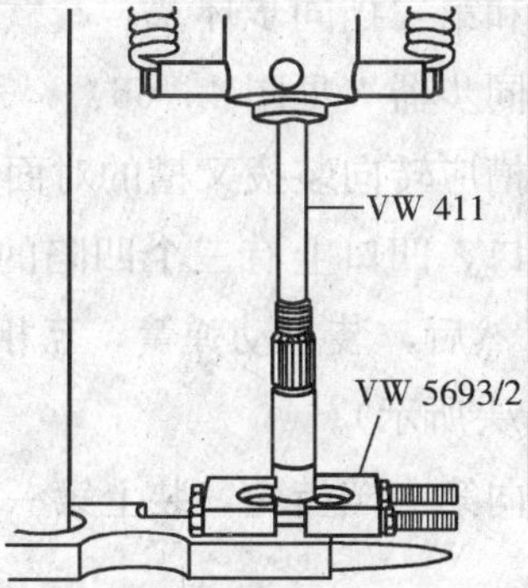

图 4—62　用 VW411、VW5693/2 取下输入轴的中间轴承内环

(2) 掌握同步器检查、装配的规范。

(3) 能合理使用工具。

实训设备与器材：

(1) 桑塔纳汽车 2P 五挡手动变速器。

(2) 变速器 2 挡同步器及易损件（与总成配套）。

(3) 锤子、铜棒、卡环钳、组套工具。

操作步骤：

步骤 1　用钢丝刷清洗同步环的内锥（见图 4—63）。

步骤 2　将同步环压在各自齿轮的锥面上，检查间隙 A（见图 4—64）。

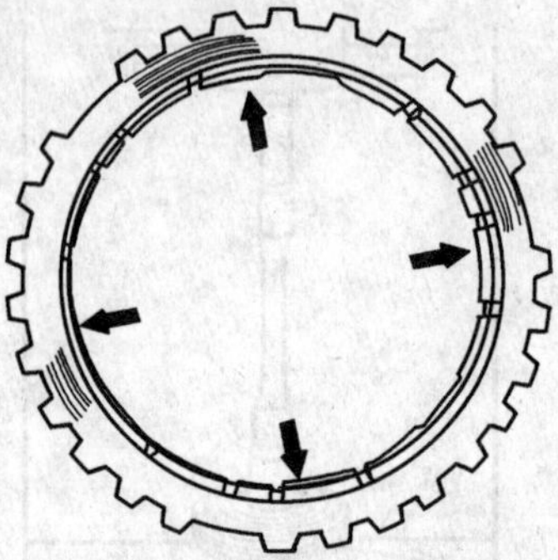

图 4—63　同步环内锥的清洗位置

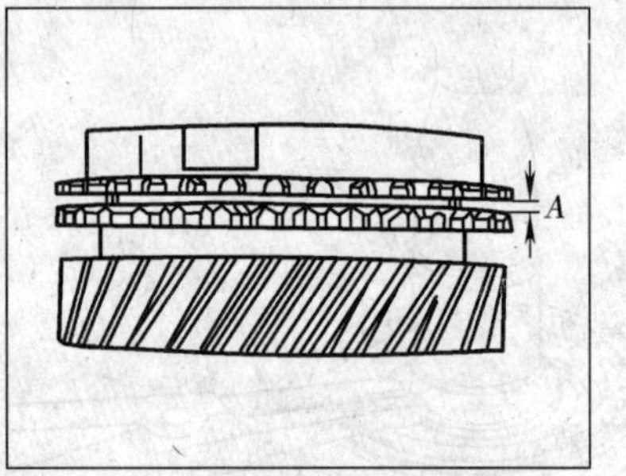

图 4—64　同步环与齿轮锥面的间隙 A

步骤 3　将同步环贴在平滑的表面上（平板、玻璃等），检查扭曲情况。

步骤 4　用轻度的压力将同步环装在各自齿轮的锥面上，晃动齿轮的锥环，对过渡的侧面间隙或者锥环是否成椭圆形状进行分析（见图 4—65）。

如果出现上述任何一种不正常现象，就应该更换同步环。

步骤 5　安装滚针轴承、齿轮和第二挡同步环。

步骤 6　装配第一挡和第二挡同步器（见图 4—66）。

步骤 7　在同步器凹槽中的细槽应转向装拨叉槽的对面一边（见图 4—67）。

步骤 8　同步器壳体有三个凹口，凹口上有三个凹陷的内齿。在安装中，三个凹口和槽应吻合，这样才可以安装锁环。然后，装止动弹簧，互相间隔 120°，卡簧的弯头一端应嵌入锁环内齿中间（见图 4—68 箭头所示）。

步骤 9　将同步器壳体的槽朝向第一挡齿轮，装上第一挡和第二挡同步器。

更换变速器 1 挡齿轮

操作内容：

（1）装配变速器 1 挡齿轮。

（2）分解拆卸变速器 1 挡齿轮。

教学目标：

（1）熟悉变速器的结构。

（2）掌握调整垫片的选配方法。

（3）掌握变速器齿轮的安装工艺。

实训设备与器材：

（1）桑塔纳汽车 2P 五挡手动变速器。

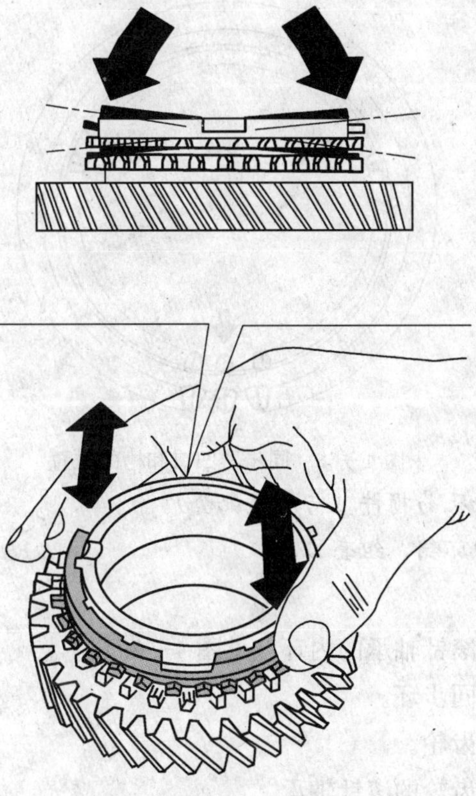

图 4—65　检查同步环的磨损

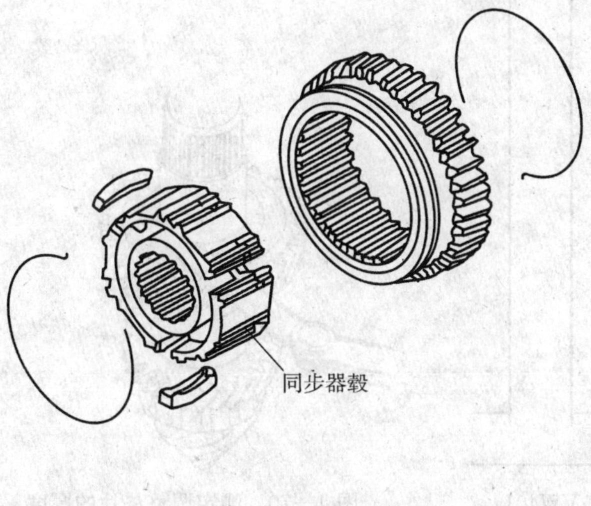

图 4—66　同步器

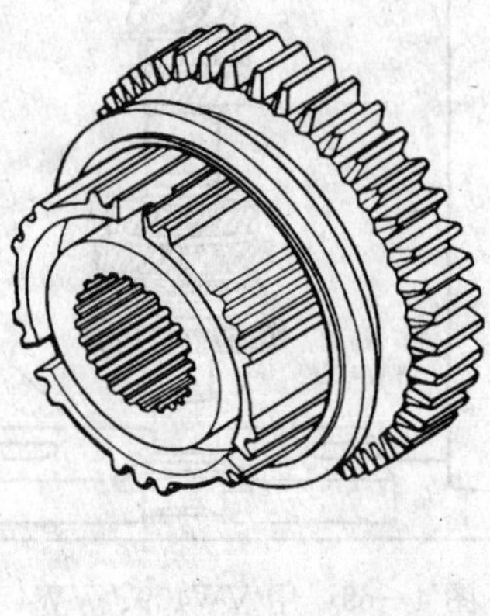

图 4—67　同步器安装方向

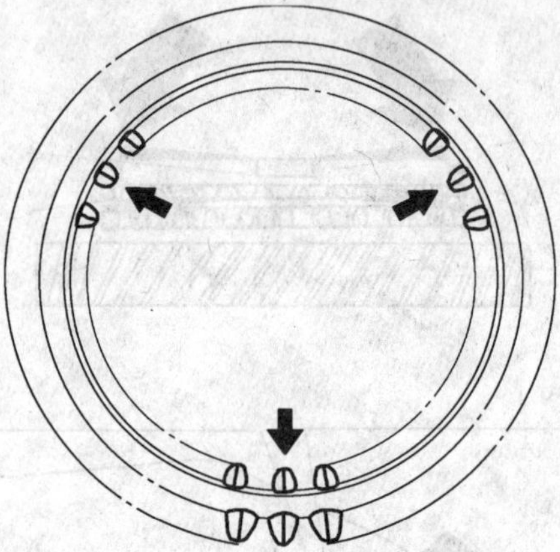

图 4—68　同步器凹口和槽的位置

（2）变速器 1 挡齿轮及易损件（与总成配套）。

（3）锤子、铜棒、卡环钳、组套工具。

操作步骤：

步骤 1　装上第一挡滚针轴承的内环（见图 4—69）。

步骤 2　装上第一挡同步环。

步骤 3　装上第一挡齿轮。

步骤 4　装上第一挡齿轮的滚针轴承。

步骤 5　利用不同厚度的量规测定调整垫片的厚度（见图 4—70）。

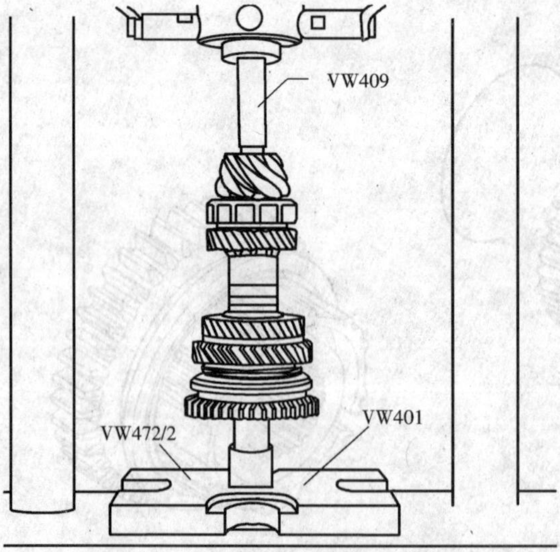

图 4—69　用 VW409、VW472/2、VW401 装上第一挡滚针轴承的内环

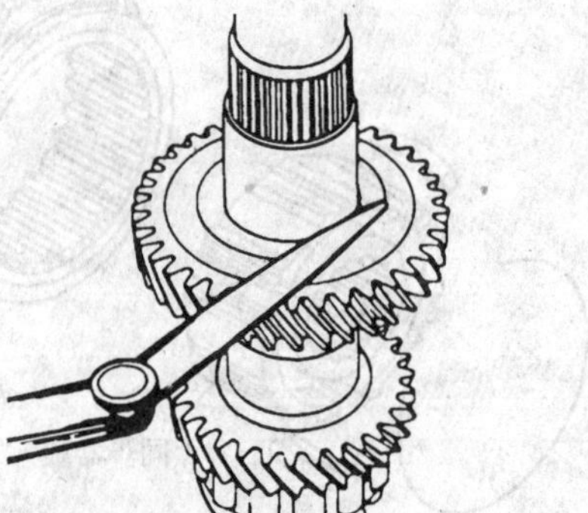

图 4—70　测定调整垫片的厚度

根据测得的尺寸，选择适当的调整垫片将其装上。

若测得尺寸小于 1.6 mm，则调整垫片厚度为 1.5 mm。

若测得尺寸为 1.6 mm 或大于 1.6 mm，则调整垫片厚度为 1.6 mm。

学习单元 2　制动器的装配

学习目标

- 1. 知道轿车制动系统的组成和作用。
- 2. 知道制动系统的操纵方法。
- 3. 熟悉盘式和鼓式制动器的结构和工作过程。
- 4. 掌握盘式和鼓式制动器的拆装工艺。

知识要求

一、制动系统的组成和作用

制动系统的作用是使运动中的车辆减速或停车，或防止停放着的车辆发生移动。

轿车的制动系统一般采用液压制动。相对气压制动，液压制动系统具有制动平稳、反应迅速、控制效率高、性能稳定等优势。

液压制动系统一般由制动踏板、制动助力器、制动总泵、制动器和控制管路等组成（见图 4—71）。制动器根据结构可以分为盘式制动器和鼓式制动器。

二、制动系统的工作过程

制动器按功用分为行车制动器和驻车制动器。

1. 行车制动器的作用和制动原理

（1）作用。行车制动器用于控制车辆速度和停下车辆。一般来说，盘式制动器用在前轮上，后轮用盘式或鼓式制动器。

（2）制动原理（见图 4—72）。踩下制动踏板，行车制动系统产生液压并进行如下操作：

1）盘式制动器。当盘式制动器摩擦片压紧制动器盘时，由于发生摩擦使车轮停止转

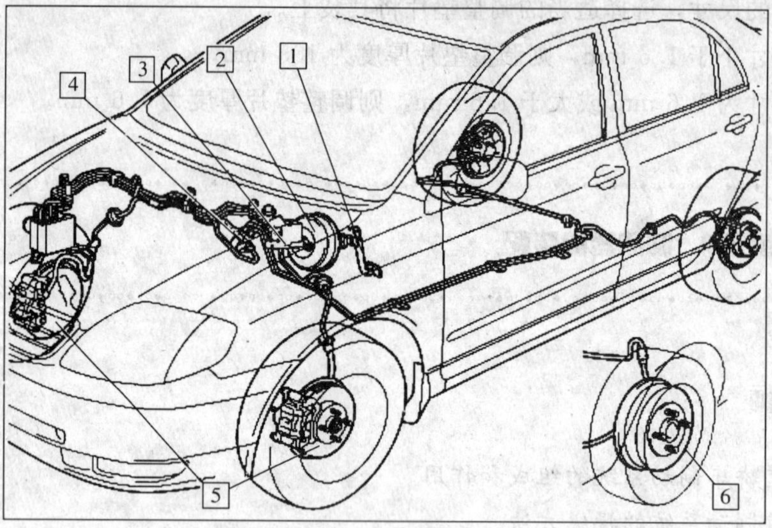

图 4—71　液压制动系统

1—制动踏板　2—制动助力器　3—制动总泵　4—配量阀（P 阀）
5—盘式制动器　6—鼓式制动器

动。

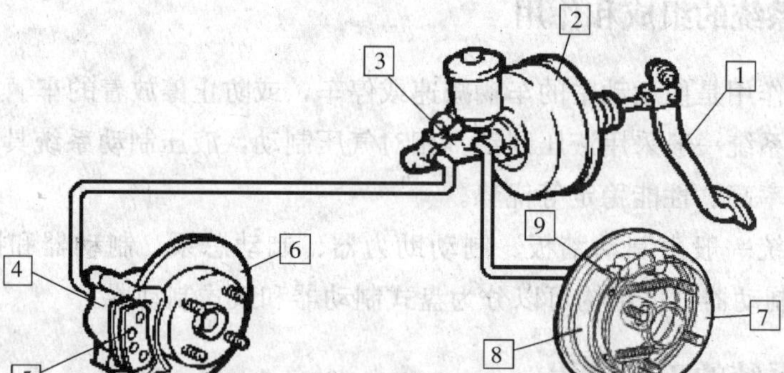

图 4—72　制动原理

1—制动踏板　2—制动助力器　3—制动总泵　4—盘式制动器的制动卡钳
5—盘式制动器摩擦片　6—制动器盘　7—制动鼓　8—制动衬片　9—制动蹄片

2）鼓式制动器。制动蹄片扩张。将制动衬片压向制动鼓，由于发生摩擦使车轮停止转动。

（3）盘式制动器

1）盘式制动器的作用。盘式制动器将摩擦片推靠到车轮的制动器盘上并产生摩擦，通过摩擦控制车轮转动。

2）盘式制动器的结构和工作过程（见图 4—73）。制动总泵的液压推动盘式制动器摩擦片夹压制动器盘，达到制动的目的。

浮式制动卡钳类型只有一侧与活塞相连。盘式制动器摩擦片被推压，制动卡钳滑向活塞的相反方向，并从两侧夹紧制动器盘，使车轮停止转动。

3）盘式制动器的结构

① 盘式制动器摩擦片。这是推压旋转的制动器盘的摩擦材料。保养项目主要是检查盘式制动器摩擦片的厚度。

② 消声垫片（见图 4—74）。防止制动时由于制动器摩擦片振动发出异常噪声。

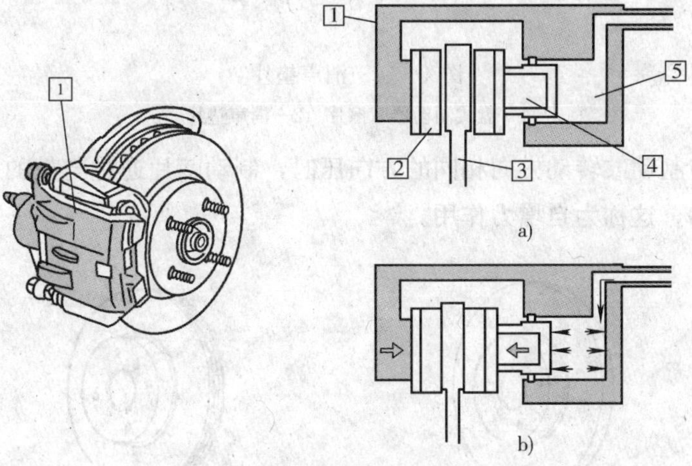

图 4—73　盘式制动器的工作过程

a）工作前　b）工作中

1—盘式制动器制动卡钳　2—盘式制动器摩擦片

3—盘式制动器转子　4—活塞　5—油液

③ 制动器盘（见图 4—75）。这是一只与车轮一起转动的金属盘。一种为实心型，用一单盘转子制成。另一种为通风式制动盘，内部空心。还有一种为驻车鼓式制动器型制动器盘。

（4）鼓式制动器

1）鼓式制动器的结构与工作过程（见图 4—76）。制动鼓与车轮一起旋转，制动蹄片从内侧压紧制动鼓，产生的摩擦控制车轮的转动。制动蹄片从内侧压紧转动的制动鼓，获

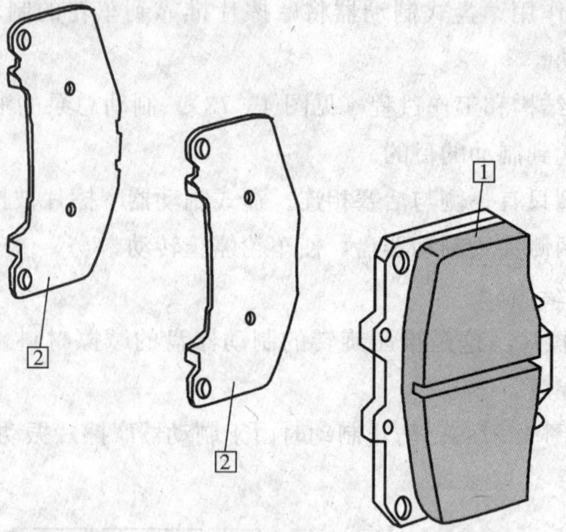

图 4—74　消声垫片

1—盘式制动器摩擦片　2—消声垫片

得制动力。当从与制动鼓转动方向相同的方向压时，制动蹄片通过与鼓的摩擦切入旋转方向。结果摩擦增加，这称为自增力作用。

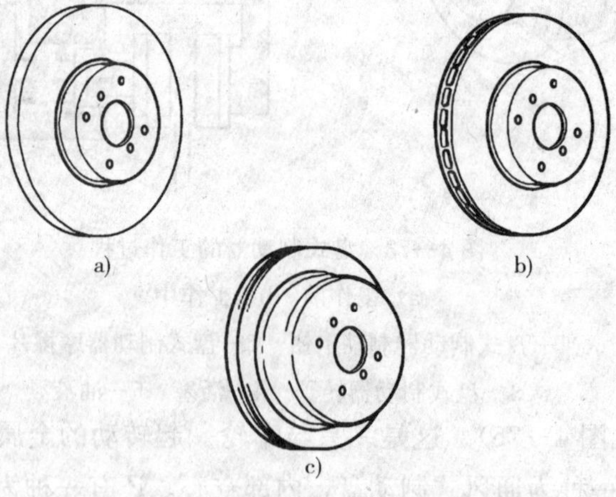

图 4—75　制动器盘的类型

a）实心型　b）通风式　c）驻车鼓式制动器型

2）鼓式制动器的类型。鼓式制动器有不同的类型，取决于领从蹄的组合。

① 领蹄与从蹄（见图 4—77）

a. 领蹄。是指汽车制动时，蹄片张开的旋转方向与制动鼓的旋转方向一致的蹄片。

b. 从蹄。是指汽车制动时，蹄片张开的旋转方向与制动鼓的旋转方向相反的蹄片。

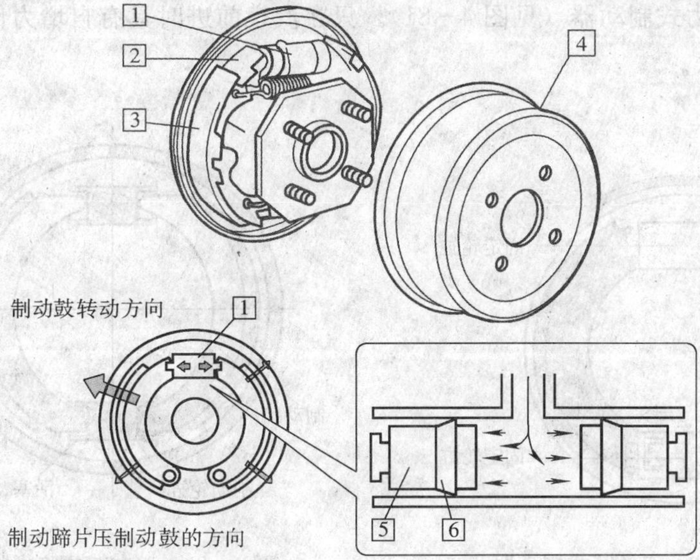

图 4—76 鼓式制动器的结构

1—制动分泵（轮缸） 2—制动蹄片 3—制动衬片

4—制动鼓 5—活塞 6—活塞碗

② 领从蹄式制动器（见图 4—78）。使用一个动力装置，制动蹄片给制动鼓的法向反作用力不平衡，是非平衡式制动器。在汽车倒车时领从蹄功能互换，且制动效能相等。

③ 双领蹄式制动器（见图 4—79）。在车轮正向旋转时，制动蹄均为领蹄的制动器。

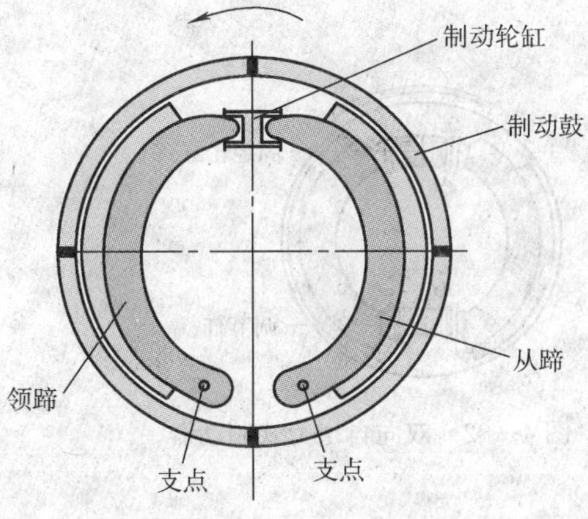

图 4—77 领蹄和从蹄

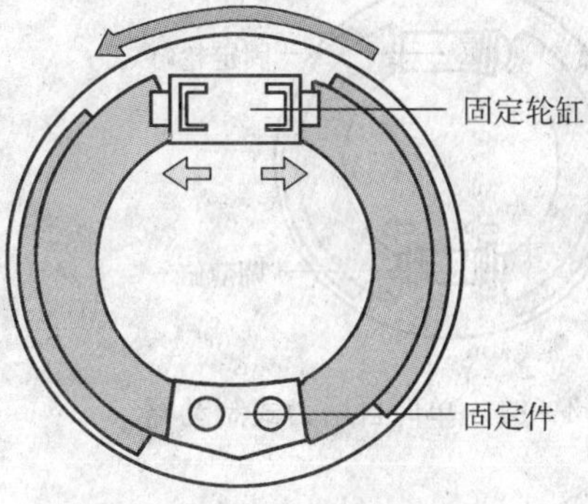

图 4—78 领从蹄式制动器

④ 双向双领蹄式制动器（见图 4—80）。无论车轮旋转方向如何，制动蹄均为领蹄的

制动器。

⑤ 单向自增力式制动器（见图 4—81）。只在汽车前进时具有自增力作用，汽车倒车时的制动效能很低。

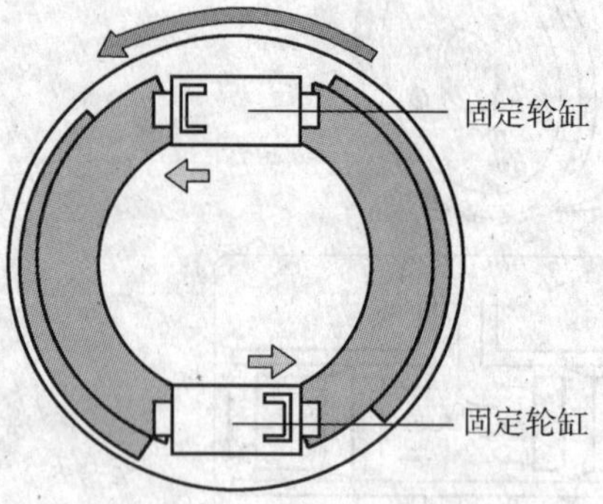

图 4—79　双领蹄式制动器

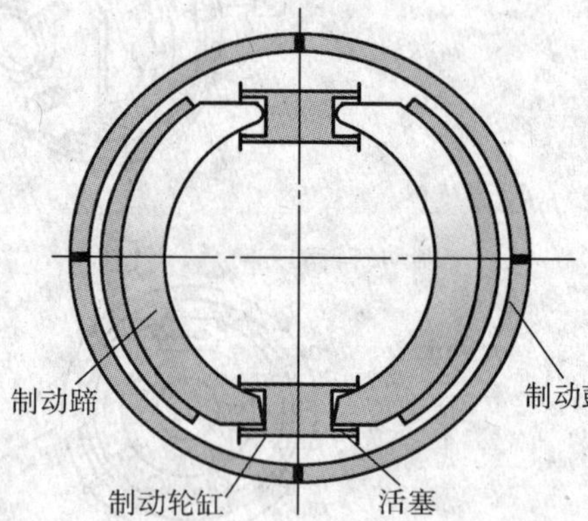

图 4—80　双向双领蹄式制动器

⑥ 双向自增力式制动器（见图 4—82）。在汽车前进和倒车时，都具有自增力作用。

（5）行车制动器的操纵机构（见图 4—83）

1）制动踏板。由驾驶员的脚踏力所控制的零件。该力转换成液压，作用在制动系统上。

制动力的大小取决于驾驶员踩在制动踏板上的力，在维护保养时必须检查踏板自由行程、高度和踏板的行程余量。

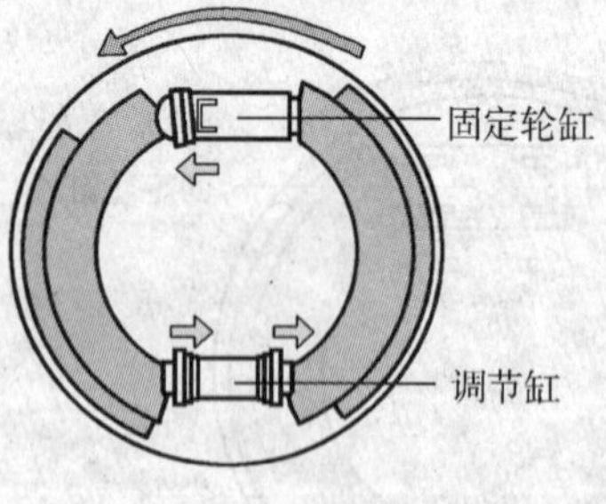

图 4—81　单向自增力式制动器

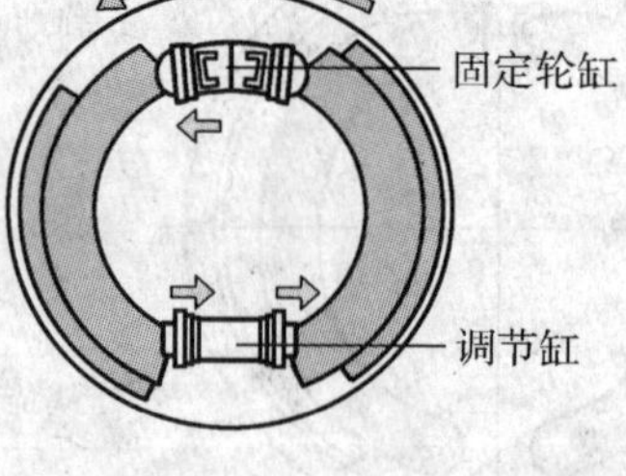

图 4—82　双向自增力式制动器

2）制动助力器。根据驾驶员踩踏板的力而推进作用在制动总泵上的力的装置。以发动机进气的真空作为助力源。

3）制动总泵。将驾驶员踩踏板的力转换成液压的部件。它包括一个储存制动液的储

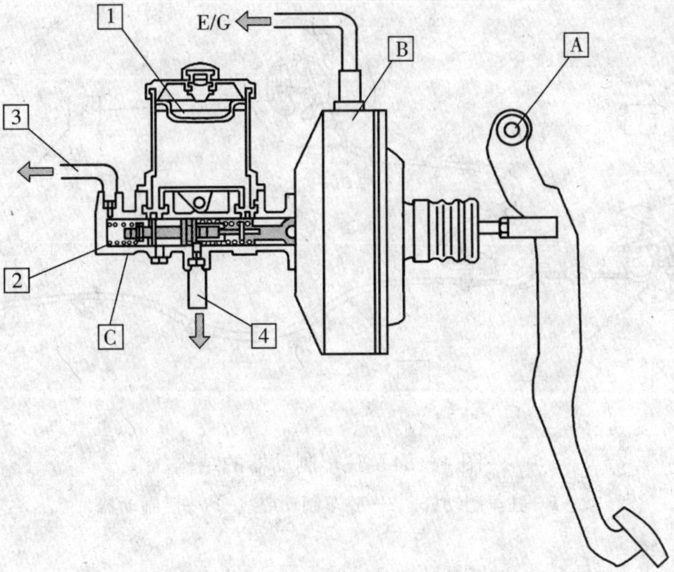

图 4—83　行车制动器的操纵机构

1—储液罐　2—缸　3—前轮制动　4—后轮制动

A—制动踏板　B—助力器　C—制动总泵

液罐和一个可产生液压的缸。制动总泵将驾驶员踩踏板的力转换成液压。然后液压作用在前后轮的盘式制动卡钳上或传给鼓式制动器的制动分泵。

2. 驻车制动器（见图 4—84）

驻车制动器主要在车辆停放时使用，对后轮进行机械锁定。保养项目主要是调整驻车制动杆。

（1）驻车制动杆的操纵方式（见图 4—85）

1）杆式。主要应用于载客和商用车辆。

2）手柄式。应用于某些商用车辆。

3）踏板式。应用于某些客车和高档车辆。

（2）驻车制动器的类型。有几种类型，取决于后制动器的类型（见图 4—86）。

三、防抱死刹车系统

1. ABS 的作用

ABS（Anti-locked Braking System）中文译为防抱死刹车系统，是一种具有防滑、防锁死等优点的汽车安全控制系统。ABS 是常规刹车装置基础上的改进型技术，可分为机械式和电子式两种。它既有普通制动系统的制动功能，又能防止车轮锁死，使汽车在制动状

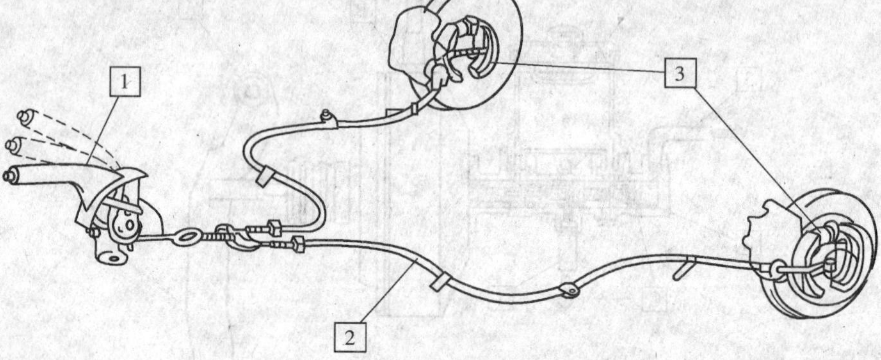

图 4—84 驻车制动器的结构

1—驻车制动杆 2—驻车制动缆线 3—后制动器

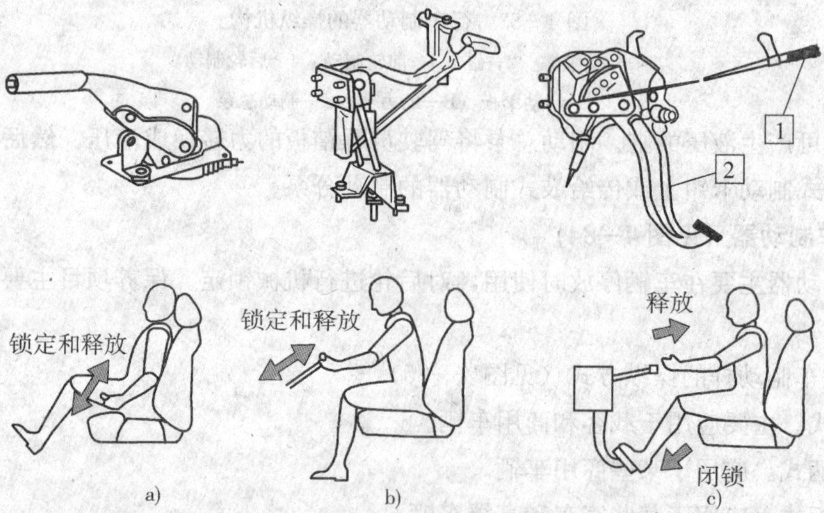

图 4—85 驻车制动杆的操纵方式

a）杆式 b）手柄式 c）踏板式

1—释放杆 2—踏板

态下仍能转向，保证汽车制动方向的稳定性，防止产生侧滑和跑偏，是目前汽车上最先进、制动效果最佳的制动装置。

2. ABS 的组成（见图 4—87）

ABS 一般由车轮速度传感器、发动机速度传感器、电磁阀、计算机和液压控制单元

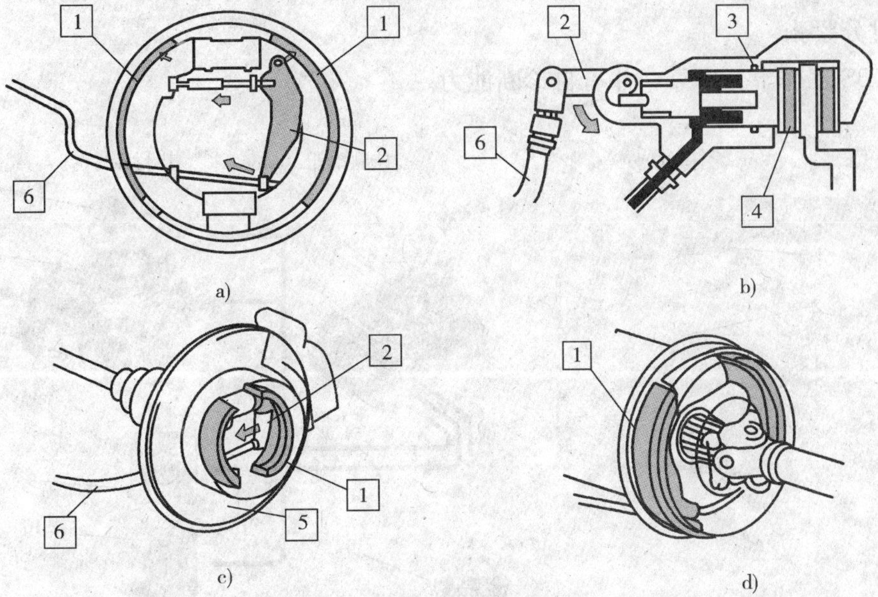

图 4—86　驻车制动器的类型

a）制动鼓式　b）制动盘式　c）驻车专用制动器式　d）中央制动器式

1—制动蹄片　2—制动蹄拉杆　3—活塞

4—盘式制动器垫块　5—制动器盘　6—驻车制动器拉索

（液压调节器）组成。

ABS 的特点主要有以下四个：

（1）增加制动时的稳定性。汽车在制动时，四个轮子上的制动力是不一样的。如果汽车的前轮先抱死，驾驶员就无法控制车轮的行驶方向，容易出现撞车的危险。倘若汽车的后轮先抱死，则会出现侧滑、甩尾，甚至出现汽车“掉头”的严重事故。ABS 可防止四个车轮制动时被完全抱死，从而提高了汽车在制动过程中的稳定性。

（2）缩短制动距离。在紧急制动的状态下，ABS 能使车轮处于既滚动又拖动的状况，拖动的比例占 20％左右，这时轮胎与地面的摩擦力最大，即所谓的最佳制动点（或区域）。

（3）防止轮胎过度磨损。车轮完全抱死会造成轮胎表面磨损不均匀，使轮胎损耗增加。经测定，汽车在紧急制动时车轮抱死所造成的轮胎累加磨损费已超过一套 ABS 的造价。

（4）使用方便，工作可靠。ABS 的使用与普通制动系统的使用几乎没有不同，制动时只要把脚踏在制动踏板上进行正常的制动即可。遇到雨雪天路滑，驾驶员再也没有必要用一连串的点刹方式进行制动，ABS 会使制动保持在最佳点。

ABS 工作时，驾驶员会感到制动踏板有颤动，并听到一些噪声，这都属于正常现象，不用过分紧张。

ABS 工作十分可靠，并有自诊断能力。

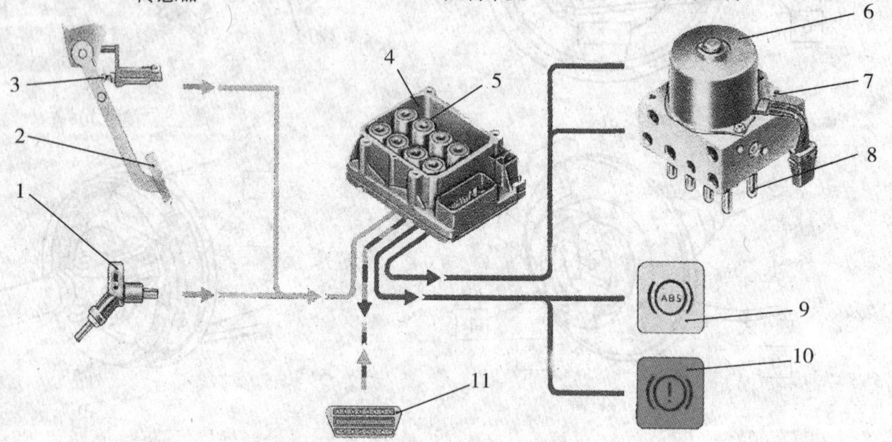

图 4—87　ABS 的组成

1—轮速传感器　2—制动踏板　3—踏板位置传感器

4—ABS 控制单元　5—电磁线圈　6—液压泵　7—液压单元

8—电磁阀　9—ABS 警告灯　10—制动警告灯　11—自诊断接口

3. ABS 系统的结构

（1）ABS 系统的布置形式如图 4—88 所示。

（2）轮速传感器

1）适用于盘式制动器的轮速传感器安装位置如图 4—89 所示。

2）适用于鼓式制动器的轮速传感器安装位置如图 4—90 所示。

（3）控制单元。控制装置（ECU）的主要任务是把各车轮的传感器传回来的信号进行计算、分析、放大和判别，再由输出级将指令信号输出到电磁阀，执行制动压力调节任务。其结构如图 4—91 所示。

电磁阀用于车轮制动器的压力调节。对于四通道制动系统，一个车轮有一个电磁阀；对于三通道制动系统，每个前轮各有一个电磁阀，两个后轮共用一个电磁阀。

4. ABS 的工作过程

ABS 的工作过程可以分为升压过程、保压过程、降压过程。

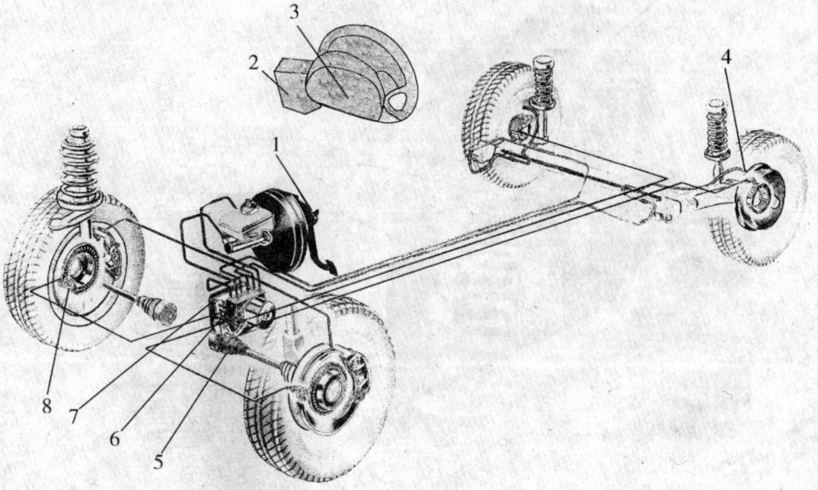

图 4—88　ABS 系统的布置形式

1—制动灯开关　2—ABS 指示灯　3—制动警告灯

4—左后轮转速传感器　5—液压泵电动机　6—ABS 液压单元

7—ABS 控制单元　8—右前轮转速传感器

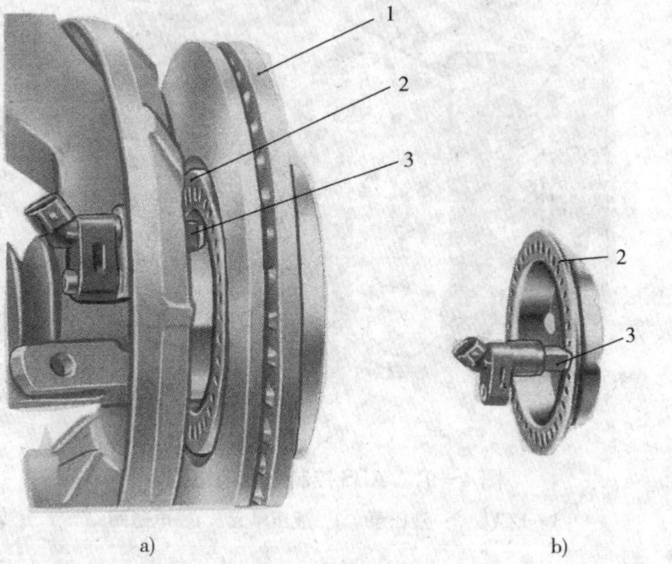

图 4—89　盘式制动器的轮速传感器安装位置

a）前轮转速传感器的位置　b）前轮转速传感器

1—制动盘　2，3—轮速传感器

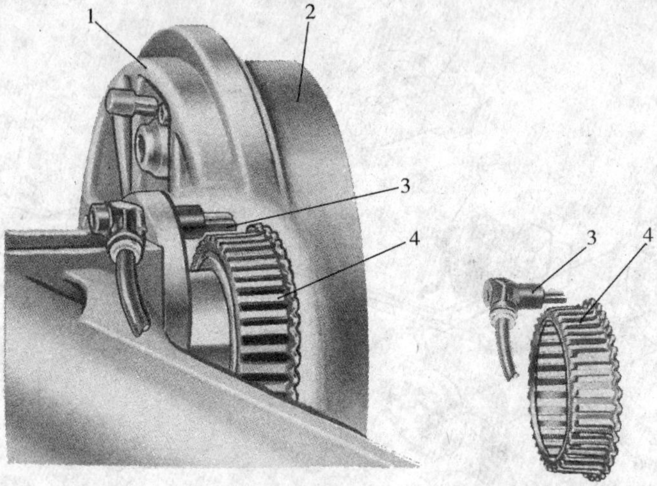

图 4—90　鼓式制动器的轮速传感器安装位置

a）后轮转速传感器的位置　b）后轮转速传感器

1—制动底板　2—制动鼓　3，4—轮速传感器

图 4—91　ABS 控制单元的结构

1—ECU　2—液压泵　3—液压单元　4—电磁阀

（1）升压过程（见图 4—92）。在常规制动阶段，ABS 并不介入制动压力控制，调压电磁阀总成中的各进液电磁阀均不通电而处于开启状态，各出液电磁阀均不通电而处于关闭状态，电动机也不通电运转，制动主缸至各制动轮缸的制动管路均处于沟通状态，而各

制动轮缸至储液器的制动管路均处于封闭状态，各制动轮缸的制动压力将随制动主缸的输出压力而变化，此时的制动过程与常规制动系统的制动过程完全相同。

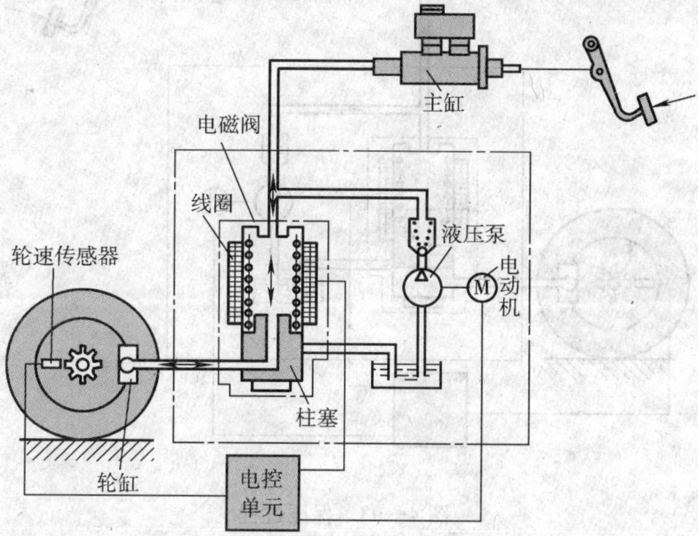

图 4—92　升压过程

（2）保压过程（见图 4—93）。在制动过程中，电子控制装置根据车轮转速传感器输入的车轮转速信号判定有车轮趋于抱死时，ABS 就进入防抱死制动压力调节过程。例如，电子控制装置判定右前轮趋于抱死时，电子控制装置就使控制右前轮进液的电磁阀通电，使右前进液电磁阀转入关闭状态，制动主缸输出的制动液不再进入右前制动轮缸，此时，右前出液电磁阀仍未通电而处于关闭状态，右前制动轮缸中的制动液也不会流出，右前制动轮缸的制动压力就保持一定，而其他未趋于抱死车轮的制动压力仍会随制动主缸输出压力的增大而增大。

（3）降压过程（见图 4—94）。如果在右前制动轮缸制动压力保持一定时，电子控制装置判定右前轮仍然趋于抱死，电子控制装置又使右前出液电磁阀也通电而转入开启状态，右前制动轮缸中的部分制动液就会经过处于开启状态的出液电磁阀流回储液器，使右前制动轮缸的制动压力迅速减小，右前轮的抱死趋势将开始消除，随着右前制动轮缸制动压力的减小，右前轮会在汽车惯性力的作用下逐渐加速；当电子控制装置根据车轮转速传感器输入的信号判定右前轮的抱死趋势已经完全消除时，电子控制装置就使右前进液电磁阀和出液电磁阀都断电，使进液电磁阀转入开启状态，使出液电磁阀转入关闭状态，同时也使电动机通电运转，带动液压泵工作，向制动轮缸输送制动液，由制动主缸输出的制动液经电磁阀进入右前制动轮缸，使右前制动轮缸制动压力迅速增大，右前轮又开始减速转动。

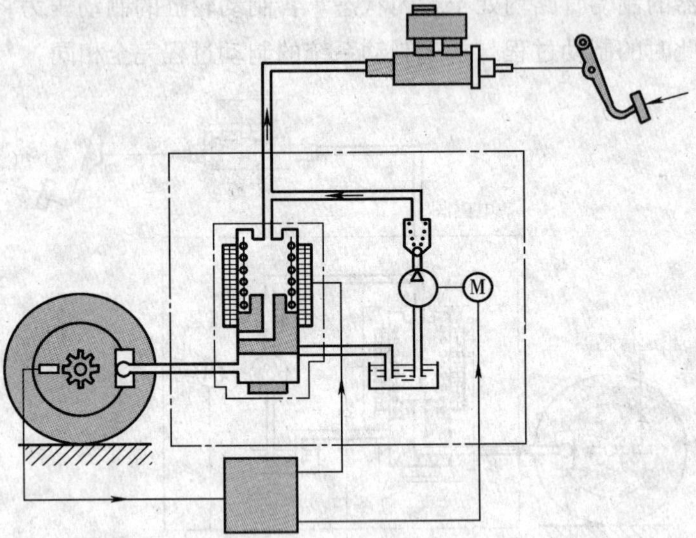

图 4—93　保压过程

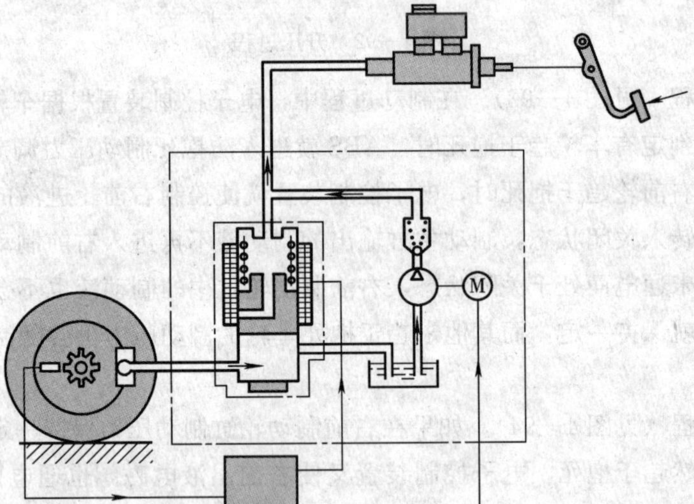

图 4—94　降压过程

技能要求

钳式制动器拆装

操作内容：

(1) 检查钳式制动器各部件。

(2) 安装钳式制动器并检查安装情况。

(3) 拆卸分解钳式制动器。

教学目标：

(1) 熟悉钳式制动器结构。

(2) 掌握钳式制动器装配工艺。

(3) 养成规范作业习惯。

实训设备与器材：

(1) 桑塔纳 2000 型钳式制动器部件总成实物台架。

(2) 钳式制动器活塞回位专用工具。

(3) 组套工具。

操作步骤：

步骤 1　蹄片和衬片的拆卸

(1) 举升并妥善支撑车辆。

(2) 拆卸车轮。

(3) 拆卸制动钳总成固定架下螺栓（见图 4—95）。维修制动块时，不需拆卸制动钳总成。

(4) 向上拔出制动钳活塞壳体。

(5) 拆卸制动块。

步骤 2　蹄片和衬片的安装

(1) 测量最小衬片厚度。

(2) 将制动块安装到制动钳中（见图 4—96）。

(3) 必要时，向里按压活塞。在向下拉活塞壳体时，要留心不要损坏活塞密封。

(4) 向下拉制动钳活塞壳体并用下螺栓将其固定到固定架上。紧固固定架至制动钳壳体螺栓，拧紧力矩为 27 N·m。

(5) 安装车轮。

（6）降下车辆。

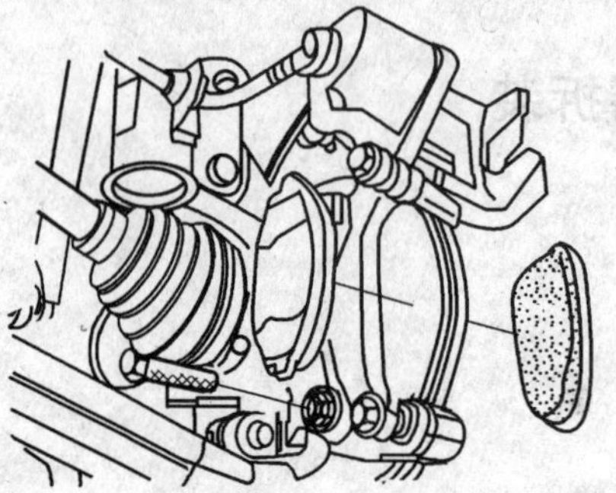

图 4—95　拆卸蹄片和衬片

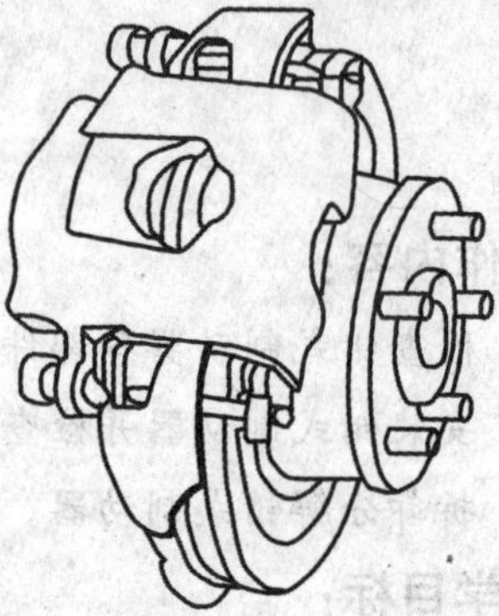

图 4—96　安装蹄片和衬片

步骤 3　制动钳总成的拆卸

（1）举升并妥善支撑车辆。

（2）标记车轮对轮毂的相对位置，然后再拆卸车轮。

（3）拆卸制动器软管连接至制动钳的螺栓和垫圈。

（4）断开制动软管，堵塞制动钳和制动软管开口，以免制动液流失和污染。

（5）拆卸制动钳安装螺栓和总成（见图 4—97）。

步骤 4　制动钳总成的安装

（1）用安装螺栓安装制动钳总成（见图 4—98）。紧固制动钳至转向节安装螺栓，拧紧力矩为 95 N · m。

（2）连接制动软管。紧固制动软管进口接头至制动钳螺栓，拧紧力矩为 40 N · m。

图 4—97　拆卸制动钳安装螺栓和总成

图 4—98　安装制动钳总成

(3) 安装车轮。

(4) 降下车辆。

(5) 将清洁的制动液加注到储液罐中，直到合适液面（见图 4—99）。

(6) 排放制动钳中的空气。

(7) 重新检查液面。必须调好制动踏板，然后才能移动车辆，否则会影响制动效果。

(8) 反复踩制动踏板，使制动块接触制动盘。

步骤 5　制动盘的拆卸（见图 4—100）

为确保两侧均匀制动，两个制动盘的光滑度和划痕深度必须相同。因此，更换时应同时更换两个制动盘。

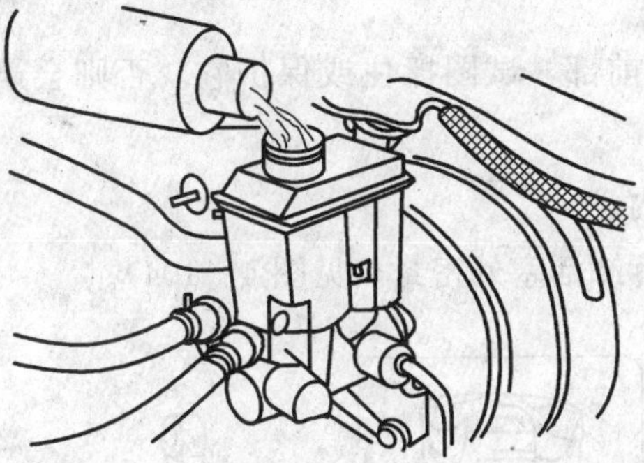

图 4—99　加注制动液

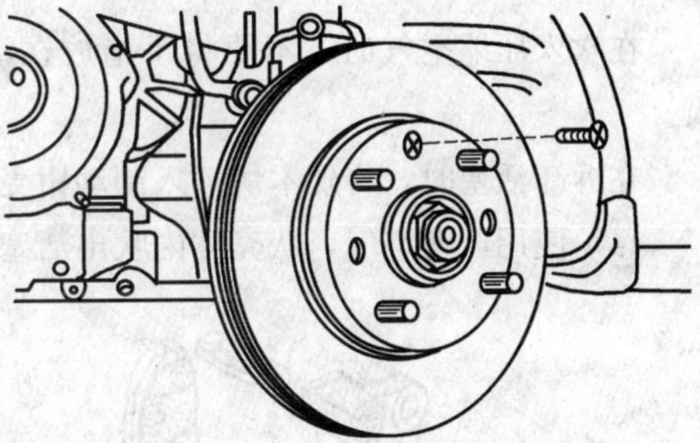

图 4—100　拆卸制动盘

(1) 在不断开制动软管的条件下，拆卸制动钳总成。

(2) 拆卸制动盘至前轮轮毂锁止螺钉。

(3) 拔下制动盘。

步骤 6　制动盘的安装（见图 4—101）

(1) 检查制动盘。

(2) 紧固锁止螺钉，将制动盘安装到车轮轮毂上。紧固制动盘至前轮轮毂锁止螺钉，拧紧力矩为 4 N·m。

(3) 安装制动钳总成。

步骤 7　制动钳的拆卸（见图 4—102）

(1) 拆卸制动钳总成。

(2) 拆卸制动钳活塞壳体至固定架的制动钳导向销。

(3) 从制动钳上拆卸前制动块组件，包括制动块弹簧（见图 4—103）。

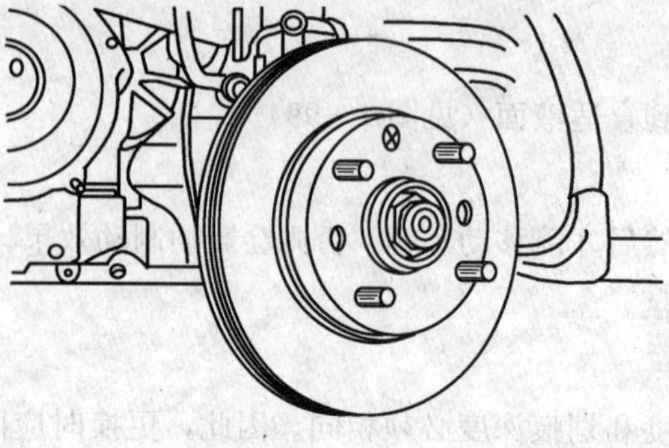

图 4—101　安装制动盘

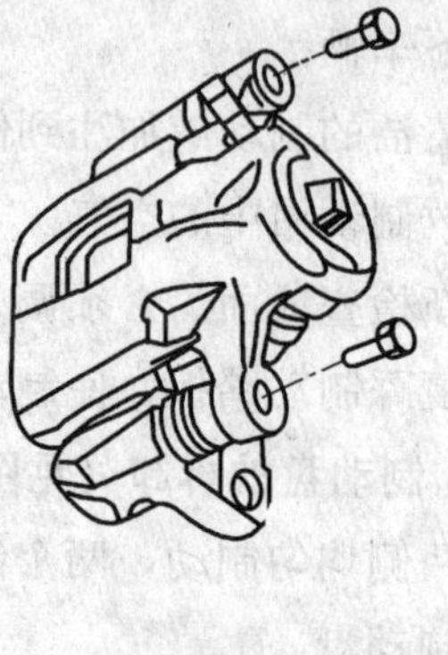

图 4—102　拆卸制动钳总成

在吹入压缩空气时，不要将手指放在活塞前部，试图抓住或保护它。否则会严重伤人。

在拆卸活塞时，将硬木块插入制动钳壳体内。

（4）使用压缩空气，从壳体内吹出活塞并拆卸活塞外密封（见图 4—104）。

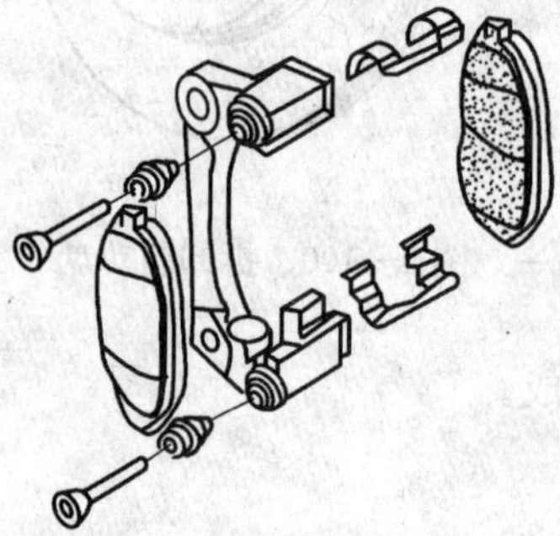

图 4—103　拆卸制动块

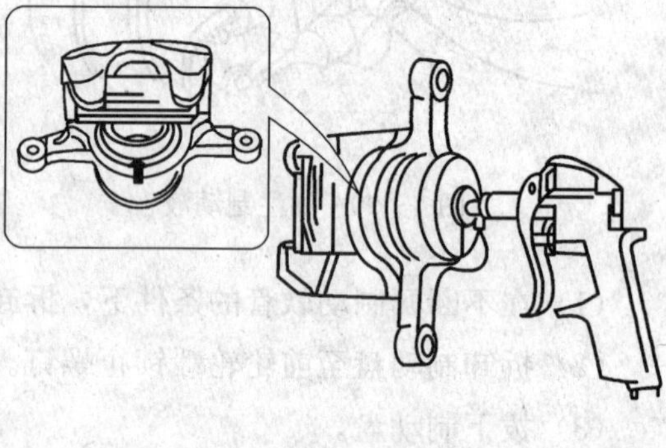

图 4—104　吹出活塞

（5）拆卸内密封（见图 4—105）。

（6）拆卸放气阀护帽和放气阀（见图 4—106）。

步骤 8　制动钳的装配

（1）在工业酒精或制动液中清洁所有零件。用不带润滑油的压缩空气吹干零件，吹通壳体和放气阀中的所有油道。

（2）检查活塞和制动钳是否有划痕、损伤和腐蚀。如果发现问题，应更换部件。

（3）检查制动钳放气阀（见图 4—107）。

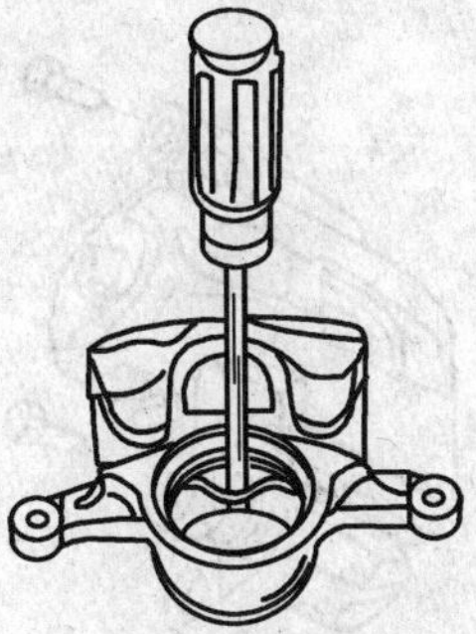

图 4—105　拆卸内密封

图 4—106　拆卸放气阀护帽和放气阀

(4) 润滑新的活塞内密封。

(5) 将活塞内密封安装到制动钳壳体槽中（见图 4—108）。确保密封不扭曲。

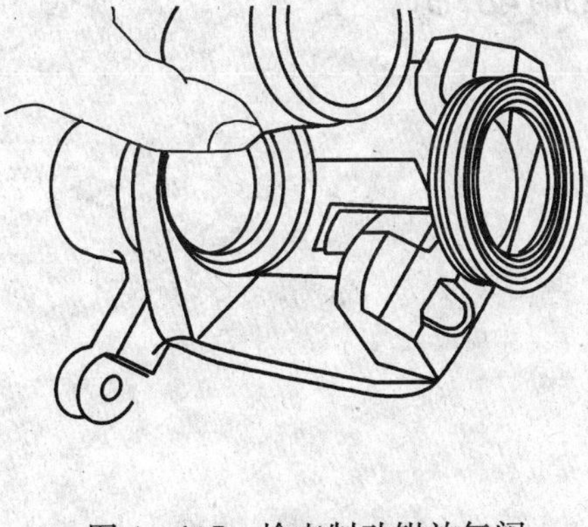

图 4—107　检查制动钳放气阀

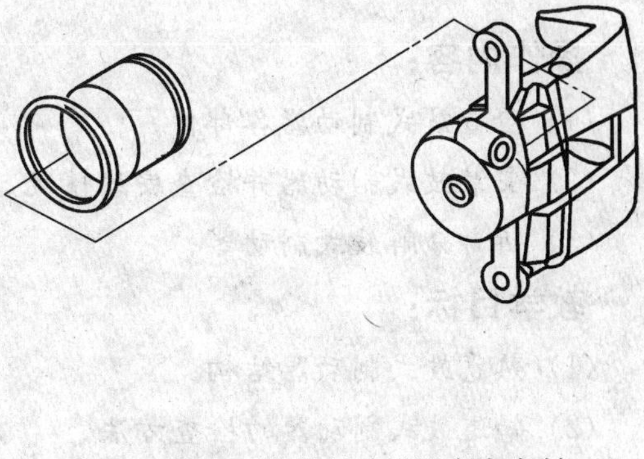

图 4—108　安装制动钳活塞内密封

(6) 将活塞外尘封安装到槽中。

(7) 用制动液润滑活塞。

(8) 向里推动活塞，直到活塞正确就位。

(9) 将销涂上橡胶润滑脂并安装护套。

(10) 安装制动钳放气阀和护帽（见图 4—109）。

紧固制动钳放气阀至 8 N·m。

(11) 连接制动块和制动块弹簧。

确保制动块弹簧正确安装。

(12) 用导向销螺栓将固定架连接到制动钳壳体上（见图 4—110）。

紧固固定架至制动钳壳体螺栓，拧紧力矩为 27 N·m。

图 4—109　安装制动钳放气阀和护帽

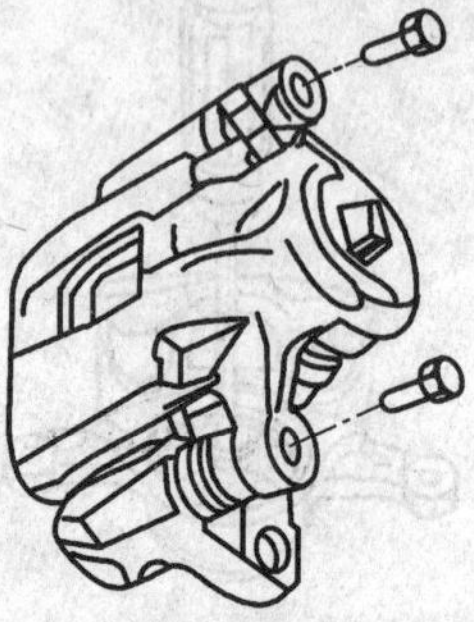

图 4—110　连接固定架

（13）安装制动钳总成。

更换鼓式制动器制动蹄

操作内容：

（1）检查鼓式制动器各部件。

（2）安装鼓式制动器并检查安装情况。

（3）拆卸分解鼓式制动器。

教学目标：

（1）熟悉鼓式制动器结构。

（2）知道鼓式制动器的检查方法。

（3）掌握专用工具的检查方法。

实训设备与器材：

（1）桑塔纳 2000 型鼓式制动器部件总成实物台架。

（2）专用工具 VW637/2。

（3）组套工具。

操作步骤：

步骤 1　制动鼓和制动蹄的拆卸

（1）拧松车轮螺栓螺母（拧紧力矩为 110 N·m），取下车轮。

（2）用专用工具 VW637/2 卸下轮毂盖，如图 4—111 所示。

（3）取下开口销，旋下后车轮轴承上的六角螺母，取出止推垫圈。

（4）用旋具通过制动鼓螺孔向上拨动楔形块，使制动蹄与制动鼓放松（见图 4—112）。

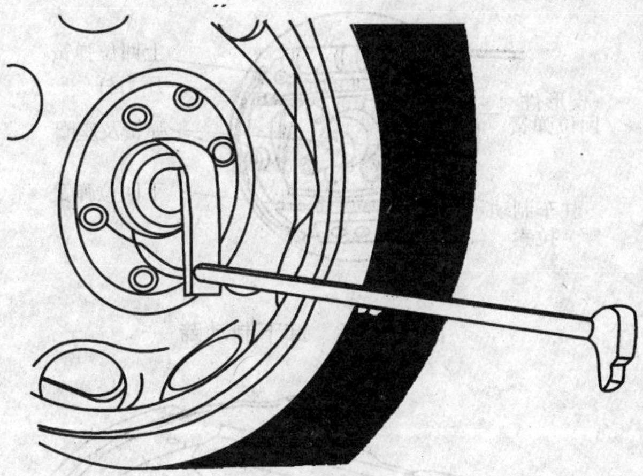

图 4—111　卸下轮毂盖

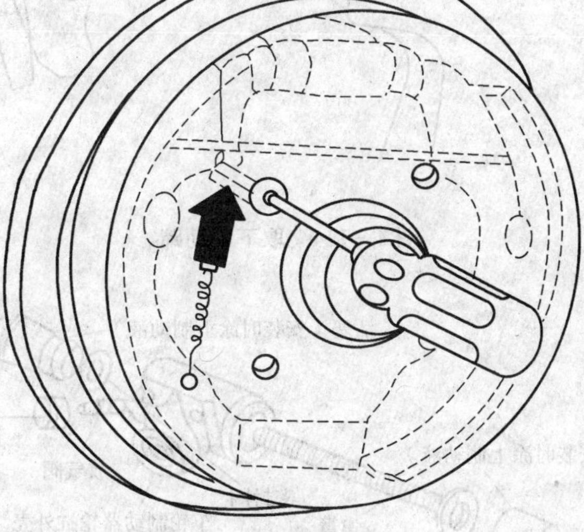

图 4—112　放松制动蹄与制动鼓

（5）用鲤鱼钳拆下压簧座圈。用手从下面的支架上提起制动蹄，取出下回位弹簧。

（6）取下制动杆上的驻车制动拉索。用鲤鱼钳取下楔形件的回位弹簧和上回位弹簧。

（7）卸下制动蹄（见图 4—113）。

（8）把带压力杆的制动蹄卡紧在台虎钳上，拆下定位弹簧，取下制动蹄（见图 4—114）。

（9）如有必要，拆下制动轮缸并解体（见图 4—115）。

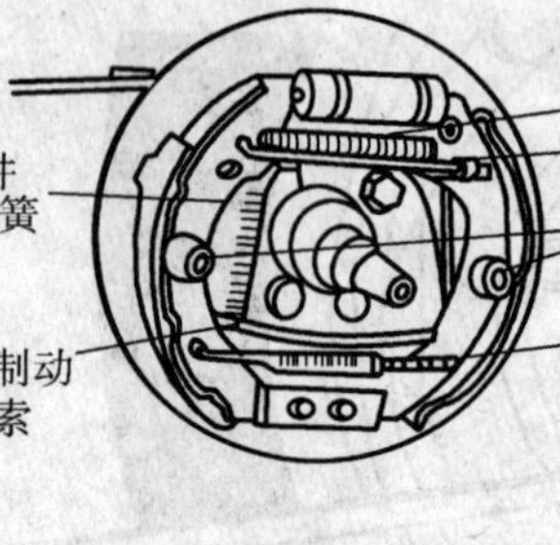

图 4—113　卸下制动蹄

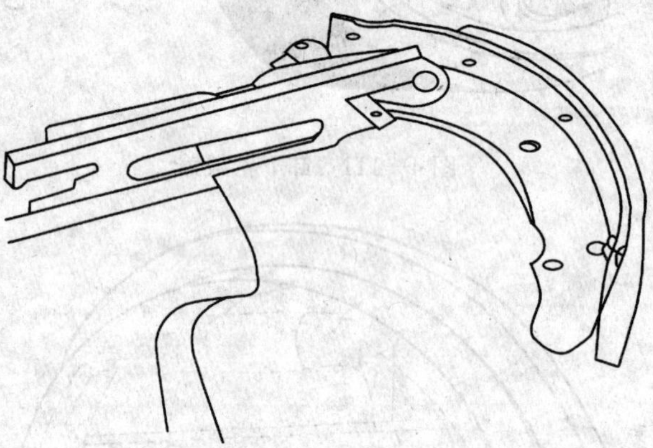

图 4—114　取下制动蹄

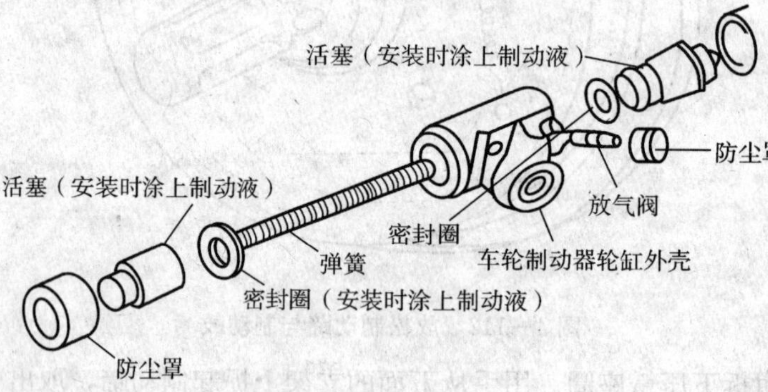

图 4—115　制动轮缸

步骤 2　制动鼓和制动蹄的安装

(1) 装上回位弹簧，将制动蹄装在压力杆上。

(2) 装上楔形件，凸块朝向制动器底板。

(3) 将带有传动臂的制动蹄装在压力杆上（见图 4—116）。

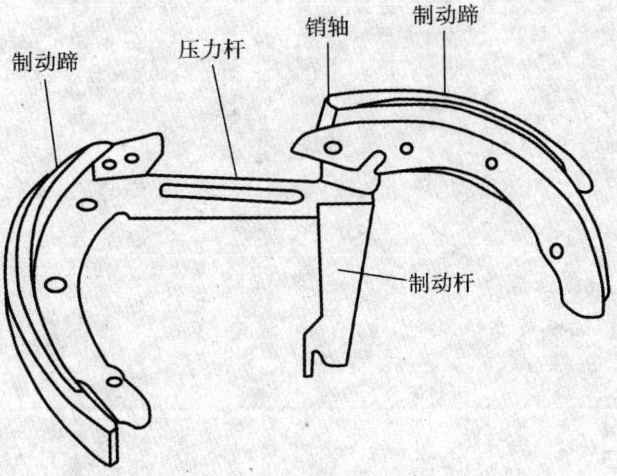

图 4—116　将制动蹄装在压力杆上

(4) 装入上回位弹簧，在传动臂上套上驻车制动拉索。

(5) 把制动蹄装在车轮制动轮缸的活塞外槽上。

(6) 装入回位弹簧并把制动蹄提起，装到下面的支座上。

(7) 装楔形件的回位弹簧。装压簧和弹簧座圈。

(8) 装上制动鼓及后轮轴承，然后调整轮毂轴承的间隙。

(9) 用力踩下制动踏板，使后车轮制动蹄片正确就位，摩擦片与制动鼓的间隙得到自动调整。

第 5 章

汽车的一级维护

第 1 节　汽车维护概述

学习目标

➤ 1. 了解汽车维护的种类。

➤ 2. 掌握汽车维护的分级和周期。

➤ 3. 掌握汽车各类维护的作业内容。

知识要求

一、汽车维护的种类

1. 日常维护

日常维护是以清洁、补给和安全检视为作业的中心内容，由驾驶员负责执行的车辆维护作业。

2. 一级维护

一级维护是除日常维护作业外，以清洁、润滑、紧固为作业中心内容，并检查有关制动、操纵等安全部件，由维修企业负责执行的车辆维护作业。

3. 二级维护

二级维护是除一级维护作业外，以检查和调整转向节、转向摇臂、制动蹄片、悬架等经过一定时间的使用容易磨损或变形的安全部件为主，并拆检轮胎，进行轮胎换位，检查调整发动机工作状况和排气污染控制装置等，由维修企业负责执行的车辆维护作业。

二、汽车维护分级和周期

1. 汽车维护的分级

汽车的维护分为日常维护、一级维护、二级维护。

2. 汽车维护的周期

（1）日常维护的周期。出车前、行车中、收车后应进行日常维护。

（2）一级维护、二级维护的周期

1）汽车一级维护、二级维护周期的确定，应以汽车行驶里程为基本依据。汽车一级维护、二级维护行驶里程依据车辆使用说明书的有关规定，同时依据汽车使用条件的不同，由省级交通行政主管部门确定。

2）一级维护、二级维护的时间间隔。对于不便用行驶里程统计、考核的汽车，可用行驶时间间隔确定一级维护、二级维护周期。其时间（天）间隔可依据汽车使用强度和条件的不同参照汽车一级维护、二级维护里程周期确定。

三、汽车各类维护的作业内容

1. 日常维护

（1）对汽车外观、发动机外表进行清洁，保持车容整洁。

（2）对汽车各部润滑油（脂）、燃油、冷却液、制动液、各种工作介质、轮胎气压进行检视、补给。

（3）对汽车制动、转向、传动、悬挂、灯光信号等安全部位和位置以及发动机运转状态进行检视、校紧，确保行程安全。

2. 一级维护

（1）点火系

1）作业内容。检查、调整。如火花塞间隙大小检查，导线连接可靠性检查。

2）技术要求。能正常工作。

（2）各种滤清器

1）作业内容。对发动机空气滤清器、空压机空气滤清器、曲轴箱通风系空气滤清器、机油滤清器和燃油滤清器等进行清洁或更换。

2）技术要求。各滤芯应清洁无破损，上下衬垫无残缺，密封良好，安装牢固。

（3）液面

1）作业内容。对曲轴箱油面、化油器油面、冷却液液面、制动液液面、转向器液面、变速器液面、差速器液面、蓄电池电解液液面高度等进行检查。

2）技术要求。符合使用规定。

（4）主要装置

1）作业内容。曲轴箱通风装置、三效催化转化装置外观检查。

2）技术要求。齐全、无损坏。

（5）主要零部件

1）作业内容。检查散热器、油底壳、发动机前后支垫、水泵、空压机、进排气歧管、化油器、输油泵、喷油泵连接螺栓并校紧。

2）技术要求。各连接部位的螺栓、螺母应紧固，锁销、垫圈及胶垫应完好有效。

（6）主要传动带

1）作业内容。检查空压机、发电机、空调机传动带的磨损、老化程度并调整传动带的松紧度。

2）技术要求。符合使用规定。

（7）转向器

1）作业内容。转向器密封状况检查，润滑万向节十字轴、横直拉杆、球头销、转向节部位等。

2）技术要求。符合使用规定。

（8）离合器

1）作业内容。离合器踏板自由行程及操纵机构灵敏可靠性检查调整。

2）技术要求。符合使用规定。

（9）变速器、差速器

1）作业内容。变速器、差速器密封状况检查，润滑传动轴万向节十字轴、中间轴承，校紧各部连接螺栓，清洁各通气塞等。

2）技术要求。符合使用规定。

（10）制动系

1）作业内容。检查紧固制动系各管路接头、支架螺栓，检查调整制动踏板自由行程。

2）技术要求。制动管路应不漏气，制动联动机构应灵敏可靠，储气筒无积水，制动踏板自由行程符合使用规定。

（11）车架、车身及各附件

1）作业内容。检查紧固车架、车身及各附件的螺栓、拖钩及挂钩。

2）技术要求。紧固可靠，无裂损，无窜动，齐全有效。

（12）轮胎

1）作业内容。检查各轮辋、压条挡圈和轮胎气压（包括备胎），并视情况补气及调整轮毂轴承间隙。

2）技术要求。轮辋及压条挡圈应无裂损、变形；轮胎气压应符合规定，气门嘴帽齐全；轮毂轴承间隙正常，无明显松旷。

（13）悬架

1）作业内容。检查各悬架机构的连接。

2）技术要求。无损坏，连接可靠。

（14）蓄电池

1）作业内容。检查蓄电池外观和电桩夹头及电压。

2）技术要求。蓄电池无损坏泄漏，通气孔畅通，电桩夹头清洁、牢固。

(15) 灯光、仪表、信号装置

1）作业内容。检查灯光、仪表、信号装置。

2）技术要求。齐全有效，安装牢固。

(16) 全车润滑点

1）作业内容。检查各活动连接部位并加润滑油。

2）技术要求。各润滑嘴安装正确，齐全有效。

(17) 全车

1）作业内容。检查全车泄漏情况。

2）技术要求。全车不漏油、不漏水、不漏气、不漏电、不漏尘，各种防尘罩齐全有效。

注：一级维护质量保证里程为 300 km，或者从出厂之日起时间间隔为两天。

第 2 节　发动机的一级维护

学习单元 1　油料的识别和选用

学习目标

➤ 1. 了解汽车各种燃料和润滑材料的作用、种类和特点。

➤ 2. 掌握选用汽车各种燃料和润滑材料的方法。

知识要求

一、汽车的燃料

目前汽车所用的燃料有汽油、柴油（轻油）、甲醇、液化石油气及其他燃料。其中，最常用的燃料是汽油和柴油。

1. 汽油的使用

（1）汽油的特性。汽油是原油精炼产生的碳氢化合物。汽油是高挥发性的，燃烧时能生成大量的热。汽油能成为车辆燃料的必要条件如下：

1）不含有害物质。

2）高抗爆性能。

3）相对低价。

汽油与空气接触后可汽化形成可燃气体。极小的火花都能轻易将其点燃，因此非常危险，必须小心处理。

（2）辛烷值。辛烷值是指示汽油特性的量度标准之一，代表燃油的抗爆特性。辛烷值高的汽油比辛烷值低的汽油更少引起发动机爆振。为了增加辛烷值，有些汽油含铅。因为含铅汽油的排放有铅污染，并且不能配合发动机的三元催化装置控制尾气的净化，所以，现在的发动机均使用无铅汽油。

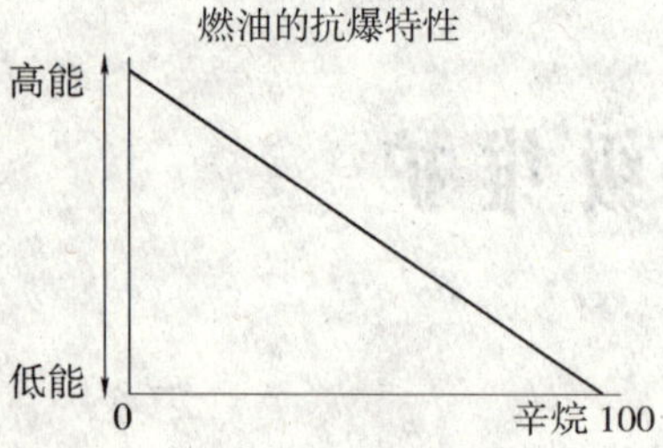

图 5—1　辛烷值和发动机爆振的关系

（3）辛烷值和发动机爆振的关系（见图 5—1）。爆振是由于汽油在汽缸中不正常的燃烧产生的。工程师将可以作为发动机燃料的各种油料逐一进行测试和实验。结果发现，抗爆振效果最强的是异辛烷，抗爆振效果最差的是正庚烷，因此将异辛烷赋予最强的抗爆振指数 100，而最差的正庚烷的抗爆振指数则为 0。从此开始，辛烷值就成了汽油抗爆振能力的指标。

汽油的辛烷值是在实验室里，利用一部可调整压缩比的单缸发动机做实验所测得的数据。在实验中，随着压缩比的逐渐提高，测试燃料从没有爆振、燃烧顺畅的状况，逐渐调整到开始出现爆振。当爆振一开始出现的时候，就比对此时燃料中的异辛烷与正庚烷混合物的状况。如果出现爆振的状况，正好与 97 份异辛烷和 3 份正庚烷的测试状况一模一样，那么这个测试油料的辛烷值就是 97 号。

由此可见所谓的 90 号、93 号、97 号无铅汽油，是指它们的抗爆振能力相当于分别含有 90%、93%、97%的抗爆振能力强的异辛烷和 10%、7%、3%的抗爆振能力差的正庚烷的混合物。

（4）压缩比和汽油的选用。既然汽油标号只是表示汽油辛烷值或抗爆能力，车主就应根据发动机压缩比的不同来选择不同标号的汽油。

高压缩比的发动机如果选用低标号汽油，会使汽缸温度剧升，汽油燃烧不完全，机器强烈振动，从而使输出功率下降，机件受损；低压缩比的发动机硬要用高标号汽油，就会出现“滞燃”现象，一样会出现燃烧不完全现象，对发动机也没什么好处。通常压缩比为

8.5～9.5 的中档轿车一般应使用 93 号汽油，压缩比大于 9.5 的轿车应使用 97 号汽油。目前国产轿车的压缩比一般都在 9 以上，最好使用 93 号或 97 号汽油。

每辆车的使用手册上（也可以在油箱门内找到）都规定了应该使用的汽油牌号。一般，压缩比越高，应该使用的汽油牌号越高。

2. 柴油的使用

（1）柴油的特性。柴油（也称轻油）是一种碳氢化合物，汽油及煤油从原油中蒸馏出来后，又以 150～370℃从原油中蒸馏出柴油。柴油主要用于柴油发动机。

（2）十六烷值（见图 5—2）。柴油燃烧性能的评定指标是十六烷值。十六烷值高的柴油，其燃烧性好，着火延迟期短，速燃期内压力升高率不高，不易产生工作粗暴现象。高速柴油发动机使用的柴油的十六烷值通常是 40～50。

用低十六烷值的柴油，如果喷油时刻过早，则可能在发动机低温或低转速时产生爆振，甚至会使得汽缸中的燃油同时燃烧或爆炸，使压力剧升，造成一种振颤声。

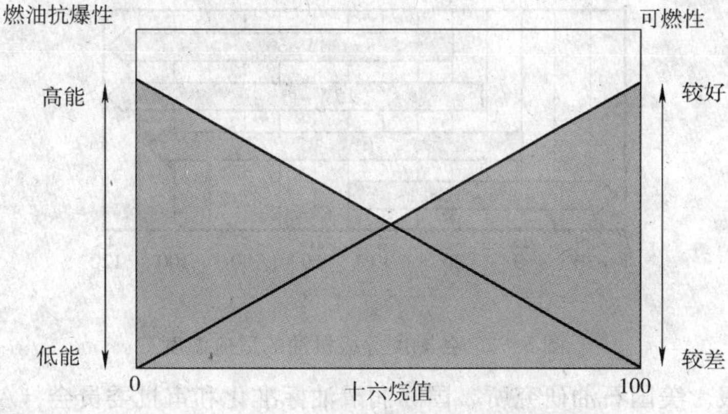

图 5—2　柴油的十六烷值和抗爆性能

（3）柴油的牌号和选用。因为随着温度下降，柴油的流动性会降低，所以一般根据使用环境（温度）决定使用的牌号。我国的柴油根据其凝点划分牌号，分为 10 号、5 号、0 号、－10 号、－20 号、－35 号和－50 号 7 个牌号。

柴油的选择一般按风险率为 10％的最低气温进行牌号选择。

10 号柴油适用于有预热的柴油发动机。

5 号柴油适于在风险率为 10％，最低气温在 8℃以上的地区使用。

0 号柴油适于在风险率为 10％，最低气温在 4℃以上的地区使用。

－10 号柴油适于在风险率为 10％，最低气温在－5℃以上的地区使用。

－20 号柴油适于在风险率为 10％，最低气温在－14℃以上的地区使用。

－35 号柴油适于在风险率为 10%，最低气温在－29℃以上的地区使用。

－50 号柴油适于在风险率为 10%，最低气温在－44℃以上的地区使用。

二、润滑材料

1. 发动机机油

(1) 作用。发动机机油具有润滑、密封、冷却和清洁发动机机械零件的作用。

(2) 机油等级划分方法

1) SAE 的黏度分类。SAE（美国机动车工程师学会）将发动机机油按黏度分类，这些指标指明具体油料使用的环境温度。如 SAE10W－30，这种油被称为多级油。前一个数字越低，如“10”，表示油在低温时变硬的可能性越小。第二个数字越高，如“30”，表示油在高温下变稀的可能性越小。“W”表示冬季，表示这个黏度是用于低温的。SAE 各黏度等级机油的适应温度如图 5—3 所示。

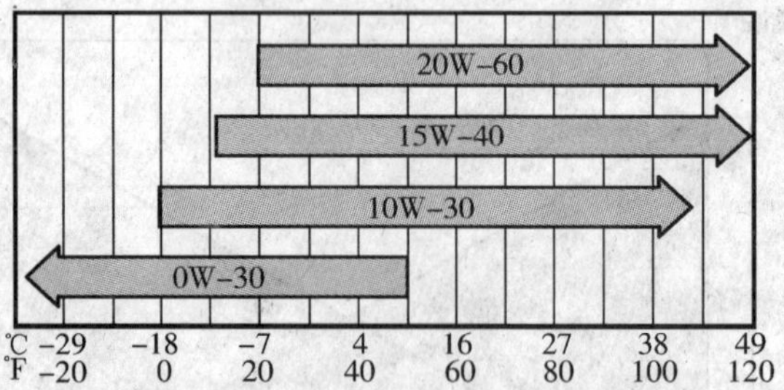

图 5—3　各黏度等级机油的适应温度

2) 质量等级。美国石油研究所、国际润滑油标准化和审批委员会（API）将发动机机油按质量进行分类，表示机油能承受的行驶条件范围。

对于汽油发动机而言，适用机油是 SA～SL 等级，但只有 SE 或更高的等级是用于汽车的，其中，SL 等级是机油的最高等级。

对于柴油机，机油划分为从 CA～CF－4 的等级，其中，CF－4 为最高质量等级。

各质量等级机油的使用范围如图 5—4 所示。

(3) 发动机机油的选用。根据当地当时环境温度选择机油的黏度等级。根据发动机的性能、结构、工作条件选择质量等级。

2. 齿轮油

(1) 齿轮油的作用。齿轮油有较高的黏性指标和质量，可以承受齿轮啮合时产生的高压力。齿轮油按其用途分类，如用于变速箱、差速器或手动转向机构等的齿轮油。

(2) 齿轮油的分类。齿轮油和发动机机油一样也是按照其黏度（SAE 分类）和质量评

汽油机

API	维修及机油说明	质量
SL SJ SH SG	适用于在各种条件下工作的发动机	高 ↑
SF	适用于在连续高速、高温并且反复停机－开机条件下工作的发动机	
SE	适用于在比SD分类更严酷的条件下工作的发动机	
SD SC SB SA		

柴油机

API	维修及机油说明	质量
CF–4	提供比 CF 分类更好的特性和质量	高 ↑
CF	提供比 CE 分类更好的洗洁剂弥散和抗热性能	
CE	适用于在低速、高负载条件和高速、高负载条件下工作的发动机	
CD	适用于在高速、高功率输出条件下工作的发动机	
CC	适用于在比 CB 分类更严酷的条件下工作的发动机	
CB		

图 5—4 机油的等级和使用范围

估（API 分类）分类。

1）SAE 黏度分类。齿轮油根据黏度指数分为 75 W，80 W，85 W，90 等。号数越大，黏度越高。在汽车中实际使用的齿轮油是 75 W～90 和 80 W～90。

2）API 质量等级。考虑到不同类型齿轮的润滑要求，齿轮油按照其极端抗压力性来分类。各等级齿轮油及其使用情况如下：

① GL－3。用于变速箱和转向齿轮以及螺旋伞齿轮差速器。

② GL－4。用于比 GL－3 要求更高的高速低转矩或低速高转矩条件。

③ GL－5。准双曲面齿轮油的优势在于能承受极端压力，能承受强冲击负荷和高滑动速度。

3. 润滑脂

（1）组成。润滑脂主要由基础油、稠化剂、添加剂和填料三部分组成。润滑脂的种类很多，不同的用途应选用不同的润滑脂（见图 5—5）。

（2）分类与用途。制造厂一般按照不同的用途将润滑脂制成不同的颜色。可分为多用

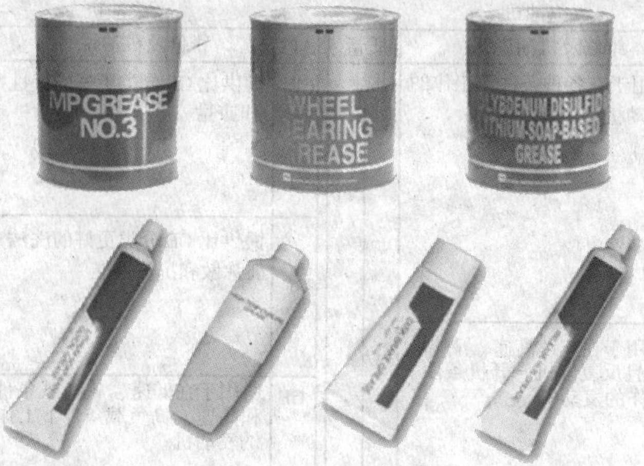

图 5—5　润滑脂的种类

途润滑脂、齿轮轴承润滑脂、高温润滑脂、盘式制动器润滑脂和分离轴承润滑脂等。

各种润滑脂的使用范围如下：

1）多用途润滑脂。用于轮轴轴承、万向节、操作机构。

2）齿轮轴承润滑脂。用于各种齿轮轴承。

3）高温润滑脂。用于制动底板等高温零件。

4）盘式制动器润滑脂。用于盘式制动器消声垫片。

5）分离轴承润滑脂。用于离合器分离轴承。

三、工作液的使用

1. 动力转向液

动力转向液的作用就像液压油，可以产生液压力，也可作为动力转向油缸和油泵的润滑剂。

2. 自动变速器液（ATF）

（1）作用。自动变速器液起着传递动力、润滑机件、液压控制等作用。自动变速器液的工作部位如图 5—6 所示。

（2）工作要求

1）工作温度要求。工作温度范围为－25～170℃，在这样大的范围内黏度都不应有太大变化。

2）良好的热氧化安定性。

3）良好的抗泡沫性和抗磨性。

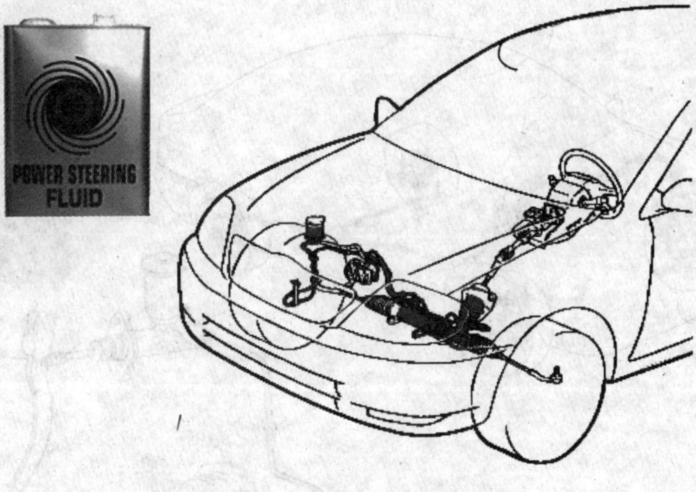

图 5—6　自动变速器液和其工作部位

（3）选用。自动变速器液必须使用原厂规定的牌号与规格。它与发动机机油、制动液等可横向通用的产品不同，没有一种自动变速器液可以适应所有的自动变速器。常见自动变速器和相应的 ATF 见表 5—1。

表 5—1　　常见自动变速器和相应的 ATF

车型	变速器型号	自动变速器液规格
大众	01N/01M/01V	VW ATF（淡黄色）
丰田	AISIN 81－40LE	T-IV
通用凯越	ZF 4 HP 16	ESSO LT 71141 或 TOTAL ATF H50235

3. 制动液

（1）组成。制动系统使用了大量橡胶零件，如皮碗、套管、软管等。因此，制动液由非石油类液体组成，主要是乙二醇、乙醚和不影响橡胶和金属的酯类。

制动液也用于液压离合器。制动液的工作位置如图 5—7 所示。

（2）工作要求。制动液是在液压制动系统中传递制动力的液体。对汽车制动液的性能要求是：黏温性好（黏度随温度变化小），凝固点低，低温流动性好；沸点高（高温下不产生气阻），使用中品质变化小，并且不会引起金属件和橡胶件的腐蚀和变质，吸湿性差。

（3）制动液类型。美国联邦机动车辆安全标准（FMVSS）以制动液的沸点为基础，将制动液分为 4 种。

1）沸点。沸点也称为干点，是水含量为 0 时的沸点。

2）湿沸点。湿沸点也称为吸湿沸点，是水含量为 3.5%时的沸点。

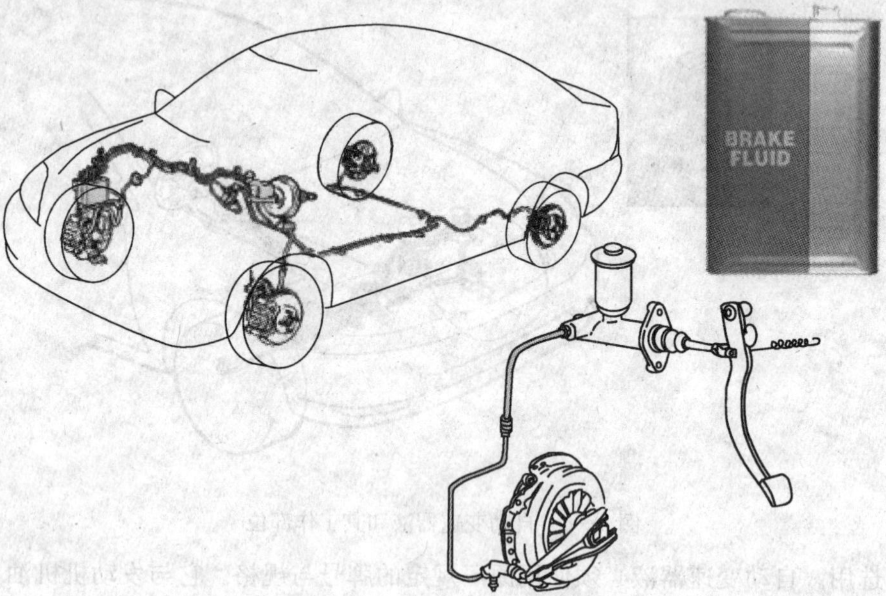

图 5—7　制动液和其工作位置

各种制动液的沸点和湿沸点见表 5—2。

表 5—2　　制动液的沸点和湿沸点

项目＼类型	DOT3（SAE J1703）	DOT4	DOT5	SAE J1702（极冷区域）
沸点℃（℉）（水含量 0）	205（401）或更多	230（446）或更多	260（500）或更多	150（302）或更多
湿沸点℃（℉）（水含量 3.5%）	140（284）或更多	155（311）或更多	180（356）或更多	—

（4）选用。应该按照制动器结构和工作温度的极限值进行选择。在目前的技术经济条件下，中、小型乘用车上绝大多数使用 DOT3、DOT4 型制动液。

4. 防冻液

（1）作用。具有防冻、防锈、防腐、提高沸点和传递热量的作用。

（2）成分。LLC 是一种冷却剂，其中主要成分为乙二醇，适用于各个季节（见图 5—8）。

（3）使用。LLC 浓度越大，防冻液就越难以结冰。然而，如果 LLC 浓度过大，其性能会下降。防冻液浓度标准和结冰温度如下：

1）使用浓度为 30%，结冰温度为－16℃。

2）使用浓度为50%，结冰温度为－35℃。

图5—8 LLC冷却剂

学习单元2 发动机的一级维护作业

学习目标

➤1. 了解机油和空气滤清器、机油滤清器的作用、类型和更换间隔。

➤2. 知道冷却液的检查与补充方法。

➤3. 知道传动带的检查与更换方法。

➤4. 掌握更换机油和机油滤清器的工艺。

知识要求

一、更换发动机机油和三滤

1. 更换机油和机油滤清器

行驶里程每达到5 000 km应更换一次发动机机油。

当气温低于20℃时，排放机油工作应在热车熄火不久后进行，以便充分排放。

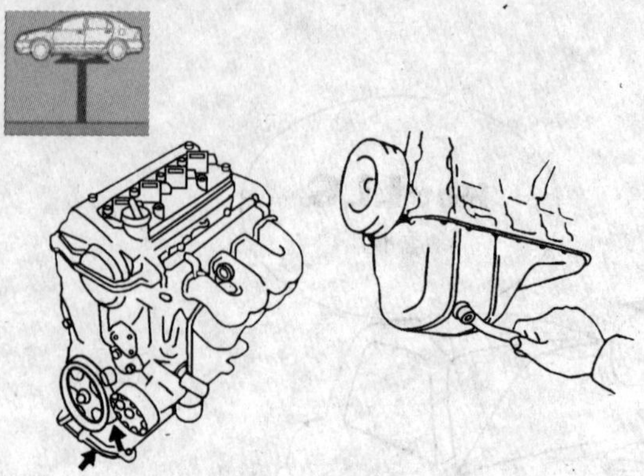

图 5—9　排放机油

（1）举升车辆。在车辆举升前，打开机油加注口盖，同时检查发动机上部有无漏油痕迹。如图 5—9 所示，举升车辆。

检查下述区域有无漏油痕迹：

1）曲轴前油封。

2）油底壳垫和放油螺塞。

3）其他结合面及管路。

（2）放机油

1）拆下放油螺塞和密封垫圈。

2）将旧机油放入机油回收器内。

3）放完油后安装带新密封垫圈的放油螺塞，根据维修手册的规定力矩拧紧。

（3）更换机油滤清器

1）用机油滤清器扳手拆下机油滤清器。

2）检查和清洁机油滤清器安装表面。

3）在新的机油滤清器密封垫圈表面涂上干净的机油。

4）用手将机油滤清器旋至密封圈与底座接触。

5）用机油滤清器扳手再紧固 3/4 圈。

说明：在某些类型的发动机上，要从发动机舱更换机油滤清器。

（4）加注机油。如图 5—10 所示，放低车辆，从机油加注口加入规定量的机油。

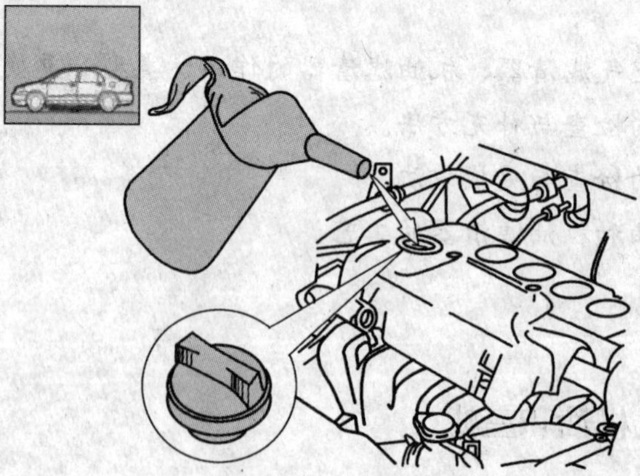

图 5—10　加注机油

切勿加注过多机油，一般更换滤清器加注 4.2 L，不更换滤清器加注 4 L。

2. 检查及更换空气滤清器

空气滤清器位于进气道的入口处，在行车的过程中，空气中的尘埃、水分、油污被空气滤清器滤芯过滤。空气滤清器中的滤芯可滤去空气中 98%～99%的污物。

当纸质滤芯吸附了过多的污物后就会发生堵塞，进气量就会下降，发动机功率会降低，此时就应更换空气滤清器滤芯。

(1) 拆卸程序

1) 断开进气温度传感器电气连接器。

2) 断开空气流量传感器电气连接器。

3) 松开进气管、空气流量传感器软管卡箍。

4) 拆卸进气管、空气流量传感器总成。

5) 从节气门体和空气滤清器盖上小心拆卸进气软管。

6) 拆卸 2 个壳体盖紧固卡箍。

7) 拆卸空气滤清器盖并小心拆卸空气滤清器滤芯（见图 5—11）。

8) 检查壳体盖密封总成和空气导管是否损坏，若发现故障应进行必要的更换。

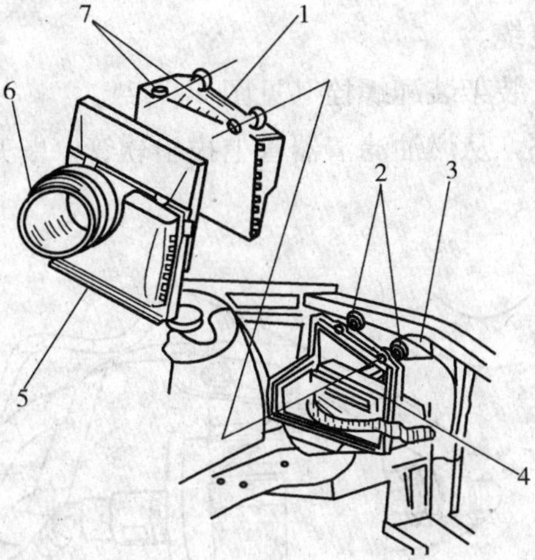

图 5—11　空气滤清器

1—后壳体　2—固定孔　3—前壳体　4—滤芯
5—滤清器盖　6—空气导管　7—螺栓

(2) 安装程序

1) 将空气滤清器滤芯小心安装到空气滤清器壳体上。

2）重新安装壳体盖并重新安装壳体盖紧固螺钉。

3）将进气软管重新小心安装到节气门体和空气滤清器盖上。

4）紧固进气软管卡箍。

5）重新安装进气管、空气流量传感器总成。

6）紧固进气管、空气流量传感器软管卡箍。

7）连接空气流量传感器电气连接器。

8）连接进气温度传感器电气连接器。

3. 检查及更换汽油滤清器

燃油系统有压力。为避免漏油和伤人或起火，在断开燃油管路前必须释放燃油系统压力。

（1）释放燃油系统压力

1）拧开燃油箱盖。

2）从发动机熔丝盒中拆卸燃油泵熔丝 Ef18。

3）起动发动机并使发动机失速。

4）再转动发动机 10 s。

（2）拆卸燃油滤清器

1）断开蓄电池负极电缆。

2）拆卸燃油滤清器安装架装配螺栓（见图 5—12）。

3）前移油管接头锁环，从燃油滤清器管上拔出软管，断开进出油管。

4）拆卸燃油滤清器。

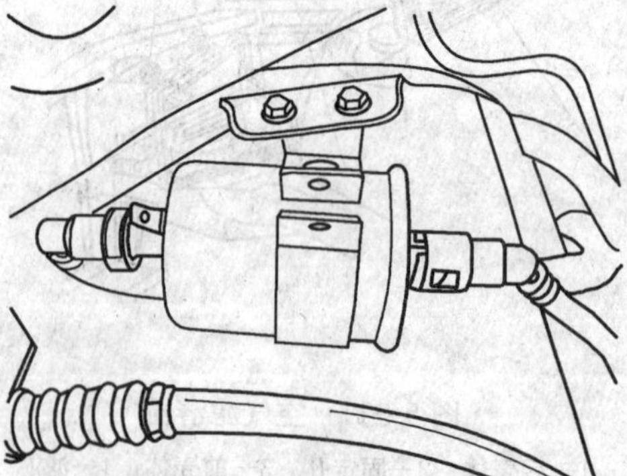

图 5—12　拆卸燃油滤清器安装架装配螺栓

（3）安装程序

1）将新燃油滤清器装入固定卡箍。

2）安装燃油滤清器。

3）连接进出油管。用接头锁环紧固油管。

4）安装燃油滤清器盖。

5）安装燃油滤清器安装架装配螺栓及燃油滤清器搭铁。紧固燃油滤清器安装架装配螺栓，拧紧力矩为 4 N·m。

6）连接蓄电池负极电缆。

（4）起动发动机，检查滤清器是否有泄漏。

二、发动机的检查作业

1. 冷却液的检查与补充

（1）就车检查冷却系。热车检查冷却系时，即使点火开关关闭，电动风扇也可能突然转动。热车打开加液口盖时要预防冷却液因压力过高而喷出伤人。

1）检查冷却液泄漏（见图 5—13）。冷却液损失首先是泄漏造成的，在这种情况下仅补充冷却液是不能解决问题的。应当模拟在发动机热车工作状态下的情况来检查冷却液泄漏情况。

拆下带压力阀的加液口盖，把冷却系测试仪装到加液口处，加压至 108 kPa（1.1 kgf/cm^2），10 s 内压力应不下降。如有下降，应仔细观察何处泄漏。

2）检查储液罐液面。液面应在 LOW 和 FULL 两线之间（见图 5—14）。若低于“LOW”线，则应检查有无泄漏，再补充防冻液至“FULL”线。

3）检查发动机冷却液品质。拆下散热器盖，检查盖上及加注口上有无过多的沉积物。如果冷却液中有机油或过脏，则应更换冷却液。

例如：大众车使用红色的 G12 型防冻液，如果储液罐中液体变为褐色，说明 G12 同其他类型冷却液混合了，这种情况下必须立即更换冷却液。

（2）更换冷却液

1）放出冷却液（见图 5—15）。在发动机下部放好接水盆，松开散热器排放塞，拆下散热器盖，松开汽缸体上的排放塞。

2）加注冷却液

① 上紧散热器排放塞和汽缸体排放塞（拧紧力矩为 13 N·m）。

② 从储液罐加注口处加入防冻液。

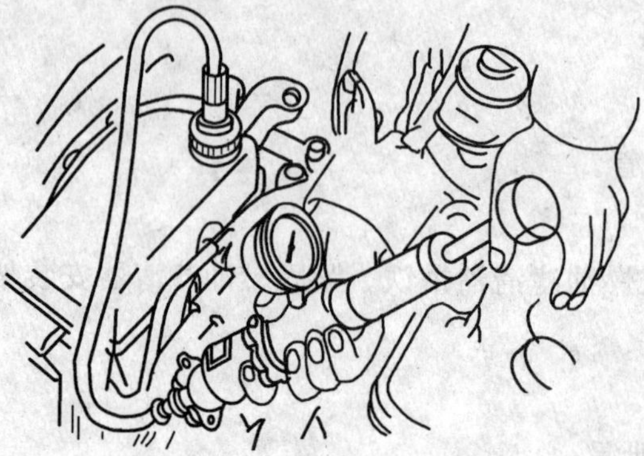

图 5—13 检查冷却液泄漏

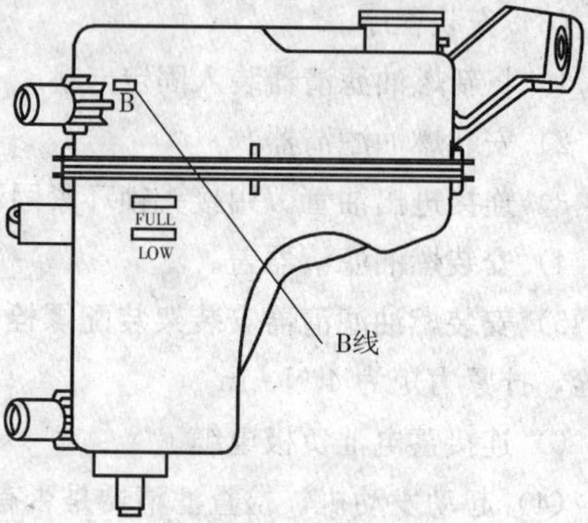

图 5—14 储液罐液面

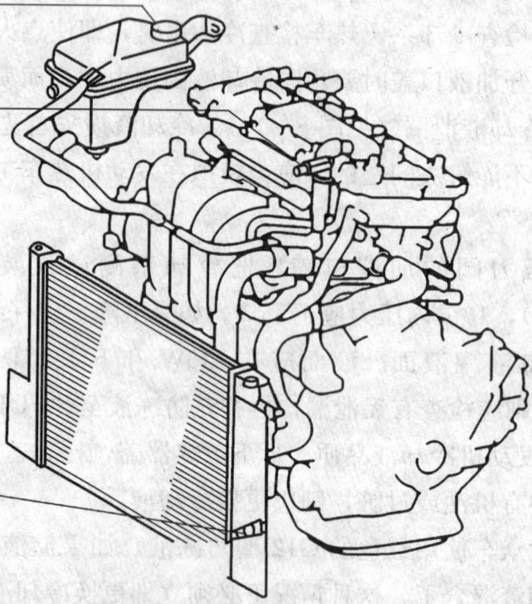

图 5—15 排放塞位置

标准容量见表 5—3。

表 5—3 冷却液容量

项 目	容 量
发动机冷却液	手动变速驱动桥为 5.6 L
	自动变速驱动桥为 5.5 L

③ 从加液口处将防冻液加至 B 线。用手挤压散热器进出水软管一些时间，并检查冷却液面。如过低，则再添加。

④ 从冷却系中排出空气

a. 前提。A/C 开关应关闭，将空调温度调至 MAX（热），空调鼓风机设置于 LOW（低速）。预热发动机直至节温器打开。再用下列循环至少工作 7 min：3 000 r/min 工作 5 s，怠速工作 45 s。

b. 方法。用手挤压散热器进出水软管一些时间，以便从冷却系中排出空气。

⑤ 发动机冷机后检查储液罐中的液面，应在 FULL 与 LOW 之间，冷却液液面若低于 LOW 线应加至 FULL 线。

2. 传动带的检查与更换

(1) 传动带检查。传动带没有破裂并不意味着没有问题。随着传动带越用越旧，它拉伸的程度势必超过张紧装置能够补偿的范围，因而产生打滑。而带齿磨损、有润滑油附着等也会导致打滑。检查时，如果传动带有硬度降低、磨蚀、纤维断裂、有裂纹和裂缝的现象，就表明传动带已破损，不可以继续使用。接下来，检查张紧轮。损坏的张紧轮能烧毁传动带，并加剧传动带带齿的磨损。

如今大多数发动机都带有传动带张紧自动调节机构，但也有些发动机是带手动调整装置（如普桑），但调节器本身是自动的。尽管为了测量准确可以采用张力计，但是用工具测量时，首先要拆卸传动带外壳，再把张力计放在带轮之间进行测量，这种检查在许多发动机舱内不能进行。因此，最好还是通过感觉来判断传动带的松紧度。检查时，用手指按下传动带的中部，如能按下 13 mm 以上，则认为传动带太松。

如果已查明传动带松弛，那就有可能是传动带拉伸过度，或者是自动张紧装置松弛或卡住，还有就是张紧弹簧断裂。问题发现得早，也就是在传动带转动松弛或还没有咬合传动带带齿时，那就应该对张紧装置复位，或者拧紧定位螺钉。如果传动带有跳动的现象，就应该及时更换。

如果传动带相当紧，可以用粉笔或胶带纸在传动带背面做个记号，然后用手转动发动机，检查整个传动带。查看传动带带齿是否有磨损或剪切，传动带侧壁有无裂纹（尤其是传动带带齿边缘），传动带背面是否有裂纹，以及有无任何油迹、油脂或冷却剂浸湿的痕迹。

如果出现上述任何一种现象都应该更换传动带，而且还应查明产生上述问题的根本原因，并予以排除。当然，油迹、冷却剂印迹等可能是人为的，而非渗漏所致。但是，传动带外壳有衬垫密封，它们会被渗漏的液体腐蚀，而传动带的外壳罩也有可能因卷曲而变形。

传动带带齿受损常常发生在传动带张力低（即使传动带没有明显的松弛）、带轮凹槽内有污物的时候。这时应再检查一下发动机前端相应衬垫的密封性。但是，如果张紧装置提供的张力过大，或者提供的张力适度而张紧装置未校准，两者都有可能使传动带带齿和传动带背面破裂。张紧装置未校准将导致传动带带齿不均匀磨损，并产生噪声。这虽不是传动带的典型故障，但它警示了张紧装置未校准这一问题。

（2）传动带更换

1）先拆卸冷却液储液罐（见图 5—16）。

2）从散热器溢流颈口的管接头上拆卸冷却液储液罐卡箍和软管。

3）从减振器双头螺栓处拆卸冷却液储液罐螺母。

4）从减振器下端支架双头螺栓上取下冷却液储液罐。

5）泄放冷却液储液罐内的冷却液。

6）将传动带张紧器从传动带上抬起并旋转，再将其拆下。

7）拆卸传动带（见图 5—17）。

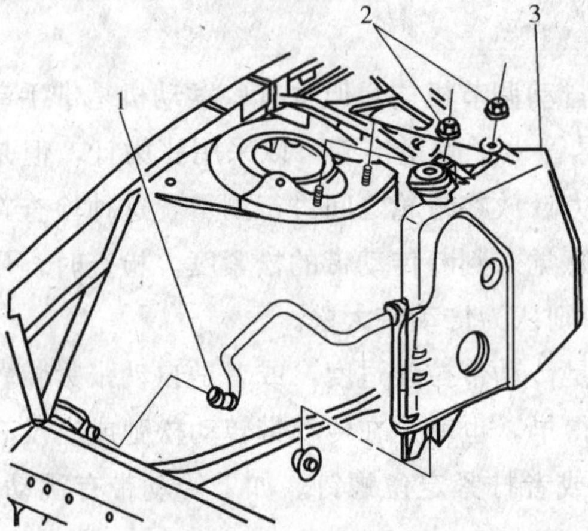

图 5—16　冷却液储液罐

1—卡箍和软管　2—螺母　3—储液罐

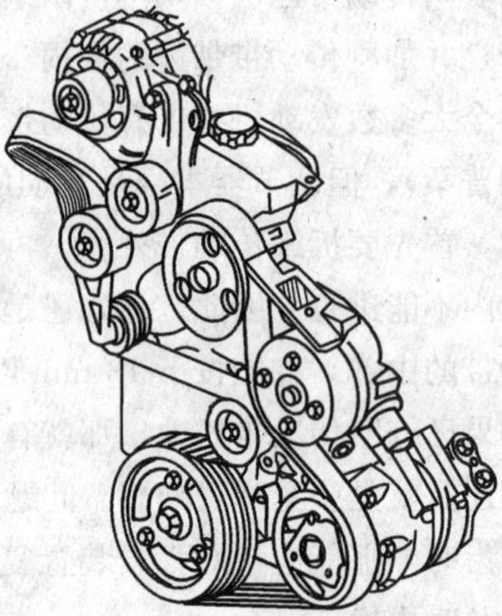

图 5—17　传动带

（3）安装传动带

1）套上传动带。

2）检查传动带和传动带系统。确保传动带与附加传动带带轮的相应凹槽对齐。

3）确保传动带传动路线正确。必须保证传动带套在各带轮和张紧轮之间。如套错则不可能可靠地驱动附件，同时传动带也会损坏。

4）抬起并旋转传动带张紧器，将传动带安装到传动带张紧轮下部。

5）检查传动带张紧器上的长度标度，以确定安装长度是否合适。

技能要求

更换发动机机油和机油滤清器

操作内容：

(1) 举升车辆。

(2) 更换机油滤清器。

(3) 按使用条件选择适合本车辆发动机的机油，并更换发动机机油。

(4) 举升设备还原。

教学目标：

(1) 了解更换机油的流程和规范。

(2) 掌握更换机油的作业方法。

(3) 学会选择机油。

(4) 具备优质服务的意识和安全意识。

实训设备与器材：

(1) 整车（乘用车）、举升设备（常用规格）。

(2) 机油（质量等级为 SE \ SL \ SG，黏度等级为 10W－30 \ 15W－40 \ 20W－60 的组合，共 9 种机油）。

(3) 滤清器套筒、机油收集器、油底壳螺栓垫片（与整车配套规格）。

(4) 扭力扳手 2 把（0～25 N·m 和 10～100 N·m）及组套工具。

(5) 防护三件套、叶子板布和前格栅布、手套。

操作步骤：

步骤 1　准备工作

(1) 打开左侧前车门，戴上转向盘套、变速杆手柄套和座位套（见图 5—18）。

(2) 打开左侧前车门，拉动发动机机盖手柄，打开机盖保险钩，掀起发动机机盖，用撑杆固定机盖，再把左右两侧翼子板护垫贴在翼子板上（见图 5—19）。

步骤 2　排放旧机油

(1) 旋开发动机加机油盖并放置在加注口上，合上发动机机盖（见图 5—20）。

(2) 安装举升机 4 个举升摇臂脚支撑座，将其放置在车辆底部的规定位置，举升车辆开始上升离地后应立即停止，依次检查举升机 4 个举升摇臂脚和车辆底部举升位置是否到

图 5—18　安装三件套

图 5—19　安放护垫

图 5—20　机油盖位置

位正确，在车前上下按动车辆数次，确定车辆安全固定在摇臂支撑脚上，确认无误后，举升车辆至适当高度，锁好举升机的保险（见图 5—21）。

在举升车辆时无关人员不能靠近，车辆应安全固定在摇臂支撑脚上。举升车辆至适当高度，锁好举升机的保险方可进行操作。

（3）把机油收集装置的小车推至车下油底壳处，拆去油底壳下的放油螺塞（见图 5—22），将废机油排放到机油收集装置内。

（4）机油排放后，更换新的放油螺塞垫片，按规定拧紧力矩装复放油螺塞。

提示：小心不要烫伤，油不要溅出收集装置。

步骤 3　更换机油及机油滤清器

（1）用机油滤清器扳手拆下旧的机油滤清器（见图 5—23）。

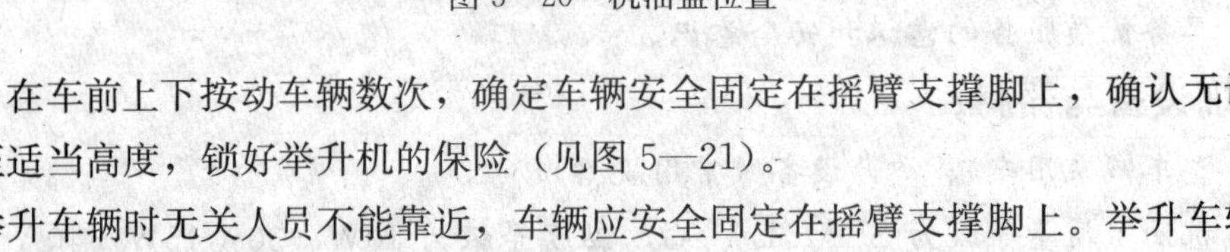

图 5—21　举升车辆

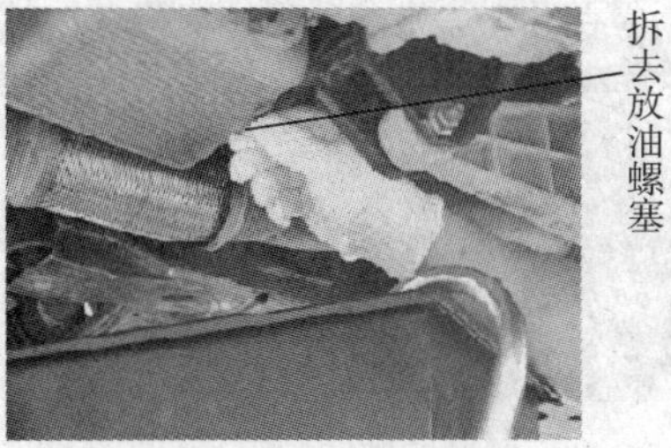

图 5—22　拆去油底壳下的放油螺塞

图 5—23　机油滤清器位置

（2）在新的机油滤清器安装密封面上涂抹新的机油并装复机油滤清器。先用手旋紧，再用扳手拧紧至规定力矩（见图 5—24），清洁机油滤清器和油底壳放油螺塞周围的油渍，清理地面，推出机油收集装置。

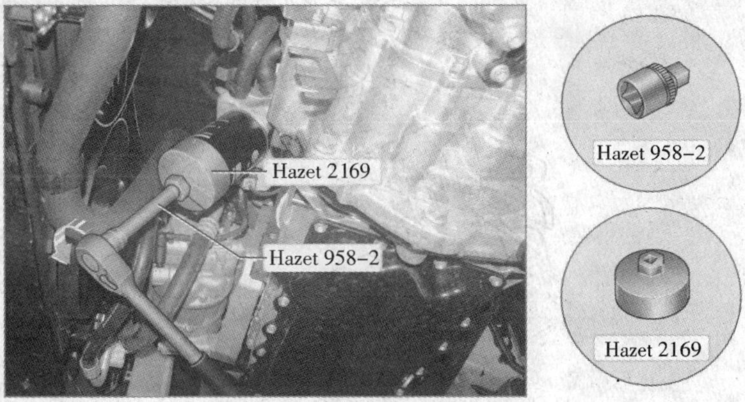

图 5—24　装复机油滤清器

（3）选择合适的机油。机油的选择按照黏度和质量标准进行。如上海地区夏季的别克凯越必须使用 API 标号 SJ 级或 SJ 级以上的机油。黏度为 SAE 5W—40，机油加注量为 3.8 L。

（4）加注机油（见图 5—25）。下降车辆至地面，再次打开发动机舱盖，按规定数量加注机油。

步骤 4　检查

（1）加好后，旋紧发动机机油盖，稍等片刻，拔出机油尺，检查机油油位是否在规定范围（见图 5—26）。

（2）起动发动机，检查是否有泄漏。

（3）工具和三件套复位。

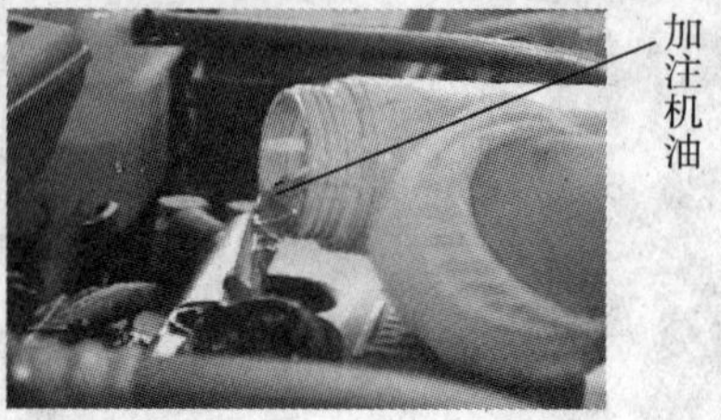

图 5—25　加注机油

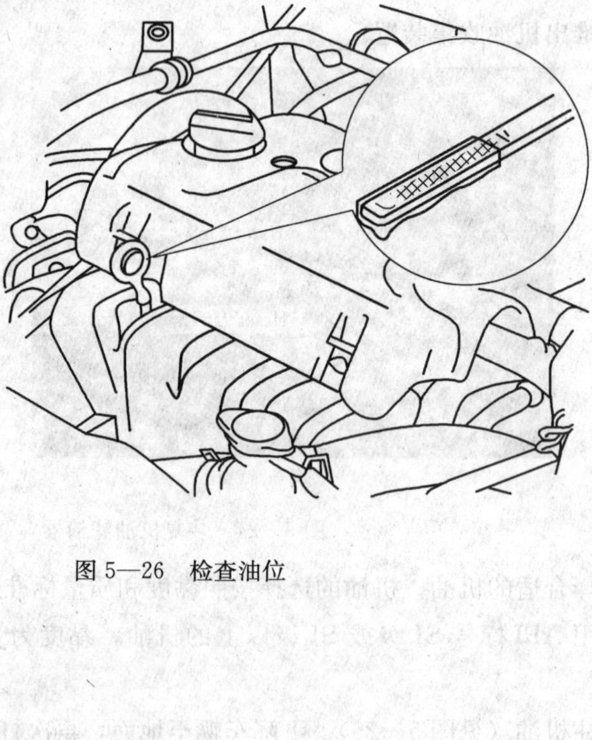

图 5—26　检查油位

第 3 节　底盘的一级维护

学习单元 1　底盘的检查作业

学习目标

➢ 1. 知道制动液的检查与更换方法。

➢ 2. 知道转向机构的检查项目和方法。

➢ 3. 知道轮胎的检查与换位方法。

➢ 4. 掌握 ATF 的检查与补充操作方法。

➢ 5. 掌握轮胎换位操作规范。

知识要求

一、ATF 的检查与补充

1. 检查自动变速器桥

(1) 检查油液有无渗漏。确保没有液体从传动桥的任何部分渗漏，如图 5—27 中箭头所示。

1) 壳体接触面。

2) 轴和拉索伸出的区域。

3) 油封。

4) 管道和软管接头。

(2) 检查自动变速器液冷却软管有无裂纹、隆起及其他损坏。

(3) 检查 01N、01M 自动变速器液液位

1) 检查条件

① 变速器未处于紧急运行状态，ATF 温度不高于 30℃。

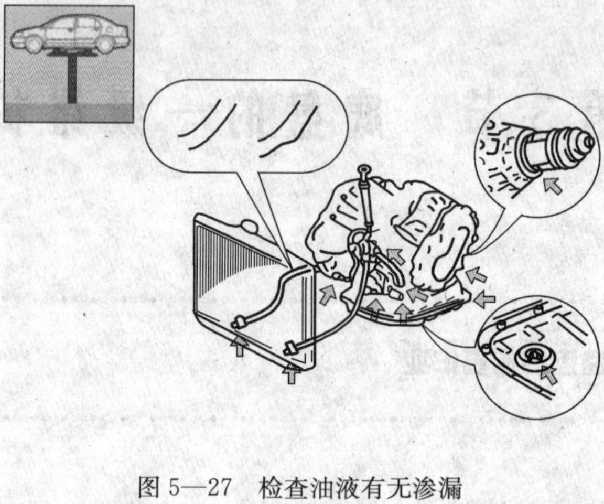

图 5—27　检查油液有无渗漏

② 汽车水平放置。

③ 换挡杆位于 P 挡。

2）检查过程

① 拆下油底壳护板。

② 把储液容器 V. A. G1924 固定在汽车上。

③ 起动发动机，连续在各挡位挂挡运转，使 ATF 的温度升高，达到 35～45℃。

④ 如图 5—28 所示，拆下油底壳上的 ATF 检查孔螺塞，溢流管内的 ATF 应会流出。

如果 ATF 从孔中滴出，不需要补充 ATF。在密封螺塞上安装新的密封圈，并且拧紧至 15 N·m，ATF 检查工作结束。

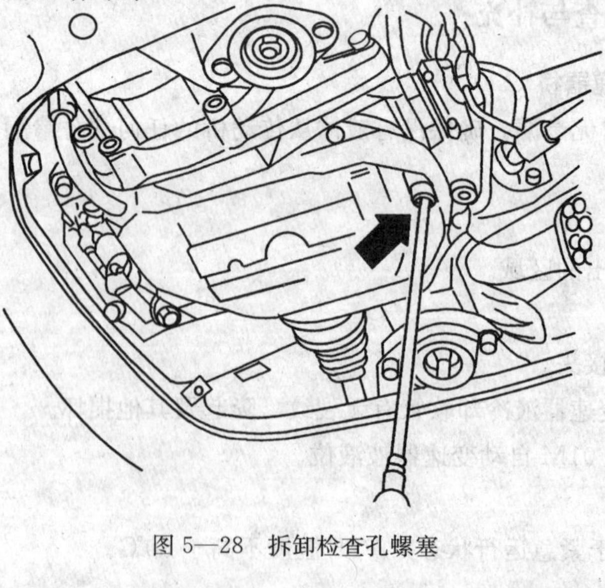

图 5—28　拆卸检查孔螺塞

如果 ATF 从孔中流出的仅是溢流管内的，应补充 ATF。

2. 补充 ATF

（1）用旋具撬去密封塞的防松盖（见图 5—29）。由于防松盖锁止装置被损坏，所以每次都应更换新的防松盖。

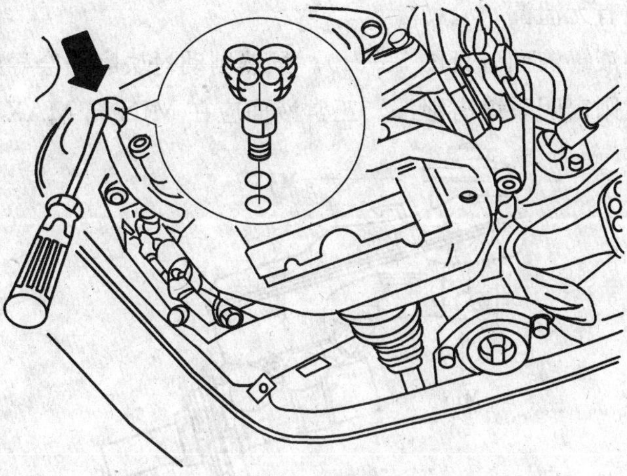

图 5—29　密封塞位置

（2）拔出注液管中的密封塞。

（3）用 V. A. G1924 注入 ATF，直到 ATF 从检查孔中流出（见图 5—30）。ATF 加注量不足或过多均会影响变速器的功能。

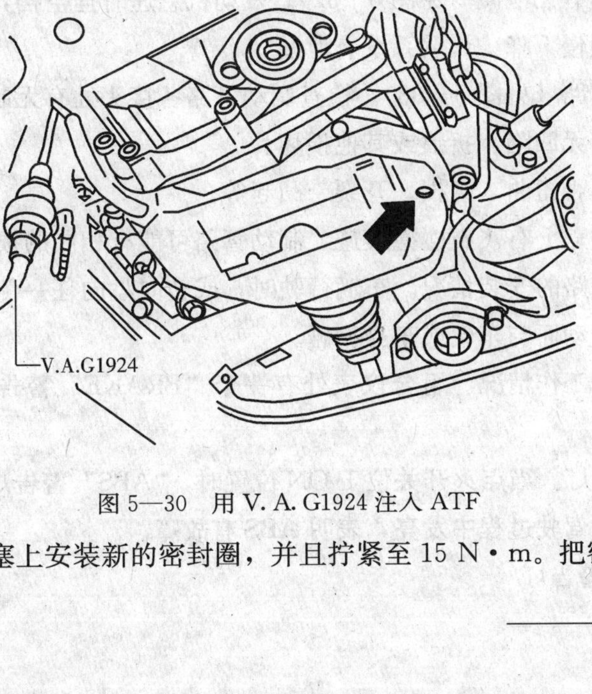

图 5—30　用 V. A. G1924 注入 ATF

（4）在液位密封塞上安装新的密封圈，并且拧紧至 15 N·m。把密封塞装入加注管并且用一个新的防松盖锁定。

二、制动液的检查与更换

1. 就车检查制动系

（1）检查制动系有无泄漏。

（2）检查总泵储液罐液面（见图 5—31）。虽然制动衬块磨损会导致储液罐液面轻微下降，但若液面过低，则表明系统有泄漏。正常液面应在 MIN 与 MAX 两线之间。

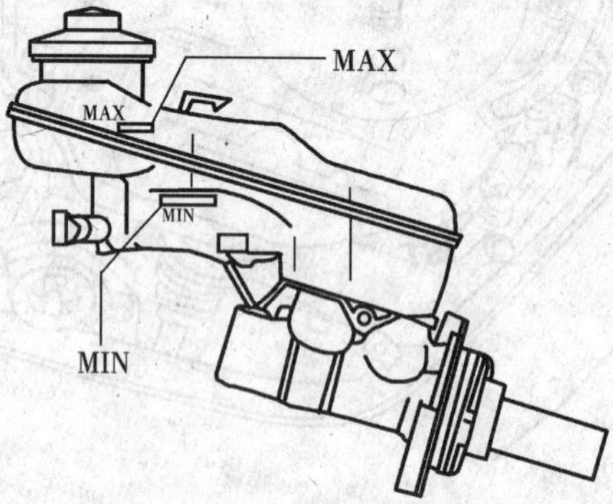

图 5—31　总泵储液罐液面

（3）检查总泵。检查总泵铸造壳体是否开裂或有泄漏，有一滴制动液外漏都表明有泄漏。仅潮湿属于正常。

（4）怠速时检查有无泄漏（见图 5—32）。发动机怠速时挂空挡，脚用恒定力踩住制动踏板，如果踏板会慢慢下降，说明系统有泄漏。

（5）检查制动管路（见图 5—33）。检查制动管路各接头处有无制动液渗漏。

检查制动管路有无凹陷、折痕或其他损坏。

检查制动软管是否扭曲、磨损、开裂、凸起等。

提示：如果防护盖上有飞石碰撞痕迹，制动管路可能有相同的损伤。

（6）检查制动管路的安装情况。车辆行驶时，或转向盘向任一侧面转到底时，制动管路和软管都不会因摆动而与车轮或车身相碰。

（7）检查警告灯工作情况。组合仪表处有一个“BRAKE”警告灯和“ABS”警告灯（见图 5—34）。

1）“ABS”警告灯。当点火开关位于 ON 位置时，“ABS”警告灯将闪亮 3 s 后自动熄灭。如该灯不灭或在驾驶过程中发亮，表明 ABS 有故障。

2）“BRAKE”警告灯

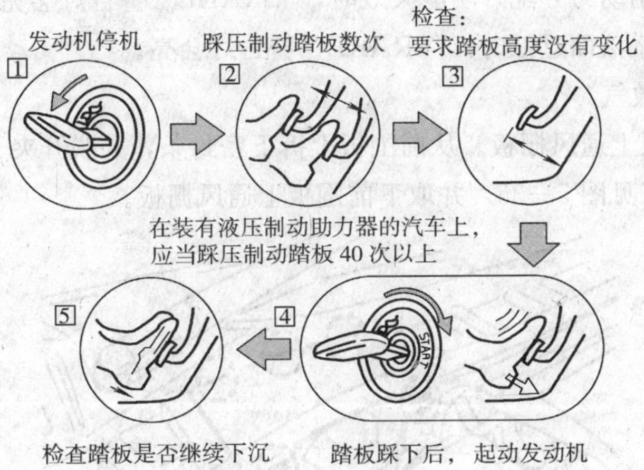

图 5—32　怠速时检查有无泄漏

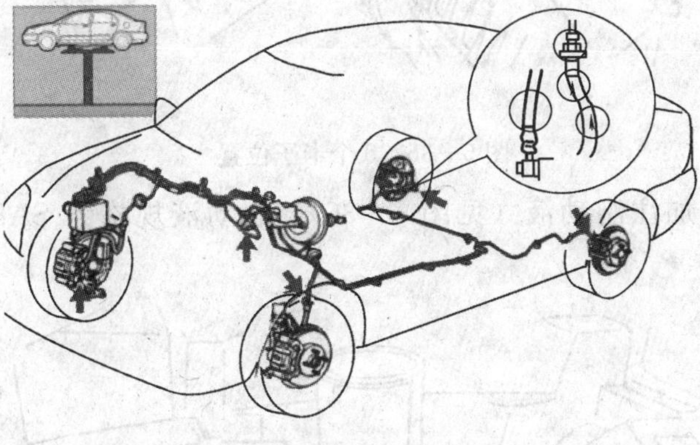

图 5—33　检查制动管路

图 5—34　警告灯

① 当点火开关位于“START”位置时，“BRAKE”灯亮起，当点火开关位于“ON”位置时，灯应熄灭。

② 使用驻车制动器时，“BRAKE”警告灯会亮，释放驻车制动器后，灯就熄灭。

③ EBD（电子制动力分配）功能失效时，“BRAKE”警告灯会亮。

④ 当总泵储液罐液面过低时，“BRAKE”警告灯会亮。

2. 制动系手工放气

（1）拆去前围板上通风栅板。从前围板上拆下密封条，并脱开夹子。

脱开 5 个卡子（见图 5—35）并取下前围板上通风栅板。

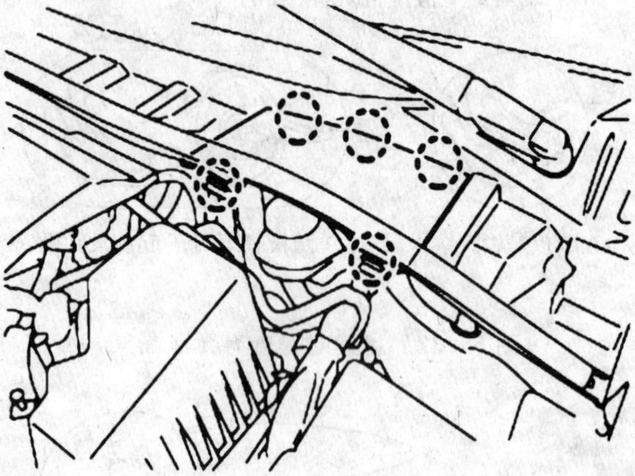

图 5—35　5 个卡子位置

（2）向储液罐中加注制动液（见图 5—36）。制动液规格为 SAE J1703 或 FMVSS No. 116 DOT3。

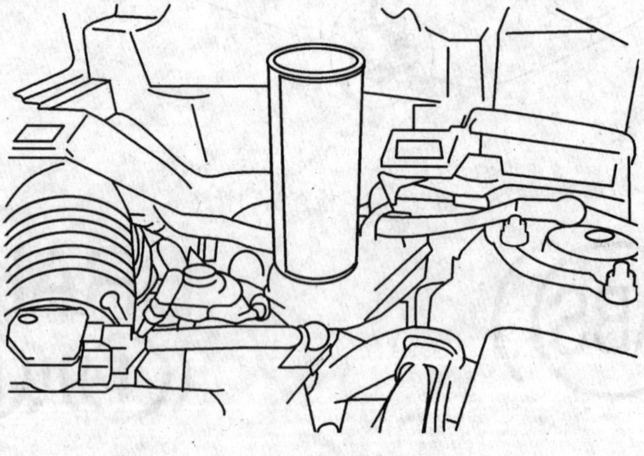

图 5—36　加注制动液

（3）制动总泵放气

1）用 10 mm 的管接头螺母扳手，松开制动总泵的 2 根管子（见图 5—37）。

2）慢慢踩下制动踏板并保持（见图 5—38）。

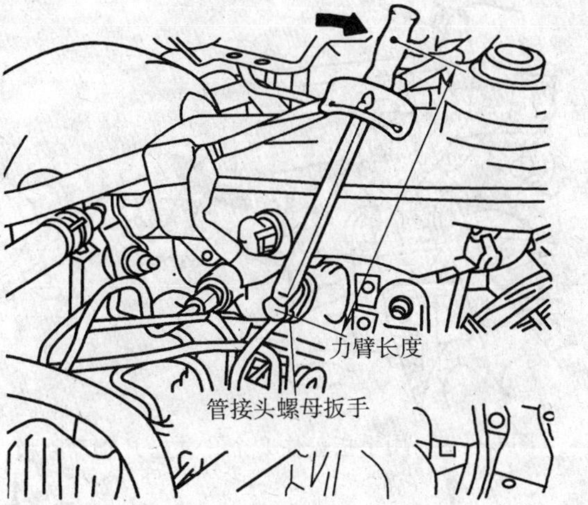

图 5—37　松开制动总泵的管子

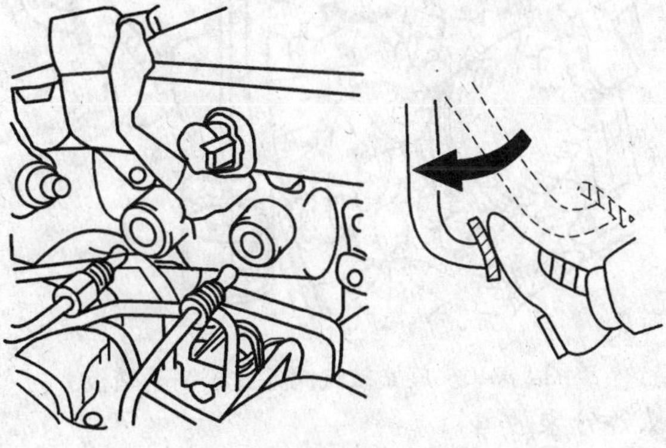

图 5—38　慢慢踩下制动踏板并保持

3）用手指盖住 2 个孔，并松开制动踏板（见图 5—39）。

4）重复前两个步骤 3～4 次。

5）用一个 10 mm 管接头螺母扳手把 2 根制动管装回总泵。

（4）制动管放气。顺序为由远而近，同一管路的先放。

1）把一透明软管套到放气阀上。

2）踩下若干次制动踏板，并在踩着踏板时放松放气阀。

3）在制动液即将停止流动时，旋紧放气阀，再放松制动踏板（见图 5—40）。

4）重复前两个步骤，直至放出的制动液中不再有空气。

5）彻底上紧放气阀。前放气阀拧紧力矩为 8.3 N·m，后放气阀拧紧力矩为 10 N·m。

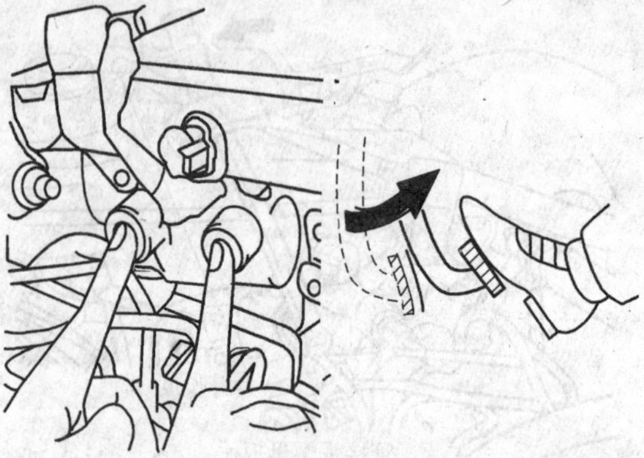

图 5—39　用手指盖住 2 个孔并松开制动踏板

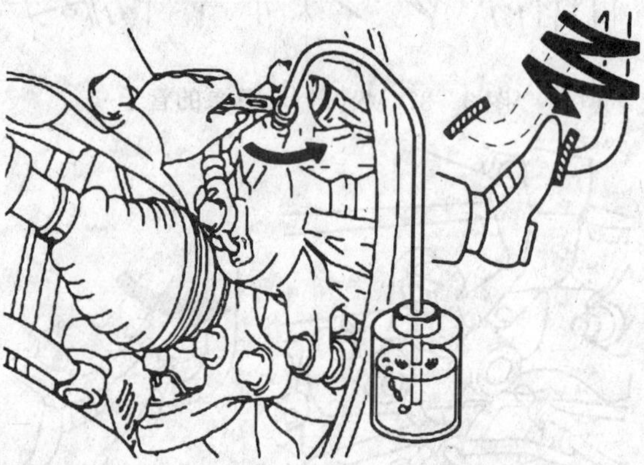

图 5—40　旋紧放气阀并放松制动踏板

6）重复上述程序从各分泵放气。

（5）检查制动液泄漏。

（6）检查制动液液面。如不足应补充制动液。

三、转向机构的检查

1. 转向盘自由行程的检查

在动力转向系中，要使车辆在直行位置并在起动发动机情况下检查。

向左、右轻轻转动转向盘至车轮快转动时，用一把直尺测量自由行程。

最大自由行程为 30 mm（见图 5—41）。

2. 检查转向机构松动和摆动

用两手握住转向盘，轴向、垂直地或者向两侧移动转向盘，确保其没有松动或者摆动。

如果配备有可倾斜或可伸缩的转向盘，要在转向盘整个移动范围内检查松动情况。

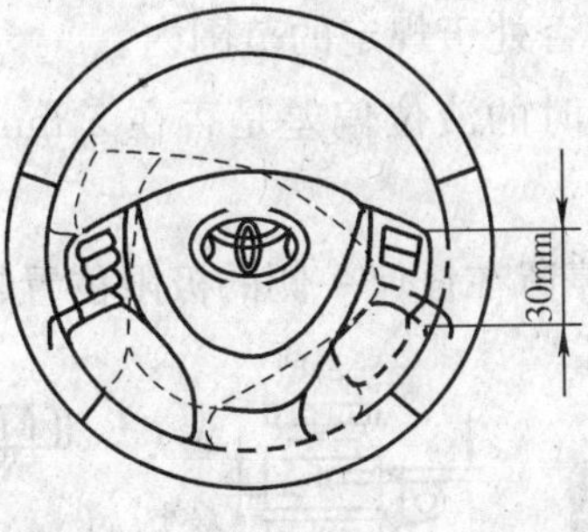

图 5—41　检查转向盘自由行程

当点火开关钥匙转到 ACC 位置时，转向盘应没有锁定（可自由转动）。

3. 手动转向机的检查（见图 5—42）

检查转向机壳处是否有润滑油或润滑脂渗漏。

对于齿轮—齿条式转向机，转动轮胎使转向盘向左转和向右转，以检查齿条防尘套有无裂纹或破损。

4. 动力转向液压装置的检查（见图 5—43）

（1）转向油渗漏。检查转向机壳、动力转向泵、油管及接头等处有无油液渗漏。

（2）裂纹和其他损坏。检查动力转向软管是否有裂纹或其他损坏。

5. 动力转向液的检查

（1）液位的检查（见图 5—44）

1）发动机怠速时，在保持汽车原地不动时转动转向盘数次，以便使动力转向液温度上升到 70℃左右。然后，把转向盘转到中间位置。

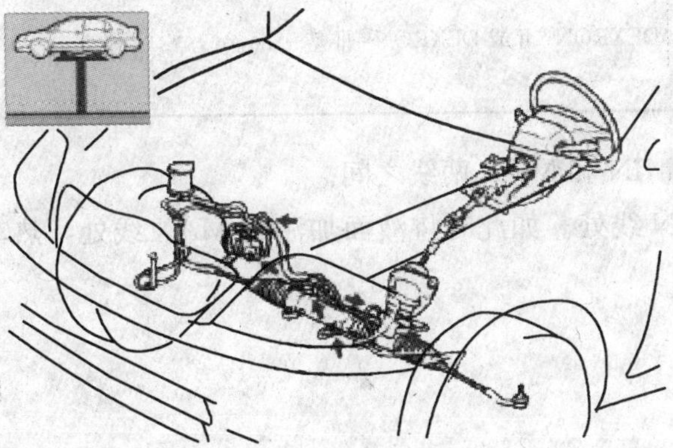

图 5—42　手动转向机的检查方法

图 5—43　动力转向液压装置的检查

2）停止发动机。

3）检查储液罐中的液位是否处于规定的范围内。

4）检查发动机运行和停止时的液位偏差是否在 5 mm 以内。此时，检查液体是否起泡或者乳化。

注意：不要使转向盘完全停留在任何一侧的极限位置超过 10 s。

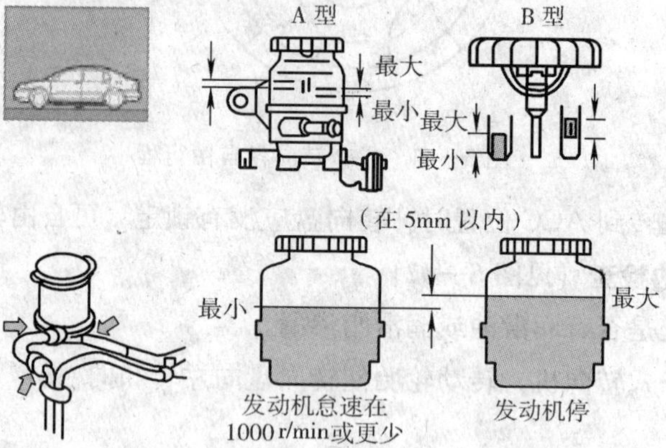

图 5—44　动力转向液液位的检查

（2）液体渗漏检查。检查与储液罐相连的软管是否渗漏。

（3）添加油液

1）动力转向液的规格。常见轿车的动力转向液规格见表 5—4。

表 5—4　　动力转向液的规格

车型	规　格
丰田	DEXRON® Ⅱ或 DEXRON® Ⅲ
通用	
大众	

2）当油温达到 70℃左右时，油液在 MIN 和 MAX 两线之间。

当油温在 20℃左右时，液面应在 MIN 线处。如此时将液面加注到 MAX 线处，热车转向时会有油溢出。

四、轮胎的检查

1. 检查裂纹或损坏（见图 5—45）

检查轮胎胎面是否有裂纹、割痕或其他损坏。

2. 检查嵌入金属颗粒或其他异物

检查轮胎胎面是否嵌入金属颗粒、石子或其他异物（见图 5—46）。

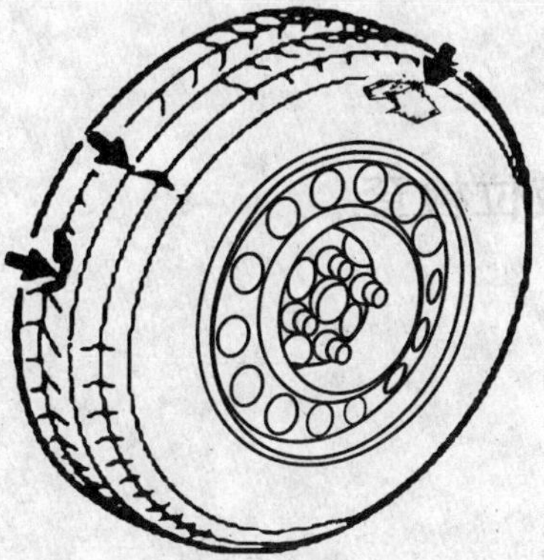

图 5—45　检查轮胎裂纹或损坏

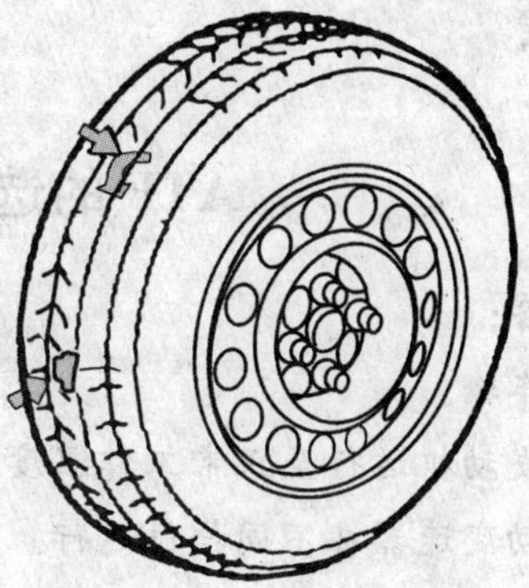

图 5—46　检查嵌入金属颗粒或其他异物

3. 检查胎面沟槽深度（见图 5—47）

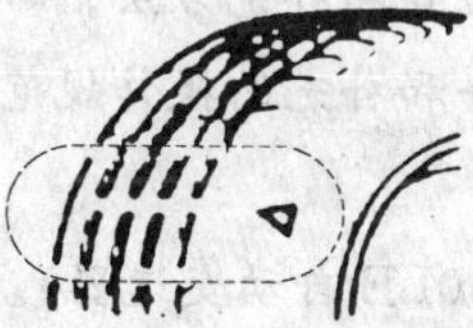

图 5—47　检查胎面沟槽深度

4. 检查轮胎气压（见图 5—48）

用轮胎气压表检查轮胎气压。

5. 检查轮胎漏气（见图 5—49）

检查气压后，通过在气门芯周围涂肥皂水检查是否漏气。

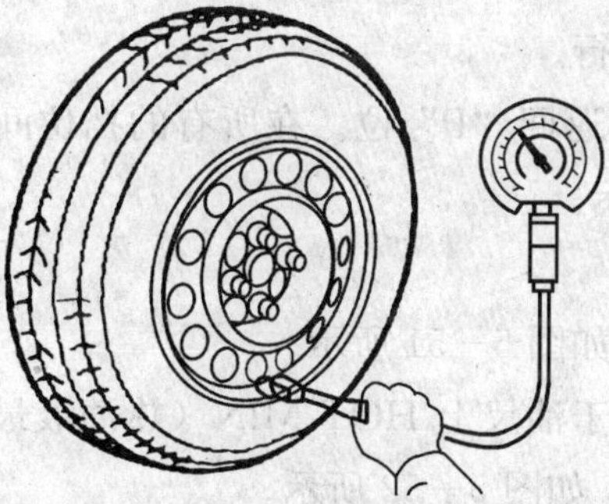

图 5—48　检查轮胎气压

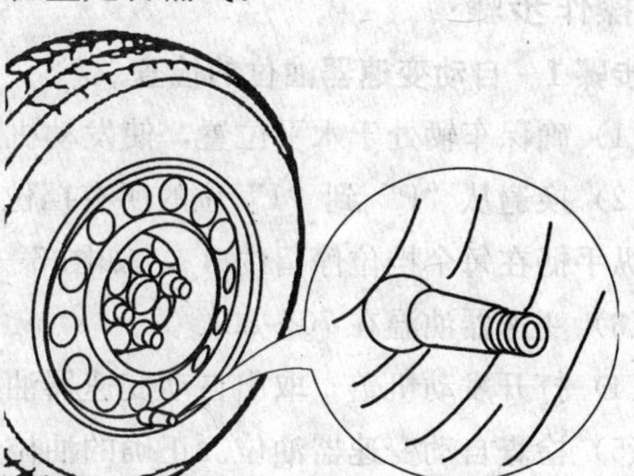

图 5—49　检查轮胎漏气

技能要求

ATF 的选择和液位检查

操作内容：

（1）举升车辆。

（2）起动发动机运行至正常工作温度。

（3）使自动变速器在不同挡位运行。

（4）检查 ATF 液位并按需添加 ATF。

（5）排放规定量的 ATF。

教学目标：

（1）了解自动变速器安装位置和连接。

（2）知道自动变速器油液的检查和补充方法。

（3）掌握自动变速器油液检查和补充的操作规范。

实训设备与器材：

（1）别克凯越整车（配 81—40LE 自动变速器）。

（2）ATF（乘用车常用规格）（4 桶常用规格，其中 1 桶适用于考试用车）。

（3）防护三件套、叶子板布和前格栅布（常用规格）。

（4）排放收集装置（常用规格）。

（5）清洁用具（常用规格）。

（6）机油压力表。

操作步骤：

步骤 1　自动变速器油位的检查

（1）确保车辆处于水平位置，使发动机怠速运行。

（2）换遍从“P”到“1”位的所有挡位，最后返回“P”位。在所有的挡位间切换并使操纵手柄在每个挡位停留约 3 s，如图 5—50 所示。

（3）变速器油温在 70～80℃。

（4）打开发动机盖，取出自动变速器油标尺，如图 5—51 所示。

（5）检查自动变速器油位。正确的油位必须介于油尺上 HOT MIN（热油液最低高度 2）和 HOT MAX（热油液最高高度 1）刻线之间，如图 5—52 所示。

步骤 2　检查油位线

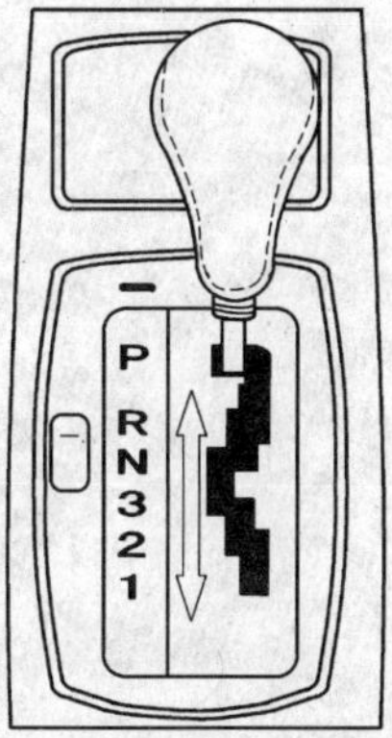

图 5—50　自动变速器排挡杆

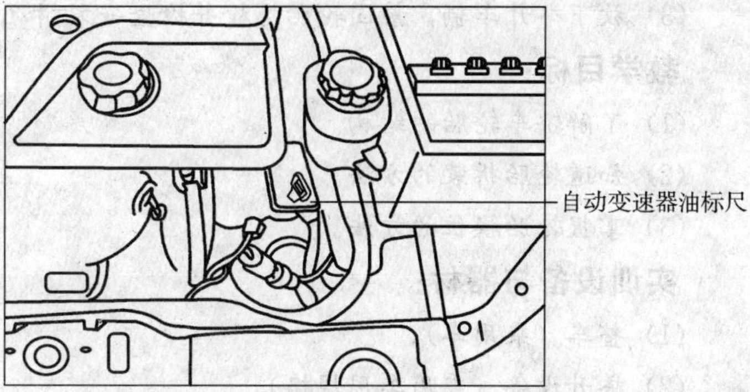

图 5—51　自动变速器油标尺位置

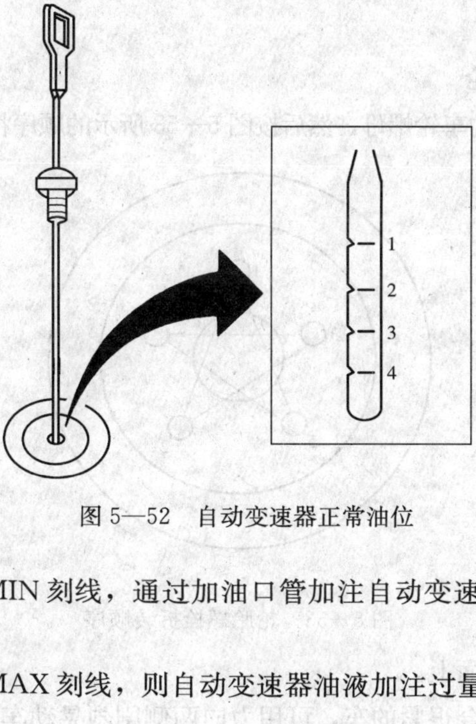

图 5—52　自动变速器正常油位

（1）如果油位低于 MIN 刻线，通过加油口管加注自动变速器油液并检查自动变速器是否漏油。

（2）如果油位超过 MAX 刻线，则自动变速器油液加注过量，通过储油盘放油螺塞放出部分油液。

轮 胎 换 位

操作内容：

（1）拧松轮胎螺栓，举升车辆。

（2）对轮胎进行检查，按需调整胎压并换位安装。

（3）放下举升车辆，紧固轮胎螺栓并检查安装情况。

教学目标：

（1）了解轿车轮胎的结构。

（2）知道轮胎拆装的方法。

（3）掌握轮胎换位的方法。

实训设备与器材：

（1）整车（乘用车）。

（2）举升设备（乘用车用规格）。

（3）轮胎扳手、轮胎气门芯扳手及气动工具等（常用规格）。

（4）常用工具。

操作步骤：

步骤 1　拆卸四个车轮

（1）紧固车轮上所有的车轮螺母，然后按图 5—53 所示的顺序将各车轮螺母松开两圈。

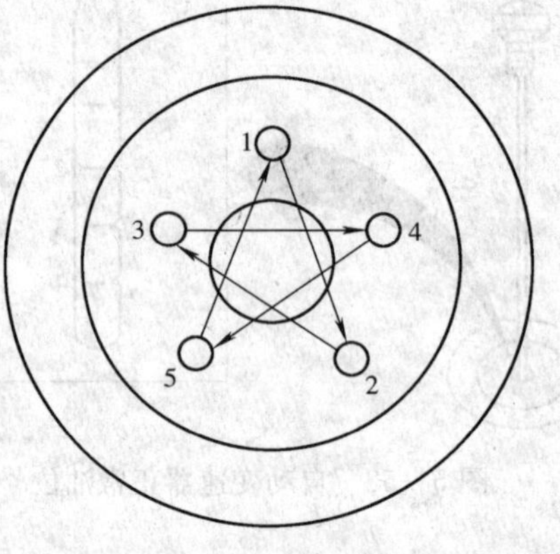

图 5—53　轮胎螺栓拆装顺序

（2）将车辆降低到地面上。

（3）对车轮与轮毂配合很紧的车，可用力向两侧剧烈晃动车辆使车轮松动，自动变速器车从行驶挡 D 换到倒挡 R，手动挡车移动变速杆让车辆向不同方向各移动 1～2 m 并迅速用力地踩下制动踏板以使车轮松动。

（4）使发动机熄火并举升车辆。

（5）车轮螺母必须以合适的扭矩顺序紧固，以避免车轮、制动盘或鼓变形。

（6）拆卸车轮螺母和车轮的时候，不可将铝质车轮竖直放置。应将未经修整的车轮背面放在柔软清洁的表面上。在拆卸安装过紧的车轮时，不可用力过大，例如锤击。而应当用手或橡胶锤轻敲轮胎侧壁。

步骤 2　四轮换位

根据图 5—54 所示位置，将拆下的车轮进行换位安装并根据规定力矩紧固螺栓。

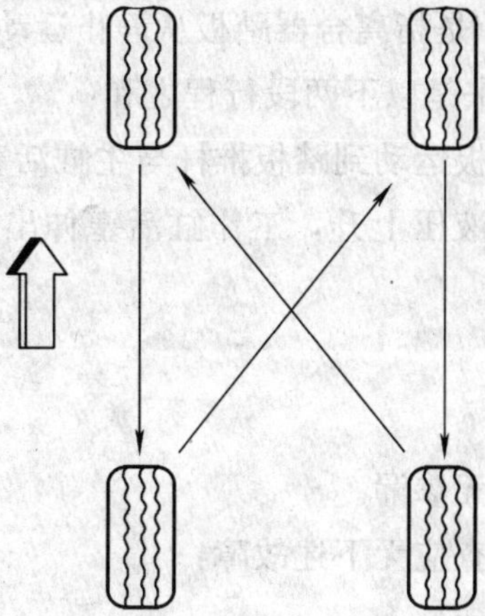

图 5—54　四轮换位

学习单元 2　底盘的调整作业

学习目标

1. 知道离合器自由行程检查和调整方法。
2. 知道制动踏板高度的检查与调整方法。
3. 知道制动踏板自由行程的检查与调整方法。
4. 知道驻车制动器操纵机构的检查与调整方法。
5. 能熟练进行驻车制动器的检查与调整作业。

知识要求

一、离合器自由行程的检查和调整

1. 概述

(1) 离合器踏板高度。如图 5—55 所示，离合器踏板位置到底板的行程称为离合器踏板高度。正确的离合器踏板高度既便于操作（把脚放上去），又能使踏板有足够的工作行程。但在车辆使用中离合器踏板高度会发生变化，在保养时应检查离合器踏板高度，如不符合规定，应予以调整。

（2）离合器踏板自由行程。是指离合器踏板从静止运动到分离轴承碰到膜片弹簧的这段行程（见图 5—56）。具体说来是以下两段行程之和：

1）用手指按压踏板时，踏板运动到踏板推杆与主缸活塞接触的行程。

2）踏板继续运动，使主缸液压上升，工作缸活塞伸出使分离轴承与膜片弹簧接触前的行程。

2. 离合器的检查和调整

（1）离合器的检查

1）检查主缸活塞推杆处应无渗漏。

2）踏下离合器踏板时，检查应无下述故障：

① 踏板回弹无力。

② 异常噪声。

③ 踏下时过轻。

④ 踏下时过重。

（2）离合器踏板高度调节。如图 5—55 所示，此时离合器踏板中心应与地板垂直。

如 2007 款卡罗拉踏板高度为 143.6～153.6 mm。

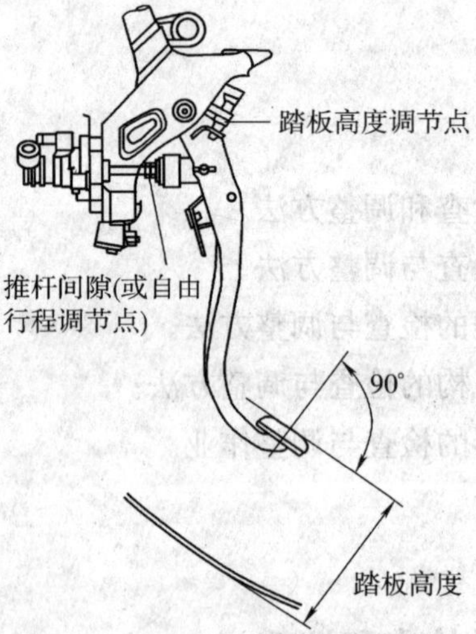

图 5—55　离合器踏板高度

如果高度不正确，应松开锁止螺母，转动止动螺栓（在图中“踏板高度调节点”处）

调节，并紧固锁紧螺母（拧紧力矩为 16 N·m）。

（3）离合器踏板自由行程的调节

1）检查踏板自由行程和推杆间隙是否正确（见图 5—56）。推杆间隙在踏板上反映为 1～5 mm，踏板自由行程为 5～15 mm。

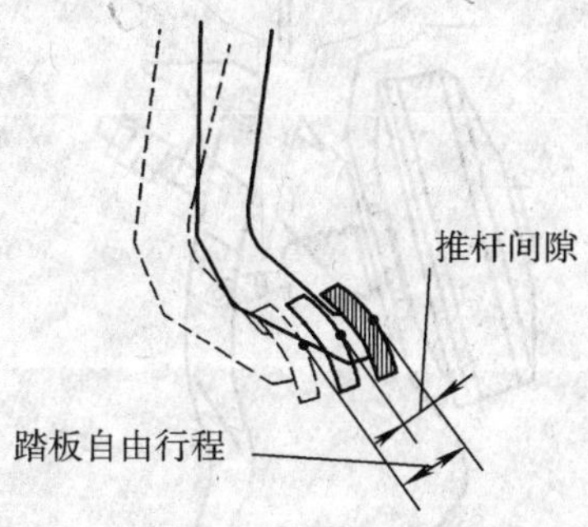

图 5—56　离合器踏板自由行程

2）离合器踏板自由行程和推杆间隙的调节。松开锁止螺母，转动推杆来调节自由行程（见图 5—55）。调好后上紧锁止螺母，再次检查踏板高度是否合乎规定。

（4）离合器分离点确定方法。发动机运转时，先稍踏下离合器踏板，手将挡位轻轻移向倒挡，此时因离合器无分离，会听到齿轮撞击声，同时慢慢踏下离合器踏板直至无撞击入挡，此点即为离合器分离点。

测量踏板全部行程结束点到离合器分离点间的距离，应不小于 25 mm。若这一距离过小，应首先检查和调整踏板高度、推杆间隙和踏板自由行程，如还不符合标准，则应对管路放气，检查离合器盖和离合器片。

二、制动踏板高度和制动踏板自由行程的检查与调整

1. 制动踏板状况检查

通过检查确认脚制动踏板无以下故障：

（1）制动踏板升起不足，工作时有噪声。

（2）制动踏板不灵敏、严重松旷。

2. 脚制动踏板高度检查与调整

（1）脚制动踏板高度检查。用直尺检查踏板高度（见图 5—57），如果不合规定，则要调整。如丰田 2007 款卡罗拉的制动踏板高度为 145.8～155.8 mm。

注意：此高度是从地板表面算起，而不是从地毯表面算起。

（2）制动踏板高度调整方法

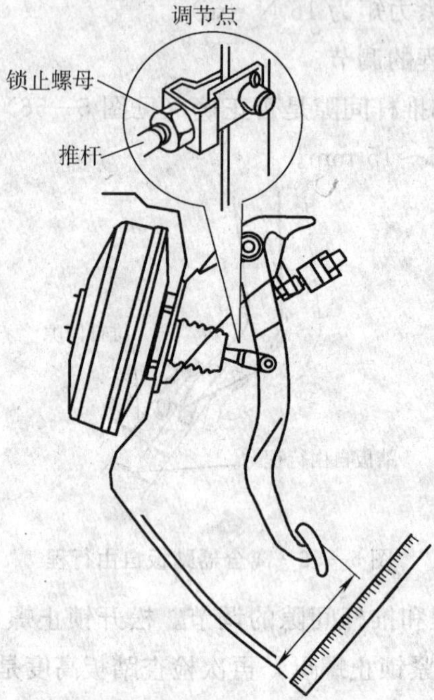

图 5—57　制动踏板高度

1）松开制动灯开关插头，拆下制动灯开关。

2）松开制动踏板推杆的锁止螺母，转动推杆来调整制动踏板高度。

3）用 26 N·m 扭矩旋紧拉杆锁止螺母。

4）装回制动灯开关，使开关刚好触及制动踏板。

3. 制动踏板行程余量检查

在发动机运转中、驻车制动器松开时，用 294 N（30 kgf）的力踩下制动踏板，然后用一把直尺测量踏板到地板的距离。

余量是指到地板钢板漆面的距离，而不是到地毯表面的距离。如果必须从地毯表面测量，则应加上地毯厚度。

如丰田 2007 款卡罗拉制动踏板行程余量见表 5—5。

表 5—5　　**卡罗拉制动踏板行程**

VSC（车辆稳定性控制）	规定值
不带 VSC	85 mm
带 VSC	900 mm

4. 制动踏板自由行程检查与调整

（1）制动踏板自由行程。制动踏板自由行程是指踏板虽移动，但制动压力并未上升的那段踏板行程（见图 5—58）。

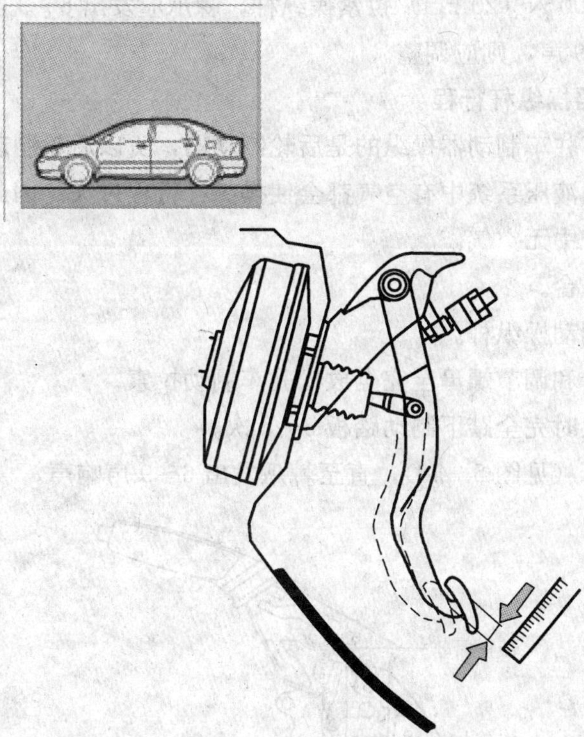

图 5—58　制动踏板的自由行程

具体说来是以下两段行程之和：

1）用手指轻按踏板时，踏板的运动先要克服推杆 U 形夹销与踏板 U 形夹的间隙的行程。

2）推杆运动了，但制动液压尚未上升的行程。

注意：调整制动踏板高度会使制动踏板自由行程发生变化。

（2）制动踏板自由行程的检查方法。发动机熄火后，踩下踏板多次（对带液力助力器的刚熄火的发动机，最好踏下踏板 40 次），以完全消除真空的作用。然后再用手指轻按踏板并使用直尺测量制动踏板的自由行程。

三、驻车制动器操纵机构的调整

1. 检查驻车制动器操纵杆行程

放松操纵杆，用 200 N（20 kgf）拉紧操纵杆，棘爪应发出 6～9 声响声。若拉紧操纵杆时棘爪响声不是 6～9 声，则应调整。

2. 调节驻车制动器操纵杆行程

注意：因为乘用车驻车制动器操纵的是后轮制动器，所以后轮制动器蹄片（如果是鼓式的）间隙过大、制动液压系统中有空气都会使操纵杆行程过大。因此在调整操纵杆行程时应确认制动液压系统中无空气。

（1）拆下中央操纵台。

（2）完全放松手制动操纵杆。

（3）松开锁止螺母和调节螺母至完全放松驻车制动拉索。

（4）在发动机熄火时完全踏下制动踏板 3～5 次。

（5）转动调节螺母（见图 5—59），直至棘爪发出 6～9 声响声。

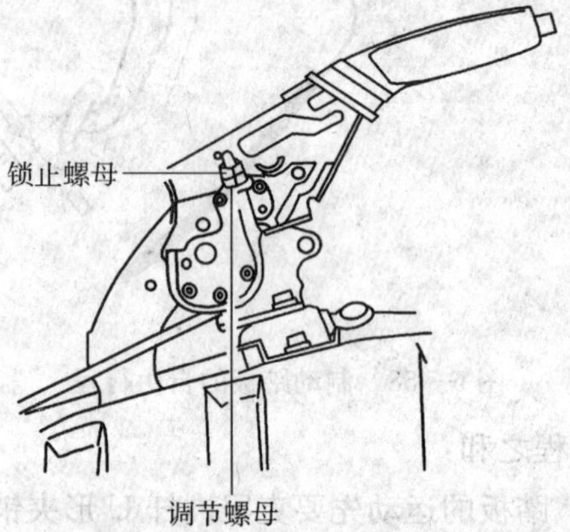

图 5—59　调节驻车制动器操纵杆行程

（6）以 60 N·m 的拧紧力矩紧固锁止螺母。

（7）操纵驻车制动操纵杆 3～4 次，并检查操纵杆行程。

（8）检查驻车制动器有无拖滞。

（9）装回中央操纵台。

（10）检查后轮盘式制动器轮缸操纵杆与止动器间的间隙。

（11）松开驻车制动器操纵杆，并检查后轮盘式制动器轮缸操纵杆与止动器间隙是否在标准范围内（见图 5—60）。

间隙标准范围为 0.5 mm 或更小些。否则，需更换轮缸总成。

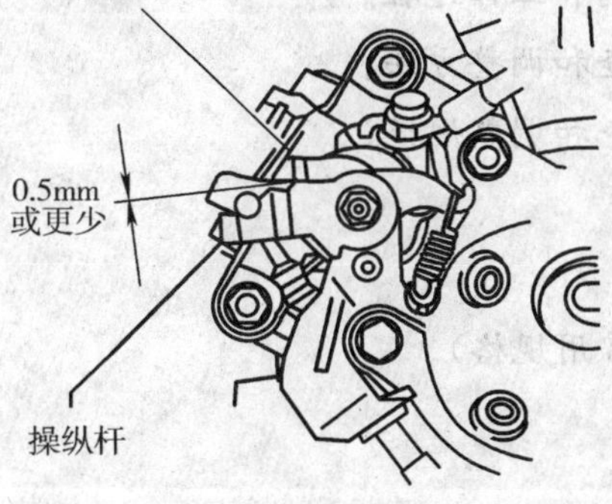

图 5—60　检查后轮盘式制动器轮缸操纵杆与止动器间隙

（12）检查制动警告灯。在操纵驻车制动器操纵杆时，检查制动警告灯（制动警告灯开关见图 5—61）有无点亮。

标准情况是在第一响时，制动警告灯应点亮。

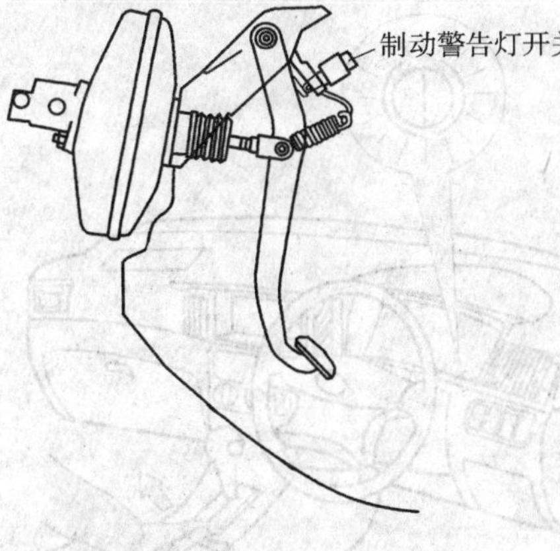

图 5—61　制动警告灯开关

技能要求

手制动器的检查与调整

操作内容：

（1）检查驻车制动器。

（2）调整驻车制动器。

（3）检查驻车制动器调整情况。

教学目标：

（1）了解手制动器的结构和工作过程。

（2）知道手制动器的检查和调整方法。

（3）掌握手制动器的检查和调整规范。

实训设备与器材：

（1）卡罗拉整车。

（2）举升设备（乘用车常用规格）。

（3）12 mm 长套筒。

（4）组套工具。

操作步骤：

步骤 1　检查手制动杆行程

（1）检查手制动灯的工作情况。在点火开关位于 ON 时，检查以确保当手制动杆操作时，在拉动杆到达第一个槽口前，指示灯就已经发光（见图 5—62）。

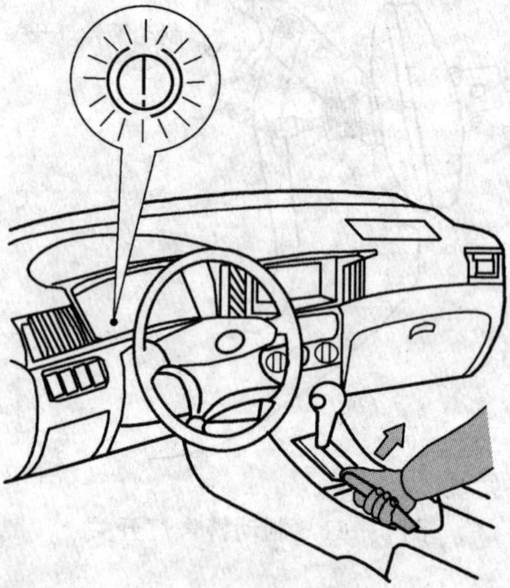

图 5—62　检查手制动灯

（2）检查手制动杆行程。检查并确保驻车制动杆拉动时，驻车制动杆行程在 7 个槽数内（拉动时可以听到“咔嗒”声）。

如果不符合标准，应调整驻车杆的行程。

步骤 2　调整驻车制动杆行程

（1）松开锁止螺母（见图 5—63）。

（2）转动调整螺母，直到手制动杆行程已经正确。

（3）上紧锁止螺母。

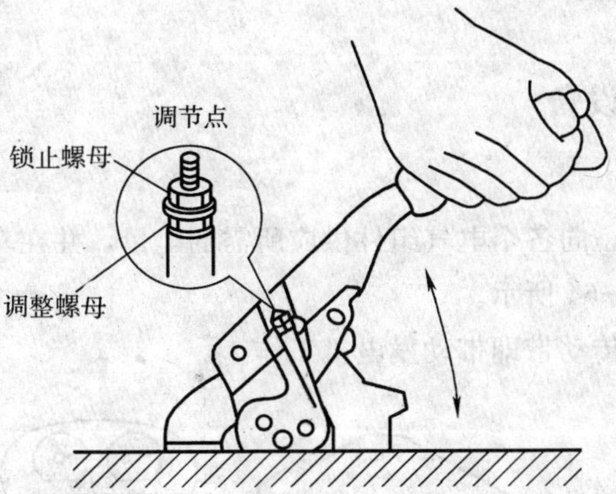

图 5—63　松开锁止螺母

第 4 节　发动机电气设备的检查

学习单元 1　发动机点火装置的拆装

学习目标

- 1. 知道发动机电源系统的组成和结构。
- 2. 知道蓄电池的结构和充放电原理。
- 3. 知道发电机的结构和发电原理。
- 4. 知道发电机点火系统的组成和结构。
- 5. 知道火花塞的型号和选择方法。
- 6. 掌握蓄电池性能的检查方法。
- 7. 掌握蓄电池拆装工艺的规范。
- 8. 掌握发动机火花塞的更换方法。

知识要求

一、发动机电气设备

1. 电源系统的组成

电源系统产生电量，向各个电气组件供应所需的电量，并在车辆发动机运转时向蓄电池充电，其组成如图 5—64 所示。

发动机一经起动，传动带即带动发电机工作。

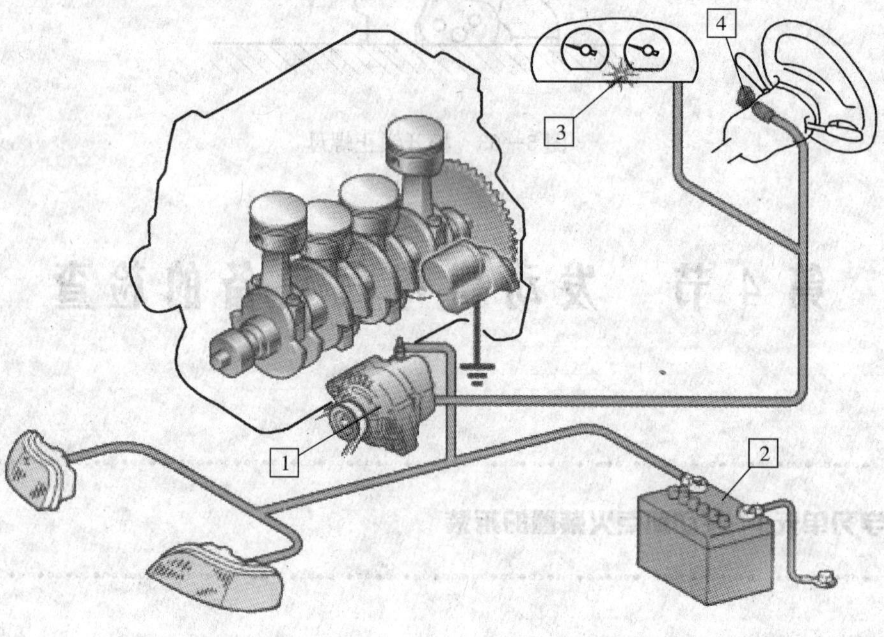

图 5—64　电源系统

1—发电机　2—蓄电池　3—放电警告灯　4—点火开关

（1）蓄电池。蓄电池为可再充电型，当发动机停止运行时，可以作为电源使用，其结构如图 5—65 所示。当发动机正运转时，蓄电池可储存使用的电量。

1）充电和放电原理（见图 5—66）。电池的充电和放电是通过电解液的化学反应来实现的。

① 放电。当电解液中的二氧化铅、硫酸和铅反应而生成水时就会产生电能。同时，硫酸和极板化合，使得正负极板变成硫酸铅。

② 充电。由于极板放电，因此电解液变成硫酸，进而电解液的密度增加。正极板变

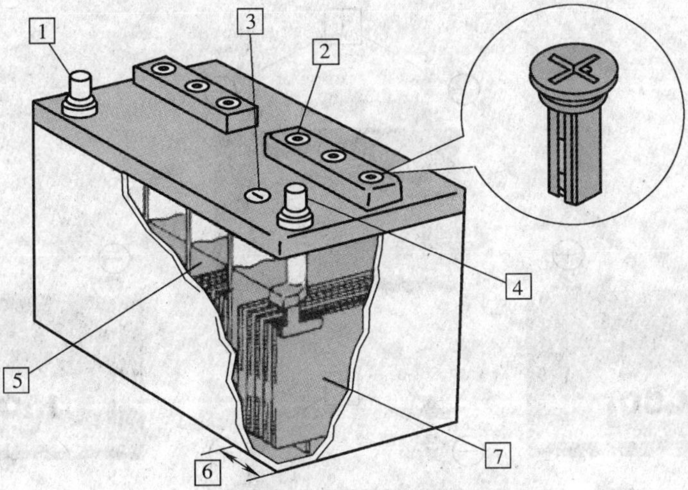

图 5—65　蓄电池结构

1—负极端子　2—通气孔塞　3—提示器　4—正极端子

5—电解液　6—电池　7—极板

成二氧化铅而负极板变为海绵铅。

2）蓄电池的编码（见图 5—67）。蓄电池编码标在电池体上，标明电池的尺寸和性能，即蓄电池的电量。

（2）起动系统（见图 5—68）。起动系统用电动机促使发动机起转，使发动机起动。

起动机的工作原理（见图 5—69）是起动机通过使小齿轮和齿圈啮合而起动发动机。

起动发动机时，当点火开关旋到“开始”位置时，电流流进牵引线圈和保持线圈，小齿轮滑动并和齿圈啮合。同时，流过励磁线圈的电流使电动机旋转。这种旋转运动传递给小齿轮、齿圈和曲轴以使发动机曲柄转动。

发动机起动后，当点火开关从“开始”位置释放时，流进牵引线圈的电流方向改变并且小齿轮返回到原始位置。当电流停止流入励磁线圈时，起动机停止旋转。

（3）发电机（见图 5—70）。当发动机起动后，传动带将带着交流发电机的带轮转动。其结果是转子转动，使定子线圈内产生电流。

交流发电机有三种功能。

1）发动时。当发动机起动时，传动带就传输发动机的旋转运动给交流发电机的带轮，使转子旋转（见图 5—71）。结果，该定子线圈产生交流电。

2）整流时。汽车的电气系统使用直流电。所以，整流器将定子线圈产生的交流电流改变为直流电流。

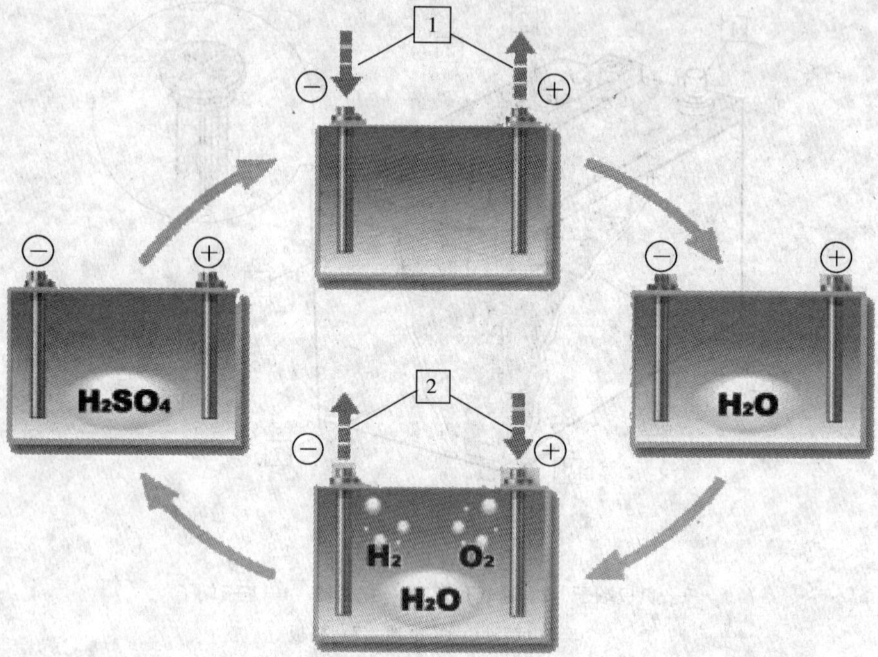

图 5—66　充电和放电原理

1—放电电流　2—充电电流

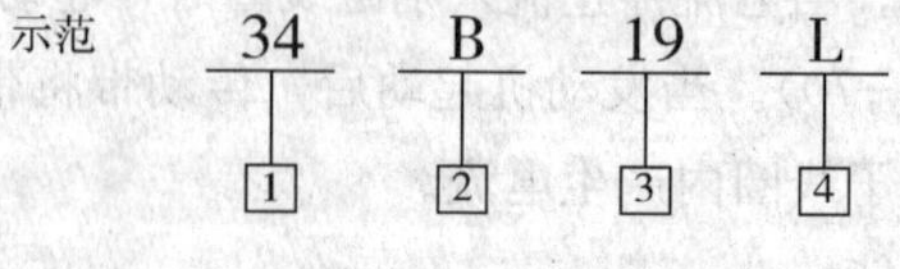

图 5—67　蓄电池的编码

1—性能（电池容量）　2—蓄电池的宽度和高度

3—蓄电池长度　4—负极端子部分

3）电压调节时。汽车电气系统的电压设定为 12 V。尽管交流发电机转速有变化，但

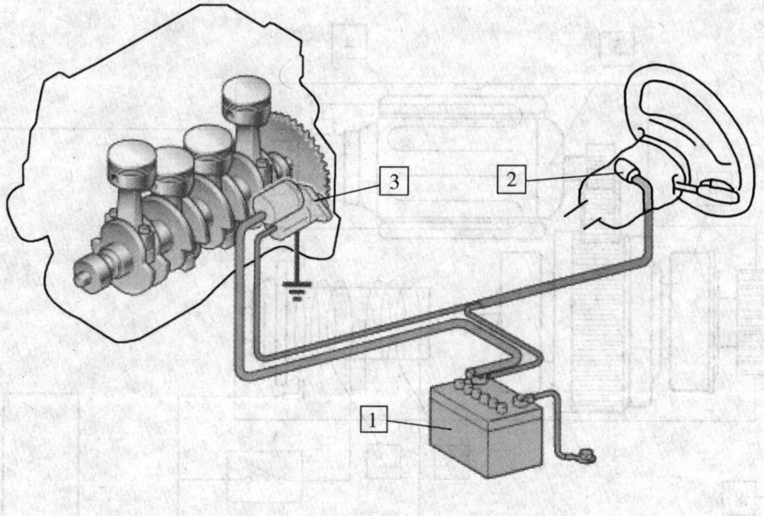

图 5—68　起动系统

1—蓄电池　2—点火开关　3—起动机

仍用 IC 调节器将电流调节至恒定电压。

当交流发电机因某种原因不能发电时，放电报警灯将亮起（见图 5—72）。如果在车辆行驶时此灯亮起，则可能是传动带裂开。

2. 点火系统（见图 5—73）

点火系统在高电压下产生火花，在最佳的正时点燃压缩在汽缸内的混合气。根据所收到的由各个传感器发来的信号，发动机 ECU（电子控制单元）实施控制，达到最佳的点火正时。

（1）直接点火（见图 5—74）。直接点火系统向火花塞提供高电压，其直接来自于点火线圈。

1）A 型。在每个汽缸中装备一个带点火器的点火线圈。

2）B 型。在每两个汽缸中装备一个带点火器的点火线圈。它用高压线向汽缸供应电流。

（2）点火线圈。此组件提高蓄电池电压（12 V）以产生点火所必须的超过 10 kV 的高电压。

点火原理如图 5—75 所示。一次线圈和二次线圈互相靠得很近。当在一次线圈上间断地施加电流时，就产生互感现象。可以利用这个机理，在二次线圈内产生高电压。

点火线圈能产生高电压，此高电压随线圈绕组的个数和尺寸而变。

（3）火花塞（见图 5—76）。火花塞接受在点火线圈内生成的高电压，并产生火花点燃

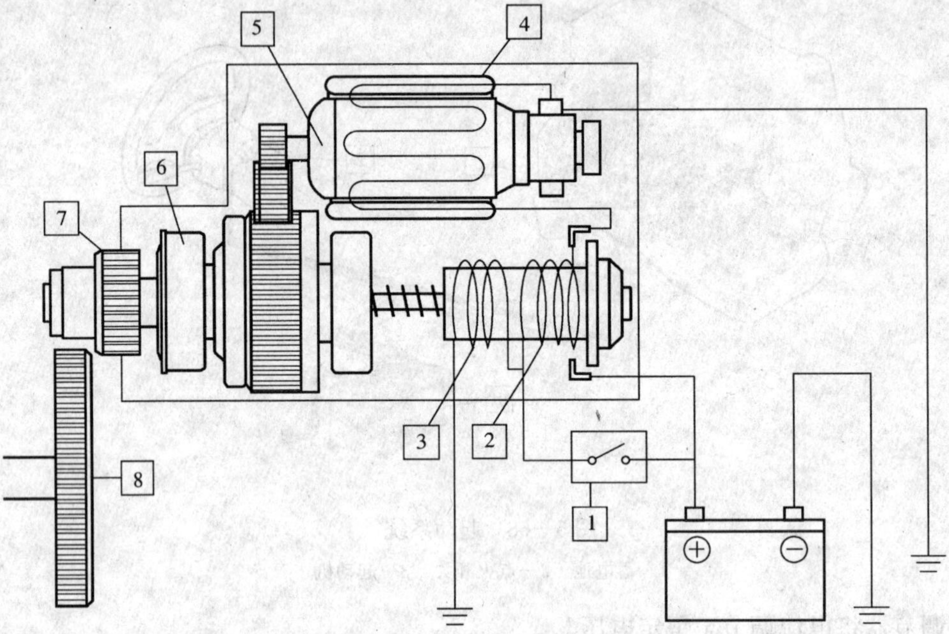

图 5—69　起动机的工作原理

1—点火开关　2—牵引线圈　3—保持线圈　4—励磁线圈

5—电枢　6—离合器　7—小齿轮　8—齿圈

汽缸内的混合气。高电压在中心电极和接地电极的间隙内产生电火花。

1）电阻型火花塞。火花可产生电磁干扰使电子设备失灵。这一类型的火花塞含有陶瓷电阻器来防止这一现象发生。

2）白金（铂）电极火花塞。这一类型的火花塞用白金作为中心细电极和接地电极。它在耐用性和点火性能上表现优越。

3）铱电极火花塞。这一类型的火花塞用铱合金作为中心电极，用铂作为接地电极。它具有耐用性和高性能的双重优点。

二、蓄电池的检查与更换

1. 蓄电池的检查

（1）观察蓄电池外壳，是否有裂纹和电解液泄漏。

（2）检查蓄电池的安装是否牢固，接线柱是否松动，接线是否紧固。

（3）清除蓄电池上的灰尘、泥土及接线柱和线头上的氧化物，并涂上润滑脂。

（4）检查蓄电池的电解液密度及液面高度。一般每行驶 1 000 km 或冬季行驶 10～15

图 5—70　发电机的结构

1—带轮　2—转子（线圈）　3—定子（线圈）　4—整流器（二极管）

5—IC 调节器　6—B 端子

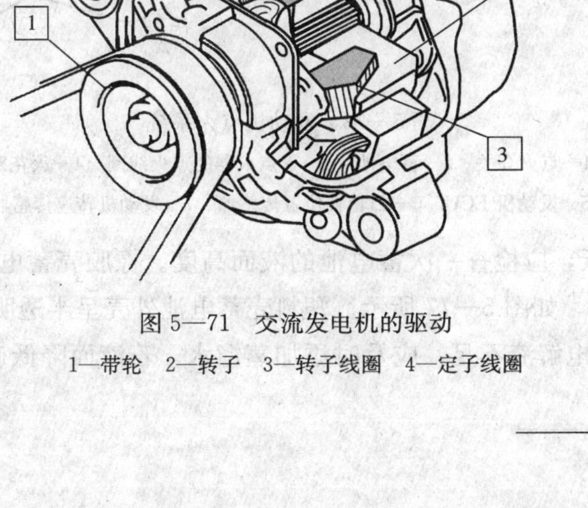

图 5—71　交流发电机的驱动

1—带轮　2—转子　3—转子线圈　4—定子线圈

图 5—72　放电报警灯

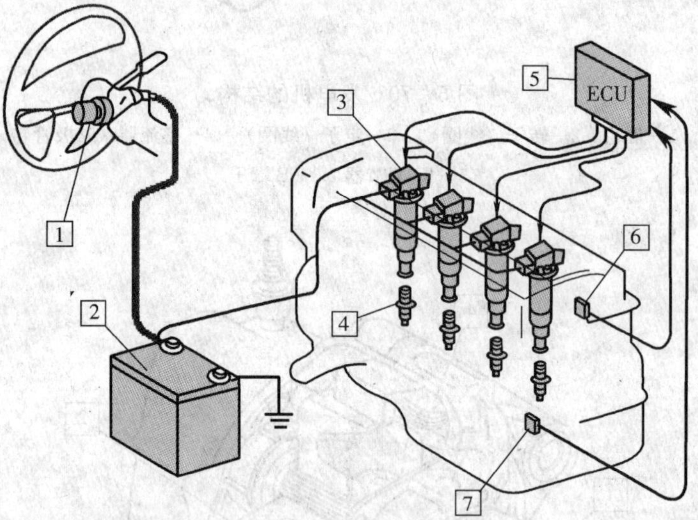

图 5—73　发动机点火系统

1—点火开关　2—蓄电池　3—带点火器的点火线圈　4—火花塞

5—发动机 ECU　6—凸轮轴位置传感器　7—发动机转速传感器

天，夏季行驶 5～6 天，应检查一次蓄电池的液面高度。橡胶壳蓄电池液面高度应高出极板保护网 10～15 mm，如图 5—77 所示。塑料壳蓄电池外壳呈半透明状，液面应在厂方标明的上下刻线之间。电解液不足，应及时添加蒸馏水。若液面降低确属溅出、倾倒造成，

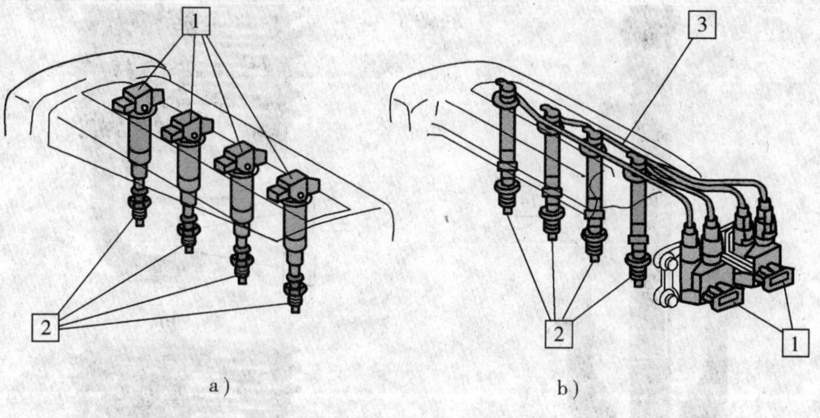

图 5—74　直接点火

a）A 型　b）B 型

1—点火线圈（带点火器）　2—火花塞　3—高压线

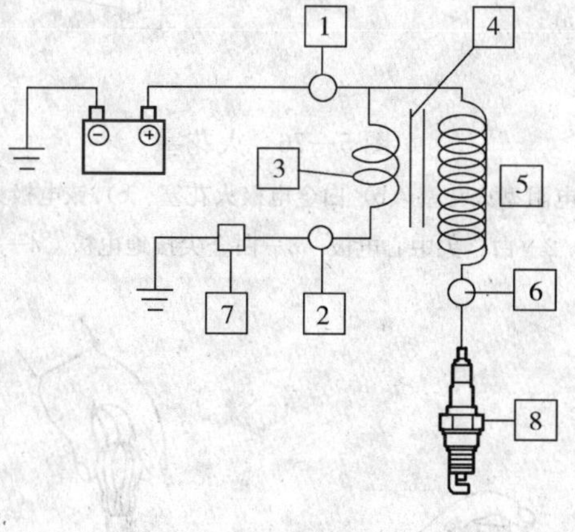

图 5—75　点火原理

1—初级端子（+）　2—初级端子（−）　3—一次线圈　4—铁心

5—二次线圈　6—次级端子　7—点火器　8—火花塞

应补充相应密度的电解液并充电调整。

（5）检查蓄电池的放电程度，发现存电不足，应立即补充充电。普通蓄电池放电程度的检查方法为测量电解液的密度。

电解液的密度可用吸入式密度计测量，如图 5—78 所示。先吸入电解液，使密度计浮起，电解液面所在的刻度即为密度值。应注意，在测量电解液的密度时，应同时测量电解液的温度，并将测得的电解液密度值换算成 25℃时的密度。

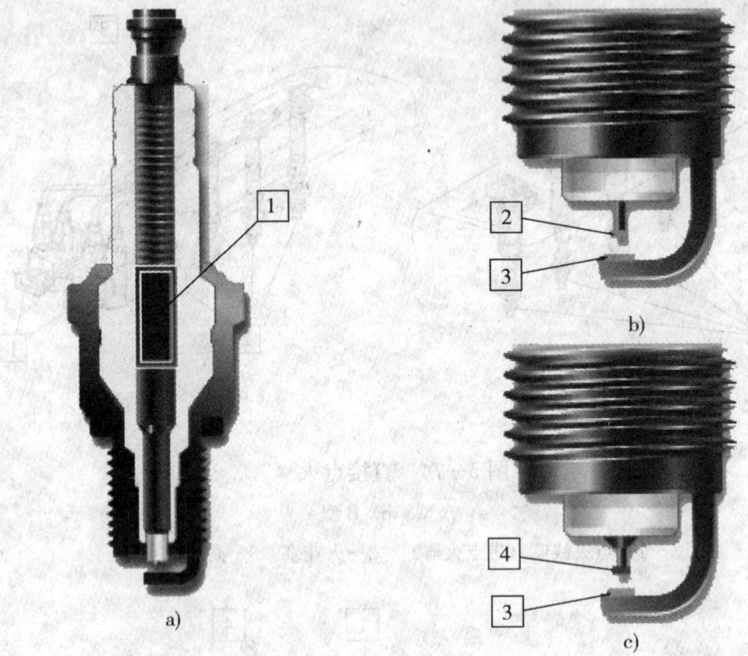

图 5—76　火花塞

a）电阻型火花塞　b）白金电极火花塞　c）铱电极火花塞

1—电阻器　2—白金尖中心电极　3—白金尖接地电极　4—铱尖中心电极

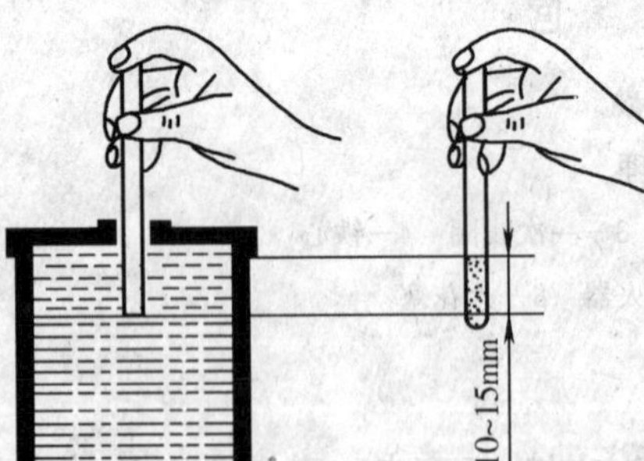

图 5—77　电解液高度

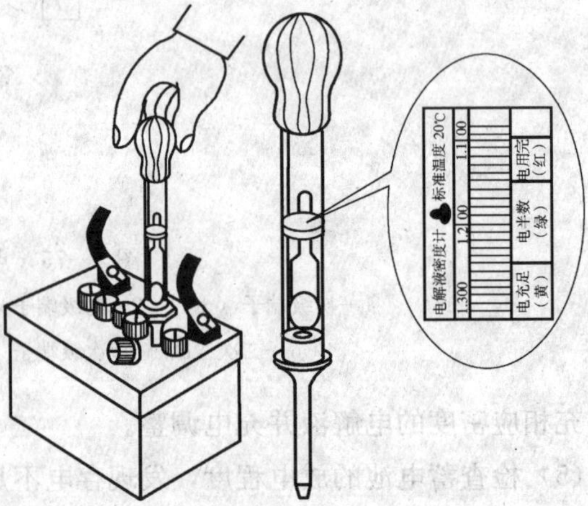

图 5—78　测量电解液密度

根据实际经验，电解液密度每降低 0.04 g/cm^3，相当于蓄电池放电 25%。一般说来，蓄电池充电终了的电解液密度已知，例如，江淮地区密度为 1.28 g/cm³（25℃），据此，可估算蓄电池的放电程度。如某汽车用蓄电池充足电时的电解液密度为 1.28 g/cm³（25℃），在电解液温度为−5℃时，实测电解液密度为 1.24 g/cm³，放电程度如下：

密度换算　25℃的密度＝1.24＋0.000 75×（−5−25）＝1.22 g/cm³

密度降低值　1.28−1.22＝0.06 g/cm³

估计放电程度为（0.06×25％/0.04）×100％＝37.5％，已经超过冬季放电程度的规定，必须进行补充充电。为保证所测数据准确，在强电流放电和加注蒸馏水后，不要立即测量电解液密度。

免维护蓄电池不能用这种密度计测量。免维护铅蓄电池设有内装式密度计，内部装有一颗能反光的绿色塑料小球，随其浮升的高度变化，从玻璃观察孔中可以看到代表不同状态的颜色（见表 5—6）。

表 5—6　　密度指示

颜色	绿色	黑色/深色	透明
外观	◉	●	◎
状态	正常	已放电	检查充电系统

1）当电解液密度为 1.22 g/cm³ 以上时（存电量为总电量的 75％），绿球上升到笼子顶部，并与玻璃棒的下端接触，此时能看见绿色，意味着蓄电池存电充足。

2）当看不见绿色小点（变为黑色）时，表明小球已经降到了笼子的底部，说明蓄电池存电不足。

3）若电解液液面已下降到低于密度计，玻璃孔显示淡黄色，此时，必须更换蓄电池。

（6）用高率放电计测量电压。单格电池高率放电计由一个 3 V 电压表和一个定值负载电阻组成，如图 5—79 所示。测量时，应将两叉尖紧压在单格电池正、负极柱上（模拟起动大电流放电），历时 5 s 左右，观察蓄电池所能保持的端电压。一般的蓄电池，单格电压应在 1.5 V 以上，并在 5 s 内保持稳定。若 5 s 内下降到 1.7 V，说明存电足；下降到 1.6 V，说明放电 25％的额定容量；下降到 1.5 V，说明放电 50％的额定容量；若 5 s 内电压迅速下降，或与其他单格电池电压相差 0.1 V 以上时，表明该单格电池有故障，应进行修理。但也应注意高率放电计的厂牌不同，其负荷电阻值不同，放电电流和电压读数也不同。使用时应依据原厂说明书的规定。

单格电池高率放电计只能测取单格电池电压。而免维护蓄电池联条均为穿壁跨接式，用单格电池高率放电计已无法测取高率放电端电压，只能用 12 V 整体式高率放电计来测量。这种放电计有可变电流式和不可变电流式两种。我国目前应用较多的是不可变电流

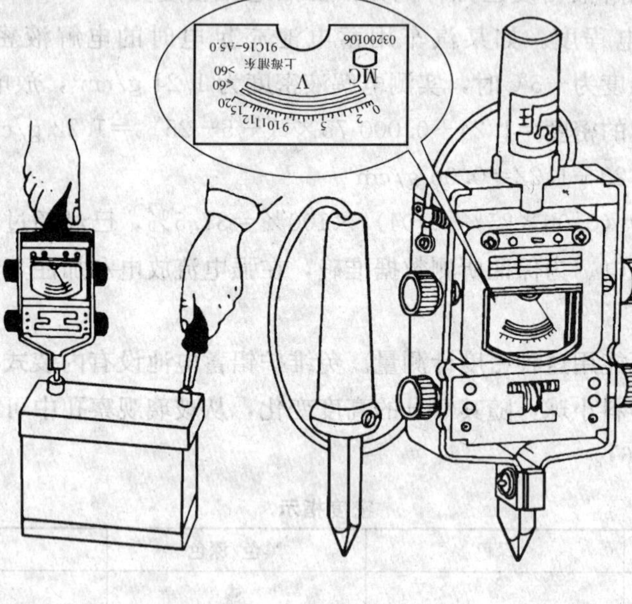

图 5—79　高率放电计

式。测试时，用力将放电计触针刺入正、负极，保持 15 s，若蓄电池能保持在 9.6 V 以上，说明该电池性能良好，但存电不足；若稳定在 10.6～11.6 V，说明电池存电足；若迅速下降，则说明蓄电池已损坏。

（7）用万用表测量蓄电池的端电压。如果蓄电池刚充过电或车辆刚行驶过，应接通前照灯 30 s，消除表面充电现象。然后熄灭前照灯，切断所有负载。用数字式万用表测量蓄电池开路电动势，若 12 V 标称电压的蓄电池电动势少于 12 V，说明蓄电池过量放电；在 12.2～12.5 V，说明部分放电；高于 12.5 V，说明蓄电池存电充足。

2. 蓄电池的拆装

（1）判断蓄电池的正负极。蓄电池上铸有“+”（或 P）的接线柱为正极，铸有“—”（或 N）的接线柱为负极。

看接线柱自然颜色，呈深褐色的为正极，浅灰色的为负极。

检查接线柱表面硬度，用一字旋具在接线柱表面轻划，较坚硬的为正极，反之为负极。

用万用表电压挡检测，将万用表置于相应的电压挡位测量蓄电池电压：当指针偏摆正常时，红表笔对应的为正极，黑表笔对应的为负极。

（2）蓄电池的拆装。安装蓄电池时，应认清正、负极，保证负极搭铁。先接起动机（正极）线，再接（负极）搭铁线，以防扳手跌落搭铁引起蓄电池短路放电。安装接头时，应先用细砂纸清洁接线柱和接线头。连接接线柱夹头时，螺栓上应先涂上凡士林或润滑脂，以防氧化生锈，便于以后拆卸。如接线柱小，夹头大，需要加衬垫时，最好用铅皮或铜皮，并且只垫半圈。若垫整圈，易氧化腐蚀而接触不良。固定接线柱要以规定的扭矩拧紧。

技能要求

更换火花塞

操作内容：

（1）检查火花塞工作性能。

（2）拆卸火花塞。

（3）安装火花塞。

教学目标：

（1）了解火花塞的结构。

（2）掌握火花塞拆装工艺。

（3）知道火花塞工作性能的检查方法。

实训设备与器材：

（1）雪铁龙世嘉用 TU5JP4 16 V 发动机台架。

（2）博世 FR8SEO 火花塞。

（3）火花塞套筒。

（4）T20 内八角旋具。

（5）火花塞量规。

操作步骤：

火花塞属易消耗件，一般行驶 20 000～30 000 km 即应更换。如发动机怠速不稳，工作无力，则应检查火花塞工作性能。火花塞更换的标志是不跳火，或电极放电部分因烧蚀而成圆形。

步骤 1　拆卸火花塞

（1）打开发动机舱。

（2）用 T20 内八角旋具拧下引擎护板上的 6 颗自攻螺钉（见图 5—80）。

（3）断开 EGR 接头。

（4）拔下连接点火模块的插头。如图 5—81 所示，用左手按下侧边的钢丝卡子，右手

图 5—80　拆下引擎护板

向下稍用力拔下插头。

图 5—81　点火模块插头位置

（5）轻轻地用双手提出点火模块。

（6）用火花塞套筒逆时针方向卸下火花塞（见图 5—82）。

图 5—82　卸下火花塞

步骤 2　检查火花塞

火花塞的电极正常颜色为灰白色，如电极烧黑并附有积炭，则说明存在故障。检查时可将火花塞与缸体导通，用中央高压线触接火花塞的接线柱，然后打开点火开关，观察高压电跳位置。如电跳位置在火花塞间隙，则说明火花塞作用良好，否则，即需换新。

汽车发动机火花塞电极间隙的调整如下：

各种车型的火花塞间隙均有差异，一般应为 0.7～0.9 mm。检查间隙大小，可用火花塞量规或薄的金属片进行。如间隙过大，可用旋具柄轻轻敲打外电极，使其间隙正常；间隙过小时，则可利用旋具或金属片插入电极向外扳动。

步骤 3　安装火花塞

(1) 安装单级铂金 FR8NP 火花塞（见图 5—83）。要求的紧固力矩为 25 N·m，在没有扭矩扳手的情况下，拧紧后再紧上 1/8 圈。

(2) 火花塞安装完毕后，开始装回点火模块。先把插头接回去，再紧固点火模块的 4 颗螺钉，接上 EGR 接口，装回引擎护板。

步骤 4　检查

起动发动机，把手放到护板上感觉，应怠速平稳，轻踏油门，反应迅速，加速良好。

蓄电池的检查与更换

操作内容：

(1) 检查蓄电池的工作性能。

图 5—83 安装火花塞

(2) 拆卸蓄电池。

(3) 安装蓄电池。

教学目标：

(1) 知道蓄电池的结构和原理。

(2) 掌握检查蓄电池性能的方法。

(3) 正确、熟练使用工具。

(4) 养成安全的劳动意识。

实训设备与器材：

(1) 凯越 T18SED 发动机台架。

(2) 蓄电池（发动机配套）（2 个）。

(3) 比重计（常用规格）。

(4) 数字式万用表（常用规格）。

(5) 组套工具。

操作步骤：

步骤 1 蓄电池的检查步骤

(1) 检查蓄电池壳体是否断裂、折断或损坏。

(2) 关闭点火开关，用手轻轻顺时针旋转蓄电池负极电缆连接器，检查负极电缆连接器能否旋转（见图 5—84）。

(3) 用扭力扳手松开蓄电池负极端子螺栓，检查拧紧力矩，规定拧紧力矩应为 10 N·m。

(4) 断开蓄电池负极电缆（见图 5—85）。

(5) 检查是否存在如下状况，必要时进行维修：

1) 电缆螺栓过长或端部变形。

2) 蓄电池端子螺母内有异物。

3) 蓄电池端子面或电缆连接器损坏。

(6) 重复步骤（2）～（5），用同样的方法检查蓄电池正极电缆连接器和端子螺栓等。

(7) 清洁，观察蓄电池顶部的液体比重计（见图 5—86）。

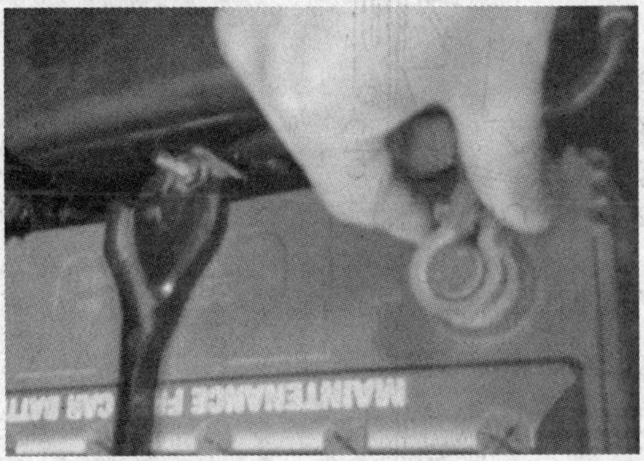

图 5—84　检查负极电缆连接器

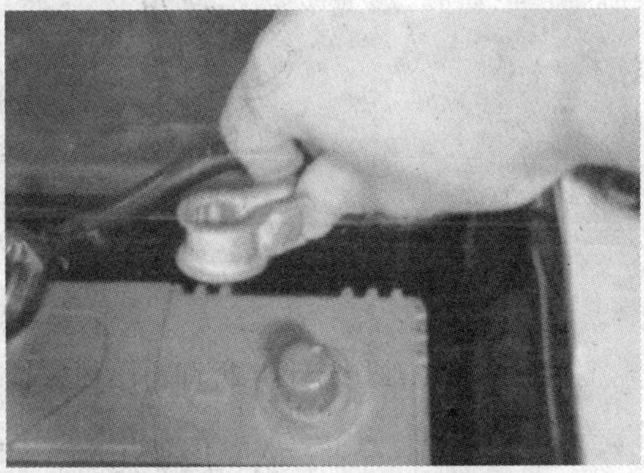

图 5—85　断开蓄电池负极电缆

图 5—86　观察液体比重计

提示：观察是否显示一个黄点，如存在黄点，用小旋具手柄轻击液体比重计顶部，排除蓄电池内部的气泡。

1）看到绿点，表明蓄电池状态良好。

2）看不到深绿点，如果报修起动问题，应测试蓄电池性能。

3）看到透明或淡黄色，表明液面低于液体比重计底部。

步骤 2　蓄电池的拆卸步骤

(1) 断开蓄电池负极电缆，再断开蓄电池正极电缆（见图 5—87)。

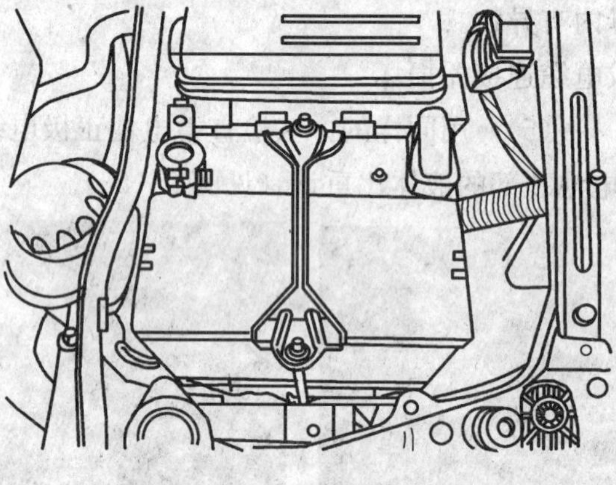

图 5—87　断开蓄电池电缆

(2) 从蓄电池压杆上，拆卸蓄电池压杆箍带紧固螺母（见图 5—88)。

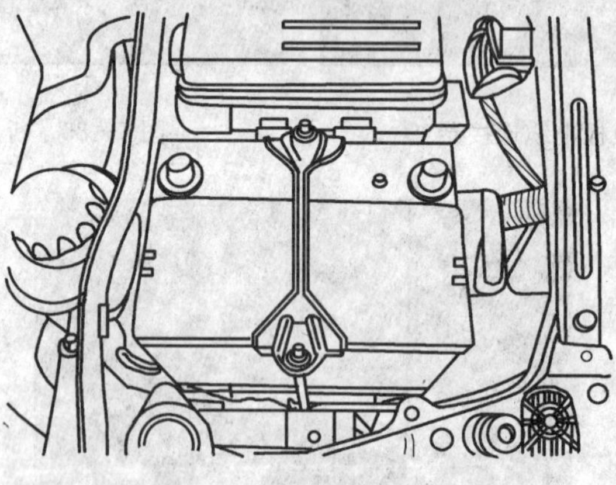

图 5—88　拆卸蓄电池压杆箍带紧固螺母

(3) 拆卸蓄电池。提示：不要倾翻蓄电池超过 40°。

(4) 检查蓄电池托架是否存在明显开裂或损坏。

(5) 从蓄电池托架侧部松开蓄电池负极电缆线夹。

(6) 拆卸蓄电池上托架螺栓和离合器液压软管托架至蓄电池托架侧螺栓，断开托架。

步骤 3　蓄电池的安装步骤

(1) 紧固蓄电池托架上、下侧螺栓，拧紧力矩为 20 N·m，安装蓄电池托架（见图 5—89）。

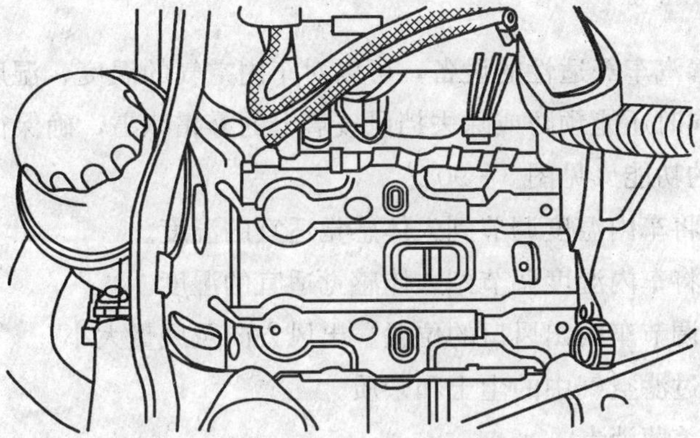

图 5—89　安装蓄电池托架

(2) 将蓄电池托架负极电缆卡子卡入蓄电池托架侧部的孔中。

(3) 将新蓄电池装入托架。

(4) 从蓄电池托架洞口，通过压杆箍带孔，戴上蓄电池压杆并紧固螺母，拧紧力矩为 5 N·m，将蓄电池压杆箍带连接到蓄电池上。

(5) 连接蓄电池负极和正极电缆。紧固蓄电池电缆螺母，拧紧力矩为 5 N·m。

学习单元 2　汽车空调的操作

学习目标

- 1. 知道汽车空调的结构和工作原理。
- 2. 知道制冷剂的性能和选用方法。
- 3. 知道如何检查空调系统工作性能。
- 4. 掌握空调装置的操作方法。
- 5. 能根据不同需求设置空调。
- 6. 掌握空调传动带的拆卸方法。

知识要求

一、汽车空调的工作原理

1. 汽车空调

空调是用来改善汽车舒适性的设备，可以对车内空气的温度、湿度进行调节，并保持车内空气的清洁，同时还能预防或除去挡风玻璃上的雾霜冰雪，确保行车安全。

（1）汽车空调的功能（见图 5—90）

1）调节温度。将车内温度调节到人体感觉适宜的温度。

2）调节湿度。将车内湿度调节到人体感觉适宜的湿度。

3）调节气流。调节车内出风口的位置、出风方向及风量大小。

4）净化空气。过滤空气中的尘土和杂质。

5）对空气进行杀菌消毒。

图 5—90　汽车空调的功能

（2）汽车空调的组成（见图 5—91）。为了完成空调的上述功能，汽车空调系统通常应该包括以下几个装置：

1）暖风装置。用以提高车内温度。

2）制冷装置。用以降低车内的温度，并降低车内的湿度。

3）通风装置。用以调节车内空气的气流和换气。

4）空气净化装置。用以调节过滤空气及对空气进行消毒处理。

（3）汽车空调的分类。空调系统控制有手动控制与自动控制之分。

手动控制空调需要驾驶员通过旋钮或拨杆对控制对象进行调节，如温度等。

自动控制空调只需驾驶员输入目标温度，空调系统便可按驾驶员的设定自动进行调节。

2. 制冷剂

（1）制冷剂的特点。低沸点（常温下能蒸发），蒸发时吸热潜能大。

（2）制冷剂分类

1）制冷剂 R12（见图 5—92）。R12 学名为二氯二氟甲烷，分子式为 CF_2Cl_2，相对分子质量为 120.92。

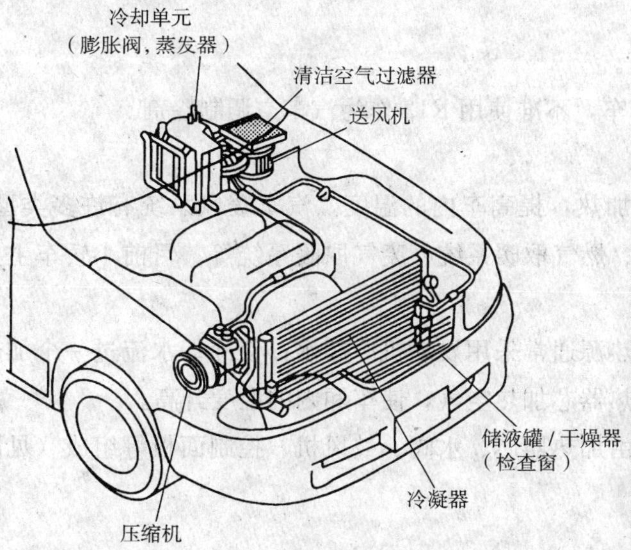

图 5—91　汽车空调的组成

图 5—92　R12 制冷剂

其特点如下：

① 无色无味低沸点（常压沸点为−29.6℃）。

② 与大多数金属材料不起反应。

③ 可以溶于矿物油，不与橡胶起反应。

④ 含有氯原子，会破坏臭氧层。

⑤ 会与水在高温下形成酸性物质。

⑥ 在高温下会释放有毒气体。

⑦ 比氧气重。

⑧ 会破坏漆面。

⑨ 与冷冻油互溶，在维修中需要放制冷剂时应慢慢泄放，以减少冷冻油的排出。

2）制冷剂 R134a（见图 5—93）。学名四氟乙烷，也称为 HFC134a，其分子式为 $C_2H_2F_4$。

其特点如下：

① 与 R12 相比，R134a 具有良好的大气环境特性，臭氧层破坏系数（ODP）为 0，即不破坏臭氧层。

② 安全性高，不易燃、不爆炸，无毒、无刺激性和腐蚀性。

③ 蒸发潜热高，比热容大，具有较好的制冷能力。

④ 黏度较低，流动性好。

⑤ 导热系数较高，热传导效果好。

国家规定，2000 年以后出产的新车，不准使用 R12 作为汽车空调制冷剂。

3. 暖风系统

汽车暖风系统可以将车内的空气加热，提高车内的温度。汽车暖风系统有许多类型，按热源的不同可以分为热水取暖系统、燃气取暖系统、废气取暖系统等。目前小轿车主要采用热水取暖系统。

（1）工作原理。热水取暖系统的热源通常采用发动机冷却水，使冷却水流过一个加热器芯，再使用鼓风机将冷空气吹过加热器芯加热空气，使车厢内的温度升高。

（2）热水取暖系统的组成。主要由加热器芯、水阀、鼓风机、控制面板等组成（见图 5—94）。

图 5—93 制冷剂 R134a

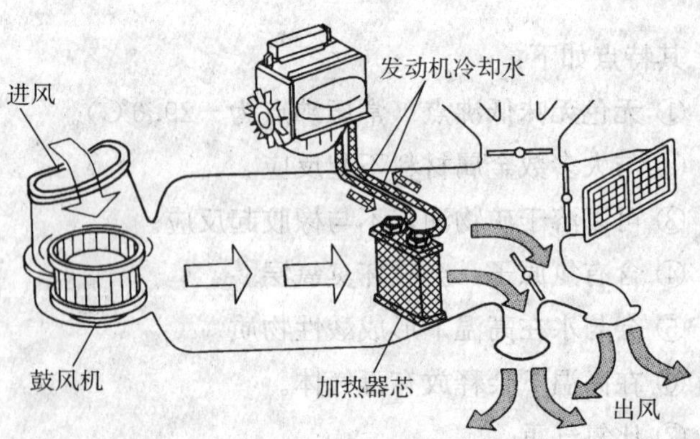

图 5—94 热水取暖系统的组成

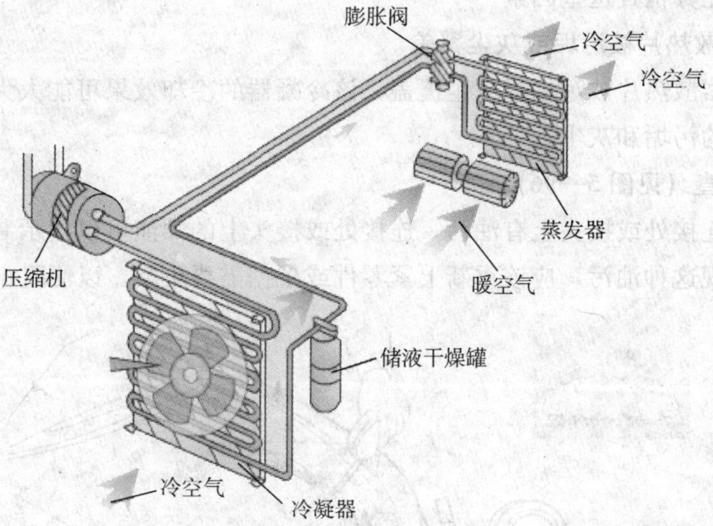

图 5—95　制冷系统的组成

4. 制冷系统的组成及作用（见图 5—95）

（1）压缩机。将低温低压的制冷剂气体压缩成高温高压的制冷剂气体。

（2）冷凝器。将高温高压的制冷剂气体散热后变为中温高压液态的制冷剂。

（3）储液干燥罐。过滤制冷剂中的杂质和水分。

（4）膨胀阀。将制冷剂节流变为低温低压雾状液、气态混合物。

（5）蒸发器。吸收热量将低温低压雾状液态气态混合物变为气态。

二、空调性能的检查

1. 检查传动带松紧程度

如果传动带过松会打滑，易造成磨损。

2. 鼓风量不足

清洁空调空气滤清器的污垢和阻塞。

3. 噪声检查

（1）压缩机附近噪声。检查压缩机安装螺钉和托架螺栓。

（2）压缩机内部噪声。可能是内部构件损坏引起的噪声。

（3）鼓风机附近听到噪声。将鼓风机电动机旋到 LO（低速）、MED（中速）、HI（高速），如果产生异常噪声或电动机旋转异常，应更换鼓风机电动机。

异物进入鼓风机也会产生噪声，电动机安放不合适可能导致异常旋转，因此更换鼓风机电动机前应充分检查这些因素。

4. 冷凝器散热片被污垢或灰尘覆盖

如果冷凝器散热片被污垢或灰尘覆盖，该冷凝器的冷却效果可能大大降低，应从冷凝器洗刷掉所有的污垢和灰尘。

5. 泄漏检查（见图 5—96）

制冷系统连接处或接头上有油污。连接处或接头上的油渍可以指示制冷剂从哪个地方泄漏，如果发现这种油污，应该重新上紧零件或根据需要更换，以便阻止制冷剂渗漏。

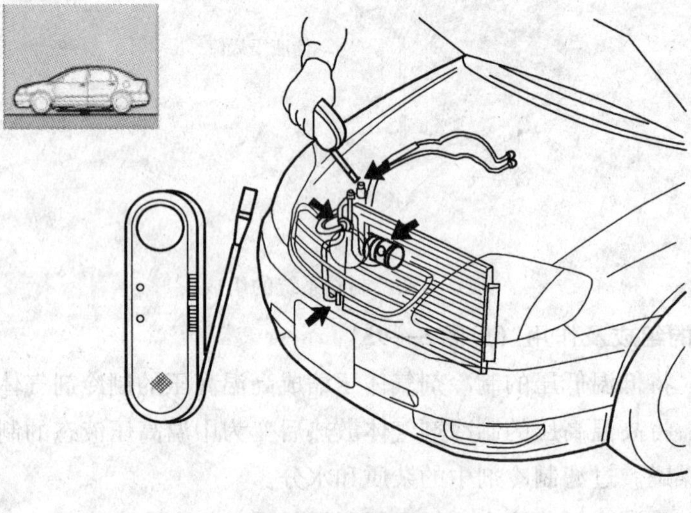

图 5—96　泄漏检查

6. 检查制冷剂量（见图 5—97）

如果在观察孔可以看到大量气泡流过，则制冷剂不足，应补加制冷剂到恰当的程度。在这时候也要如前所述检查油渍，确信没有制冷剂渗漏。如果观察孔看不到气泡，即使倒水于冷凝器也看不到，则系统中制冷剂过多，应排放制冷剂直到保持适量余量。

技能要求

空调的基本检查

操作内容：

（1）检查空调所有操纵机构及空调工作性能。

（2）设置空调。

教学目标：

（1）了解空调装置的操作方法。

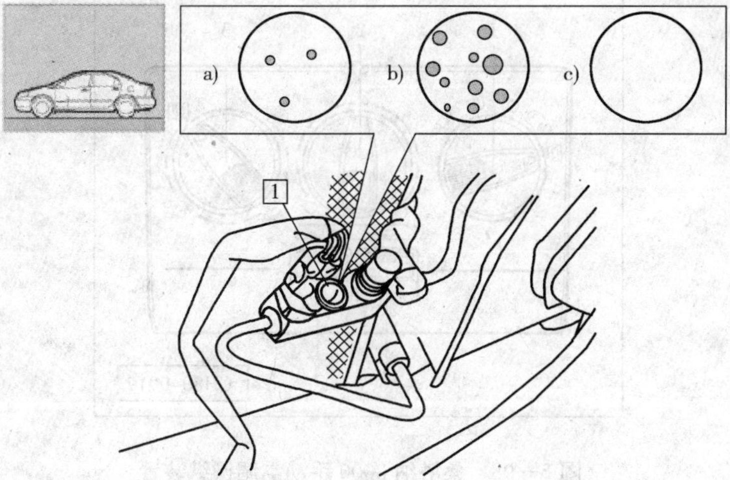

图 5—97　通过观察孔检查

a）正常　b）不足　c）空或过量

1—观察视镜

（2）掌握按照不同要求设置空调的方法。

实训设备与器材：

（1）桑塔纳 3000 手动空调台架。

（2）温度计。

操作步骤：

步骤 1　采暖和通风操作

采暖和通风装置用以调节车内的温度。它是通过手动操纵装置对车内通风和加热的。

为使采暖和通风设备正常工作，要确保风窗前的进气口无冰、无霜、无沉积物，所设定的温度不可低于现有外部环境温度。只有发动机达到运行温度才能够达到最大许可采暖功率并使风窗玻璃快速除霜。

主要操纵装置（见图 5—98）的使用方法如下：

（1）空调开关。按下按钮，按钮上的信号灯亮起，制冷空调开启。

（2）空气循环开关。按下空气循环模式按键会将循环空气模式自动开启或关闭。在接通状态下指示灯会亮起。此运行模式下空气会由车内吸取并进行循环，这样可以避免强烈的外部气味进入车内。

（3）风量控制。风量控制旋钮由 0 至 4，风量由无至最大。当风量控制旋钮调至 0 时，即使空调开关打开，空调系统也会强制关闭。

（4）温度调节。温度调节旋钮由蓝色至红色，温度由最低调至最高。

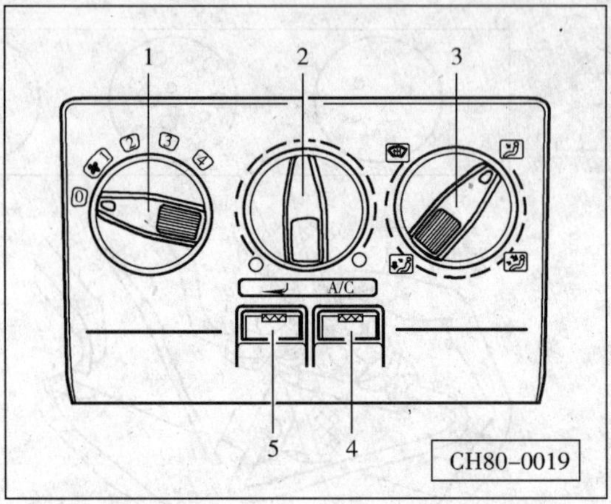

图 5—98　桑塔纳 3000 手动空调操纵装置

1—风量控制　2—温度调节　3—空气分配模式

4—空调开关　5—空气循环模式

（5）空气分配模式（见图 5—99 和表 5—7）

图 5—99　出风口

表 5—7　　**空气分配模式和出风口**

旋钮所指符号	气流出口	大气流量出风口	小气流量出风口
	至风挡玻璃	1，2	
	至搁脚空间	5	3，4
	至下半身及胸部	3，4，5	
	至上半身	3，4	

步骤 2　风窗及侧窗除霜功能

（1）空气分配模式旋钮旋至 

（2）温度调节旋钮旋至最高温度点。

（3）风量控制旋钮旋至 2 挡或 3 挡。

步骤 3　风窗及侧窗除雾功能

由于空调潮湿导致风窗玻璃结雾时，建议作下列调节：

（1）空气分配模式旋钮旋至 。

（2）根据温度情况调节温度调节旋钮。

（3）风量控制旋钮旋至 2 挡或 3 挡。

步骤 4　车内快速取暖功能

（1）空气分配模式旋钮旋至 。

（2）温度调节旋钮旋至最高温度点。

（3）风量控制旋钮旋至 2 挡或 3 挡。

步骤 5　车内舒适取暖功能

当车窗已明朗、车内所需的温度已经达到时，建议采用如下取暖方式：

（1）空气分配模式旋钮在  与  之间调节。

（2）根据温度情况调节温度调节旋钮。

（3）风量控制旋钮旋至 1 挡或 2 挡。

步骤 6　通风功能

当空调开关按钮和空气循环模式按钮不接通时，各出风口输出的都是新鲜空气。当空气分配模式旋钮旋至  时，出风口 3、4 的气流量达到最大。

步骤 7　最大限度制冷功能

（1）关掉所有的窗户。

（2）按下空调开关按钮。

（3）将空气分配模式旋钮旋至 。

（4）将温度调节旋钮旋至温度最低点。

（5）将出风口 3、4 完全打开。

（6）将风量控制旋钮调至 4 挡。

步骤 8　一般制冷功能

（1）按下空调开关按钮。

（2）将空气分配模式旋钮旋至 。

（3）风量控制旋钮在 0～2 挡之间调节（此时 0 挡处仍然有风，风量与 1 挡相同）。

（4）将温度调节旋钮旋至温度最低点。

（5）出风口 3、4 必须有一个常开，否则制冷系统可能会结冰。

更换发电机和空调传动带

操作内容：

（1）更换传动带。

（2）检查并调整传动带。

教学目标：

（1）熟悉发动机空调、交流发电机和动力转向泵的驱动方式。

（2）掌握发动机空调 V 带的拆装工艺。

实训设备与器材：

（1）桑塔纳 AJR 型发动机台架。

（2）空调传动带。

（3）张力计。

（4）销针。

（5）常用工具。

操作步骤：

步骤 1　空调压缩机 V 带的拆卸

拆卸空调压缩机的传动带时，不要打开空调制冷回路。在拆卸 V 带之前要先做好方向记号。

（1）松开空调压缩机，拆下空调压缩机 V 带。

（2）用开口扳手按箭头方向扳动 V 带张紧轮，使 V 带松弛。

（3）用销针 3204 固定住张紧轮。

（4）拆下固定住 V 带的张紧轮。

（5）拆下 V 带，如图 5—100 所示。检查磨损情况，不得有扭曲现象。

步骤 2　空调压缩机 V 带的安装

在安装 V 带之前保证所有的附件（发电机、空调压缩机和动力油泵）都已经安装牢固。

（1）套上 V 带。

（2）安装连同销钉 3204 的张紧轮。

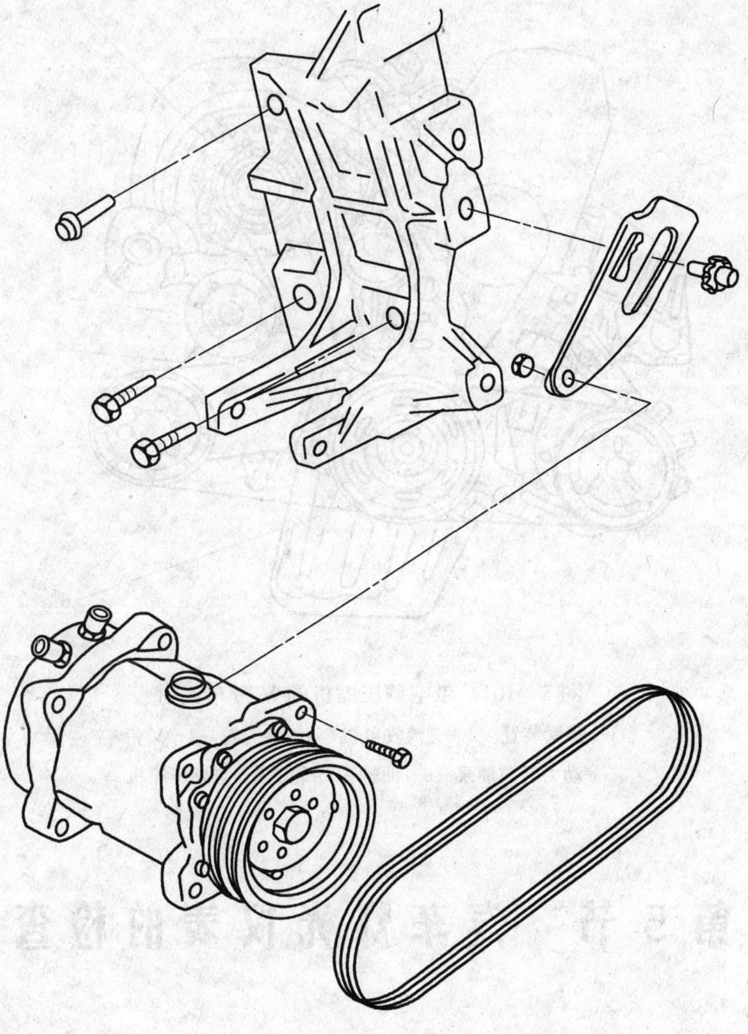

图 5—100　空调压缩机 V 带的拆卸

(3) 将 V 带在发电机 V 带轮上定位。

(4) 检查 V 带的正确位置，V 带的布置如图 5—101 所示。

(5) 张紧 V 带，拆下张紧轮上的销钉 3204。

步骤 3　检查安装情况

(1) 起动发动机，检查 V 带的运转情况。

(2) 在 V 带的中间用力按，应该有 10～15 mm 的张紧行程。

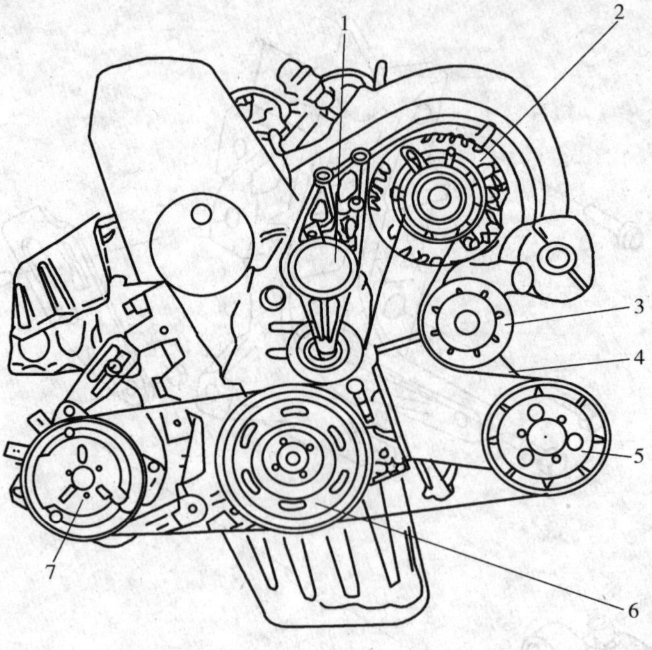

图 5—101　带空调压缩机的 V 带布置图

1—张紧装置　2—交流发电机　3—导向轮　4—V 带

5—动力转向油泵　6—曲轴 V 带轮　7—空调压缩机

第 5 节　汽车灯光仪表的检查

学习单元 1　汽车灯光仪表的检查

学习目标

- 1. 了解车内主要控制装置名称和位置。
- 2. 会正确使用各灯光开关、刮水器、洗涤器和后窗除霜装置等。

知识要求

一、继电器

继电器是利用电磁或其他方法（如热电或电子），实现自动接通或切断一对或多对触点，以完成用小电流控制大电流以减小控制开关触点的电流负荷。

如进气预热继电器、空调继电器、喇叭继电器、雾灯继电器、中间继电器、风窗刮水器/清洗器继电器、危险报警与转向闪光继电器等。

继电器通常分为常开继电器，常闭继电器和常开、常闭混合型继电器。其外形与内部原理如图 5—102 所示。

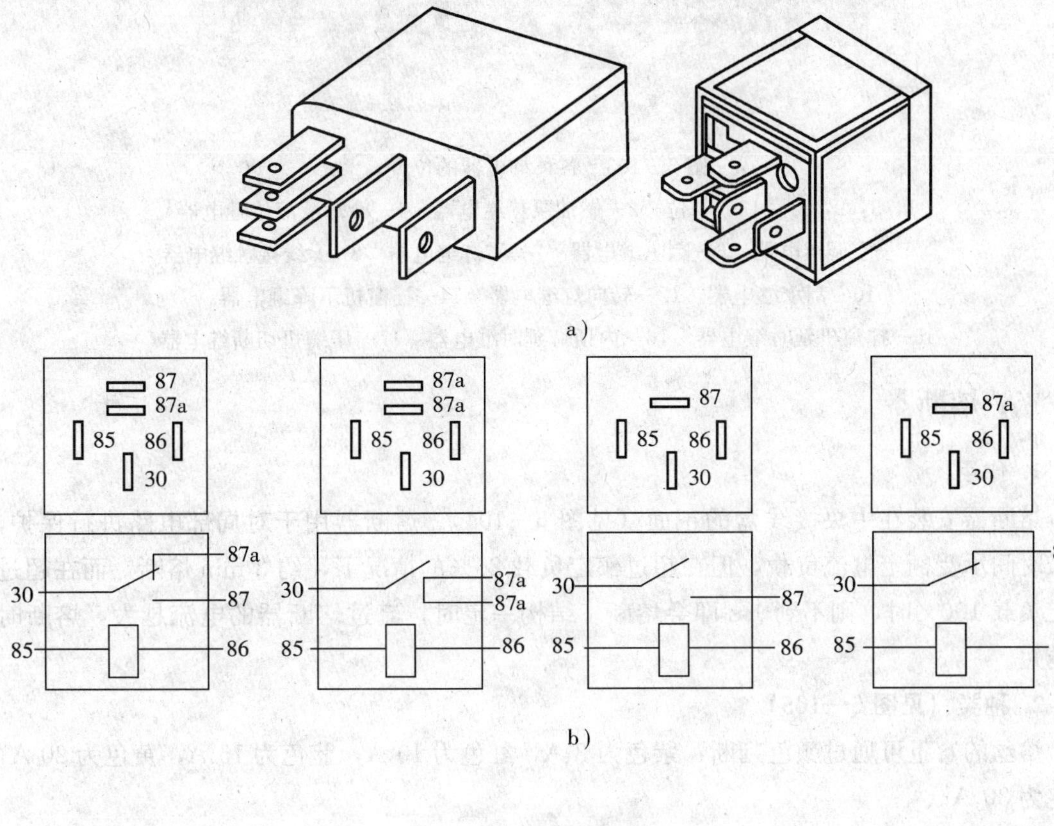

图 5—102　继电器的类型

a）外形　b）内部电路

继电器安装在中央线路盒的正面。图 5—103 所示为桑塔纳 2000 的继电器在中央接线盒的位置和名称。

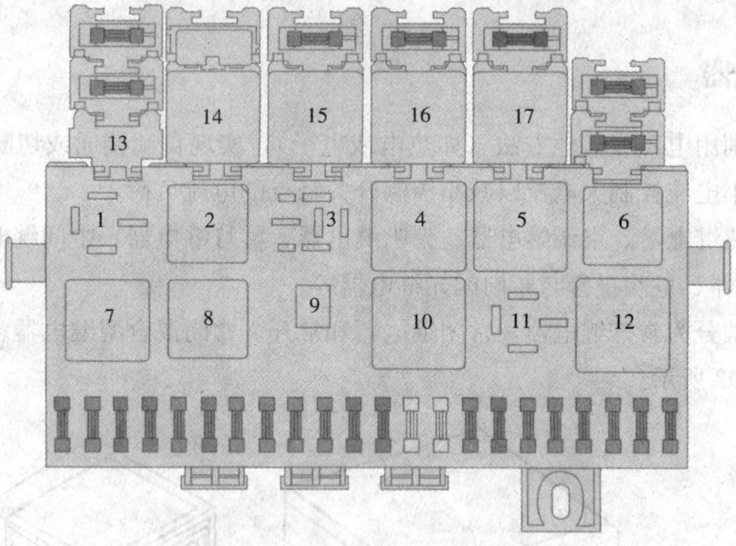

图 5—103　各种继电器的位置

1，3，9，11，13—空位　2—燃油泵热继电器　4—冷却液液位继电器

5—空调继电器　6—喇叭继电器　7—雾灯继电器　8—x 线接触继电器

10—刮水继电器　12—转向灯继电器　14—摇窗机下降继电器

15—摇窗机延时继电器　16—内顶灯延时继电器　17—压缩机切断继电器

二、熔断器

1. 作用

熔断器安装在中央接线盒的正面（见图 5—104）。熔断器用于对局部电路进行保护，能长时间承受额定电流负载，但在超过额定负载 25%的情况下，约 3 min 熔断，而在超过额定负载 100%时，则不到 1 s 即会熔断。结构一定时，流过熔断器的电流越大，熔断时间越短。

2. 种类（见图 5—105）

熔丝的容量可通过颜色判断：紫色为 3 A，红色为 10 A，蓝色为 15 A，黄色为 20 A，绿色为 30 A。

熔断器为一次性器件，熔断器熔断后，必须先查找故障原因，并彻底排除。

3. 更换

更换熔断器时，一定要与原规格相同，不同类型熔断器如图 5—105 所示，特别不能使用比规定容量大的熔断器，否则将失去保护作用。

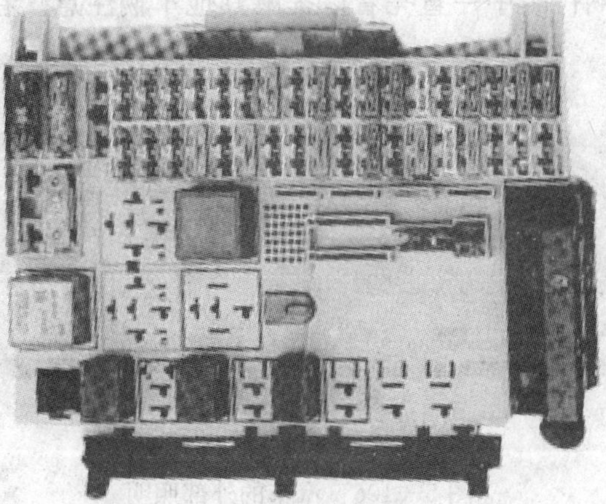

图 5—104　熔断器的位置

熔断器支架与熔断器接触不良会产生电压降和发热现象。因此，特别要注意检查有无氧化现象和脏污。若有脏污和氧化物，须用细砂纸打磨光，使其接触良好。

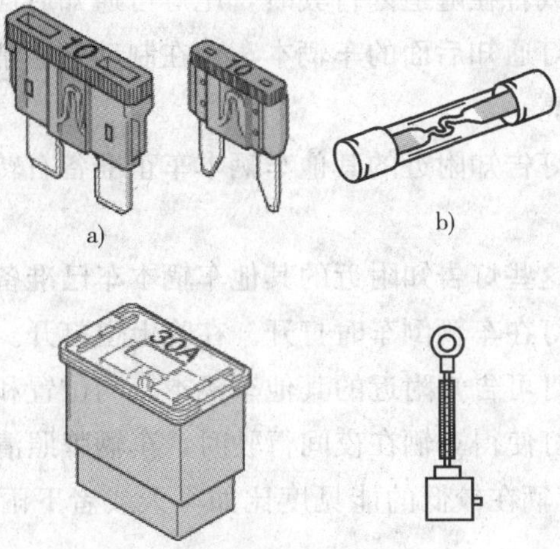

a)　b)　c)　d)

图 5—105　不同类型熔断器

a）叶片型　b）管型　c）方型　d）连锁型

三、照明系统的操作

1. 外部照明（见图 5—106）及其作用

（1）大灯。大灯向前发射光以确保驾驶员在夜间行驶时的视野。大灯可以发射远光束（向上方瞄准）和近光束（向下方瞄准），也能提醒其他车辆和行人注意。某些车辆还装有白天行驶灯，该灯在车辆行驶中一直亮着以提醒其他车辆注意。在某些车辆中也装有清洁大灯镜头的大灯清洁器。

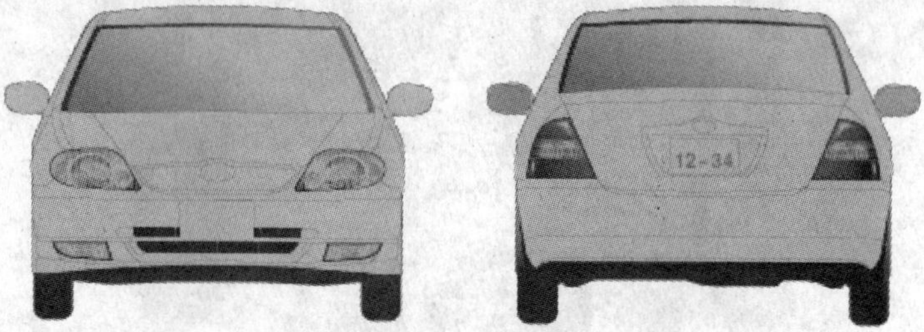

图 5—106　汽车的外部照明

（2）大灯的类型

1）封闭式。在这种类型中灯泡和镜头是一个整体。

2）半封闭式。在这种形式中灯泡可被独个更换。

（3）尾灯。在晚上或者在隧道内行驶时，尾灯可通知后面的车辆前方有车在行驶。

（4）停车灯。这些灯通知后面的车辆本车正在制动。通常情况下，停车灯和尾灯同在一个灯箱内并且灯光较亮。

（5）转向灯。这些灯告知附近的其他车辆本车正准备右转或者左转或者准备改变行驶方向。

（6）危险警告灯。这些灯告知附近的其他车辆本车已准备紧急停车或者已经停车。

（7）倒车灯。这些灯在车辆倒车时打开。在晚上也打开。

（8）示宽灯。这些灯可告知附近的其他车辆本车的位置和宽度。

（9）牌照灯。这些灯使得车辆在夜间行驶时，车辆牌照清晰可见。

（10）前后雾灯。车辆在较低的能见度比如雾天或者下雨天行驶时，可使用这些辅助指示灯。

2. 内部照明（见图 5—107）

（1）仪表板灯。照明使仪表和计量表在夜间可以看到，当大灯变光开关增减挡时点亮。

（2）内部灯（顶灯/内部照明灯）。通常此灯位于顶篷中央或上侧后视镜内。此灯开关通常有如下三种设置：

1）“ON”表示亮。

2）“OFF”表示灭。

3）“DOOR”表示只有门打开时照明。

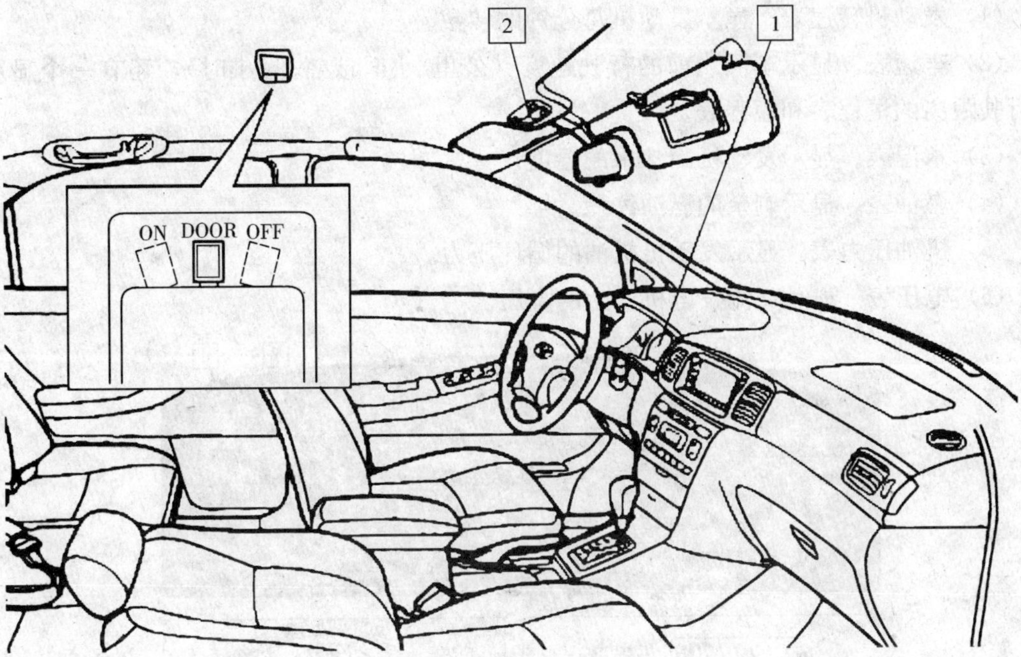

图 5—107 内部照明

1—仪表板 2—顶灯

四、组合仪表

组合仪表由仪表、计量表、警告灯和指示灯组成（见图 5—108），可指示驾驶员安全驾驶所需信息。

图 5—108 组合仪表

1. 各种仪表及其作用（见图 5—109）

（1）发动机转速表。显示发动机每分钟的转数。

（2）车速表。显示车辆当前的行驶速度（公里/小时或者里/小时），还有一个显示车辆行驶距离的里程表和短程表。

（3）水温表。显示发动机冷却水的温度。

（4）燃油表。显示剩余的燃油体积。

（5）机油压力表。显示发动机机油的循环压力。

（6）电压表。显示交流发电机产生的电压。

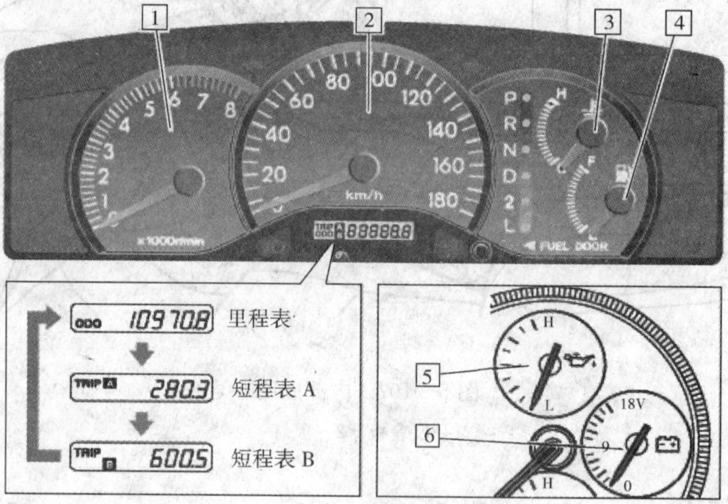

图 5—109 仪表的识别

1—发动机转速表 2—车速表 3—水温表 4—燃油表 5—机油压力表 6—电压表

2. 警告灯（见图 5—110）

这些警告灯点亮，提醒驾驶员系统发生故障或需要充电或需更换零件以确保安全驾驶。根据紧急情况或信息的优先等级，使用红灯和黄灯。

3. 指示灯（见图 5—111）

这些灯点亮告诉驾驶员操作的设备（通过操作开关或控制杆）开始工作。用蓝灯、绿灯和黄灯表示不同的含义。

五、雨刮器

1. 雨刮器（见图 5—112）

雨刮器主要通过刮去前后挡风玻璃上的雨水或灰尘，确保驾驶员的视野清晰。挡风玻

图 5—110　各种警告灯

1—ABS 警告灯　2—制动液位警告灯　3—故障显示灯　4—排放警告照明

5—座椅安全带警告灯　6—车门警告灯　7—空气囊警告灯

8—燃油位警告灯　9—低机油压力警告

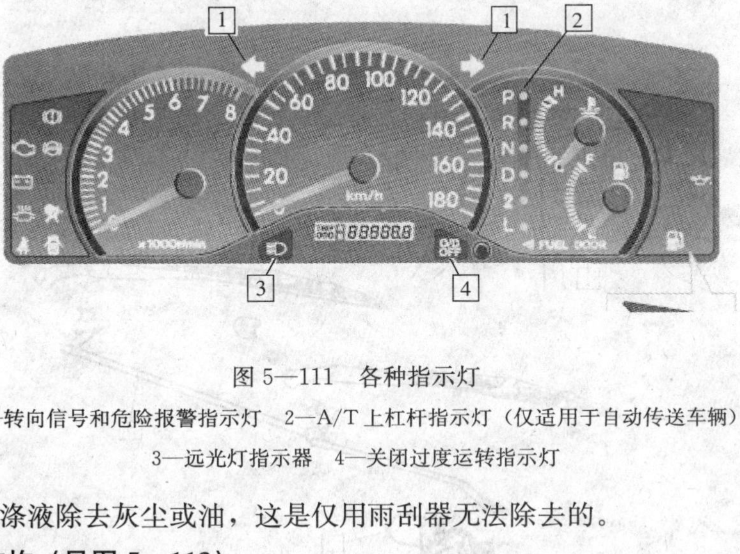

图 5—111　各种指示灯

1—转向信号和危险报警指示灯　2—A/T 上杠杆指示灯（仅适用于自动传送车辆）

3—远光灯指示器　4—关闭过度运转指示灯

璃喷洗器喷射洗涤液除去灰尘或油，这是仅用雨刮器无法除去的。

2. 雨刮器结构（见图 5—113）

雨刮器系统由雨刮器开关、雨刮器电动机、雨刮器连杆、雨刮器臂和刮片组成。

3. 喷洗器（见图 5—114）

挡风玻璃喷洗器系统由喷洗液储存罐、喷洗器电动机、软管、喷洗器喷嘴和喷洗液构成。

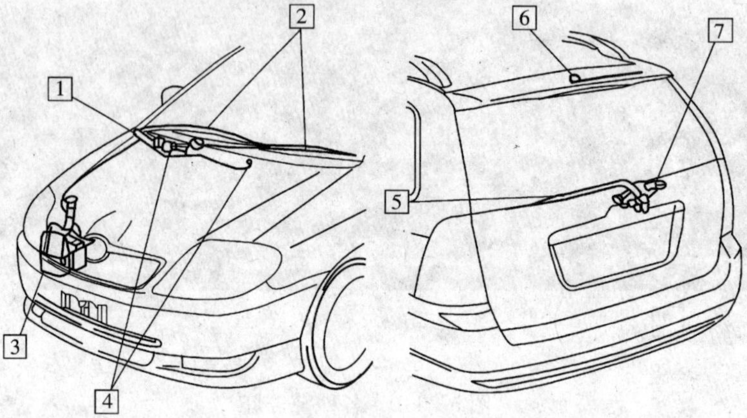

图 5—112　雨刮器和挡风玻璃喷洗器系统

1—雨刮器电动机和连杆　2—雨刮器臂和刮片总成　3—喷洗液储存罐　4—前喷洗器喷嘴
5—后刮水器臂和刮片总成　6—后喷洗器喷嘴　7—后部雨刮器电动机

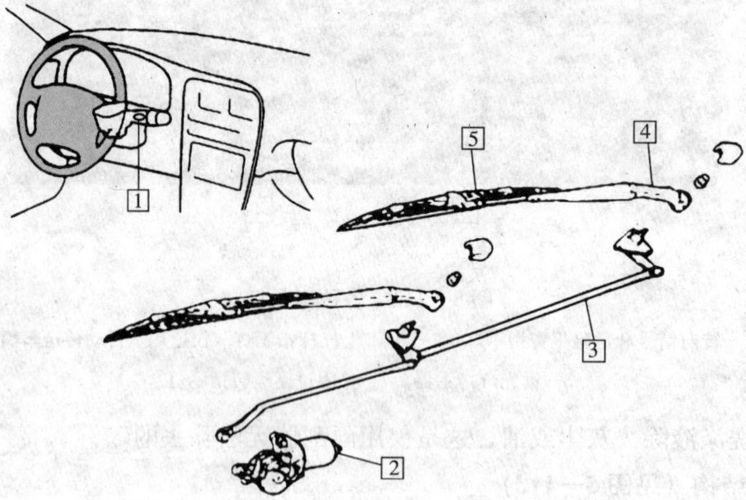

图 5—113　雨刮器的结构

1—雨刮器开关　2—雨刮器电动机　3—雨刮器连杆　4—雨刮器臂　5—雨刮器刮片

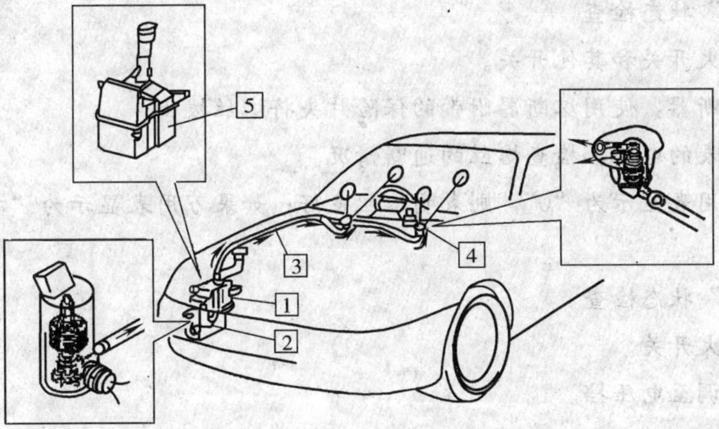

图 5—114 喷洗器的结构

1—喷洗液储存罐 2—喷洗器电动机 3—软管 4—喷洗器喷嘴 5—喷洗液

技能要求

继电器和熔丝的检查

操作内容：

(1) 检查发动机台架上指定继电器（燃油泵、EFI）的性能。

(2) 检查发动机台架上指定熔丝（燃油泵、EFI）的性能。

教学目标：

(1) 了解继电器、熔丝的结构和作用。

(2) 掌握判断继电器、熔丝性能的方法。

实训设备与器材：

(1) 电喷发动机台架。

(2) 万用表。

(3) 连接线。

(4) 蓄电池。

(5) 继电器和熔丝。

操作步骤：

步骤 1 熔丝的检查

如果有灯光、附件或控制装置不工作，检查相关电路的保护装置。如果熔丝熔断，其内部的金属丝将融化。

（1）“取下”状态检查

1）关闭点火开关和其他开关。

2）打开熔断器，使用熔断器附带的保险片夹将熔丝拔出。

3）用万用表的电阻挡检查熔丝的通断情况。

4）如果万用表显示为“0”，则表明熔丝良好；如果万用表显示为“∞”，则表明熔丝熔断。

（2）“在线”状态检查

1）打开点火开关。

2）万用表调至电压挡。

3）将负极搭铁（如车门铰链），正极分别接触熔丝的两端。

4）如果流入端处有电压，流出端没有电压，则熔丝熔断；如果两端都有电压，则熔丝良好。

步骤 2　继电器的检查

（1）“静态”检查（见图 5—115）

1）关闭点火开关和其他开关。

2）打开熔断器，拔下继电器。

3）用万用表欧姆挡检查各端子之间的状况：端子 30 与 87a 之间及端子＋与－之间应导通（线圈电阻值为 0）。端子 30 与 87 之间应不导通（线圈电阻值为∞）。

如果不符合上述要求，应更换继电器。

（2）“动态”检查（见图 5—116）

1）在端子＋和－上施加蓄电池电压。

2）用万用表测量端子 30 和端子 87 的电阻。端子 30 与 87 之间应导通，并有轻微的“嗒嗒”声。

3）如果动作不符合要求，应更换继电器。

汽车灯光的检查

操作内容：

（1）操作汽车灯光。

（2）检查各灯光是否正常。

教学目标：

（1）了解汽车灯光系统的组成和作用。

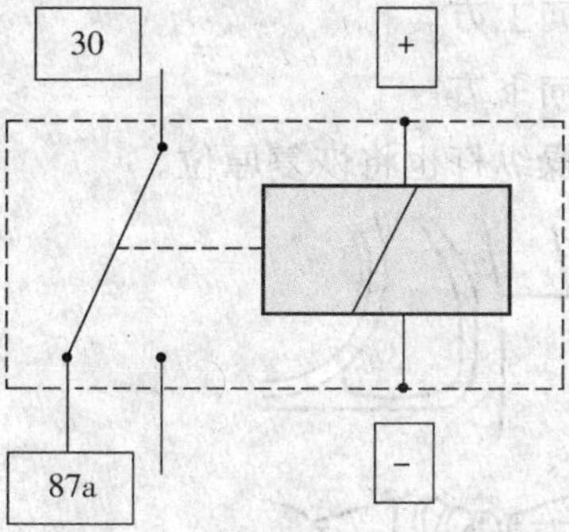

图 5—115　继电器不工作状态

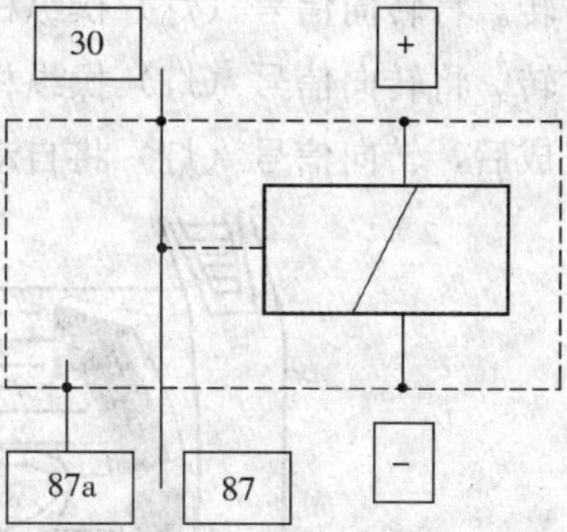

图 5—116　继电器工作状态

(2) 掌握汽车灯光系统的操作方法。

实训设备与器材：

桑塔纳轿车。

操作步骤：

步骤 1　灯光组合开关的操纵（见图 5—117）

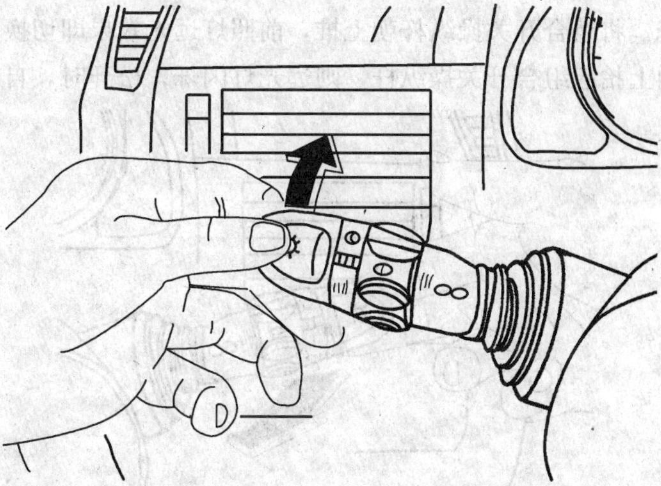

图 5—117　灯光组合开关

(1) OFF（关闭）。所有灯均处于关闭状态。

(2) 挡。停车灯、尾灯、牌照灯和仪表板灯亮起。

(3) 挡。近光灯及上述所有灯均亮起。

步骤 2　转向信号（灯）的操纵（见图 5—118）

（1）右转。将转向信号（灯）操纵杆完全推向上方。

（2）左转。将转向信号（灯）操纵杆完全推向下方。

转向完成后，转向信号（灯）将自动关闭，操纵杆也将恢复原位。

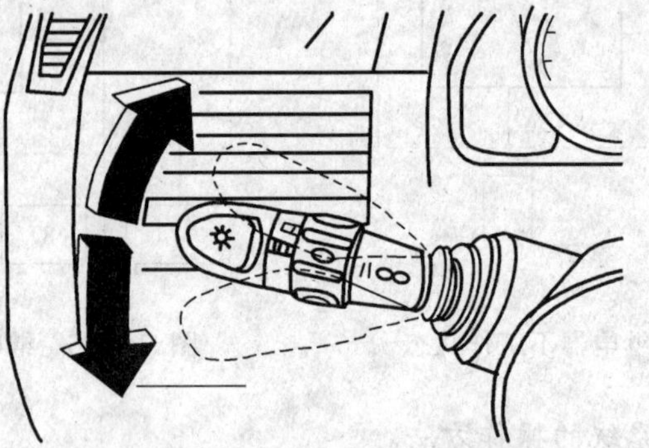

图 5—118　转向信号（灯）操纵杆

步骤 3　变光开关（见图 5—119）

（1）打开远光灯。将组合开关操纵杆朝仪表板的方向推，此时，前照灯远光指示灯亮起。

（2）回复近光。将组合开关操纵杆朝上推，前照灯远光效果即切换为近光效果。

（3）变光。向上抬起组合开关操纵杆，则远光灯闪烁；松开时，自动切换为近光。

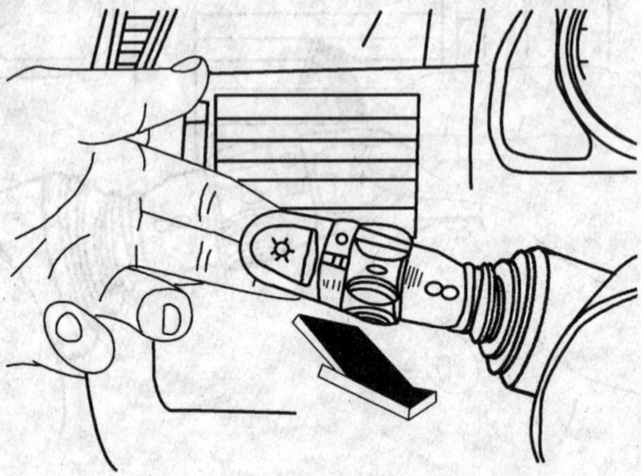

图 5—119　变光开关

步骤 4　前雾灯的操作（见图 5—120）

（1）确保前照灯处于近光状态。

（2）将组合开关操纵杆中间的环形开关旋转至“ON（开）”的位置。

（3）打开前雾灯后，仪表板上的前雾灯指示灯就会亮起。

(4) 将环形开关旋转至“OFF（关）”的位置，关闭前雾灯。

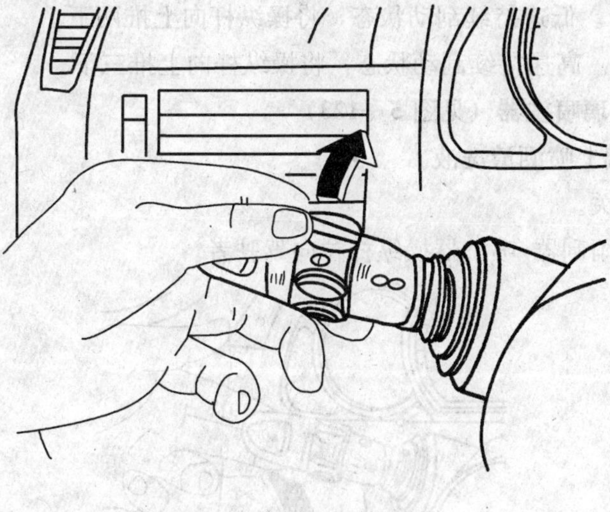

图 5—120　前雾灯的操作

步骤 5　后雾灯的操作（见图 5—121）

(1) 前照灯处于近光或远光照明状态。

(2) 旋转挡风玻璃雨刮器/喷洗器操纵杆末端，前雾灯处于打开状态。

(3) 打开后雾灯时，仪表板上的后雾灯指示灯亮起。

(4) 再次旋转挡风玻璃雨刮器/喷洗器操纵杆，或关闭前大灯开关，则同时关闭后雾灯。

步骤 6　挡风玻璃雨刮器的操作（见图 5—122）

(1) 使用挡风玻璃雨刮器，先打开点火开关，再将挡风玻璃雨刮器/喷洗器操纵杆向上推。

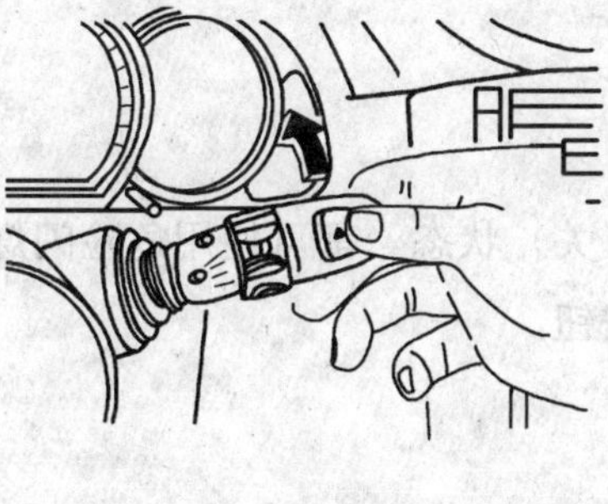

图 5—121　后雾灯的操作

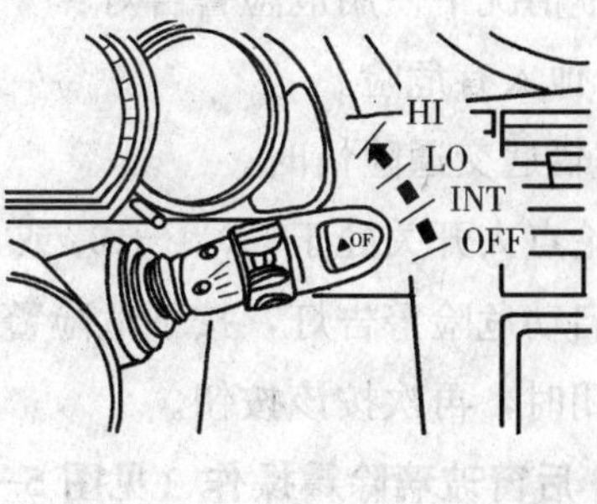

5—122　挡风玻璃雨刮器的操作

(2) OFF（关闭）。关闭。

(3) INT（间歇）。间歇式刮动状态（上下转动箍圈，选择理想间歇时间），将操纵杆向上推一下。

（4）LO（低速）。低速持续刮动状态，将操纵杆向上推两下。

（5）HI（高速）。高速持续刮动状态，将操纵杆向上推三下。

步骤 7　挡风玻璃喷洗器（见图 5—123）

（1）往挡风玻璃上喷洒清洗液

1）打开点火开关。

2）将挡风玻璃雨刮器/喷洗器操纵杆拉向驾驶者。

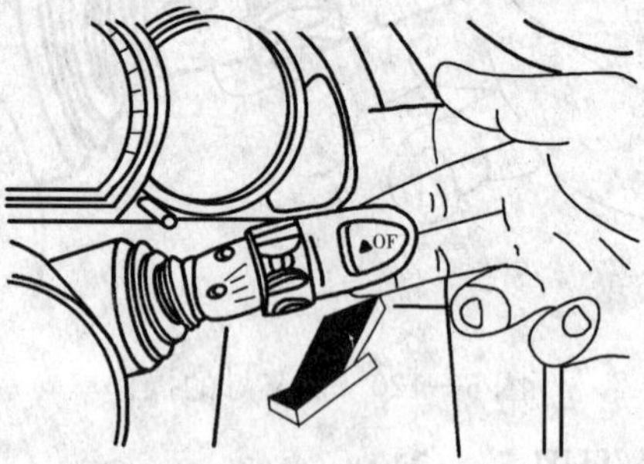

图 5—123　挡风玻璃喷洗器

（2）拉住操纵杆的时间不大于 0.6 s，喷洗液喷洒到挡风玻璃上（挡风玻璃雨刮器不刮动）。

（3）若拉住操纵杆超过 0.6 s

1）喷洗液喷洒到挡风玻璃上。

2）挡风玻璃雨刮器刮动数个循环。

步骤 8　危险警告灯开关操作（见图 5—124）

（1）以下情况下使用危险警告灯：

1）警告他人有危险。

2）当车辆遇交通险情时。

（2）无论点火开关处于 ON（开）或 OFF（关）状态，都可使用危险闪烁功能。

（3）要启动危险警告灯，按下危险警告灯按钮。

（4）关闭时，再次按该按钮。

步骤 9　后窗玻璃除霜操作（见图 5—125）

（1）使用除霜器时，先起动发动机。

（2）再按后窗和后视镜除霜器按钮，按钮里的指示灯会亮起。约 10 min 后，除霜器会自动关闭。

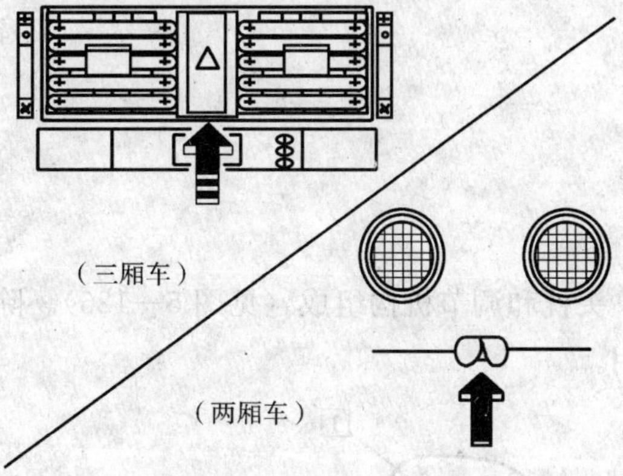

图 5—124　危险警告灯开关

（3）要关闭除霜器，再次按下按钮。

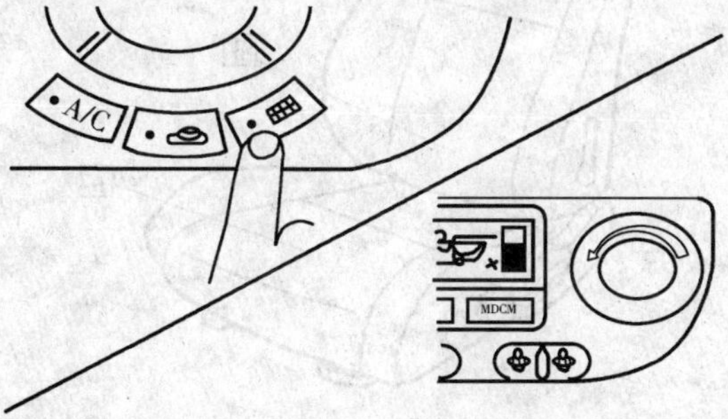

图 5—125　后窗和后视镜除霜按钮

学习单元 2　车内设备的检查

学习目标

➢ 1. 知道汽车座椅的调节方法。

➢ 2. 知道转向盘的调节方法。

➢ 3. 知道电动车窗的使用方法。

➢ 4. 知道电动外后视镜的操作方法。

➢ 5. 能按要求检查安全带、座椅、电动车窗、喷淋装置和反光镜的性能。

知识要求

一、座椅

1. 作用

座椅由椅垫、靠背、头枕和调节机构组成（见图 5—126）。除了支撑乘员外，座椅还起到缓冲路面冲击的作用。

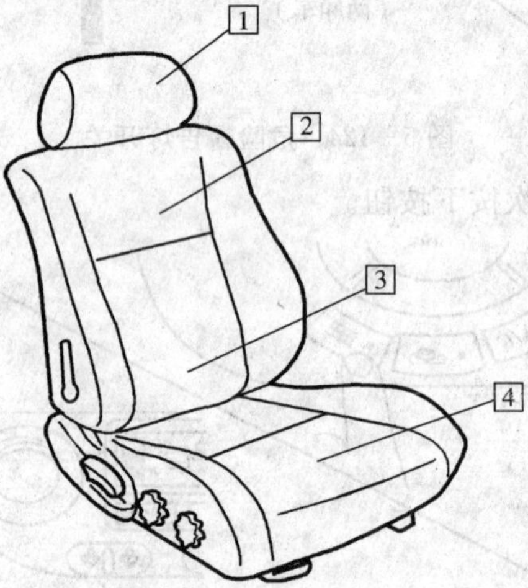

图 5—126　座椅的结构

1—头枕　2—靠背　3—腰部支撑　4—椅垫

2. 座椅调整功能

座椅具有多种调节功能，确保乘员舒适并且使长途驾驶的疲劳降到最低限度（见图 5—127）。

（1）座椅的前后调节。通过安装在座位下面的滑动调节杆来调节座位的纵向位置。

（2）靠背的倾斜调节。通过倾斜调节器调节靠背的前后角度。

（3）座垫高度的调节。通过垂直调节器能使整个座垫上下移动。

（4）腰部调节。通过对腰部支撑物调节器的调节，调节靠背的腰部区域支撑物位置以便能够在长距离驾驶时减少驾驶员的疲劳。

（5）侧边支撑物调节。可以在拐弯时调整靠背侧边支撑物的宽度和驾驶员身体支撑物的数量。

（6）头枕的调节。使用头枕调节器来调节头枕的位置以适应驾驶员的形体和姿态。头枕能保护驾驶员在车尾受到碰撞的情况下，头部不受到撞击。有些类型的调节器可上下调

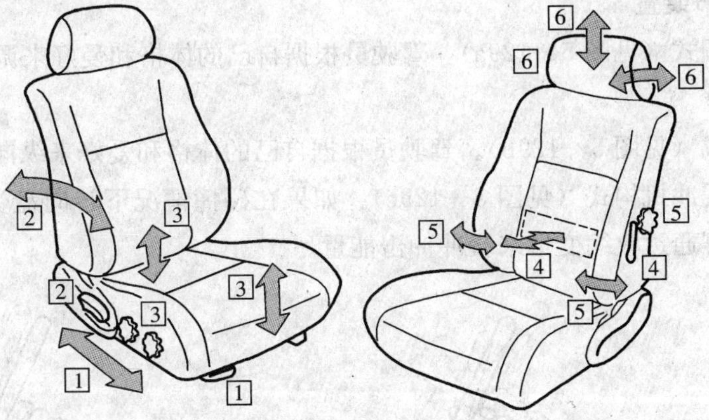

图 5—127　座椅的调节功能

1—滑动调节器　2—倾斜调节器　3—垂直调节器　4—腰部支撑物调节器

5—侧边支撑物调节器　6—头枕调节器

节；有些既能上下调节，也能前后调节。

二、转向盘

转向盘是根据驾驶员意向，改变前轮方向的零件（见图 5—128）。维修项目应包含对转向盘空行程的检查。

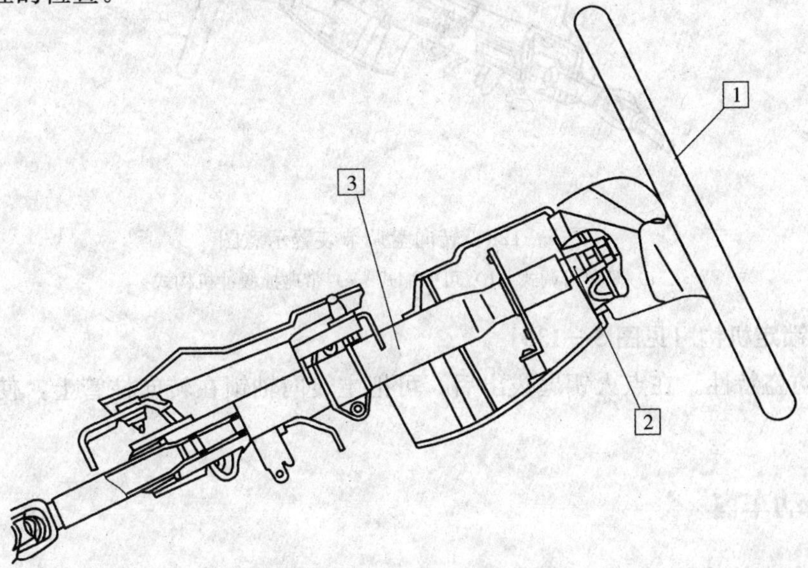

图 5—128　转向盘的结构

1—转向盘　2—主转向轴　3—转向柱管

1. 转向盘调节装置

（1）倾角可调式（见图 5—129a）。驾驶员根据自己的体格和爱好来调节转向盘的垂直角度。

（2）可伸缩式（见图 5—129b）。驾驶员根据自己的体格和爱好来纵向移动转向盘。

（3）带碰撞缓冲机构式（见图 5—129c）。如果在碰撞情况下转向盘受到较强的冲击，主轴和转向柱管可通过收缩变形来缓冲冲击能量。

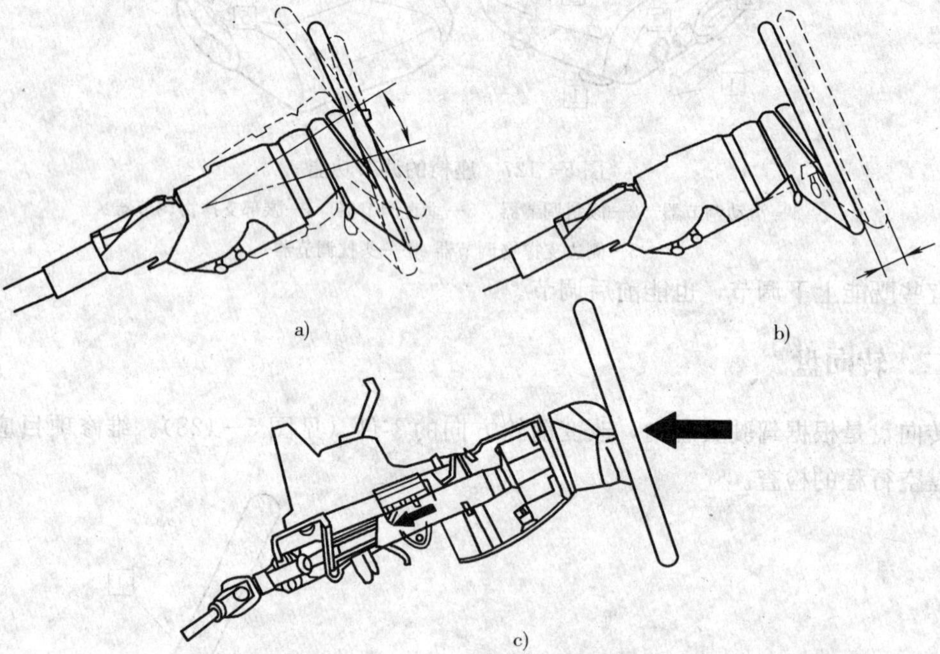

图 5—129　转向盘调节装置示意图

a）倾角可调式　b）可伸缩式　c）带碰撞缓冲机构式

2. 转向锁定机构（见图 5—130）

这是个防盗特性。在点火钥匙拔出后，可把主转向轴锁在转向柱管上，使转向盘不能转动。

三、电动车窗

1. 电动车窗的使用

可在点火开关打开的情况下，通过每个车门面板上的电动车窗开关来使用电动车窗。

（1）要使车窗升高，可向上提开关（见图 5—131）。

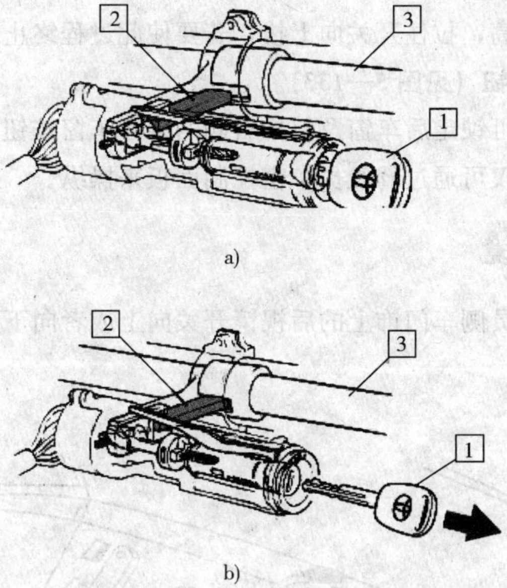

图 5—130　转向锁定机构

a）自由状态　b）锁住状态

1—点火钥匙　2—锁　3—主转向轴

（2）要使车窗降低，可向下按开关。

当车窗达到想要的位置时释放开关。

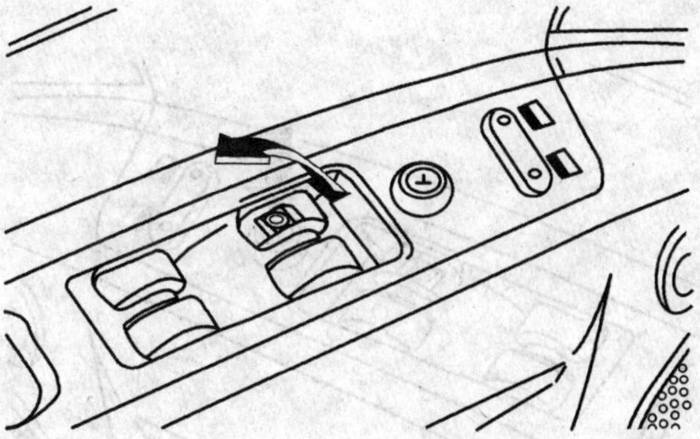

图 5—131　电动车窗

2. 自动开启

驾驶员一侧车窗具有自动开启的功能。

（1）要开启车窗，按住开关到底，然后再释放开关。车窗将自动开启，直到完全打开，如想终止车窗下降，可再次按下开关（见图 5—132）。

(2) 若要让车窗升高，拉住开关向上拔，若要使此过程终止，释放开关即可。

3. 电动车窗锁定按钮（见图 5—133）

电动车窗锁定按钮可锁定后车窗及前排右侧的乘客车窗按钮。该按钮锁定时，后车窗和前排右侧的乘客车窗仅可通过驾驶员车窗控制面板来操纵。

四、电动外后视镜

可以利用位于驾驶员侧车门饰上的后视镜开关向上或者向下、向左或者向右调整外部后视镜（见图 5—134）。

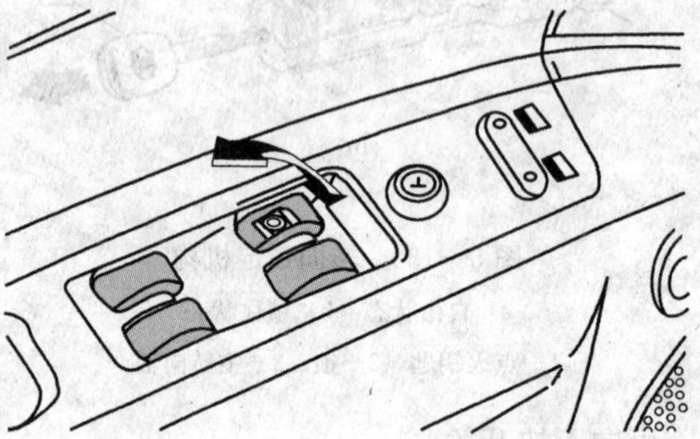

图 5—132　自动开启

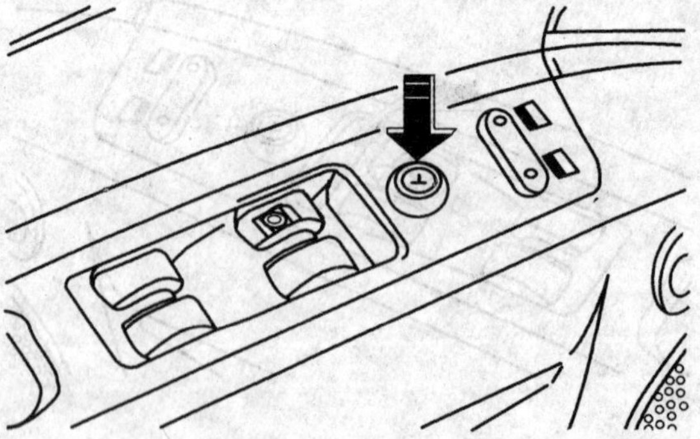

图 5—133　电动车窗锁定按钮

欲调整后视镜，点火开关必须位于打开位置上。

移动选择器开关上的左手后视镜或者右后视镜标志，选择想调整的后视镜。

利用后视镜调整衬垫上的相应边缘向上、向下、向左或者向右调整所选择的后视镜。

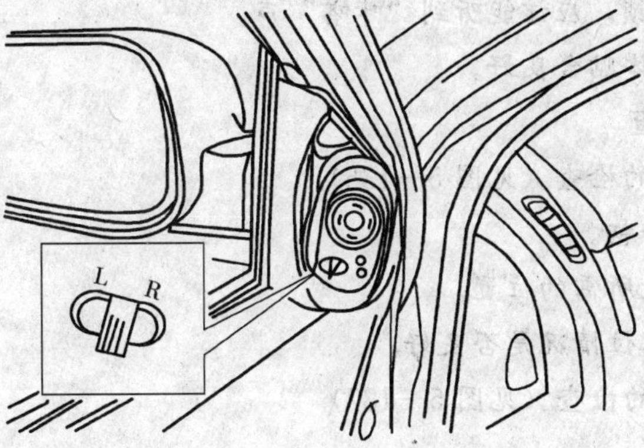

图 5—134　电动外后视镜

技能要求

车内设备的检查

操作内容：

（1）检查安全带的工作性能。

（2）检查、调整座椅。

（3）检查电动车窗的工作性能。

（4）检查喷淋装置的工作性能。

（5）检查、调整反光镜。

教学目标：

（1）知道车内设备的位置和作用。

（2）掌握操作常见车内设备的方法。

实训设备与器材：

（1）海马福美兰 1.6 整车。

（2）三角垫块。

（3）防护三件套。

操作步骤：

步骤 1　安全带的检查（见图 5—135）

（1）抓住扣锁和锁舌。

（2）快速向下拉，应即刻锁住。

（3）慢慢拉出腰部或肩部安全带。

（4）将锁舌插入扣锁，应该能听到“咔嗒”声。

（5）确定肩带和身体贴合良好。

步骤 2　座椅的检查

（1）座椅前后调整的检查（见图 5—136）

1）拉起座椅下的手柄。

2）前后移动座椅至所需的位置。

3）放下手柄检查落位情况是否良好。

（2）椅背倾斜调整的检查（见图 5—137）

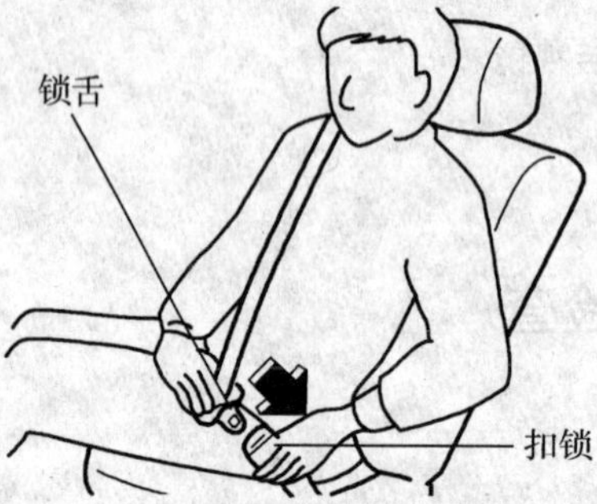

图 5—135　安全带的检查

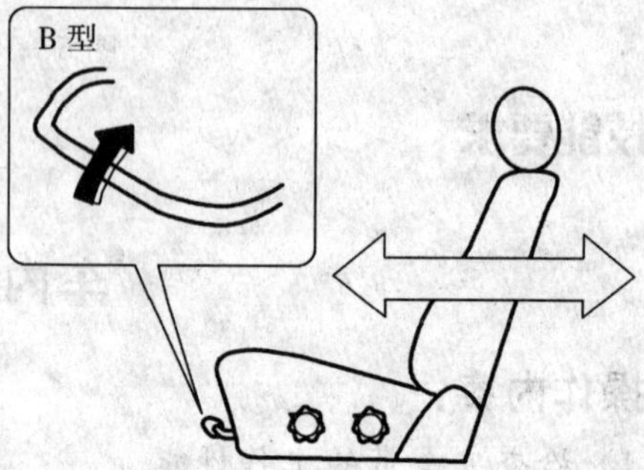

图 5—136　座椅前后调整

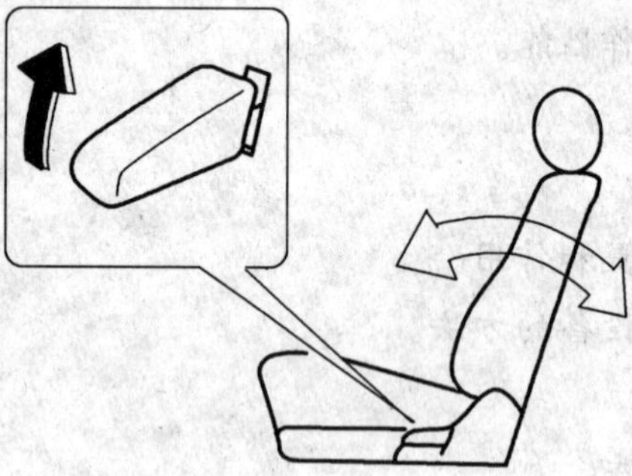

图 5—137　椅背倾斜调整

1）向上拉起手柄。

2）略微向前探身。

3）然后向后靠。

4）在达到需要的靠背角度时松开手柄。

5）试着用力向前后推动靠背，检查手柄是否回到原位，且座椅靠背已锁定入位。

(3) 座椅底座倾斜调整（见图 5—138）

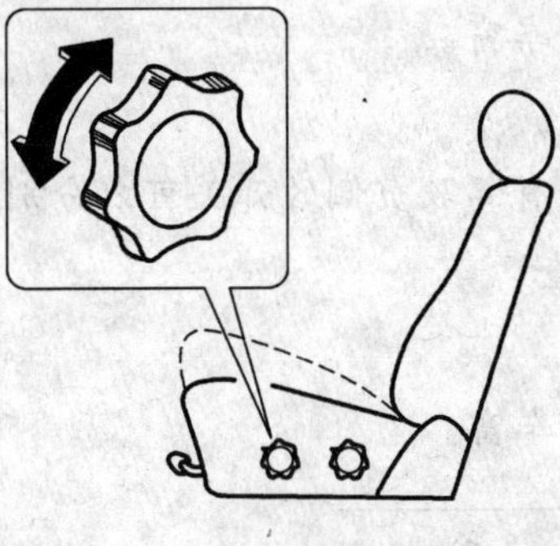

图 5—138　座椅底座倾斜调整

1）转动座位左侧前部的旋钮，可以调整前部底座的高度。

2）转动座位左侧后部的旋钮，可以调整后部底座的高度。

(4) 头枕的检查（见图 5—139）

1）要调整头枕高度时，将其向上拔到所需要的位置。

2）要降低头枕时，按下止动释放按钮，将头枕向下推。

3）调整头枕，使其顶部和乘座者眼睛上部平齐。

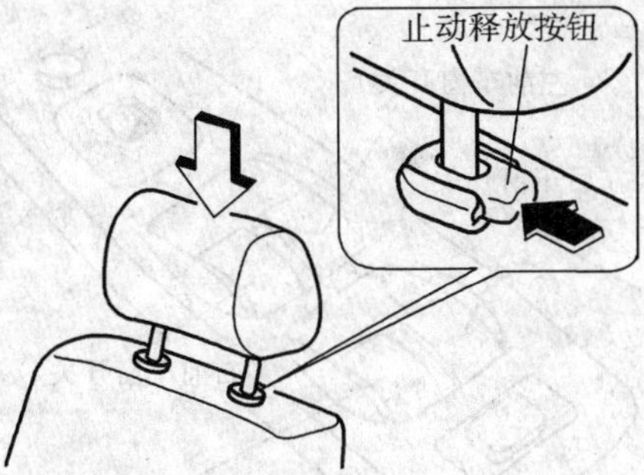

图 5—139　头枕的检查

(5) 折叠后排座椅靠背（见图 5—140）

1）松开后排座椅中座的腰部安全带。

2）拔出锁止释放按钮。

3）向前折叠座椅靠背。

步骤 3　电动摇窗机的检查（见图 5—141）

(1) 驾驶员侧车窗主开关的检查

1）点火开关处于 ON 位置。

2）往下按住开关即可打开车窗。

3）拉起开关即可关闭车窗。

4）按下车窗锁止开关，只有驾驶员侧的开关可以分别控制四门电动车窗的升降。

（2）乘员侧车窗开关的检查

1）点火开关处于 ON 位置。

2）往下按住开关即可打开车窗。

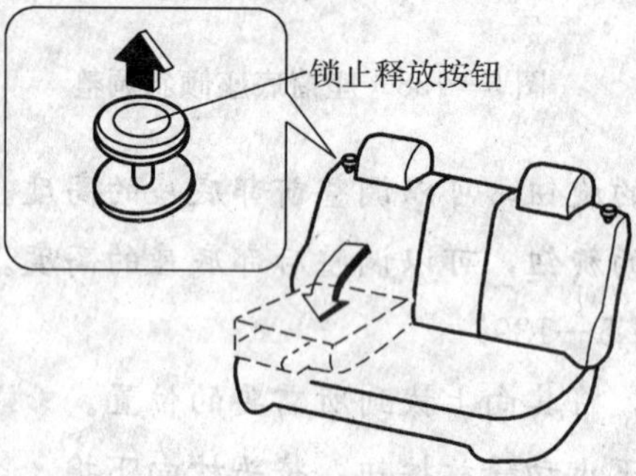

图 5—140　折叠后排座椅靠背

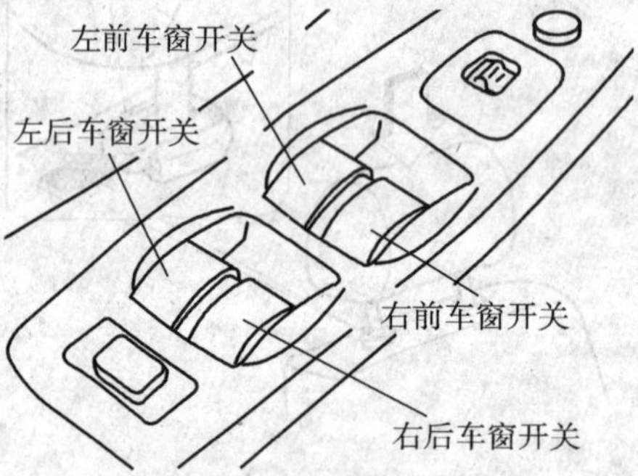

图 5—141　电动摇窗机的检查

3）拉起开关即可关闭车窗。

步骤 4　喷淋装置的检查（见图 5—142）

（1）挡风玻璃雨刮器的检查

1）点火开关处于 ON 位置。

2）将控制杆向下拉，即可打开风窗刮水器。

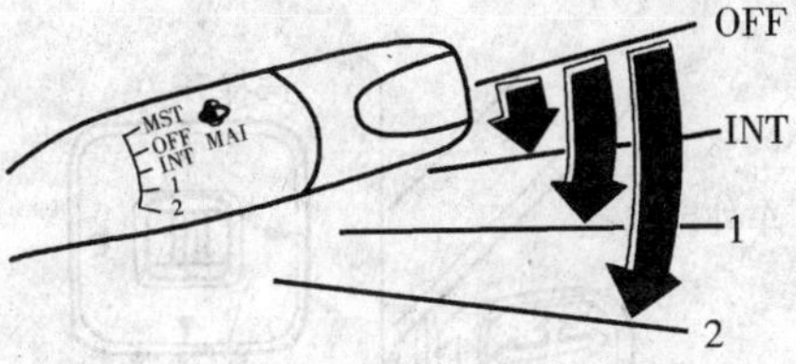

图 5—142　喷淋装置的检查

INT 为间歇刮水，1 为常速刮水，2 为快速刮水。

3）将控制杆向上推至 MIST 位置，然后松开，可完成一次刮水循环。

（2）挡风玻璃喷洗器的检查

1）向上拉住控制杆即可喷出喷洗液。

2）在 OFF 或 INT 位置，会激活雨刮器直至松开控制杆为止。

3）检查喷洗液的喷淋位置，应该位于图 5—143 所示位置。如果位置不对，应检查喷孔。

4）检查刮水清洁程度，应无明显水痕。否则，应更换雨刮片。

步骤 5　电动后视镜的检查（见图 5—144）

（1）点火开关处于 ACC 或 ON 位置。

（2）将选择开关拨至左边或右边，以选择欲调节的后视镜。

（3）按下前后方向控制钮，调整后视镜的高低角度。

（4）按下左右控制钮，调整后视镜的内外角度。

（5）完成后视镜的调整后，将选择开关拨至中间位置，即可锁止后视镜至当前位置。

（6）当外后视镜和其他车辆有干涉时，可以将其向后折叠收起。

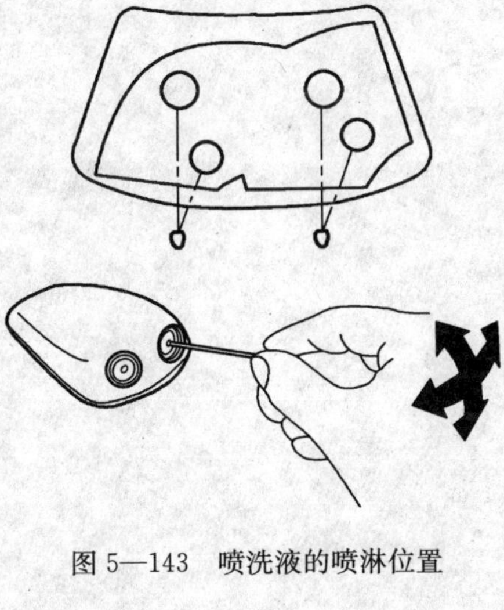

图 5—143　喷洗液的喷淋位置

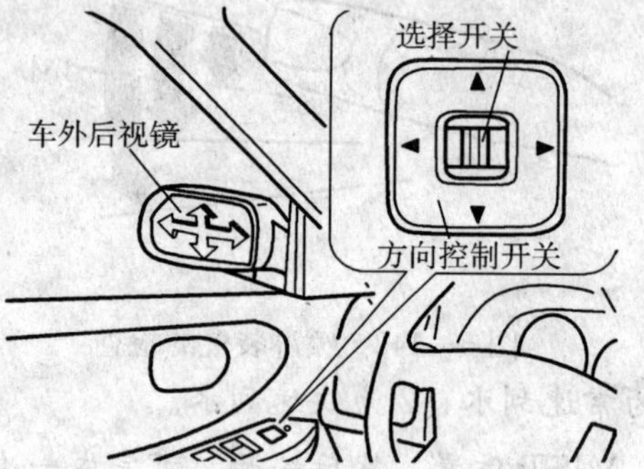

图 5—144　电动后视镜的检查